# VOM UNTERRICHT

Lehrbuch der Allgemeinen Didaktik

von

Hans Glöckel

3., überarbeitete und ergänzte Auflage

1996

VERLAG JULIUS KLINKHARDT · BAD HEILBRUNN/OBB.

Die Deutsche Bibliothek – CIP-Einheitsaufnahme

**Glöckel, Hans:**
Vom Unterricht : Lehrbuch der allgemeinen Didaktik / von
Hans Glöckel. – 3. Aufl. – Bad
Heilbrunn/Obb. : Klinkhardt, 1996
    ISBN 3-7815-0837-4

1996. 10. Nn. © by Julius Klinkhardt
Gesamtherstellung: Graphischer Großbetrieb Friedrich Pustet, Regensburg
Printed in Germany 1996
ISBN 3-7815-0837-4

# VORWORT

Dieses Buch wendet sich an Studierende des Lehramts aller Schularten, an erfahrene Lehrerinnen und Lehrer, die sich noch nicht als »fertige« fühlen, und an Ausbilder in außerschulischen Bereichen. Es möchte eine oft beklagte Lücke füllen zwischen älteren Unterrichtslehren, die zu ihrer Zeit hilfreich waren, heutigen Ansprüchen aber nicht mehr genügen, und jüngeren Werken zur Didaktik, die oft von hoher Qualität sind, aber in ihrem Abstraktionsgrad die Kenntnis der Sachverhalte eher voraussetzen als vermitteln.

Ein Lehrbuch soll vielfältigen Erwartungen gerecht werden: Es soll systematisch vollständig sein und sich doch nicht in Spezialprobleme verlieren. Es soll die aktuelle Diskussion und den neuesten Forschungsstand wiedergeben, sich aber nicht in Tagesproblemen erschöpfen und auch den historischen Horizont erhellen, vor dem die Gegenwart erst verständlich wird. Es soll in die Fachsprache einführen, aber keine unnötigen Sprachbarrieren errichten, gut lesbar sein und doch nicht ungebührlich vereinfachen. Es soll Neues bieten und muß doch als Lehrbuch vieles enthalten, was Fachleuten schon bekannt ist.

So gegensätzliche Wünsche sind nicht leicht zu erfüllen. Sie fordern eine Elementarisierungsleistung, die manchen Verzicht einschließt. Manche wichtigen Einzelthemen können nur knapp behandelt werden. Fachdidaktische Fragen werden nur im Zusammenhang mit den Beispielen berührt, unterschiedliche Theorieansätze der Didaktik und ihre Forschungsmethoden in aller Kürze umrissen, die Beiträge der Bezugswissenschaften im allgemeinen vorausgesetzt. Deshalb wird durchgehend auf Literatur zum weiterführenden Selbststudium verwiesen.

Im Laufe meiner Tätigkeit als Lehrer an Schulen und Hochschulen habe ich vieles von anderen übernommen, von ungezählten Autoren und Gesprächspartnern im In- und Ausland, die nicht alle genannt werden können. Ihnen allen verpflichtet, möchte ich erhalten und weitergeben, was andere vor uns erarbeitet haben, aber auch neue Ideen aufnehmen, die das Bemühen um immer besseren Unterricht fördern. Zu danken habe ich zunächst den Kollegen an der Erziehungswissenschaftlichen Fakultät der Universität Erlangen–Nürnberg für ihre stete Bereitschaft zum Gespräch und den Studierenden für ihre aufgeschlossene Mitarbeit und ihre offene Stellungnahme. Ein besonderer Dank gilt Herrn Professor Dr. Rainer Rabenstein für langjährige vertrauensvolle Zusammenarbeit wie auch für seinen wertvollen Rat bei der Durchsicht des Manuskriptes. Meine liebe Frau half mir durch ihr Verständnis und ihre fachkundigen Ratschläge, Frau Edith Büttner durch ihr sorgfältiges Schreiben und ihre Nachsicht bei immer neuen Änderungen am Text, Maria Guthmann durch ihre Zuverlässigkeit bei der Erstellung der Bibliographie. Schließlich schulde ich Herrn Verleger Klinkhardt Dank für sein geduldiges Warten auf das Manuskript. Bei ihm weiß ich es in guten Händen.

Nürnberg, im Dezember 1989                                                     Hans Glöckel

## VORWORT ZUR 2. AUFLAGE

Das Buch hat eine freundliche Aufnahme gefunden; Fachkollegen bestätigen seine Eignung als einführendes Lehrbuch in den Gegenstandsbereich der Allgemeinen Didaktik, Studierende schätzen die verständliche Darstellung. Bei der rasch notwendigen Neuauflage wurden nur die dringendsten Korrekturen und Ergänzungen vorgenommen. Das vielfach gewünschte Sachregister wurde erstellt. Sonstige kritische Anregungen wie auch neue eigene Gedanken sollen erst bei einer gründlicheren Neubearbeitung berücksichtigt werden. Gestattet sei der Hinweis auf die Seiten 172–177, die den Ertrag langjähriger Zusammenarbeit mit Nürnberger Fachkollegen darstellen und die – wohl wegen der allzu komprimierten Form – nicht immer als weiterführender Beitrag zur Methodenlehre erkannt wurden.
Ich danke für alle Rückmeldung in persönlichem Gespräch und öffentlicher Stellungnahme und wünsche dem Buch weiterhin interessierte und sachlich kritische Leser.

Nürnberg, im Frühjahr 1992                                                     Hans Glöckel

## VORWORT ZUR 3. AUFLAGE

In den wenigen Jahren seit Erscheinen der Erstauflage hat sich im Fache manches getan. So war eine gründlichere Überarbeitung geboten. Neue Ansätze und Ergebnisse wurden eingearbeitet, die Systematik an einigen Stellen verbessert. Die Literaturempfehlungen wurden durch Austausch von etwa hundert Titeln auf den neuesten Stand gebracht, wobei Hauptkriterium der Auswahl wieder die Eignung für das weiterführende Studium war. Die grundlegenden Einsichten haben sich indes kaum geändert, und auch die Grundprobleme sind die gleichen geblieben. So konnte vieles beibehalten werden. Einige Verbesserungen im Druckbild sollen dem Leser entgegenkommen. So mag das Buch auch weiterhin für die Einführung in didaktisches Denken von Nutzen sein.

Nürnberg, im Herbst 1995                                                     Hans Glöckel

# INHALT

## 2. Formen des Unterrichts

3. *Die Unterrichtseinheit*

*Übersichten und schematische Darstellungen*

# EINLEITUNG

Zum Aufbau dieses Buches und zum rechten Umgang mit ihm

Die Allgemeine Didaktik als Theorie des Unterrichts auf allen Stufen, in allen Fächern und zu unterschiedlichen Lehrzwecken in Schulen und anderen Institutionen ist ein umfangreiches Wissens- und Problemgebiet. Eine Fülle von Veröffentlichungen liegt vor, ein reicher Fundus an Erfahrungen ist auszuschöpfen. Viele Probleme sind noch offen, der Weg zu ihrer Lösung ist umstritten, zusätzlich erschwert durch eine uneinheitliche Fachsprache. Wie soll man den Anfänger im Lehramt in dieses Wissenschaftsgebiet so einführen, daß er sich darin zurechtfinden kann, wie den schon erfahrenen Lehrer mit dem gegenwärtigen Stand unseres Wissens vom Unterricht vertraut machen?

Auf unterschiedlichen Wegen kann das geschehen und wurde es auch versucht. Man kann zunächst den Begriff des Unterrichts klären und ihn dann schrittweise in seine Teilaspekte aufgliedern. Man kann von den obersten Zielen der Erziehung oder von der Sichtung der Lehrinhalte aus nach Wegen zu ihrer Verwirklichung bzw. Vermittlung fragen oder umgekehrt von der Psychologie des Lernens aus zur Anwendung auf die Inhaltsbereiche weiterschreiten. Man kann unterschiedliche Ansätze der Theoriebildung auf ihre Ergiebigkeit für unterrichtliches Handeln vergleichen, die Entwicklung des Wissens vom Unterricht im historischen Gang nachvollziehen oder an konkreten Unterrichtsbeispielen in didaktisches Denken einführen. Jeder dieser Wege hat sein Für und Wider, über das hier nicht zu rechten ist.

Der Aufbau dieses Buches wird von einem eigenen Leitgedanken bestimmt. Es geht von der Situation des Studierenden aus, der sich in seine Berufswissenschaft einarbeiten will. Er hat als Schüler jahrelang Unterricht erlebt, vielleicht auch erlitten, besitzt somit schon einen Vorbegriff von ihm und mancherlei Einzelerfahrungen, ist mit der eigentlichen didaktischen Fragestellung aber noch nicht vertraut. Er hat wohl auch schon eigene Unterrichtsbeobachtungen und kleinere Lehrversuche durchgeführt, muß aber noch nicht die Gesamtaufgabe des Lehrers bewältigen, sondern soll erst schrittweise in sie hineinwachsen. Er bemerkt zunächst einzelne, leicht greif- und überschaubare didaktische Sachverhalte, lernt sie fachlich zu benennen und zu beurteilen, ohne sie schon in den größeren Zusammenhang einordnen zu können. Mit der Zeit weitet sich sein Blick, er überschaut umfänglichere und komplexere Sachverhalte, erfährt von ihren nicht unmittelbar wahrnehmbaren Begründungen und Verflechtungen. Seine Beobachtung wird schärfer, sein Verständnis tiefer, sein Urteil differenzierter, und er vermag einzelnen Erscheinungen und Problemen ihren Ort im Ganzen zuzuweisen.

Auf diesem Erkenntnisweg will das Buch den Lernenden begleiten. Es führt von

Einzelerscheinungen zu immer umfassenderen Sachverhalten, vom Konkreten zum Abstrakten, von der Peripherie ins Zentrum didaktischer Überlegungen. Der Weg geht, bildlich gesprochen, über verschiedene »Ebenen«, deren Fragestellung immer komplexer und grundsätzlicher wird. Damit wird zugleich ein System didaktischer Grundbegriffe und -probleme angeboten. Dieses System ist, wohlgemerkt, nur ein »topisches«. Es beansprucht nicht, alle Einzelaussagen aus einem einheitlichen Prinzip abzuleiten. Es bietet eine mögliche Ordnung an, in der jeder Einzelsachverhalt seinen sinnvollen Ort finden kann. Bei diesem Vorgehen ist es nicht nur unvermeidlich, sondern sogar beabsichtigt, daß auf einer unteren Ebene zunächst manche Probleme unter der dortigen Fragestellung und somit scheinbar unzureichend abgehandelt werden. Sie werden aber auf einer höheren Ebene wieder aufgegriffen, tiefer begründet und in größere Zusammenhänge eingeordnet. Man muß also den ganzen Weg gegangen sein, um abschließende Antworten zu erhalten.

So handelt das Buch nicht nur von Didaktik, es ist in seinem Aufbau selbst von didaktischer Absicht bestimmt. Dieser Absicht sollte auch der Leser gerecht werden. Um sich nicht in der Fülle des Stoffes zu verlieren, sollte er sich mit dem beschriebenen Aufbau in Problemebenen, dem die einzelnen Kapitel entsprechen, vertraut machen. Er sollte die Stellung des Einzelthemas im Ganzen im Auge behalten, sich an den Überschriften und Zwischentiteln orientieren, den häufigen Querverweisen nachgehen, einzelne Abschnitte gegebenenfalls überspringen, die Beispiele als Illustration und Konkretisierung der Allgemeinaussagen und nicht als Lernstoff verstehen, komprimierte Aufzählungen in Listenform als inhaltlich zu füllende Lernhilfen nutzen. Die unterschiedliche Typographie kann ihm bei der Orientierung helfen.

Zitate sind in der üblichen Weise nachgewiesen. Literaturempfehlungen, jeweils durch »Lit.« eingeleitet, sind, dem Zweck eines Lehrbuches gemäß, nach ihrer Eignung für das weiterführende Studium und ihrer inhaltlichen Qualität ausgewählt, weswegen auch ältere, »klassische« Texte der Didaktik ihren angemessenen Platz erhalten. In die Auswahl ging notwendigerweise eigene Bewertung ein. Oft fiel sie schwer. Allzu umfangreiche Literaturlisten können aber dem Leser mehr Belastung als Hilfe bedeuten, und so mußte um der Beschränkung willen manches Wertvolle und Nützliche wegbleiben. Die aufgeführten Werke geben ihrerseits Wegweisungen zu weiterem, vertieftem Studium.

# 1. ELEMENTE DES UNTERRICHTSGESCHEHENS

Auf einer ersten Beobachtungs- und Besinnungsebene geht es uns um die möglichst weitgehende *Isolierung der einzelnen Unterrichtselemente,* wie sie sich dem Beobachter des Unterrichtsgeschehens zeigen, wie sie aber auch Gegenstand von Unterrichtsanalysen unter wissenschaftlichem Anspruch sind. Solche Elemente sind die Einzelakte des Lehrers, die Einzeltätigkeiten der Schüler und die einzelnen Unterrichtsmittel, unter ihnen mit eigenem Gewicht die Sprache. Die erste Zusammenschau der Elementenbereiche führt zum Schema des »didaktischen Dreiecks«.

## 1.1 Erste Beobachtungen und Einsichten

Wir gehen möglichst unvoreingenommen und unbelastet von Theorien, als »naive« Beobachter in den Unterricht. Wir sehen dort *Personen,* Lehrer und Schüler, und *Gegenstände*, mit denen diese Personen umgehen.
Der *Lehrer* (damit ist hinfort ganz selbstverständlich auch die Lehrerin gemeint) fragt und weist an, zeigt und erzählt, erklärt und schreibt an, bestätigt und verneint, er ruft aber auch zur Ordnung, lacht und zürnt, lobt und mahnt, belohnt und straft ...
Die *Schüler* hören zu und beobachten, antworten und fragen, lesen und diskutieren, machen nach und probieren selbst; aber sie lachen auch und ärgern sich, fiebern vor Spannung und äußern Langeweile, gehorchen schweigend und maulen, schwätzen und stören ...
Die *Gegenstände* sind Bilder, Modelle, reale Dinge, geschriebene oder gedruckte Texte, aber offensichtlich auch nicht-greifbare Sachverhalte wie eine mündliche Erzählung, eine Erklärung ...

Wir erkennen:
1. Unterrichtliches Geschehen kann von *mehreren Seiten*, vom Lehrer, vom Schüler und vom außenstehenden Beobachter aus betrachtet werden. Es kann sich dabei sehr verschieden darstellen, und jeder Beteiligte sollte auch die Sicht der anderen Seite zu verstehen suchen. Wir kennzeichnen fortan die jeweilige Betrachtungsweise durch die Bestimmungswörter »Lehr-« für den Aspekt des Lehrers, »Lern-« für die Perspektive des Schülers, »Unterrichts-« für die Außensicht des Didaktikers.
2. Lehrer- und Schülertätigkeiten sind aufeinander bezogen, Unterricht ist ständige *Interaktion* (wechselseitige Einwirkung) und *Kommunikation* (Verständigung).

Diese Verständigung erfolgt zum Teil *verbal* mittels mündlicher oder schriftlicher Sprache, zum Teil *nonverbal* über Mienen, Gesten, Verhaltensweisen, Handlungen.

Interaktion und Kommunikation sind in ihren Inhalten nicht notwendig positiv oder negativ. Beide sind keine Wert-, sondern neutrale Sachbegriffe.

3. Verständigung in Interaktion bezieht sich teils auf die Auseinandersetzung mit den »*Gegenständen*«, teils auf das Verhältnis der handelnden *Personen*, des Lehrers zu den Schülern, der Schüler zueinander. Unterricht verläuft auf einer *Sachebene* und einer *Beziehungsebene*.

Beide Ebenen wirken aufeinander ein; sie können sich fördern und hemmen, Erfolg oder Scheitern bewirken, sie sind *interdependent*. Dies ist eine Grundbestimmung und -bedingung von Unterricht, die in ihrer Bedeutung kaum überschätzt werden kann.

»Die Schulen wurden ursprünglich als Anstalten zum Lernen geschaffen. Leider aber laden wir nicht nur die verschiedenen Intelligenzquotienten der Kinder ein; zu unserer großen Beunruhigung bringen die Kinder außer ihrer Intelligenz auch noch andere Bereiche ihrer Persönlichkeit mit: Empfindungen, moralische Einstellungen, und was sonst noch der Erziehung bedarf, ferner ihren Leib, Glied für Glied – ganz gleichgültig, wie störend oder unnötig für das, was wir lehren wollen – und schließlich das ganze Inventar von Emotionen, über das sie zu Haus oder auf dem Spielplatz verfügen, zusätzlich zu den Emotionen, die für den Erwerb von Wissen und Kentnissen relevant sind. Kein Wunder, daß sie im Klassenzimmer auch noch »leben«, ob uns das recht ist oder nicht; das bedeutet, daß sie Zuneigung und Haß entwickeln, Cliquen und Untergruppen bilden, daß sie hoffen, lieben, hassen und fürchten. Sie experimentieren miteinander als potentiellen Freunden, Geliebten, Rivalen, Mitarbeitern, Anführern und sogar Sklaven. Sie versuchen, die ganze Skala von persönlichen Beziehungen zu erleben, mit denen sie in ihrem privaten Leben bekannt geworden sind. Das Leben geht also weiter trotz der Lehrpläne, die wir haben mögen« (Redl 1987, 182).

Gleichwohl müssen wir das, was in Wirklichkeit eng verwoben ist, für unsere Betrachtung *gedanklich trennen*. Wir abstrahieren vom Beziehungsaspekt – nicht weil er unwichtig wäre, sondern weil er so wichtig ist, daß er eigener, ausführlicher Behandlung bedarf – und behandeln hinfort nur den Sachaspekt. Wir stellen uns also gewissermaßen »ideale« Schüler und Lehrer vor, (die in Wirklichkeit gar nicht so ideal wären), denen es nur um das Lernen, die Auseinandersetzung mit den »Gegenständen« geht. Die Sachebene ist für unsere Betrachtung noch komplex genug. Dabei richten wir unseren Blick zuerst auf die handelnden Personen, dann auf die Gegenstände, mit denen sie umgehen.

## 1.2 Einzeltätigkeiten des Lehrers und der Schüler

### 1.2.1 Begriffliche Unterscheidungen

Lehrer und Schüler sind immerfort tätig. Versuchen wir, diesen Geschehensstrom in seine *Elemente* aufzulösen, so finden wir diese auf der Seite des Lehrers in kleinsten, von anderen deutlich absetzbaren, in sich noch sinnvollen Handlungseinheiten, den *Lehrakten*. (Diese ließen sich noch in kleinere Verhaltenselemente unterteilen, die aber der Sinnhaftigkeit entbehrten und wenig Erkenntnisgewinn brächten.)

Bei den Lehrakten unterscheiden wir

*Lehrgriffe:* einfache, kurzdauernde Einzeltätigkeiten wie ein Aufruf, eine Frage, ein Hinzeigen oder Abwinken, und

*Lehrtechniken*, auch formale Kleintechniken, Lehrfertigkeiten, Unterrichtsprakti-ken, Teaching Skills genannt: Tätigkeiten schon komplexerer Art, die einiges Können erfordern und speziell zu erlernen sind, wie Erzählen, Führung des Unterrichtsge-sprächs, Korrigieren und Bewerten von Schülerarbeiten usw.

Beide Arten von Lehrakten sind nicht säuberlich zu trennen, es gibt Zwischenformen und Übergänge. Gleichwohl ist ihre Unterscheidung hilfreich.

Auf Seite der Schüler lassen sich dementsprechend *Lernakte* unterscheiden. Auch diese können einfache und kurze, teils vom Lehrer bewirkte, teils spontane Einzel-handlungen sein, eine Meldung, eine Antwort, eine Frage (der analoge Ausdruck »Lerngriffe« ist unüblich) und anspruchsvollere Lerntätigkeiten wie Teilnehmen am Unterrichtsgespräch, Memorieren, Verbessern, Präparieren usf. Sie werden als *Lern-techniken* bzw. *Arbeitstechniken* bezeichnet.

### 1.2.2 Erfahrungsregeln für die Handhabung der Unterrichtstechniken

#### a) Lehrgriffe und Techniken des Lehrers

*Bedeutung*

Griffe und Techniken können zunächst als *Einzelmaßnahmen* festgestellt und beur-teilt werden. Ob eine Erzählung spannend und anschaulich oder langweilig und farblos, eine Frage logisch richtig oder falsch gestellt, eine Tafelanschrift sauber und übersichtlich oder schludrig und wirr ist, das kann der Fachmann – oft schon der Laie – sicher beurteilen. Vertreter verschiedenster, ja gegensätzlicher Positionen sind sich hier weitgehend einig über Richtiges und Falsches, Gekonntes und Ungekonntes, weil auf dieser Ebene nach Gesichtspunkten der Zweckmäßigkeit geurteilt wird. Wert und Rechtfertigung solcher Techniken liegen im Bereich des praktischen

Vollzugs, nicht der didaktisch-methodischen Begründungen und Entscheidungen, wenn auch die Grenzen nicht immer eindeutig zu ziehen sind.

Deswegen entscheidet ihre Beherrschung oder Nichtbeherrschung allein noch nicht über die Qualität des Unterrichts. Ein Lehrer kann in äußerst gewandter Unterrichtsführung Falsches vermitteln und die Schüler übel manipulieren, und er kann in holpriger und doch redlicher Weise Richtiges und Wertvolles bieten. Aber in der Summierung werden ungekonnte Techniken zu einer Belastung. Sie bringen »Sand ins Getriebe« und können den noch so gut geplanten Unterricht in seinem Verlauf empfindlich stören oder gar scheitern lassen. Sie sind notwendige, wenn auch nicht hinreichende Bedingungen guten Unterrichts.

*»Kunstfehler«*

Man kann feststellen, daß gewisse Verstöße gegen technische Regeln des Unterrichts gehäuft vorkommen, insbesondere beim Anfänger und beim nicht professionellen Lehrer.

Er
– wiederholt die Schüleraussagen wörtlich,
– spricht zu hastig, undeutlich, monoton,
– steht im Raume so, daß er schlecht gesehen oder gehört werden kann,
– läßt nicht genügend Zeit zur Überlegung,
– löst das Unterrichtsgespräch in Einzelunterhaltung auf und läßt die restlichen Schüler unbeschäftigt,
– gibt unklare Arbeitsanweisungen, läßt mehrere Dinge gleichzeitig tun, setzt keine deutlichen Zäsuren,
– präsentiert Medien so, daß sie nicht von allen gut wahrgenommen werden können,
– will Dinge aus den Schülern herausfragen, die sie gar nicht wissen und auch nicht denkend erschließen können, usf.

Solche Verhaltensweisen, zu denen die Unterrichtssituation leicht verführt, bezeichnen wir als *»Kunstfehler«*. Dies geschieht in Anlehnung an den Gebrauch dieses Wortes bei anderen Berufen. In jedem Berufsstand gibt es Dinge, die man nicht tun darf, wenn man als Fachmann gelten will. Es mögen kleine, scheinbar unbedeutende Handgriffe sein wie beim Schreiner, der den Hobel mit der Messerschneide nach unten abstellt, oder Fehler von lebensbedrohender Schwere wie beim Arzt, der die Injektionsspritze nicht frei von Luftblasen macht. Immer wird der Eingeweihte, dem die richtigen Verhaltensweisen in Fleisch und Blut übergegangen sind, den Fehler sofort bemerken und den Täter als Laien oder Pfuscher erkennen. (Lit. Hughes 1910; Vestner/Glöckel 1959; Wagner 1976).

*Lehrtechniken lernen*

Sichere Beherrschung der unterrichtlichen Techniken fördert die Reibungslosigkeit des äußeren Ablaufs, entlastet von Nebensächlichkeiten und macht frei für das

Wesentliche in der Auseinandersetzung mit Sachen und Menschen. Der Schüler hat ein Recht darauf, daß seine Lernzeit so gut wie möglich genützt und nicht durch zu viele technische Mängel beeinträchtigt werde. Der Lehrer muß und kann diese Techniken lernen. Sie stellen die handwerkliche Seite seines Berufes dar – eines Berufes, der nicht nur fundiertes Wissen, sondern auch praktisches Können verlangt.

Dieses Lernen kann während des Studiums nur angebahnt werden, es hat seinen Platz vor allem in der zweiten Phase der Lehrerbildung und in dauernder Weiterarbeit und Selbstprüfung während des Berufslebens. Es verlangt gezieltes *Üben unter Fremd- bzw. Selbstkontrolle.* Daher sollte der Lehrer einen Beobachter oder auch die eigenen Schüler um Hinweise bitten, und er sollte öfters eine Tonband- oder gar Video-Aufnahme seines Unterrichts zu Hause abhören.

Als hilfreiche Methode hat sich auch das *Lehrerverhaltenstraining* mit Video-Aufzeichnung, auch Mikro-Teaching genannt, erwiesen:

Eine kurzdauernde unterrichtliche Teilaufgabe wird mit einer kleinen Gruppe von Schülern (Kommilitonen, Kollegen) durchgeführt und aufgezeichnet, dann ein- oder mehrfach abgespielt und kritisch analysiert, hierauf mit einer anderen Schülergruppe nochmals versucht und wieder betrachtet und beurteilt.

Solcher »Mini-Unterricht« unter vereinfachten Bedingungen erleichtert die Konzentration auf Einzelmaßnahmen, fördert die Selbstwahrnehmung und bietet Gelegenheit zum Üben. Freilich bringt die Übertragung in die Ernstsituation noch manche Schwierigkeiten mit sich. (Lit. H. Roth 1957; Grell 1975; 1981; Zifreund 1976; Grzesik 1976; Becker 1980; Mutzeck / Pallasch 1983; Schröter 1984)

## b) Beispiel einer Lehrtechnik: Impulsgebung

*Begriff des Impulses*

Eine der häufigsten Einzeltätigkeiten des Lehrers besteht darin, bestimmte Lernakte der Schüler auszulösen. Früher bediente man sich hierzu vor allem der Frage. Gegen deren einseitige Betonung setzte man in diesem Jahrhundert eine Vielfalt von »Denkanstößen« oder »Impulsen«. Die heftige Polemik für und wider Frage oder Denkanstoß hat nur noch historische Bedeutung (vgl. 2.2.2). Heute gilt *Impuls* als der *Oberbegriff für alle beabsichtigten, unterrichtsbezogenen Verhaltensäußerungen des Lehrers, die ein bestimmtes Schülerverhalten auslösen sollen.*

Lehrerimpulse unterscheiden sich nach ihrer grammatikalischen Form, ihrer didaktischen Funktion und ihrem Inhalt.

## Formen und Fehlformen

*Fragen* weisen meist unmittelbar auf das Gemeinte hin und fordern die kurze, unvollständige, nur das Gefragte ergänzende Antwort heraus, weswegen der Lehrer immer wieder zum »Antworten im ganzen Satz« mahnen muß bzw. zu müssen meint.

*Aufforderungen* (Anweisungen, Befehle, Bitten) sind sprachlich meist knapper, bezeichnen die gewünschte Tätigkeit genauer und ergeben von selbst zusammenhängende Schülerantworten. Statt »Warum ist das so ...?« sagt man besser »Begründe!«, statt »Wo liegt ...« – »Zeige!« statt »Was siehst du dort ...?« – »Beschreibe!«.

*Aussagesätze* sind eigene Beiträge des Lehrers zum Gespräch, führen dieses inhaltlich weiter, lassen nur zusammenhängende Schülerbeiträge zu und sind somit Ausdruck einer echten Gesprächssituation.

*Interjektionen* (Hm! Vielleicht? O weh!) fördern ein feineres Reagieren und Mitdenken und vermindern den – fast immer zu hohen – Anteil der Lehrersprache.

*Gesten* und *mimische Bewegungen* (»stumme Impulse«) leisten das gleiche in noch subtilerer Weise, und noch mehr das ostentative

*Schweigen und Warten*, das aber auch als Geste bewertet werden kann.

Mit den genannten Impulsformen bindet der Lehrer die Schüler an sich. Deswegen sollte als wertvollster Anstoß derjenige gelten, der vom *Gegenstand selbst* ausgeht, der »Sachimpuls«. Diesen anzubahnen, den Gegenstand didaktisch so aufzubereiten, daß von ihm solche Anstöße ausgehen können, ist aber wiederum Aufgabe des Lehrers.

Einzelne *Fehlformen* (Mehrfachfragen, Doppel- und Dreifachformulierung derselben Frage, Überwiegen von Entscheidungsfragen, Abbrechen der Sätze, Überzahl provokativ gemeinter Falschaussagen ...) werden im lebendig-bewegten Unterrichtsgeschehen kaum bemerkt, unterlaufen jedem und sind »lässige Sünden«. In der Häufung aber wirken sie unangenehm und lassen Zweifel am Bildungsniveau und Selbstanspruch ihres Urhebers aufkommen.


## Form, Funktion, Inhalt

Nach der *didaktischen Funktion* sind zu unterscheiden

*Haupt- bzw. Leitimpulse*, die einem Unterrichtsabschnitt (einem Teilschritt, einer Stufe, einer Einheit, einer Sequenz) die Fragestellung vorgeben und dementsprechend sorgfältig überlegt werden müssen, und

*Nebenimpulse*, kleine, beweglich eingesetzte Steuerungshilfen, die sich aus der Situation ergeben.

Eine weitere Aufgliederung nach der logisch-psychologischen Funktion (Analyse-, Synthese-, Vergleichs-, Kontroll-Impulse usw.) ist nur für die Unterrichtsanalyse unter wissenschaftlicher Fragestellung von Bedeutung (vgl. 1.2.3 b).

Wir trennen also *Form* und *Funktion:*

*Impuls*

Oberbegriff für alle beabsichtigten, unterrichtsbezogenen Verhaltensäußerungen des Lehrers, die ein bestimmtes Schülerverhalten auslösen sollen

|  | |
|---|---|
| *Funktion* | *Form* |
| Haupt- bzw. Leitimpuls | Frage | (?) |
| Neben- bzw. Hilfsimpuls | Befehl, Anweisung, Bitte | (!) |
| | Feststellung, Aussage | (·) |
| | Interjektion | (...) |
| | Stummer Impuls, Geste, Miene | (↑) |
| | Schweigen, Warten | (−) |
| | Verweis auf Gegenstand | (→) |

Wichtiger ist freilich der *Inhalt* des Impulses.

Er kann ein wirkliches *Problem* enthalten, das der Schüler sich zur Frage macht, ihm den Gegenstand in neuem Lichte zeigt, sein Denken und Weiterfragen in Gang setzt.

Er kann eine kleine *Denkhilfe* im Fortgang der gemeinsamen Überlegungen sein, die etwas hervorhebt, richtigstellt, einordnet.

Er kann eine *Trivialität* sein, die sich von selbst verstehen sollte, inhaltsleeres Gerede, ein Scheinproblem, Pseudoaktivität.

*Daß der Lehrer das Denken der Schüler durch »Hauptimpulse«, »Einstiege«, »Denkanreize« in Gang setze,*

*daß er im Fortgang durch »Nebenimpulse« die nötigen, aber auch nur diese Hilfen gebe,*

*daß er äußere Geschäftigkeit vermeide, Selbstverständlichkeiten voraussetze bzw. selbst sage,*

*darauf kommt es bei der Impulsgebung an.*

Der Lehrer sollte über ein weites Repertoire verfügen und es beweglich einsetzen. Je vielfältiger seine Impulsgebung ist, je besser seine Klasse »mitspielt« und feinfühlig auch auf leise Impulse reagiert, je weniger der Unterricht ein kurzatmiges Frage-Antwort-Geklapper bleibt, je näher er dem echten Gespräch in gegenseitigem Geben und Nehmen ist, als desto besser kann die Gesprächsführung gelten.

Doch geht das zum Teil über die Ebene des Unterrichtstechnischen hinaus und wird daher erst an anderer Stelle seine volle Erklärung finden. (Lit. Bloch 1969; Salzmann 1970; Grell 1981; Thiele 1983; H. Meyer 1987/II, 293 ff.; Dahms 1979; Wahl 1984; Becker 1984).

## c) Eine Liste von Lehrgriffen und -techniken

Die lange Liste mag deutlich machen, wieviel handwerkliches Können vom Lehrer verlangt wird. Sie ist nicht abgeschlossen. Vor allem fehlen die fachspezifischen Techniken, die vom Vorführen eines Experiments und dem Gebrauch eines Zeichengeräts bis zur Hilfestellung beim Geräteturnen reichen.

**Lehrgriffe, formale Kleintechniken, Vermeidung von »Kunstfehlern« beim Unterrichten:**

*Sprachliche Unarten vermeiden:*
Füll- und Verlegenheitswörter abgewöhnen – mundartliche, grammatikalische, logische Nachlässigkeiten unterlassen ... (Hilfe: Tonbandaufnahme eigenen Unterrichts)

*Nicht zu viel reden:*
Beherrschung üben – eigene Worte nicht durch Überfülle entwerten – Schülern nicht auf die Nerven gehen – ihnen Zeit und Ruhe lassen ...

*Sprachpflege betreiben:*
gutes Vorbild geben – auf zusammenhängenden, sauberen Ausdruck achten – nicht durch zu hohe Forderung mundtot machen – vom bestehenden Sprachniveau ausgehen, aber nicht auf ihm stehen bleiben – nicht auf Nebensächlichkeiten herumreiten – Aussprache-, Vorlese-, Vortrags-, Deklamationsübungen vornehmen – häufig im Chor sprechen lassen – Freude der Schüler am Sprechen erhalten, am guten Sprechen fördern ...

*Vorteilhafte Stellung und Haltung einnehmen:*
situationsgerechten Platz wählen – gut sehen und gut gesehen werden – natürliche, aber nicht nachlässige Haltung einnehmen – persönlichkeitseigene, aber beherrschte Gestik und Mimik zeigen – sich ruhig im Raum bewegen ...

*Richtig aufrufen:*
Klasse überblicken – keine feste Reihenfolge einhalten – erst Impuls geben, dann Namen nennen – alle Schüler beachten – nicht nur mit den Raschen oder Aufdringlichen arbeiten – Stille taktvoll aufmuntern und einbeziehen, aber persönliche Eigenart achten – auf ordentliches Melden achten ...

*Warten können:*
Zeit zum Nachdenken lassen – Antwort aufschreiben oder zwischen Partnern besprechen lassen – auf individuelles Tempo Rücksicht nehmen – nicht hetzen und drängen – Kindern nicht ins Wort fallen – mehrere Beiträge zum gleichen Impuls anhören – Beiträge der Kinder ernst nehmen ...

*Nachdrücklich arbeiten:*
nicht zu rasch zufrieden geben – auf zusammenhängendem Beitrag bestehen – Wichtiges hervorheben, aber nicht im Nebensächlichen hängen bleiben

*Zügig beginnen:*
keine umständlichen Einführungen und Einleitungen geben – rasch zur Sache kommen – gelungene Anfangsmotivation suchen, aber nicht überbewerten – Zielangabe nicht versäumen...

*Zügig weiterarbeiten:*
Langatmigkeiten, Umständlichkeiten vermeiden – bei aller Gründlichkeit sich nicht an Nebensächlichkeiten festbeißen – nicht alles erfragen wollen, sondern selbst etwas geben – nicht herumraten lassen – gedanklichen Spannungsbogen nicht abreißen lassen...

*Deutlich akzentuieren:*
Gliederung deutlich machen – einzelne Schritte voneinander absetzen – Strukturierungshilfen zur Umstellung geben – unklare Übergänge und Überschneidungen vermeiden – Zwischenzusammenfassungen vornehmen – Teilergebnisse an Tafel festhalten – Verständnisschritte überprüfen – Teilschritte neu motivieren...

*Nicht mehrere Dinge gleichzeitig tun oder tun lassen:*
klare Anweisungen geben und selbst einhalten – Tätigkeiten deutlich voneinander absetzen – rechtzeitig einen Tätigkeitswechsel ankündigen – störende Dinge wegräumen lassen...

*Arbeitsanweisungen geben:*
einfach und klar formulieren – schrittweise gliedern – möglichst schriftlich vorgeben – erklären – u. U. vormachen – von Schülern wiederholen lassen – Ankündigung und Ausführung nicht überlappen lassen...

*Organisatorische Vorbereitungen treffen:*
Medien, Hilfsmittel, Material bereitstellen – zeitlichen Ablauf planen – Zeitreserven vorsehen – vorgesehenen Einsatz von Schülern an Wandtafel o. ä. vorbereiten – Tafel- bzw. Projektortext samt Platzverteilung gut überlegen...

*Räumliche Ordnungen gut überlegen:*
Sitzordnungen aufgabengemäß planen – Gestühl zweckmäßig anordnen – notwendige Umstellung überlegen – das Umstellen üben lassen – bei Bedarf auch Stehhalbkreis anordnen...

*Lehrmittel richtig einführen:*
Schülern Zeit lassen, sich in die Darstellung hineinzufinden – gründlich betrachten lassen – didaktische Funktion und Darstellungsart erklären – Lehrmittel gut sichtbar aufstellen oder anbringen...

*Schüler in Tätigkeit halten:*
differenzierte Aufgaben stellen – Unterricht nicht in Einzelunterhaltung auflösen – Kontakt nicht abreißen lassen – Zusatzaufträge bzw. Arbeit nach eigener Wahl vorsehen – gelegentlich im Chor sprechen lassen...

*Klasse bei Stillarbeit nicht stören:*

nicht in Einzel- oder Gruppenarbeit einbrechen – nicht durch häufige Zusatzanweisungen unterbrechen – mit einzelnen im Flüsterton reden – notwendige Unterbrechung vorher durch Signal ankündigen . . .

*Forderungen der Hygiene beachten:*

häufig lüften – Licht und Lichtschutz, Wärme und Wärmeschutz regulieren – bei Sitzordnung auf Lichteinfall achten – Sitzhaltung überwachen – zur guten Körper- und Handhaltung beim Schreiben anleiten – Tätigkeitswechsel vorsehen – Bewegungsbedürfnis befriedigen – nicht mit Zwischenpausen geizen – nicht in die Pausen hinein unterrichten . . .

*Lernerfolge erleben lassen:*

häufig »verstärken« – oft die ganze Klasse loben – auch kleine Fortschritte anerkennen – erreichbare Zwischenziele stecken – Fehler mit Verständnis und Humor nehmen – ermutigen . . .

*Richtig aufhören:*

Zeit für Zusammenfassung und Rückschau, weiterführende Aufgaben usw. vorsehen – Stunde nicht abrupt abbrechen, aber auch nicht konturlos im Sande verlaufen lassen – einprägsamen Schlußpunkt setzen (abschließendes, auf Wesentliches zielendes Lehrerwort mit offener Frage, Ausblick auf Weiterarbeit . . .)

**Komplexere, eigens zu erlernende Unterrichtstechniken:**

*Das Unterrichtsgespräch führen, Impulse geben* (s. 1.2.2 b)

*Richtig sprechen:*

mit guter Resonanz, angemessener Lautstärke, deutlicher Artikulation, sinngemäßer Intonation und Modulation, richtiger Atemtechnik, dem Hörer zugewandter Sprechrichtung . . . (Sprechschulung bzw. Stimmbildung unter fachmännischer Anleitung wird empfohlen) . . .

*Wirkungsvoll erzählen:*

detaillieren – motivieren – personifizieren – lokalisieren – dramatisieren – direkte Rede und Gegenrede, Verben, einfache Sätze verwenden – rechtes Ausmaß von Ausmalung und Raffung finden – Sprache modulieren – Gefühlsausdruck nicht scheuen – Blickkontakt suchen . . .

*Gut vorlesen:*

Blickkontakt suchen – sinngemäß betonen und gliedern – artikuliert sprechen – Verarbeitungspausen einschieben . . .

*Wörter, Begriffe erklären:*

übersetzen – umschreiben – definieren – Gegensatz nennen – Verwendung beschreiben

– Beispiel geben – etymologisch ableiten – auf Gegenstand verweisen – gestisch oder zeichnerisch darstellen – durch den Gebrauch einführen...

*Lerntechniken und Arbeitsordnungen einschulen:*
begründen – vormachen – erklären – probieren lassen – korrigieren – Gelingen bestätigen – einüben – auf Einhaltung dringen – in Abständen wiederholen...

*Zum Memorieren anleiten:*
das Ganze lesen und erklären (lassen) – durchstrukturieren und in sinnvolle Stücke untergliedern – diese gemeinsam der Reihe nach laut mehrfach lesen – dabei teilweise, dann ganz abdecken – Merkpunkte als Erinnerungshilfen setzen – das Ganze auswendig sagen lassen – zur Selbstkontrolle schreiben lassen – in wachsenden Zeitabständen wiederholen – dies mehrfach in der Schule üben, erst dann als Hausaufgabe geben – Eltern zur Mithilfe gewinnen...

*Zu Bild- und Objektbetrachtung, Beobachtung, Textarbeit u. ä. anleiten:*
Wenn nötig Einführung oder Einstimmung geben – Schülern Zeit zur stillen Auseinandersetzung bzw. zum Partnergespräch lassen – spontane Äußerungen zulassen und begrüßen – nicht zu früh gängeln – erst allmählich stärker die Führung übernehmen, auf Übersehenes und Wesentliches hinführen – Objekt entfernen und aus der Vorstellung beschreiben lassen...

*Arbeitsmittel, Arbeitsblätter erstellen:*
Inhalte zusammenstellen, auf Wichtiges reduzieren – gedanklich strukturieren – sorgfältig formulieren – übersichtlich darstellen – sauber schreiben und zeichnen – Arbeitsanweisungen eindeutig formulieren – Möglichkeiten der Selbstkontrolle einbauen – Differenzierung mittels Zusatzaufgaben und -anregungen vorsehen...

*Tafelanschriften bzw. Projektfolien fertigen:*
Werkzeugeigenschaften beachten – saubere Unterlage schaffen – vorbildliche Schrift schreiben – knapp, einprägsam, sprachlich sauber und einheitlich formulieren – Platz gut verteilen – farbig unterscheiden und hervorheben – Skizzen gut einfügen – wenn möglich, schrittweise erarbeiten – Teilfläche für unvorhergesehene Anschriften vorsehen...

*Technische Geräte bedienen:*
sich einweisen lassen – im voraus üben – Geräte vorher kontrollieren und rechtzeitig bereitstellen – Schüler nach vorheriger Einweisung mithelfen lassen – Mängel bei Rückgabe melden bzw. sofort abstellen...

*Differenzierende Maßnahmen treffen:*
Aufgaben unterschiedlicher Schwierigkeit stellen – Zusatzaufgaben für rasche Arbeiter vorsehen – einzelne Schüler bzw. Schülergruppen »abhängen« – Abteilungen bilden – eigene Entscheidung der Schüler über Aufgabenwahl oder Zuordnung zu Abteilungen fördern...

*Hausaufgaben stellen:*

nicht zu viel, insbesondere nicht vielerlei aufgeben, aber auch nicht zu wenig und nebensächlich – nicht routinemäßig, sondern sinnvoll einbauen – im Einzelfall verzichten können, aber gute Arbeitsgewohnheiten nicht verderben – angemessene, d. h. nach Umfang, Schwierigkeit, Zeitbedarf differenzierte Aufgaben stellen – den Schülern Wahlmöglichkeiten einräumen – Freiwilligkeit fördern – notwendige Lerntechniken einschulen – klare Anweisungen geben – auf saubere Ausführung dringen – regelmäßig kontrollieren und würdigen – Kontakt mit den Eltern suchen – auf Ausschaltung störender Einflüsse oder Gewohnheiten dringen...

*Schriftliche Arbeiten korrigieren:*

sauber schreibendes Werkzeug benützen – vereinbarte Korrekturzeichen in nicht zu großer Zahl verwenden – zwischen grober Übersichts-, gründlicher Normal- und diagnostischer Individualkorrektur unterscheiden – Fehleranalysen als Grundlage weiterer Arbeit erstellen...

*Benoten und Bewerten:*

neben der »objektiven« Benotung als Einordnung in eine Rangreihe der Leistungen auch die »subjektive« Bewertung für persönlichen Einsatz und Lernfortschritt geben... (Eigene Ausbildung des Lehrers in dieser komplexen und verantwortungsvollen, in Stichworten nicht darstellbaren Aufgabe ist unerläßlich.)

*Ordnung wahren, disziplinieren:*

Ordnungen begründen, einüben, einhalten – Ventile für Bewegungs- und Äußerungsdrang schaffen – möglichen Ablenkungen vorbeugen – unbenötigte Sachen wegräumen lassen – Konzentrations- und Entspannungsübungen einschalten – Kurzpausen einlegen – Freiräume lassen – Grenzen nicht zu eng setzen, aber auf ihnen bestehen – Abweichungen schon in den Anfängen abwehren – alles bemerken, aber nicht von der Sache ablenken – kleine Signale geben, nicht mit Kanonen auf Spatzen schießen – Vorwarnungen geben – Lautstärke wechseln – häufiger richtiges Verhalten loben als falsches tadeln – gelegentlich Ordnungsfragen mit Schülern erörtern – nicht dauernd moralisieren, nörgeln, argumentieren, schimpfen – mit Verständnis, Humor und Festigkeit zügeln...

*Anmerkung:*

Dies gilt für »Disziplinieren« im Sinne der Verhaltensregulierung, insbesondere der Steuerung der Vitalimpulse im Alltag schulischen Arbeitens mit grundsätzlich gutwilligen, lernbereiten Schülern. Es gilt *nicht* für Fragen der Disziplin im Sinne der Bewältigung persönlicher Konflikte. Dort geht es nicht um Unterrichtstechniken, sondern um erzieherische Maßnahmen in immer individueller verantwortlicher Entscheidung mit persönlichem Einsatz. Doch können kleine Ordnungshilfen verhüten, daß kleine, an sich unbedeutende Störungen sich häufen und zu echten Konflikten eskalieren.

## d) Lern- bzw. Arbeitstechniken der Schüler

*Bedeutung*

*Lerntätigkeiten* sind der eigentliche Zweck des Unterrichts. Schüler sind in der Regel vorwiegend reaktiv, auf Impulse des Lehrers hin tätig. Aber auch sie geben »Impulse« für Lehrer und Mitschüler, greifen durch Fragen, Anregungen, kritische Äußerungen aktiv und steuernd in den Unterrichtsablauf ein. (Das Zahlenverhältnis von Lehrerimpulsen zu solchen der Schüler werden wir später als »Führungsgrad« kennenlernen.) Daß Schüler aktiv beitragen, dürfte – wenn auch noch nicht zureichend begründet – als wünschenswert erscheinen. Bloße Aktivität kann freilich leer laufen. Der Wert auch der Schüleräußerungen hängt letztlich vom Inhalt ab.

Es wäre schwierig, die vielerlei kleinen Lernakte der Schüler aufzulisten oder zu systematisieren. Anders ist das mit den *Lern- bzw. Arbeitstechniken.* Sie sind wichtige Voraussetzungen für den Lernerfolg, insbesondere für das selbständige Lernen in Schule und außerschulischem Leben. Als eingeübtes Können sind sie ein bleibender Besitz des Menschen, wenn viele Wissensinhalte längst vergessen sind. Manche Lernschwierigkeiten haben ihren Grund in mangelnder Lerntechnik. Wieviele Schüler sitzen stundenlang über Hausaufgaben, mühen sich mit dem Einprägen von Texten oder Vokabeln mehr als nötig, weil sie in unzweckmäßiger Weise lernen!

Die *Einschulung der Lerntechniken* ist eine eigene Aufgabe des Unterrichts, die Mühe und Zeit fordert, den Aufwand aber lohnt. Diese Einübung muß im Unterricht unter Anleitung des Lehrers erfolgen, weil nur so das Verständnis und die richtige Ausführung gesichert sind. Erst wenn die Techniken gemeinsam geübt sind, dürfen sie auch bei Hausaufgaben vorausgesetzt werden. (Lit. Scheibner 1962; Wenzel 1969; Bauer 1975; Rosenbusch 1978; H. Meyer 1987/II, 153; Aebli 1987, 179 ff.; Bönsch 1989)

*Beispiele von Lerntechniken*

Gewisse Techniken werden im Schulalltag beinahe täglich gefordert. Ihre sichere Beherrschung sichert erst die volle Zuwendung zur Sache und damit den Lernerfolg.

*Am Unterrichtsgespräch teilnehmen:*

zuhören – sich richtig, d. h. mit unterschiedlichen Zeichen melden – sich den Hörenden zuwenden – auf das vorher Gesagte eingehen – den Sinnzusammenhang mit angemessenen Floskeln deutlich machen – taktvoll Kritik üben – tolerant andere Auffassungen ertragen – den eigenen Standpunkt wahren – das Gespräch weitergeben – meta-kommunikativ über das Gespräch reflektieren...

*In der Gruppe, mit dem Partner arbeiten:*

gemeinsame Aufgabe klären – sich über das Vorgehen einigen – Arbeit verteilen – Rollen zuweisen – aktiv beitragen – Rücksicht nehmen – taktvoll korrigieren – zur Ordnung rufen – bei der Sache bleiben – flüsternd sprechen...

*Klar und deutlich sprechen:*

dem Zuhörer zugewandt – gut artikuliert – in angemessener Lautstärke – in zusammenhängender Rede – dem Hochdeutschen mehr und mehr nahe kommend...

*Vorlesen:*

klar und deutlich – an die Zuhörer gewandt – diese immer wieder anblickend – in sinnvollen Sprecheinheiten – mit angemessener Betonung...

*Still lesen:*

in flottem Tempo – je nach dem Zweck gründlich vertiefend oder rasch überfliegend – in Sinneinheiten die Aussage des Textes erfassend...

*Schreiben:*

zügig verbunden – flott, aber nicht hastig – elastisch schwingend – zweckmäßig in der Bewegung – gut lesbar – gefällig in der Form – die persönliche Eigenart im Rahmen sachlicher Forderungen wahrend – ausdauernd und ohne Ermüdung – mit richtiger Finger-, Hand-, Arm-, Körperhaltung – mit dem Zweck und dem Schreiber angemessenen, gut gepflegten Werkzeugen – mit und ohne Zeilen in guter Raumverteilung...

*Druck-, Norm-, Zierschrift schreiben:*

Werkzeuge, Unterlagen, Farben der Aufgabe entsprechend wählen – spezifische Techniken der Handhaltung und Werkzeugführung anwenden – ansprechend verteilen...

*Mit Zeichenmaterial umgehen:*

die verschiedenen Werkzeuge sachgerecht behandeln – Schreib-, Skizzier-, Linier-, Schraffierhaltung unterscheiden – entwerfen – skizzieren – Platz verteilen – in den verschiedenen Techniken ausführen

*Abschreiben:*

nicht buchstabenweise auffassen, sondern Vorlage gründlich betrachten – ganze Wörter und Wortgruppen einprägen – aus dem Kopf niederschreiben – dann mit der Vorlage vergleichen – schrittweise zum Auffassen immer größerer Einheiten kommen...

*Aufschreiben:*

Wörter, Sätze, Abschnitte gründlich einprägen – aus dem Kopf fehlerfrei niederschreiben – überprüfen

*Fehler verbessern:*

Korrekturzeichen des Lehrers beachten – Verbesserungsregeln anwenden – Ergebnis nachprüfen – bei Zweifel Mitschüler oder Lehrer um Rat fragen... (Hier dürfen die Erwartungen an selbständiges Arbeiten nicht zu hoch gesteckt werden; wer wirklich sinnvoll ausbessern kann, macht in der Regel kaum noch solche Fehler).

*Auswendig lernen, einprägen:*

Zeiteinteilung planen – Leistungskurve beachten – Interferenzen ähnlicher Inhalte vermeiden – Zusammengehöriges zusammen lernen – falsche Assoziationen vermeiden – das Ganze überschauen – faßbare Untereinheiten bilden – diese nacheinander einprägen – anschauliche Gliederungshilfen verwenden – Merkpunkte und Erinnerungshilfen setzen – möglichst alle Sinne beteiligen – laut lesen – das Ganze wiederholen – nach dem Memorieren »abschalten« – anfangs häufig, dann mit wachsendem Zeitabstand wiederholen – Lücken besonders gründlich nachlernen – schwer zu Behaltendes aufschreiben...

Über das rein »Technische« hinaus reichen komplexere gedankliche Verfahrensweisen, die von Wissen und Verständnis abhängen. Sie vervollkommnen sich nur allmählich und bedürfen der häufigen, planmäßigen Übung. Auch das sollte der Schüler im Laufe seiner Schulzeit erlernen:

nachschlagen, Inhaltsverzeichnis und Register gebrauchen – alphabetisch ordnen, katalogisieren – exzerpieren, Stichworte festhalten, zusammenfassen, nach Stichworten berichten – einen Text präparieren – Personen interviewen – Tabellen und Schaubilder lesen und anfertigen – mit Arbeitsmitteln und Unterrichtsprogrammen lernen – Hausaufgaben zeitlich planen und selbständig ausführen – für Schulaufgaben und Prüfungen wiederholend und zusammenfassend lernen...

Neben solchen allgemeinen Techniken, deren Vermittlung und Pflege allen Lehrern aufgegeben ist und von ihnen nur in guter Zusammenarbeit geleistet werden kann, gibt es auch hier *fachspezifische Techniken,* die in den einzelnen Fächern einzuüben sind. Solche sind z. B.:

Karten zeichnen, Karten lesen, Höhenprofile zeichnen, Klimakurven erstellen – verschiedene Schriftarten lesen, Geschichtskarten lesen – Pflanzen bestimmen, Blütengrundrisse zeichnen, mikroskopieren, Tiere beobachten – physikalische Versuche durchführen, Tabellen aufstellen, Schaubilder zeichnen, mit Meßgeräten umgehen – Sachrechenaufgaben ansetzen, geometrische Zeichnungen anfertigen – Koordinatensysteme verwenden – Wortfamilien zusammenstellen, Wörter ableiten – technische Zeichnungen bemaßen, Werkzeuge richtig gebrauchen – Hilfestellung beim Turnen geben...

### e) Grenzen der Erfahrungsregeln

Ratschläge unterrichtstechnischer Art wie die bisherigen wurden in Generationen gewonnen und sind ernst zu nehmen. Es wäre töricht zu meinen, der Lehrer könne alle Erfahrungen selbst machen. Bis er so weit wäre, hätte er die längste Zeit seines Berufslebens durchlaufen und ungezählten Schülern geschadet. Gleichwohl müssen die Grenzen der bisherigen Betrachtungsweise gesehen werden.

Zum einen bleibt Erfahrungswissen auf das beschränkt, was erprobt wurde; oft wird es zu rasch aus wenigen Einzelfällen verallgemeinert. Seine Überprüfung durch die kritisch-wissenschaftliche Analyse wird Gegenstand des nächsten Teilkapitels sein.

Zum anderen haben wir bisher immer nur nach dem »Wie?«, nicht nach dem »Warum?« gefragt. Solche Fragen drängen sich auf:

Warum überhaupt sollen die Schüler im Unterricht gepflegter sprechen als im alltäglichen Umgang?

Warum eigentlich müssen Hausarbeiten regelmäßig vom Lehrer eingesehen und gewürdigt werden?

Warum ist uns das subtil gelenkte Unterrichtsgespräch lieber als die straffe Führung durch Lehrerfragen?

Warum soll der Lehrer in den Schülerheften und an der Tafel in ordentlicher Handschrift schreiben? usf.

Natürlich gibt es für all das gute Gründe. Diese reichen von praktisch-nützlichen Argumenten über lernpsychologische Erkenntnisse bis zu sittlichen Forderungen und weltanschaulichen Setzungen. Sie werden erst in größerem Zusammenhang verständlich werden.

### 1.2.3 Unterrichtsanalyse unter wissenschaftlichem Anspruch

#### a) Forschungsmethodische Anforderungen

Auch wissenschaftliche Erkenntnis baut auf Erfahrung, aber diese soll *objektiv* sein, auf *methodisch kontrolliertem Wege gewonnen* werden. Es gilt also, zunächst die Erscheinungen möglichst vorurteilsfrei zu beschreiben und sie damit überhaupt erst zu identifizieren, dann sie systematisch zu beobachten, möglichst viele Daten zu sammeln, zu zählen, zu ordnen, hierauf sie miteinander in Beziehung zu setzen und vorsichtig zu verallgemeinern, dabei jegliches Werturteil so lange wie möglich hintanzuhalten, subjektive Einflüsse möglichst auszuschalten, den eigenen Erkenntnisweg ständig kritisch zu begleiten, Aussagewert und Grenzen der gewonnenen Erkenntnisse zu reflektieren.

Empirische Unterrichtsforschung in diesem Sinne begann im wesentlichen erst in diesem Jahrhundert. Nach Ansätzen einer »Pädagogischen Tatsachenforschung« unter Peter und Else Petersen in den zwanziger und dreißiger Jahren an der Jenaer Universitätsschule begann ihr Siegeszug nach dem Kriege unter amerikanischem

Einfluß. Dort hatte man sich zeitweise einem streng naturwissenschaftlichen Forschungsansatz verschrieben, der aus exakt erhobenen, quantifizierbaren Datenmengen allgemein gültige Gesetze abzuleiten hoffte, um in deren Übertragung auf die Praxis den Unterricht zu verbessern. Am ehesten zähl- und meßbar sind aber die *Elemente des Unterrichtsgeschehens*. Sie sucht man zu identifizieren, in minutiöser Protokollierung mit Hilfe von Tonband, Film und Videoband festzuhalten, statistisch zu verrechnen, Korrelationen zwischen den Daten zu ermitteln und daraus Schlüsse zu ziehen.

Tausende von empirischen Untersuchungen dieser Art wurden vorgenommen, Einzelergebnisse in kaum überblickbarer Fülle liegen vor. Nur wenige Beispiele daraus können in knapper Form vorgestellt werden, um die methodischen Ansätze und ihren möglichen Wert für Theorie und Praxis des Unterrichts deutlich zu machen. (Lit. Winnefeld 1957; Ingenkamp 1970; L. Roth 1978; Tausch 1970; Thiemann 1973; Gerner 1976; Delamont 1976; Schwark 1977; Ziefuß 1978; Kluge 1978; Gage/Berliner 1979; Gage 1979; Achtenhagen 1982)

## b) Beispiele

### Interaktionsanalysen

*R. Tausch* (1960) untersuchte das Ausmaß und die Art der Lenkung im direkten Klassenunterricht. In 24 Unterrichtseinheiten zu je 40 Minuten erfahrener Lehrer ergaben sich folgende Durchschnittswerte pro Stunde:

Der Lehrer stellte 57 Fragen und 52 Aufforderungen. Er sagte 3,4 mal »bitte« (in einem Fünftel der Stunden gar nicht), und 0,5 mal »danke« (in vier Fünftel der Stunden überhaupt nicht). Die Schüler insgesamt stellten 2,2 Fragen, in einem Drittel der Stunden gar keine. Sie erlebten durchschnittlich nur in jeder zweiten Stunde eine Arbeitsperiode von zwei bis vier Minuten Dauer ohne lenkenden Eingriff des Lehrers. Es gab Stunden, in denen die Mehrzahl der lenkungsfreien Intervalle unter 15 Sekunden lag.

Weiterhin untersuchte *Tausch* (1962) das Ausmaß und den Anteil von Lehrer- und Schülersprache in zehn Sachunterrichtsstunden zum gleichen Thema in 3./4. Klassen. Er ließ die Lehrer die Zahl der von ihnen und von den Schülern gesprochenen Wörter schätzen und verglich diese mit den tatsächlich erhobenen Zahlen.

Die Lehrer schätzten im Durchschnitt ihre eigenen Wörter auf 258, die der Schüler auf 386, also im Verhältnis 1 : 1,5. Tatsächlich sprachen sie 3123, die Schüler 2179 Wörter, demnach im Verhältnis 1,5 : 1. Die Lehrer schätzten also die absolute Zahl um etwa das Zehnfache zu gering, das Verhältnis gerade umgekehrt.

Dabei war allerdings die Streubreite sehr groß, bei den Lehrern zwischen 1375 und 5925, bei den Schülern zwischen 661 und 4608 Wörtern.

Lehrer unterscheiden sich also sehr nach Ausmaß und Dauer des Redens. Die individuelle Eigenart bleibt relativ konstant, variiert aber doch in verschiedenen Klassen und wird somit auch vom Schülerverhalten beeinflußt (nach Gerner 1976, 125 ff.).

Es zeigten sich auch Zusammenhänge: Die Länge der Lehreräußerungen korrelierte negativ (r = − 0,50) mit der Länge der Schüleräußerungen und auch negativ (r = − 0,92) mit dem zusammenhängenden Sprechen der Schüler. Tausch unterschied des weiteren reversible Lehreräußerungen, d. h. solche, die ohne Verletzung üblicher Anstandsregeln auch von Schülern an Lehrer gerichtet werden könnten, von irreversiblen, die sich nur Lehrer leisten können. Reversible Äußerungen korrelierten negativ (r = − 0,47) mit der Zahl der Lehrerfragen und positiv (r = + 0,29) mit der Zahl der Aufforderungen und Bitten.

Tauschs Ergebnisse wurden zu ihrer Zeit sehr beachtet und in Nachfolgeuntersuchungen im wesentlichen bestätigt. Sie belegten zum einen, welchem Trommelfeuer von Impulsen Schüler im üblichen Unterricht ausgesetzt sind, unter welcher Anstrengung Lehrer und Schüler ständig stehen, zum anderen, wie wenig höflich der Umgangston oft war. Letzteres hat sich – nicht zuletzt unter dem Eindruck solcher Ergebnisse – inzwischen wesentlich geändert, das Bitte- und Danke-Sagen der Lehrer ist zur Gewohnheit geworden.

Weniger leicht zu ändern ist die hohe Zahl der Impulse. Sie ist offenbar durch die Situation des direkten Klassenunterrichts, den in ihr herrschenden »Handlungsdruck« bestimmt und in gewissem Grade notwendig. (Wahl 1991)

*Soar* (1973) setzte die Zahl der Impulse im Frage-Antwort-Unterricht in Beziehung zum Lernerfolg in den Bereichen Wortschatz, Sprachbeherrschung und Selbständigkeit. Er fand dabei einen kurvilinearen Zusammenhang. Der Lehrer darf also nicht zu viele, aber auch nicht zu wenige solcher Hilfen geben (nach Gage / Berliner 1969 II/667).

Eine *Zusammenschau* vieler Untersuchungen zur schulischen Interaktion aus verschiedenen Ländern führte zu der bekannten Flandersschen »Zweidrittelregel«: Im durchschnittlichen Unterricht wird ⅔ der Zeit gesprochen; ⅔ davon spricht der Lehrer; ⅔ seiner Redezeit besteht aus direkten Einflußnahmen (Vortragen, Korrigieren, Anweisen usw.). Da insbesondere in englischsprachigen Ländern weniger direkt unterrichtet und mehr einzeln gearbeitet wird als in Deutschland, dürften hier die jeweiligen Anteile eher noch höher sein (nach Hanke 1974, 49).

*Arbeitszeitanalysen*

*Schultze / Schleiffer* (1965) achteten nicht nur auf die sprachlichen Äußerungen, sondern auf alle Tätigkeiten des Lehrers im Unterricht. In 242 Stunden »reiner Unterrichtszeit« an 50 Tagen hatten diese Tätigkeiten folgende Prozentanteile:

| | |
|---|---:|
| Gesprächsführung, verbale Impulse | 41,7 |
| verbaler Lehrervortrag | 10,8 |
| durch technische Hilfsmittel unterstützter Vortrag | 8,7 |
| nicht verbale Unterrichtssteuerung | 2,5 |
| Maßnahmen zur technischen Durchführung des Unterrichts | 6,3 |
| Reaktion auf Störungen | 1,4 |
| Abwartehaltungen des Lehrers | 10,7 |
| Nebenhandlungen, Unterbrechungen, kein unmittelbarer Kontakt zur Klasse | 18,1 |

»Handlungsarme Positionen« des Lehrers ohne unmittelbaren Kontakt zur Klasse von mehr als 2 Minuten Dauer kamen nur in 55% der Stunden vor.
Aber der Lehrer ist ja nicht nur im unmittelbaren Kontakt zu den Schülern tätig. Nach in der Tendenz übereinstimmenden Ergebnissen verschiedener Arbeitszeitanalysen im In- und Ausland macht die »reine« Unterrichtszeit, in der Lehrer und Schüler der Sache zugewandt sind, nur etwa 70 bis 80% der »gesamten Unterrichtszeit«, die mit den Schülern im Klassenzimmer verbracht wird, aus. Diese wieder umfaßt etwa 60% der Gesamtarbeitszeit des Lehrers, die auch die Tätigkeiten im Schulhaus bzw. zu Hause einschließt.

*Analysen der Schülerbeteiligung*

Die bisherigen Untersuchungen sprechen pauschal von »Schülern« und kümmern sich nicht um Unterschiede. Unterricht kann aber sehr unterschiedlich erlebt werden.

*Wiesenhütter* (1961) untersuchte das Drankommen der Schüler im Unterricht und fand eine Rangreihe der Häufigkeit des Aufgerufenwerdens:
Leistungsbeste und Leistungsgute – Vorbilder und Klassensprecher – »verständiger Mütterchentyp« – Lehrerlieblinge – unbeliebte Schüler – Sorgenkinder und Störenfriede – ungleichmäßige Arbeiter – Durchschnittsschüler – Schwache – Sinnesgeschädigte.
Die (vom Lehrer aus gesehen) rechte Seite wurde etwas häufiger aufgerufen. Fast jeder Lehrer hatte im Raum bevorzugte und übersehene Bereiche. Die Sitzordnung erwies sich als zweitrangig, sobald sie zur Gewohnheit geworden war. Mit größerer Schülerzahl ging eine stärkere Koartation (Einengung) des Aufrufens einher, es wurde stereotyper und weniger flexibel.

*Brophy / Good* (1976) kamen zu ähnlichen Resultaten:
Lehrer interagieren häufiger mit Sorge- und mit Zuneigungsschülern als mit den weniger auffälligen »Gleichgültigkeitsschülern«. Sorgeschüler erhalten mehr Gelegenheit, Fragen zu beantworten, und werden bei Mißerfolgen geduldiger behandelt. Zuneigungsschüler führen ihrerseits häufiger Kontakte mit dem Lehrer herbei und erhalten schwierigere Aufgaben gestellt.

*Geißler* (1973) stellte die Aufrufe getrennt nach drei Leistungsabteilungen fest und kam zu dem tendenziellen Ergebnis, daß die Chance des Drankommens sich sowohl innerhalb einzelner Stunden als auch im Laufe des Schulvormittags stark zu Ungunsten der schwachen Schüler verschiebt. Auch wurden schwache Schüler im jeweils ersten Stunden- bzw. Tagesdrittel häufiger gelobt, später zunehmend getadelt. Das Lob konzentrierte sich im Fortgang immer deutlicher auf die Spitzenschüler.
Die Erklärung liegt nahe: Der Lehrer ist immer von neuem guten Willens, auch die schwachen Schüler zu ihrem Recht kommen zu lassen und die damit gegebenen Verzögerungen in Kauf zu nehmen. Stoffdruck und Ermüdung verleiten ihn, immer mehr mit den Schülern zu arbeiten, die rasch die richtigen Antworten geben – und sich so über seinen tatsächlichen Unterrichtserfolg zu täuschen.

*Vorsmann* (1972) ermittelte aus der Analyse von 10 Unterrichtseinheiten eine ähnliche Tendenz, allerdings ohne Differenzierung nach Schülerleistungen:
In den Anfangsphasen sprach der Lehrer 23%, die Schüler 67%, und es gab 10% Besinnungspausen. In der Endphase sprach der Lehrer 63%, die Schüler 34%, und es blieben nur 3% Besinnungspausen.

In allen bisher genannten Untersuchungen ging es um die Erforschung *sozialer Interaktion*. Leitmotiv war in der Regel ein schulreformerisches: Man wollte das Zusammenleben freundlicher, erträglicher, humaner gestalten, die Beteiligung und Mitsprache der Schüler fördern. Unterricht ist aber nicht nur – möglichst angenehmes – mitmenschliches Beisammensein. Er dient der *Vermittlung von Inhalten*. Sollte das, was da vermittelt wird, nicht ebenso das Interesse der Unterrichtsforscher finden?

## Inhaltsbezogene Analysen

Schon die inhaltliche Variation von Unterrichtsimpulsen ergibt neue, aufschlußreiche Tendenzen.

*Oehlert* (1980) stellte im Physikunterricht 5. Klassen folgendes fest:
»Offene« Impulse, die verschiedene Reaktionen der Schüler erlauben, bewirken, daß sich weniger Schüler, eher die besseren, mit längeren Beiträgen zu Worte melden.
Bei »engen« Impulsen, die nur eine richtige Antwort zulassen, ist die Zahl der Wortmeldungen erheblich höher, bei stilleren, beteiligungsschwachen Schülern fünfzehnmal so hoch.
Offene Impulsgebung scheint also die besseren und redegewandteren Schüler zu bevorzugen.
*Rowe* (1974) brachte Lehrer dazu, statt durchschnittlich einer Sekunde nunmehr drei Sekunden auf eine Antwort zu warten, und bewirkten damit selbständigere, längere und komplexere (spekulative, begründende, vergleichende, schlußfolgernde), mit mehr Selbstvertrauen gegebene Beiträge, bessere Beteiligung der langsameren Schüler und eine weniger »fordernde«, mehr »nachdenkliche« Gesamtatmosphäre (nach Gage/Berliner 1979, II/678).
*Spanhel* (1971) analysierte die unterrichtliche Funktion von Lehreräußerungen aus zwanzig Unterrichtsprotokollen in verschiedenen Fächern. Der Anteil der jeweiligen Kategorie betrug in Hunderteln

| | |
|---|---:|
| »Reizdarbietung« (Sachinformation und Erklärung) | 9 |
| Lenkung von Aufmerksamkeit und anderen Aktivitäten | 29,5 |
| Steuerung des Denkens | 27 |
| Rückmeldung | 28 |
| Ansporn | 2,5 |
| Prüfung | 2,5 |

Gesamtzahl und Anteile der Sprachäußerungen variieren stark, abhängig von der Lehrerpersönlichkeit, daneben auch vom Unterrichtsfach. In Rechnen und Naturwissenschaften war der Steuerungsanteil noch höher als in Deutsch oder Erdkunde. Spanhel zog daraus die Schlußfolgerung: Lehrer versuchen, wenig Sachinformation zu geben, die Ergebnisse möglichst selbständig von den Schülern finden zu lassen, steuern dabei aber sehr stark und gestehen nur ein geringes Maß an wirklicher Selbständigkeit zu.

Wie sehr die Bedingungen der Situation sich auf die Inhalte der Schülerakte auswirken, zeigten *Diegritz/Rosenbusch* (1977) in einer linguistisch fundierten Analyse von Videoaufnahmen der Schülerkommunikation im Gruppen- und im Frontalunterricht. Es ergaben sich große Unterschiede zwischen den jeweils vorherrschenden Sprechhandlungsklassen:

| Sprechhandlungsklasse | im Gruppen- unterricht | im Frontal- unterricht |
|---|---|---|
| Konstitutiva (Festellung, Vermutung, Begründung ...) | 15,8 | 67,1 |
| Positionale (Frage, Bitte, Aufforderung, Vorschlag, Behauptung, Stellungnahme ...) | 52.6 | 18,6 |
| Evaluativa (Bestätigung, Zustimmung, Ablehnung, Kritik...) | 30,1 | 14,3 |

Im Gruppenunterricht sind die Sprechhandlungen vielfältiger und wechseln rascher. Es überwiegen solche mit emotionalen, persönlichen Anteilen, bei denen es um Behauptung der eigenen Position geht.
Im Frontalunterricht dominieren Sprechhandlungen, bei denen der sachliche Gehalt im Vordergrund steht.
Die Änderung der Situation kann also mehr bewirken als die direkte Einflußnahme.

36

Zugleich zeigt das letzte Beispiel, wie sehr die Mehrzahl der bisher aufgezählten Untersuchungen auf das Lehrerverhalten bzw. das vom Lehrer bewirkte Schülerverhalten beschränkt war. Erst genauere Analysen des gesamten Schülerverhaltens machen deutlich, was zwar jeder Lehrer (der ja auch einmal Schüler war) weiß, was er aber im Druck der Situation nur zu leicht übersieht: Schüler verhalten sich keineswegs immer so, wie der Lehrer wünscht und meint. Auch wenn sie nicht »auffallen«, betätigen sie sich in einer Unsumme von Einzelakten abseits vom beabsichtigten Unterrichtsgeschehen. Solche *»Nebenkommunikationen«* entlasten kurzfristig von den intellektuellen und emotionalen Anstrengungen der Unterrichtssituation, sind aber wenig nützlich für den Lernerfolg. (Lit. Baurmann 1981; Krüger 1978; H. Meyer 1987 II, 66 ff.)

## c) Zur Beurteilung »exakter« Unterrichtsforschung

*Bedeutung*

Solche Untersuchungen schärfen die *Beobachtung*, machen auf Erscheinungen aufmerksam, die sonst »im Drang der Geschäfte« übersehen werden, lehren den Arbeitsplatz des Lehrers und des Schülers besser kennen, die Belastungen für beide gerechter einschätzen.

Sie stoßen das *Weiterfragen* nach Zusammenhängen an, zeigen Bedingungen des Unterrichtsverlaufs auf, stellen vorurteilshafte oder pauschale Annahmen in Frage und nötigen zu differenzierteren Aussagen, vermitteln gesichertes, nicht nur auf Vermutungen und Wünschen gegründetes Wissen über die Realitäten des Unterrichtsgeschehens.

Sie bestätigen die vorher behandelten *Erfahrungsregeln* in vielfacher Hinsicht, relativieren sie aber auch, machen die speziellen Bedingungen ihrer Anwendbarkeit deutlich, lassen ihren Geltungsbereich und ihre Grenzen erkennen.

Sie geben endlich wertvolle Hinweise für die *Schulung* der Lehrer in den Unterrichtsgriffen und -techniken, auch mittels des schon erwähnten Lehrerverhaltenstrainings.

*Grenzen*

Die Untersuchungen *widersprechen* sich häufig in den Einzelergebnissen. Diese müssen erst mit den Ergebnissen möglichst vieler anderer Untersuchungen verglichen werden, ehe Konsequenzen für die Praxis gezogen werden dürfen. Die Vergleiche sind aber erschwert durch unterschiedliche Fragestellungen und Verfahrensweisen, die oft den methodologischen (forschungsmethodischen) Ansprüchen nicht genügen.

Nicht selten sind auch die *theoretischen Grundlagen unzureichend*. Schon in der Auswahl der Fragestellung, mehr noch im Übergang von den deskriptiven Feststellungen zu den präskriptiven Handlungsanweisungen gehen unreflektierte normative

Setzungen, Reformabsichten, moralisierende Urteile in die Untersuchungen ein. Die Exaktheit des Zählens, Messens und Verrechnens steht oft in keinem Verhältnis zu der Unschärfe und Kühnheit der Interpretationen.

Der elementenhafte Ansatz, um der Exaktheit willen gewählt, schließt notwendigerweise einen *Verlust an Bedeutsamkeit* ein. »Man hat die Teile in der Hand, fehlt leider nur das geistige Band.« Unterricht ist sinnhaftes Tun, und wo der Sinnzusammenhang fehlt, können auch die Elemente nicht richtig beurteilt, ja kaum richtig festgestellt werden.

So sagt z. B. die Feststellung »der Lehrer lächelt« in einem Verhaltensprotokoll nichts darüber aus, ob dieses Lächeln ein warmherziges und geduldiges oder heiteres und humorvolles, ein ironisches, spöttisches oder verächtliches ist. Allein darauf, nicht auf die Zahl der Lächelnsakte kommt es an. Um das aber festzustellen, muß der Beobachter die Situation sinnhaft mitvollziehen und interpretieren – mit allen Schwächen der Subjektivität, die einer solchen Interpretation notwendigerweise innewohnen. (Vgl. Rumpf 1971, 283)

Was nützt eine Angabe über die Zahl von Schüleräußerungen, solange man nichts über deren Qualität erfährt?

Weil im Unterricht Menschen *sinnhaft* handeln, kann es auch nicht gelingen, »Gesetze« naturwissenschaftlicher Art zu finden, nach denen man nur eine »Ursache« setzen müßte, um eine sichere »Wirkung« zu erzielen. Man kommt allenfalls zu gewissen regelhaften Zusammenhängen, die nur im jeweiligen kulturell-gesellschaftlichen Rahmen mit einiger Wahrscheinlichkeit gelten.

Aus diesen Gründen hat die Unterrichtsforschung in jüngster Zeit sich von der elementenhaften »Interaktionsanalyse« ab- und der *interpretationsgeleiteten Untersuchung* umfassenderer Sachverhalte zugewandt. Diese versprechen tiefere Einsichten, sind freilich mit einem Verzicht auf Exaktheit verbunden.

### Beispiele zum Methodenwandel

Am Forschungsweg *Kounins* (1976) wird der erwähnte Wandel der methodischen Ansätze in überzeugender Weise deutlich.

Kounin machte im eigenen Unterricht eher zufällig die Beobachtung, daß die an einen unaufmerksamen Studenten gerichtete Zurechtweisung sich in einem »Welleneffekt« auch auf die anderen, gar nicht angesprochenen Teilnehmer ausbreitete. Daraufhin suchte er systematisch nach Wirksamkeit bestimmter *Einzelqualitäten* disziplinierender Maßnahmen (konstruktiv oder destruktiv, strafend, sachlich oder deutlich ignorierend; Klarheit, Festigkeit, Intensität, Härte der Aussage u. ä.). Jahrelange experimentelle Untersuchungen und Feldstudien erbrachten keine eindeutigen Ergebnisse. Die Bindung der Schüler an den Lehrer, die Situation und ihre jeweilige Deutung auf Grund langfristiger Erfahrungen waren weitaus wichtigere Variablen als die einzelnen gemessenen Verhaltensweisen des Lehrers.

Erst in einem neuen, zunächst phänomenologisch-beschreibenden, erst dann zählenden und rechnenden Ansatz kam Kounin zu konsistenten Ergebnissen. Die tatsächlich wirksamen Verhaltensweisen, die er fand, waren nicht durch isolierte Elemente, sondern durch globale, ganzheitliche Qualitäten bestimmt:

- Allgegenwärtigkeit und Überlappung (Lehrer bemerkt alles, reagiert sofort, ohne die Tätigkeit an der Sache zu unterbrechen ...),
- Reibungslosigkeit und Schwung (Lehrer steuert zielsicher, ohne unnötige Verzögerungen und Ablenkungen ...),
- Aufrechterhaltung des Gruppen-Fokus (Lehrer spricht alle an, fördert durch richtiges Aufrufen die Aufmerksamkeit, gibt rechtzeitig Signale ...),
- geplante Überdrußvermeidung (Lehrer stellt angemessene Aufgaben, wechselt sinnvoll die Tätigkeiten, läßt Lernerfolge erleben ...).

Weitere Studien kommen zu vergleichbaren Ergebnissen.

*Vierlinger* (1990) analysierte in einer 2. Knabenklasse den Unterricht von vier verschiedenen Lehrern in insgesamt zwölf Sachkundestunden. Die Analyse der schriftlichen Protokolle und Tonbandaufnahmen ergab: Guter Unterricht ist gekennzeichnet durch wertvollen, für die Schüler neuen und daher interessanten Inhalt, Anschaulichkeit, Mitarbeit in gemeinsamer Verantwortung gegenüber echten Aufgaben, Vermeidung von Leerläufen, reibungslose Organisation. Solcher Unterricht führt insgesamt zu signifikant weniger Störungen und dementsprechend weniger Ermahnungen und Sanktion. Dies gilt allerdings weniger für Verhaltensweisen wie individuelles Schwätzen, nervöse Angewohnheiten und persönliche Aggressionen als für motorische Unruhe, geistige Abwesenheit, Beschäftigung mit unterrichtsneutralen Gegenständen, diffuses Stören und Provokation. Unkontrollierte Äußerungen aus lebhaftem Interesse kommen bei gutem Unterricht häufiger vor. Insgesamt ist guter Unterricht ein wesentlicher Faktor der Disziplin.

Damit sind zweifellos wesentliche Qualitäten des erfolgreichen Lehrers getroffen. Sie sind freilich nicht mehr »exakt« meßbar, sondern nur im sinnhaften Nachvollzug zu erfassen. Im Endergebnis kommen sie den Erfahrungsregeln nahe, die dadurch eine weitere Bestätigung finden.

# 1.3 Unterrichtsmittel

## 1.3.1 Vielfalt der Unterrichtsmittel

Eine verwirrende Fülle von »Dingen« bietet sich dem Beobachter an:

Tafel oder Projektorfolien mit Schrift oder Zeichnung, Bücher, Einzelblätter mit Texten und Bildern, Grafiken, Dias, Film, Fernsehen und Tonband, Demonstrationsapparate und Schülerübungsgeräte, Modelle von Blüten und Stoffproben, Sandkasten und Karten, Magnettafeln mit Haftsymbolen und Lesekasten, Farben und Pinsel, Stifte und Federn, Turngeräte, Werkzeuge, Instrumente – aber auch eine wirkliche Pflanze, ein lebendiges Tier im Klassenzimmer, ein Tümpel und ein Berg im Freien, eine Maschine und ein arbeitender Mensch in der Fabrik, ein Objekt im Museum.

Jedes dieser Dinge kann zunächst *für sich beschrieben und beurteilt* werden, und der Beobachter neigt gleich zur Bewertung:

Die Tauglichkeit einer Kreide für eine bestimmte Tafelfläche, die akustische Verständlichkeit einer Tonaufzeichnung, die Sichtbarkeit eines Versuchsaufbaues, die Lesbarkeit einer Schrifttype, die Hantierbarkeit von Rechensymbolen, die Zweckmäßigkeit losen Gestühls und verstellbarer Tischflächen, die Übersichtlichkeit eines Schaubildes, die Zahl vorgeführter Lichtbilder – aber auch die ästhetische Gestaltung eines Buches oder Arbeitsblattes, die stilistische Qualität eines Textes, die Modernität einer Abbildung, die sachliche Richtigkeit einer Erläuterung, die Objektivität einer historischen Quelle ...

Jedes dieser Merkmale kann im Einzelfall wichtig, ja entscheidend sein. Gleichwohl bleibt die isolierte Beurteilung unbefriedigend. Zu heterogen sind die angelegten Maßstäbe, äußerlich formale und technische neben ästhetischen, fachlichen und wertbestimmten. Es bedarf einer Theorie, um sie zu ordnen und ihnen den gebührenden Rang zuzuweisen.

Eine solche *Theorie der Unterrichtsmittel* blieb eigenartigerweise lange Zeit wenig entwickelt. Dies hat wohl mit dazu beigetragen, daß zwar die Ausstattung der Schulen immer reicher, die Mittel technisch vollkommener, äußerlich prächtiger und auch kostspieliger wurden, daß ihre inhaltliche Qualität, ihre Eignung als Hilfen für das Lernen sich aber nicht im gleichen Maße verbesserte. Erst in jüngerer Zeit haben diese Fragen größere Aufmerksamkeit gefunden. (Lit. Peter 1954; Krüger 1965; Ebeling 1966; Freudenstein 1970; Döring 1971, 1973; Anderson/Sorensen 1972; Levie/Dickie 1973; Olson 1974; Grzesik 1976; Schulze 1978; Einsiedler 1978; Schröter 1981; Michael 1983; Prange 1983, 190ff.; Ruddie/Willie 1985; Weidenmann/Krapp 1986)

Unbefriedigend blieben auch die Versuche der *Klassifizierung und Benennung* der Unterrichtsmittel. Unter den angebotenen Sammelnamen ist der Betriff »Unterrichtshilfen« zu weit; »Lehr- bzw. Lernmaterialien« versteht man eher als bloßes Verbrauchsmaterial; »Medien« schließen dieses wieder aus; »Anschauungsmittel« betreffen nur einen Teilbereich; »Arbeitsmittel« sind, wie wir noch sehen werden, etwas ganz Spezifisches; bei »audiovisuellen Medien« denkt man vorwiegend an elektrisch betriebene Gerätschaften. Die Unterscheidung von »Lehr- und Lernmitteln« hat eher schulrechtliche Bedeutung, z.B. hinsichtlich ihrer Finanzierung. Didaktisch gesehen unterscheiden beide Begriffe nicht nach Gegenständen, sondern nach Aspekten; denn das gleiche Ding kann für den Lehrer Lehr- und für den Schüler Lernmittel sein.

»Mittel« für bestimmte Zwecke sind sie freilich allemal, und so bleiben wir beim Oberbegriff »Unterrichtsmittel« und versuchen, deren Fülle mittels *didaktischer Kategorien* zu ordnen. Diese ergeben sich aus der *Funktion* der Mittel im Unterrichtsgeschehen. Nach ihr ist also zunächst zu fragen.

## 1.3.2 Funktion der Mittel im Unterrichtsgeschehen

### a) Medien und Hilfsmittel

Die Schüler sehen einen Film über Hochseefischer, das Bild einer mittelalterlichen Kaiserkrönung, das Modell einer Hochofenanlage, die mikroskopische Aufnahme von Bakterien, ein Schaubild über den Weg der Gesetzgebung; sie stellen proportionale Veränderungen von Größen am Zahlenstrahl dar, zeichnen einen geologischen Querschnitt, beschreiben das Funktionsschema eines Motors. Immer geht es nicht eigentlich um das, was sie da sehen oder zeichnen, sondern um das, worauf diese Dinge hinweisen, den zu lernenden *Sachverhalt*, den »*Unterrichtsgegenstand*«, der selbst nicht notwendig ein anschaulich-greifbares Ding sein muß. Die Unterrichtsmittel vertreten bzw. repräsentieren ihn, vermitteln Informationen über ihn und sind in dieser Funktion »Medien« im strengen Sinne, nicht nur »Mittel«, sondern »*Mittler*« zwischen dem Schüler und dem Unterrichtsgegenstand.

Damit sie das tun können, sind technische Vorrichtungen nötig: Tafel und Kreide, Projektor und Fernsehapparat, Leinwand und Kartenständer, Buch und Arbeitsblatt, Heft und Feder. Wir bezeichnen sie als »*Hilfsmittel*« und fassen darunter auch die Dinge, die nicht unmittelbar der Präsentation von Medien, sondern dem Fortgang des Unterrichts überhaupt dienen, wie Werkzeuge, Geräte, Verbrauchsmaterialien u. ä. *Medien* als Mittler und *Hilfsmittel* als technische Vorrichtungen entsprechen grob der »software« und »hardware« im modernen Kommunikationswesen. Doch ist damit weniger eine strenge Trennung nach Dingklassen als eine Unterscheidung nach Aspekten gemeint, unter denen man die Unterrichtsmittel betrachten kann, eines *medialen* und eines *technischen* Aspekts.

*Diese Unterscheidung ist didaktisch fundamental.* Sie fördert die Klarheit über das, was jeweils gemeint und was wesentlich ist. So ist z. B. das gleiche Bild, ob klein im Schülerbuch, ob als großes Papierbild an der Wand, ob als Dia auf der Leinwand oder auf dem Fernsehschirm erscheinend, immer dasselbe Medium; denn es liefert in jedem Falle identische Informationen über den Gegenstand. Die technischen Bedingungen seiner Darbietung sind verschieden. Auch sie können von Bedeutung sein, wenn man an Dauer der Präsentation, konzentrierende Wirkung, organisatorischen Aufwand usw. denkt. Doch darüber später.

### b) Medien als Vertreter des Unterrichtsgegenstandes

*Ersatz der Realbegegnung*

Wenn etwas vertreten werden soll, so fragt man zunächst, wozu das nötig sei; lieber würde man das Vertretene im *Original* kennenlernen. Man spürt didaktisches Unbehagen, wenn man in den Beständen alter Landschulen Wandbilder von Huhn,

Ziege und Pferd vorfindet, wenn die heimatliche Burg nur im Bild gezeigt, wenn »Kreidephysik« ohne Experimente betrieben wird, wenn Gegenstände medial präsentiert werden, die ohne viel Mühe in das Klassenzimmer gebracht oder mit etwas mehr, aber zumutbaren Umständen beim Unterrichtsgang an Ort und Stelle aufgesucht werden könnten. So ist immer zu prüfen, ob und wie die *Realbegegnung* zu ermöglichen sei; denn sie ist, jedenfalls auf den ersten Blick, der beste Weg zum Kennenlernen des Gegenstandes.

Freilich bleiben solche Beispiele doch eher die Ausnahme, und in der Mehrheit der Fälle ist das Medium nicht zu entbehren. Die Hochseefischer und der Hochofen sind praktisch kaum, die historische Kaiserkrönung überhaupt nicht in der Wirklichkeit aufzusuchen. Aber man empfindet dies doch als Notlösung, als mehr oder weniger dürftigen *Ersatz*. Ein noch so schöner Film über eine Bergbesteigung ersetzt nicht das wirkliche Erlebnis des Bergsteigens, ein noch so eindrucksvolles Bild vom Geschehen in der Fabrik nicht die Betriebserkundung oder besser noch das mehrtägige Betriebspraktikum, und diese sind immer noch weit weg von der Realität alltäglicher Fabrikarbeit.

Wenn dem so ist, müßte ein Kriterium für Beurteilung und Wahl eines Mediums sein, daß es dem Gegenstand so nahe wie möglich komme:

Wenn nicht der ganze Berg, so doch Proben seiner verschiedenen Gesteinsschichten; wenn nicht das Hochofenwerk selbst, dann ein möglichst naturgetreues Modell der Gesamtanlage;
wenn nicht die Kriegsnot selbst, was ja gar nicht wünschenswert wäre, dann ein Film oder ein möglichst authentisches Hörspiel von ihr, wenn auch dieses nicht, eine möglichst lebendige Erzählung ... (Hier wird uns bewußt, daß auch die Sprache ein »Ding« im obigen Sinne, ein Medium ist. Sie ist sogar das wichtigste und bedarf daher einer eigenen Behandlung.)

*Gegenstandsnähe* – wir werden sie später als Kern des sog. »Anschauungsprinzips« kennenlernen – ist somit ein wesentliches Kriterium für die Tauglichkeit von Unterrichtsmedien (vgl. 6.3.1).

Man könnte noch überlegen, ob der vorhandene reale Gegenstand selbst als »Medium« des Unterrichts bezeichnet werden könne. Zunächst scheint die Antwort »nein« zu lauten, weil etwas, das selbst da ist, doch keines Mittlers bedarf. So einfach ist die Sache aber nicht. Das reale vorgeschichtliche Steinbeil, der lebendige Feuersalamander, selbst der Bäckermeister Huber in seiner Backstube, sie alle sind ja gar nicht als Individuen gefragt; sie stehen als Beispiele für Steinbeile oder vorgeschichtliche Funde allgemein, für die Spezies der Feuersalamander oder die Klasse der Lurche, für die Arbeit des Bäckers oder handwerkliche Berufe überhaupt. In diesem Sinne sind sie doch Vertreter, Mittler eines allgemeineren Sachverhalts, um den es eigentlich geht.

Wie ist es aber, wenn Münchener Schulkinder die Frauenkirche nicht nur als Beispiel einer gotischen Kirche, sondern als die Hauptkirche ihrer Heimatstadt kennenlernen, wenn britische Schüler das Parlament in London nicht als Beispiel einer Volksvertretung, sondern als das Zentrum ihres früheren Weltreiches und jetzigen Landes aufsuchen? Das mögen Grenzfälle sein, aber gründlichere Besinnung läßt auch hier erkennen, daß letztlich nicht die Steinbauten in ihrer materiellen Wirklichkeit gemeint sind, sondern die Bedeutungen, die sich mit ihnen verknüpfen. Der zu lernende Sachverhalt ist im Grunde immer ein ideeller (Peter 1954, 75).

## Ergänzung und Verbesserung der Realbegegnung

Bisher schien es so, wie wenn der originale Gegenstand immer den Vorzug erhalten müßte, Medien nur Ersatz für ihn leisten könnten.

Aber der Lehrer läßt wirkliche Taubnesselblüten mitbringen und betrachten – und hängt doch daneben das vergrößerte Querschnittsbild einer Blüte und der bestäubenden Hummel auf. Er baut im Sandkasten mit den Schülern das Modell des Heimatdorfes, das sie doch in allen seinen Winkeln kennen. Er bräuchte nur die Fronthaube seines Autos aufzuklappen, um ihnen einen Viertaktmotor zu zeigen – und erklärt ihnen doch dessen Wirkungsweise an einem beweglichen Schnittmodell. Er läßt sie zuerst die geologischen Schichten ihres Heimatberges zeichnen, ehe er diese mit ihnen in freier Natur erwandert. Ohne Vorbereitung würden sie die Schichten gar nicht sehen.

In all diesen Fällen ist das Medium nicht Ersatz, sondern eine notwendige *Ergänzung der Realbegegnung*. Es überbietet diese sogar, macht sie erst durchschaubar und verständlich, ja überhaupt wahrnehmbar. Es ist Voraussetzung und Hilfe für die gedankliche Verarbeitung des Sachverhalts, sofern diese – und das ist der Regelfall – das eigentliche Ziel des Unterrichts ist (vgl. 6.3.1).

Ein Medium dieser Art kann dem Schüler die geistige Bewältigung des Sachverhalts erleichtern, weil es eine geistige Vorleistung enthält, weil in ihm die Wirklichkeit bereits im Hinblick auf den Lernenden verändert ist. Medien sind *didaktisch präpariert* und machen dem Schüler den Zugang zum Gegenstand leichter, oft erst möglich. Sie verbessern die Anschauung, vergrößern, verkleinern, verlangsamen, beschleunigen, isolieren, vereinfachen, typisieren, verdichten auf Wesentliches, scheiden Störendes aus, fügen Hilfreiches hinzu, ermöglichen den Überblick. Sie intensivieren, konzentrieren, strukturieren, perfektionieren den Sachverhalt. Sie können ihn freilich auch verflachen, vergröbern, verniedlichen, verharmlosen, beschönigen, abwerten, karikieren und so den Lernenden manipulieren.

## Grade der Gegenstandsnähe

Es gibt alle Übergänge zwischen den Polen der größtmöglichen Gegenstandsnähe und der am weitesten gehenden gedanklichen Verarbeitung. Am Beispiel »Kanalschleuse« soll dies verdeutlicht werden:

Der Unterrichtsgang zur *wirklichen Kanalschleuse* gibt zweifellos den besten Eindruck von ihrer Größe, ihrer landschaftlichen Einbettung, dem dort herrschenden Betrieb, der »Atmosphäre«, aber angesichts der Ausdehnung moderner Schleusen schon nicht mehr den vollen

Überblick und auch nicht den ganzen Einblick in ihre Funktion mit verdeckten Sparbecken zur Verringerung des Wasserverbrauchs usw.

Ein *Farbtonfilm* kann das äußere Leben und Treiben sehr real wiedergeben, schon weniger aber die räumlichen Verhältnisse und die innere Funktion.

Ein *fotografisches Bild* zeigt den gleichen Eindruck, allerdings ohne Bewegung.

Ein gutes *Künstlerbild* hebt Wesentliches heraus, gibt die Gesamtatmosphäre eindrucksvoll wieder und ist somit u. U. didaktisch besser geeignet als die Fotografie, enthält aber mehr subjektive Momente als diese.

Ein *Modell im Sandkasten* gibt die räumlichen Verhältnisse besser wieder als jedes andere Medium, die tatsächlichen Größen aber nur noch mittels Symbolen und die Bewegungsvorgänge überhaupt nicht.

Ein dreidimensionales *Funktionsmodell* kann den Vorgang, das »Prinzip« des Schleusens sehr gut klären, aber ihm fehlt die Einbettung in die konkrete Umgebung.

Ein bewegliches *Flachmodell* kann den Ausgleich der Wasserhöhen sehr deutlich machen, aber nicht mehr Bau und Funktion der Schleusentore.

Eine *Tafelskizze* leistet Ähnliches, löst den Vorgang aber in eine Reihe von Einzelstadien auf, die in der Vorstellung des Lernenden zu einem kontinuierlichen Vorgang verbunden werden müssen.

Im *Symbol*, z. B. dem Kartenzeichen, sind nur noch Anschauungsreste vorhanden. Es eignet sich nur zur Bezeichnung einer schon gewonnenen, nicht zur Gewinnung einer neuen Vorstellung.

*Gesten* können die anderen Medien unterstützen, reichen allein aber nicht aus, um einen angemessenen Begriff der Kanalschleuse zu vermitteln.

Das *Wort* allein leistet dies ebenso wenig. Andererseits begleitet es alle anderen Medien, keines von diesen kommt ohne es aus. Mit ihm hat es eine eigene Bewandtnis.

Welche Darstellung der Schleuse das »beste« Medium ist, hängt also vom Zweck ab. Jedes leistet seinen eigenen und zugleich begrenzten Beitrag zur Vermittlung des Sachverhalts. (Vgl. Haarmann 1974)

## Weitere Beispiele

Nur eine Schemazeichnung des Blutkreislaufs vermag das komplizierte Zueinander der vier Herzkammern und zwei Kreisläufe mit dem doppelten Wechsel von venösem und arteriellem Blut deutlich zu machen. Den Blutkreislauf als lebendiges Geschehen zeigt aber der Blick mit dem Mikroskop auf das Gewimmel der Blutkörperchen in den Kapillaren. Beide Darstellungen sind unendlich weit voneinander entfernt und gehören doch zum gleichen Thema, keine kann die andere ersetzen.

Ein Bild kämpfender Ritter kann Rüstungen, Waffen und Kampfweise jener Zeit sehr nahe bringen, nur begrenzt aber die seelischen Vorgänge und überhaupt nicht die Motive ihres Kämpfens. Dies vermag allein die Sprache.

Eine Landkarte vermittelt räumliche Ordnungen und Größenverhältnisse, nicht aber reale Vorstellungsbilder von Landschaften. Sie müssen anderweitig gewonnen sein, wenn sie durch die Symbole der Karte geweckt werden sollen.

Ein historischer Leitfadentext vermittelt Zusammenhänge und Entwicklungen, nicht aber das Handeln und Erleben der damaligen Menschen, ohne das die Zusammenhänge und Entwicklungen gar nicht verständlich wären.

Ein erzählender Text zur Geschichte leistet genau dieses. Aber er zeigt nicht die Zusammenhänge, Gründe und Folgen auf. Erst durch diese wird aus Geschichten Geschichte.

## c) Medien als Denkhilfen

Die Beispiele haben uns bereits an die Grenze geführt, an der Medien nicht eigentlich den Unterrichtsgegenstand vertreten bzw. ergänzen, weil dieser in abstrakten Begriffen und gedanklichen Bezügen besteht. Hier sind Medien gleichwohl und gerade deswegen wichtig, weil sie *dem Denken konkrete Anhaltspunkte geben*, ihm helfen, die Vielheit der Elemente und Beziehungen gleichzeitig im Bewußtsein präsent zu halten, damit der Zusammenhang als solcher gedacht werden kann. Solche Denkhilfen reichen von einfachen Rechenwürfeln, -stäben, -plättchen, mit denen das Kind schrittweise das Verständnis des abstrakten Zahlbegriffes gewinnt, zu komplizierten Schaubildern über Wirkungszusammenhänge in einem Biotop oder einem geschichtlichen Ereignis. Beurteilungskriterien sind hier nicht Gegenstandsnähe oder -ferne, sondern die sachlich treffende, »isomorphe« Reduktion auf das Wesentliche und die Übersichtlichkeit der Darstellung. Zugleich gilt bei diesen Medien erst recht, daß sie ohne lebendige Vorstellungen und konkrete Beispiele leere Schemata bleiben, die ein Verständnis oft nur vortäuschen.

So kann ohne ein Strukturschaubild der Bundesverfassung der Schüler die Zuordnung der verschiedenen Instanzen beim Weg der Gesetzgebung kaum verstehen; es zeigt ihm aber nicht den Sinn der einzelnen Stadien und schon gar nicht die realen politischen Einflüsse auf das Zustandekommen eines Gesetzes.

## d) Folgerungen für den Unterricht

Jedes Medium leistet seinen eigenen, begrenzten Beitrag zur Vermittlung des Unterrichtsgegenstandes. Jedes *bietet* dem Lernenden anderes und *fordert* andere Leistungen von ihm, keines leistet alles. Medien können und müssen sich *ergänzen*.
Schon bei der *Unterrichtsvorbereitung* muß also der Lehrer Leistungsfähigkeit, Aussagekraft und Grenzen der verfügbaren Medien prüfen, die in ihnen enthaltenen didaktischen Vorentscheidungen berücksichtigen, die wechselseitige Ergänzungsfähigkeit und Ersetzbarkeit erwägen, ihre didaktische Funktion und ihren didaktischen Ort festlegen und dabei seine eigene Aufgabe nicht vergessen, jeweils das ergänzend beizutragen, was das Medium selbst nicht leistet. Zur gegenstandsnahen Darstellung fügt er die Begriffe und Zusammenhänge, zur abstrakt-schematischen das konkretlebendige Beispiel, zu einer einseitigen didaktischen Tendenz die ergänzende Relativierung.
Immer bedenkt er, daß in jedem Medium eine »*didaktische Reduktion*« der Wirklichkeit vorliegt, die notwendig ist, die aber diese Wirklichkeit auch verändert und daher des entsprechenden Ausgleichs bedarf (vgl. 6.3.4).
Zu seinen Aufgaben gehört auch die – leider oft versäumte – *Hinführung der Schüler zum jeweiligen Medium* als einem solchen. Nur wenn sie die jeweilige Darstellungs-

weise des Mediums, die in ihm enthaltene Vorstrukturierung und den Zweck seines Einsatzes im gegebenen Moment verstehen, können sie mit ihm sinnvoll arbeiten und den größtmöglichen Gewinn aus ihm ziehen.

Ein geologischer Querschnitt muß vorstellungsmäßig erst ins Dreidimensionale und in die wirkliche Ausdehnung übersetzt werden.
Bei einem Modell zur Himmelskunde sind die grotesk verzerrten Größen- und Abstandsverhältnisse zu klären, soweit das in der Vorstellung überhaupt möglich ist.
Farben in Karten oder Schaubildern sind in ihrer Symbolfunktion zu klären, um nicht falsche Vorstellungen von der Realität zu erzeugen.
Vergrößerungen und Verkleinerungen müssen auf die wirkliche Größe zurückgeführt werden.
Karikaturen, Allegorien u. ä. müssen als solche verdeutlicht werden.
Bei einem Modell muß geklärt werden, inwiefern es den eigentlichen Sachverhalt vertritt und worin es sich von ihm unterscheidet.

## 1.3.3 Forschungsergebnisse zum Medieneinsatz

### Beispiele

Es gibt zahlreiche empirische Untersuchungen zum Einsatz von Medien. Viele davon sind wenig ergiebig und oft widersprüchlich, da sie die Wirkung von Text, Band, Film o. ä. als solchen feststellen und vergleichen wollen, ohne die inhaltliche Qualität zu berücksichtigen. Es gibt aber auch solche mit brauchbaren, z. T. überraschenden Ergebnissen. (Lit. Ingenkamp 1970; Levie/Dickie 1973; Einsiedler 1978; Weidenmann/Krapp 1986)

*Mohr* (1966) erhob kurzfristiges Merken und langfristiges Behalten beim Unterricht über Strom aus der Taschenlampenbatterie in 7./8. Klassen:

| Medium | Merken nach 3 Stunden | Behalten nach 6 Wochen |
|---|---|---|
| Erklärung mit Tafelskizze | (Basiswert) | (Basiswert) |
| Erklärung mit Lehrerversuch | 12% besser | 21% besser |
| Erklärung mit Schülerversuch | 25% besser | 42% besser |

*Weltner/Warnkross* (1969) behandelten 3 Physikthemen (Klingel, Motor, Dämmerungsschalter) in 3 verschiedenen Klassen mit 3 verschiedenen Medien, und zwar so, daß jede Klasse jedes Thema und jedes Medium, aber in wechselnden Kombinationen erhielt. Nach 8 Tagen erwies sich der Unterricht mit Schülerexperimenten als mit Abstand am erfolgreichsten, gefolgt von der Lehrerdemonstration und erst zuletzt vom informierenden Unterricht. Nach 8 Wochen war diese Tendenz noch stärker ausgeprägt. Beliebtestes Thema war in jeder Klasse dasjenige, das mit Schülerexperimenten behandelt worden war.
*Schmidkunz* (1983) wandte die Ergebnisse der Wahrnehmungspsychologie auf den Aufbau chemischer Demonstrationsexperimente an. Gesetzmäßige Wahrnehmungseffekte wie Einfachheit, glatte Kurve, Gleichartigkeit, Nähe, Symmetrie, Dynamik von links nach rechts, Figur-Grund-Kontrast usw. vermehren die Prägnanz der Darbietung und erleichtern Auffassung und Verarbeitung.

Auch diese Ergebnisse bestätigen die Erwartungen und werden doch viel zu wenig beherzigt. Wollte man freilich daraus schließen, daß das »anschaulichste« Medium immer das beste sei, so würde man sich täuschen.

*Lumsdaine u. a.* (1958) verglichen Lernerfolge bei Schwarzweiß- und Farbfilm, Stumm- und Tonfilm, Spiel- und Sachfilm und stellten fest:
Farbe bewirkt nur dort bessere Ergebnisse, wo sie eine spezifische Funktion hat (z. B. bei Flaggen, Blumen u. ä.), nicht durch eine allgemeine Attraktivität.
Der Kommentar des (gut vorbereiteten Lehrers) zum Stummfilm ergibt bessere Ergebnisse als der Tonfilm.
Die gleichen sachlichen Informationen, einmal in einem Sachfilm, einmal eingebettet in eine Spielhandlung, werden besser verstanden und behalten beim Sachfilm (nach Ingenkamp 1970, 1662, 1674, 1710, 1713).

*Salomon* (1984) berichtet über Untersuchungen, in denen amerikanische Schüler den gleichen Sachverhalt einmal als Fernsehfilm und einmal als Text lernten. Die Schüler schätzten die Anstrengung beim Text höher ein und glaubten an den höheren Lernerfolg beim Film. Tatsächlich lernten sie mehr, insbesondere was tiefere Verarbeitung und Schlußfolgerungen anlangt, mit dem Text. Zum einen kommt es also auf die Einstellung an: Man setzt sich anders an das »leichte« Fernsehen als an das »anspruchsvolle« Buch. Zum anderen darf ein Medium es dem Schüler nicht zu leicht machen, es muß eine Aufgabe enthalten (nach Weidenmann / Krapp 1986, 505).

*Glogauer* (1972 a) bot die Geschichte eines Erlebnisses mit einem Tier einmal als Fernsehszene, ein andermal in strenger Anlehnung an diese Sendung als Lehrererzählung. Beide Male ließ er das Ende weg, das von den Kindern produktiv ergänzt werden sollte. Die sowohl statistische als auch stilistische Auswertung ergab, daß die Versuchsgruppe mit der Lehrererzählung besser abschnitt. Ihre Phantasie wurde durch das Wort mehr angeregt als durch das Bild.

*Glogauers* (1972) Effektivitätsvergleich von anschaulichen Lernprogrammen, Schulfernsehsendungen und Hörfunksendungen, ergänzt durch Ergebnisse anderer Forschung, ergab: Der größere Aufwand für das Fernsehen ist nicht immer effektiv. Insbesondere schwächere Schüler haben Schwierigkeiten, die Informationsfülle zu bewältigen, die Aufnahmekapazität ist begrenzt. Vorbereitung und nachfolgende Aufarbeitung in Handlung und Sprache sind entscheidend für den Lernerfolg.

Nach *Thomson* (1944) war bei einer Montageaufgabe das stumme Vormachen nicht so erfolgreich wie das Vormachen unter sprachlicher Begleitung (nach Ingenkamp 1970, 1707).

## Kritik

Vielen solcher Untersuchungen könnte man entgegenhalten, daß sie die Frage des Lernerfolgs und seiner Messung nicht kritisch genug reflektieren. Wenn der Lernerfolg in sprachlicher Form erhoben wird, ist es plausibel, daß sprachliche Präsentation ihn mehr verbessert als optische. Wenn man nur nach sachlichen Informationen fragt, braucht man sich nicht zu wundern, daß der Sachfilm bessere Ergebnisse bringt als der Spielfilm. Dieser könnte ja ganz andere Effekte haben, die nur nicht gemessen wurden. Doch entsprechen die in den Versuchen verwendeten Erfolgskriterien in der Regel denen des üblichen Unterrichts, so daß die Ergebnisse für die Praxis durchaus relevant sein können.

*Folgerungen*

Aus den wenigen Beispielen und vielen weiteren Untersuchungen folgt:
Generelle Aussagen über die Überlegenheit bestimmter Medien sind nicht möglich. Entscheidend ist die *sachliche und gestalterische Qualität* in einzelnen. Der Medieneinsatz läßt sich nur im Hinblick auf den Gegenstand, den Schüler und das Lehrziel beurteilen.
Bloß technischer Mehraufwand ist *nicht immer rationell.* Eine Überflutung mit Informationen und Sinnesreizen kann mehr verwirren als klären. Der Schüler kann in der Regel nur eine Informationsquelle zur gleichen Zeit nützen. Nicht ein Vielerlei rasch wechselnder, sondern die gründliche Auswertung weniger gut ausgewählter Medien verspricht den größeren Lernerfolg.
Besondere Bedeutung hat unter ihnen immer noch das *Schulbuch* als das verbreitetste Unterrichtsmittel. Seine Gestaltung und Verwendung läßt noch viele Wünsche offen. Der aufwendigen äußeren Form entspricht nicht immer die inhaltliche und sprachliche Qualität. (Lit. Kozdon 1974; Hacker 1980)
In jüngster Zeit ist dem Schulbuch in selbst verfertigten »*Arbeitsblättern*« eine Konkurrenz erwachsen. Sie können hilfreich sein. Oft sind sie aber inhaltlich und formal weit dürftiger als Schulbücher, und es gibt Anlaß, vor ihrer zur Mode gewordenen Überfülle und dem unbedachten Einsatz zu warnen, zumal sie oft eher der Arbeitsersparnis oder -vermeidung als der wirklichen Arbeit am Gegenstand dienen. (Lit. Einsiedler/Schirmer 1986; Schumann 1986; 1987)
Gestaltung und Einsatz einzelner Medien sind nicht unser Thema. Hierfür muß auf die Spezialliteratur verwiesen werden. (Lit. Döring 1973; Kerstiens 1971; Ruprecht 1970; Dichanz/Kolb 1979; Ruddie/Willi 1985; Willows/Houghton 1987; fachdidaktische Werke)


## 1.3.4  Medien als Vertreter des Lehrers

*Arbeitsmittel*

Insbesondere in diesem Jahrhundert bemühte man sich um die Gestaltung von Unterrichtsmitteln, die den Schüler ein Stück weit vom Lehrer unabhängig machen und ihn so auf späteres selbständiges Lernen vorbereiten. Lehrer an wenig ausgebauten Landschulen, die sich immer nur kurze Zeit einer Altersstufe widmen konnten, wollten mit ihrer Hilfe die notwendige Stillarbeit ertragreicher gestalten. Man nennt sie »*Arbeitsmittel*«, auch »*Selbstbildungsmittel*«.

Um selbständiges Lernen zu ermöglichen, muß ein Arbeitsmittel drei Bedingungen erfüllen:
– Es muß inhaltliche Informationen über den Lerngegenstand enthalten;
– es muß Anweisungen zu deren Bearbeitung geben;
– es muß – und das ist unerläßlich – Selbstkontrolle durch den Schüler ermöglichen.
Wo diese Bedingungen nicht erfüllt sind, sollte man nicht von einem »Arbeitsmittel« sprechen, um den wertvollen Grundgedanken nicht zu verwässern. So mag es anregend sein, wenn heutzutage auch Lehrbücher durch Arbeitsaufgaben angereichert werden. »Arbeitsmittel« sind sie deswegen noch nicht, weil sie in der Regel keine Hilfen zur Selbstkontrolle bieten.

*Lernprogramme*

Eine besondere Form des Arbeitsmittels ist das *Unterrichtsprogramm* oder Lernprogramm, wie es seit den sechziger Jahren nach amerikanischem Vorbild eingeführt und anfangs überschätzt wurde, inzwischen aber in das Gesamt der Lernhilfen eingeordnet ist. Ein Unterrichtsprogramm führt den Lernenden in sorgfältig überlegten Einzelschritten, die jeweils eine Information, eine kleine Aufgabe und die sofortige Rückmeldung enthalten, so daß Schwierigkeiten und Fehler vermieden bzw. rasch ausgeräumt werden können. Programme können »linear«, d. h. in einer festgelegten Abfolge der Schritte zu durchlaufen sein, sie können bei »verzweigtem« Aufbau auf die unterschiedlichen Voraussetzungen der Lernenden Rücksicht nehmen und zusätzliche Erklärungshilfen oder Abkürzungen, Anreicherungen usw. anbieten. Mit dem Einsatz des Computers können solche Programme sehr variabel gestaltet werden. Doch entspricht der Stand der »Software« noch nicht überall den technischen Möglichkeiten dieses Gerätes. Gute Programme sind vor ihrem Einsatz an einer repräsentativen Stichprobe systematisch erprobt und solange revidiert worden, bis sie sich als brauchbar erwiesen haben (vgl. 3.2.5 a).

*Lehrsysteme*

Zeitweise hat man große Hoffnungen in »Lehrsysteme« gesetzt. So nennt man umfassend konzipierte Unterrichtsmittel, die den Lernprozeß über längere Zeit ohne Hilfe des Lehrers steuern sollen. Neben umfangreichen Lernprogrammen enthalten sie im *Medienverbund* auch Bilder, Ton- oder Video-Cassetten, Bilder, Versuchsmaterial u. ä. Sie haben sich aber im Schulunterricht nur begrenzt bewährt. Ihr eigentlicher Anwendungsbereich dürfte das Selbststudium Erwachsener in beruflicher und allgemeiner Fort- und Weiterbildung sein.
Insgesamt besteht eine Tendenz, *Funktionen des Lehrers an Medien abzugeben*. Damit kann dieser von der allgemeinen Informationsvermittlung und Lernsteuerung entlastet und für andere Aufgaben, insbesondere die individuelle Betreuung freige-

setzt werden. Mit dieser Tendenz nimmt aber auch »didaktische Überformung« der Medien zu. Der Lehrer wird zurückgedrängt, durch das Medium in seinen didaktischen Entscheidungen eingeschränkt. Der Lernende wird zwar unabhängiger vom Lehrer, dafür aber um so abhängiger vom Medium, und dieses ist ein weniger flexibler Partner als der Lehrer. Für und Wider sind also im Einzelfall sorgfältig abzuwägen, wenn Medien den Lehrer ersetzen sollen. (Lit. Jeziorsky 1965; Holstein 1965; Gabele 1968; Schiefele/Huber 1969; Schröder 1971; Michael 1973; Weltner 1981)

## 1.3.5 Hilfsmittel

Zur Bereitstellung und Präsentation der Medien bedarf es technischer Hilfen von teils einfacher und billiger, teils komplizierter und aufwendiger Art. Auch ihre Auswahl und ihr Einsatz unterliegen der Beurteilung durch bestimmte, theoretisch zu klärende Kriterien.

Solche Kriterien können im engeren Sinne *didaktische* sein. Ein Farbtonlaufbild, einmal vom 16mm-Film im verdunkelten Raum auf die große Leinwand projeziert, ein andermal im halbhellen Zimmer auf dem kleinen Fernsehschirm betrachtet, ist zwar in beiden Fällen dasselbe Medium. Sichtbarkeit, Betroffensein, atmosphärischer Eindruck können aber doch verschieden sein. Dieselben Worte, einmal aus dem Mund des Lehrers, einmal vom Tonband, einmal aus dem Radio kommend, können durchaus verschieden »gehört« werden. Ein Lehrtext, einmal auf dem Bildschirm flimmernd, ein andermal im Schulbuch gelesen, bietet genau die gleichen Informationen. Ergänzende Fragen, hier über das Tastenfeld eingetippt, dort mit der Hand aufgeschrieben, fordern genau den gleichen Denkvorgang. Dennoch kann der Lerneffekt unterschiedlich sein, abhängig z. B. von der Faszination durch das Gerät, der Möglichkeit eigenen Hantierens, der Ablenkung durch äußere Effekte, dem raschen Verschwinden. Zu einem Medium gehört auch der Situationsrahmen, in dem es präsentiert wird.

Häufiger und oft ausschlaggebend sind die Kriterien *praktisch-organisatorischer Art.* Aufbewahrung, Transport, Aufstellung, Handhabbarkeit, Bedienungsleichtigkeit, Störanfälligkeit, Bild-Ton-Qualität, organisatorische Einbettung in den Unterrichtsablauf, Kosten an Geld, Zeit und Umständen, alle diese zunächst »äußeren« Bedingungen können sich auf das »Innere« des Unterrichts auswirken und müssen daher sorgfältig abgewogen werden.

Die Fülle und Kompliziertheit moderner Hilfsmittel haben zur Entstehung der *»Unterrichtstechnologie«* als eines eigenen Lehr- und Forschungsbereiches geführt. Von ihr muß der Lehrer jedenfalls so viel verstehen, daß er die Geräte in ihren Einsatzmöglichkeiten beurteilen und sie auch bedienen kann.

## 1.3.6 Rahmenbedingungen

Nicht behandelt werden hier, obgleich sie im weiteren Sinne durchaus Bedingungsfaktoren des Unterrichts sind, die Fragen der Produktion, Zulassung, Auswahl und
Anschaffung von Unterrichtsmitteln, die neben technischen und inhaltlichen auch
politische, rechtliche und ökonomische Probleme aufwerfen. Nicht fehlen darf aber
der Hinweis auf die *gesellschaftlich-kulturellen Rahmenbedingungen*, die gekennzeichnet sind durch eine kaum kontrollierte Herrschaft der Massenmedien, Überflutung mit Informationen aus zweiter Hand, Verlust der Primärerfahrung, Niveausen-
kung, Gewöhnung, Anspruchssteigerung, Überfütterung etc. All das hat Folgen für
die Bereitschaft der Schüler, aus Unterrichtsmedien zu lernen, und damit für die
Aufgaben der Schule. Diese darf sich keinesfalls in eine Mengen-Konkurrenz mit den
Massenmedien einlassen, in der sie hoffnungslos unterliegen würde. Ihre Chance liegt
in einer Kontrast-Konkurrenz, dem gründlichen Verweilen bei ausgewählten
Medien, der Hinführung zur Realbegegnung und -erfahrung, daneben auch in der
Anleitung zum richtigen Umgang mit außerschulischen Medien. Diese erzieheri-
schen Aufgaben sind Gegenstand der *»Medienpädagogik«* als eines Teilbereichs der
Erziehungswissenschaft, der hier nicht zu behandeln ist. Ebenfalls nicht hierher
gehört die neue »informationstechnische Grundbildung« d. h. die Einführung in das
Rechnerwesen als Gegenstand des Unterrichts. In unserem Zusammenhang interes-
siert der Computer nur als Unterrichtsmittel, genauer als Hilfsmittel für die Präsentation von (schriftlichen und bildlichen) Medien mit seinen Vorzügen und Nachteilen.
(Lit. Eyferth 1974; Fr. Ingenkamp 1984; Spanhel 1986; 1987; Issing 1987; Sacher
1990)
Überflüssig erscheint der Begriff »Mediendidaktik« für die in diesem Kapitel behandelten Fragen. Diese sind nicht ein Sondergebiet, sondern notwendiger Teil jeder
Didaktik, weil es keinen Unterricht ohne Medien gibt.


## 1.3.7 Sprache als Unterrichtsmedium

Der Sprache im Unterricht ist ein eigener Abschnitt gewidmet; denn sie ist nicht nur
das häufigste und vielseitigste, sie ist ein besonderes, das grundlegende Medium des
Unterrichts – und nicht nur des Unterrichts, sondern menschlichen Lebens überhaupt. Sprache ist die spezifische Fähigkeit des Menschen, er lebt mit und in der
Sprache, sie ist Teil seines Wesens, seiner Existenz.
So ist denn Sprache im Unterricht immer dabei, in verschiedenen Formen und in
mehrfacher Funktion. (Lit. Bollnow 1966; Schiebel 1969; Spanhel 1971; 1973;
1991; Priesemann 1974; Halbfas u. a. 1975; Francis 1977; Richards 1978; Klingberg
1986; Schlutz 1984; Rausch 1986)

## a) Begriffliches

Mit Sprache ist zunächst die *Wortsprache*, in der Regel die im Unterricht gebrauchte Mutter- bzw. Landessprache gemeint. Sie kann mündlich wie auch schriftlich übermittelt werden. In beiden Fällen vermittelt sie Informationen auf zwei Ebenen, einer *denotativen* und einer *connotativen*. Mit der ersteren ist die gewissermaßen »offizielle« Botschaft gemeint, die vor allem in den festgelegten, im Lexikon nachzuschlagenden Wortbedeutungen, dem »Code«, daneben auch in Syntax und Stilformen gefaßt ist. Auf der letzteren geht es um die in Wortschatz und Satzbau fast immer mitlaufenden Nebenbedeutungen, Vorstellungen, Bewertungen, die bei Sender und Empfänger die gleichen sein können und so das Gemeinte ergänzen, die aber oft unterschiedlich sind und bewirken, daß etwas ganz anderes gehört oder gelesen wird als gesagt oder geschrieben wurde.

Beim mündlichen Sprechen kommen zu diesen »verbalen« noch die *paralinguistischen* Momente hinzu. Lautstärke, Sprechtempo, Artikulation, Klangfarbe, Intonation usw. enthalten ebenfalls Mitteilungen, die in der jeweiligen Situation meist sehr deutlich sind, zu ihrem vollen Verständnis aber doch einige Vorerfahrung mit dem Sprecher und dem gesellschaftlichen Umfeld voraussetzen.

Nonverbal verläuft auch die Kommunikation mittels *Gesten und Mienen*. Sie werden teils aufgrund verhaltensbiologischer »Urmuster« (Zuwendungs-, Abwehr-, Deutungs-, Herrschaftsgesten), teils nach kultureller Tradition oder vorheriger Absprache verstanden. Diese »Körpersprache« ist zunächst weitgehend unbewußt. Sie kann aber bewußt gemacht, beherrscht und geübt werden und dann die Wortsprache ersetzen oder ergänzen. Sie ist auch für den Unterricht von Bedeutung. (Lit. Heinemann 1979; Rosenbusch/Schober 1995; Heidemann 1986; H. Meyer 1987/II)

## b) Funktionen

*Gegenstandsersatz*

Sprache ersetzt den Realgegenstand, wenn dieser selbst nicht vorhanden oder anders darstellbar ist und deswegen in Erzählung, Bericht, Beschreibung, Schilderung vorgestellt wird. Sprache kann hier die Realvorstellung nicht schaffen, aber sie kann mittels ihrer Wortsymbole anderwärts schon gewonnene Vorstellungen wecken und zu neuen Vorstellungskomplexen verbinden. Um das zu leisten, muß sie anschaulich, konkret, »bildhaft«, »lebendig« sein.

Häufiger und wichtiger ist die Sprache aber in ihrer gegenläufigen Funktion:

*Mittel des Denkens*

Sprache dient der geistigen Erfassung und Bewältigung der Sachverhalte. Sie begleitet auch die Arbeit an den anderen Medien; denn ohne Sprache bleiben diese stumm, erst durch Sprache erhalten sie Sinn und Bedeutung. Sprache benennt die Erscheinungen und macht sie so erst zu wahrnehmbaren Sachverhalten. Sie dient der Objektivierung und Präzisierung, Ordnung und Verknüpfung, Deutung und Sinngebung, Abstraktion und Begriffsbildung, Fixierung und Speicherung. Sie ist das eigentliche Vehikel menschlichen Denkens und Erkennens. Dabei soll dem verwickelten Verhältnis von Denken und Sprechen hier nicht nachgegangen werden. Beide hängen engstens zusammen, sind aber nicht identisch. (Vgl. Wygotski 1969)

Im Bereich des Erkennens hat Sprache das Monopol. Alles Denken in Allgemeinbegriffen, Ideen, Sinn- und Wertfragen ist ausschließlich an sie gebunden.

## Unterrichtsgegenstand

Sprache ist selbst Gegenstand des Unterrichts, zunächst natürlich im muttersprachlichen Unterricht und in den Fremdsprachen unter den verschiedenen Aspekten von Bedeutungslehre und Sprachgeschichte, Grammatik und Rechtschreiben, Lektüre und Analyse von Texten, mündlichem und schriftlichem Ausdruck. Aber auch in allen anderen Fächern wird Sprache als solche gelernt und betrachtet. Zum einen vermitteln sie eine Fülle von Fachausdrücken und die fachlich angemessene Art des Sprechens. Zum anderen ist die Pflege der Sprache in mündlicher und schriftlicher Form ihnen allen aufgegeben. Aller Unterricht ist auch Sprachunterricht.

Womit wird aber der Gegenstand Sprache vermittelt und bearbeitet? Wieder mittels der Sprache!

## Meta-Sprache

Das Sprechen über Sprache, ihren Inhalt und ihre Verwendungsbedingungen in der jeweiligen Situation ist eine eigene Funktion. Sie verläuft auf einer Meta-Ebene und bedient sich z. T. einer eigenen Meta-Sprache. Sie bedarf einiger Übung und kann dann die zwischenmenschliche und sachbezogene Verständigung erleichtern, Mißverständnisse aufklären, unausgesprochene, oft unklar empfundene Konflikte zum Ausdruck bringen und so befreiend und entlastend wirken. Ein Übermaß an Reden auf der Meta-Ebene kann aber auch verunsichern, Probleme verstärken, vom spontanen Sach- und Personenbezug ablenken, Lernen und Zusammenleben belasten. Auf das rechte Maß im rechten Augenblick kommt es an.

## Vorbild

Sprache lernt man nicht in erster Linie als Gegenstand planmäßigen und bewußten Unterrichts, sondern vor allem durch Hören und Sprechen im Zusammenleben. So löst auch das Sprechen des Lehrers und der Mitschüler wieder Sprechen bei den Schülern aus und beeinflußt dieses. Es hat *Beispielcharakter* und sollte *Vorbildcharakter* haben. Diese Vorbildfunktion der Sprache wird nur selten bewußt erlebt, ist aber immer wirksam. Der Lehrer, der im Rahmen seines Gesamtauftrags auch die

Sprache seiner Schüler (und mit ihr auch soziale Chancen) fördern soll, muß sich dessen bewußt sein, sich um das eigene vorbildliche Sprechen bemühen und mit Geduld, aber auch mit Nachdruck auf ein immer besseres Sprechen der Schüler hinarbeiten. Das Maß für »gute« Sprache sollte in unserem Lande das Hochdeutsche auf der Ebene gehobener mündlicher Umgangssprache, vielleicht mit einiger regionaler Färbung sein, bzw. die korrekte und gepflegte Schriftsprache als gemeinsamer Besitz aller Menschen des deutschen Sprachraums. Die Mundart als echte Regionalsprache hat daneben ein gewisses Recht, darf aber nicht mit schludriger Gassensprache verwechselt werden. Diese hat im Unterricht keinen Platz. Die gehobene Umgangssprache ist variabel genug, um z. B. mehr Ungezwungenheit auf der Beziehungsebene und größere Korrektheit auf der Sachebene auszudrücken, wie das bei vielen Lehrern zu beobachten ist.

## Ästhetische Wirkung

Sprache hat auch eine ästhetische Seite. Sie kann wohlgeformt oder nachlässig, korrekt oder schludrig, überladen oder karg, ausdrucksreich oder stereotyp, wohllautend oder unangenehm klingen. Es ist nicht gleichgültig für das aktuelle Wohlbefinden wie auch für den bleibenden Ertrag, welcher Art von Sprache die Schüler tagtäglich ausgesetzt sind. Auch hier trägt der Lehrer Verantwortung gegenüber den Schülern wie auch gegenüber der Sprache als der Mitte unserer Kultur.

## Verhaltenssteuerung

Sprache dient der Verständigung über gegenseitige Verhaltenserwartungen und hat hier zumeist appellativen Charakter. In dieser Funktion wurde sie schon bei den »Lehrertätigkeiten« erwähnt. Allerdings erfolgt gerade in diesem Bereich die Verständigung zu einem großen Teil auch nonverbal, auf paralinguistischem Wege und über die Körpersprache. (Rosenbusch/Schober 1995)

## Mittler seelischen Erlebens

In der Sprache drücken sich Anmutungen, Gefühle, Stimmungen aus, sie gibt Bewertungen von Sachen und Personen kund, mittels ihrer definieren sich Beziehungen zwischen Menschen, und sie löst rückwirkend Gefühle, Bewertungen, Beziehungen aus. Auch das geschieht zu einem nicht geringen Anteil auf nonverbalem Wege. Aber für eine differenzierte Mitteilung innerseelischen Erlebens ist die Wortsprache unentbehrlich, und sie trägt selbst zu einer Differenzierung dieses Erlebens bei. Im sorgsamen Reden über Gefühle und Werterlebnisse werden diese subtiler empfunden und deutlicher unterschieden.

Sprache kann treffen und wehtun, primitivieren und brutalisieren; sie kann aber auch heilen und trösten, kultivieren und humanisieren. Takt und Verständnis, Rücksichtnahme und Höflichkeit drücken sich in der Sprache aus. Diese ist nicht nur etwas Äußerliches, das man vernachlässigen könnte, weil es doch nur auf das »echte Innere« ankomme. »Sprache ist die Zivilisation selber« (Thomas Mann). Hier liegt wohl die tiefste Begründung für die Bedeutung der Sprache im Unterricht. (Vgl. Klingberg 1982, 145) Zu dieser Kultivierung gehört auch das Gespür dafür, wann Sprechen nicht am Platze ist, sondern *Schweigen und Stille* geboten sind (Oblinger 1968; Wegmann 1964, 256; Rosenbusch/Schober 1995)

*Mittel der Erziehung*

Ringen um Klarheit des Ausdrucks und Redlichkeit der Aussage, Nachdenken über Inhalt und Angemessenheit der Rede, Kultivierung des Umgangs und der Gefühle können nicht ohne Einfluß auf die Werthaltung des jungen Menschen bleiben. Unmittelbar auf sie wirkt der Erzieher durch Anerkennung und Mißbilligung, Lob und Tadel, Forderung und ihre vernünftige Begründung. Erziehung zu verantwortlicher Haltung erfolgt weitgehend über das Wort, und sie ist um so erfolgreicher, je mehr sie mit diesem auskommt und auf gröbere Maßnahmen verzichten kann. (Vgl. 6.3.7.)

In all den genannten Funktionen ist Sprache im Unterricht vertreten, manchmal gleichzeitig, manchmal in säuberlicher Trennung, meist im ständig wechselnden Umschlag. Dies erfordert ein immer neues Einstellen auf die jeweilige Funktion, insgesamt eine Kommunikationsleistung hohen Grades, die nur gelingen kann, wenn die Voraussetzungen hierfür gegeben sind.

## c) Bedingungen sprachlicher Verständigung

*Rücksicht auf den Sprachstand*

Der Lehrer muß auf das Sprachverständnis seiner Schüler eingehen, das in mehrfacher Hinsicht eingeschränkt sein kann: durch milieubedingte Sprachdefizite, die keine unüberwindlichen »Sprachbarrieren« darstellen müssen; durch die regionale Mundart, die im Zeitalter der Massenmedien an Bedeutung als Sprachhindernis verliert; nicht zuletzt durch altersbedingte Verständnis- und Ausdrucksgrenzen, die von den Umweltbedingungen überlagert, aber nicht aufgehoben werden.

*Rücksicht auf die Sprechsituation*

Berufsanfänger scheuen sich oft vor dem »typischen Lehrerton« und versuchen daher, in möglichst »natürlicher« Umgangssprache zu unterrichten, verfehlen aber eben damit die Ansprüche der Situation. Bei einer Volksversammlung redet man anders als am Kaffeetisch, von der Kanzel anders als am Arbeitsplatz. Was in der einen Situation natürlich ist, wirkt in der anderen unangebracht. Vor der Klasse spricht man anders (betonter, artikulierter, mit mehr Resonanz) als mit einer kleinen Gruppe, und mit ihr wieder anders als mit einem einzelnen.

## Verständlichkeit

Der Lehrer muß sich überall und immer von Berufs wegen um verständliche Sprache bemühen. Hierfür leistet ihm auch die Forschung einige Hilfe:

*Langer u. a.* (1981) untersuchten die Verständlichkeit sprachlicher Wissensübermittlung und fanden vier dafür bedeutsame Dimensionen:
- Einfachheit, gekennzeichnet durch kurze Sätze, geläufige Wörter, Erklärung von Fachbegriffen, konkrete und anschauliche Sprache;
- Gliederung und Ordnung, klarer und folgerichtiger Aufbau, gute Überschaubarkeit, deutliche Unterscheidung von Wesentlichem und Nebensächlichem;
- ein mittlerer Grad an Ausführlichkeit, nicht zu knapp und beschränkt, aber auch nicht zu weitschweifig, sich in Nebensächlichkeiten verlierend;
- sparsam verwendete zusätzliche Stimulanz, anregende und abwechslungsreiche Gestaltung, die aber nur bei gleichzeitig guter Gliederung das Verständnis fördert, sonst eher zur Verwirrung beiträgt. (Lit. Langer u. a. 1981; Teigeler 1968; Groeben 1972)

*Gage* fand folgende Merkmale guten Erklärens bei Lehrern:
Kurze und einfache Sätze, Verwendung ein- und überleitender Wendungen, Gliederungshinweise, passende Pausen, wechselndes Sprechtempo, höhere Anteile an Haupt- als an Fürwörtern, geringe Zahl von Füllwörtern und leeren Redensarten, klare Formulierung des Problems, präzise Arbeitshinweise, dazu markante Gesten und Bewegungen, freundliche persönliche Bemerkungen, Verwendung der Wandtafel ... (nach Brown 1978, 11; vgl. Richards 1978, 134).

Solche Forderungen gelten nicht nur für die Lehrersprache, sondern auch und noch in höherem Grade für Lehrtexte, Schulbücher usw., deren Qualität in hohem Maße von der sprachlichen Gestaltung abhängt. Leider wird bei ihrer Auswahl nicht immer darauf geachtet, und so lassen nicht wenige von ihnen zu wünschen übrig.

## Sprechtechnik und Stimmpflege

Nicht nur der Inhalt soll verständlich sein, auch die Technik des Sprechens soll beherrscht werden, um der Schüler willen, die es ständig anhören müssen, aber auch um des Lehrers willen, der sein wichtigstes »Werkzeug« wirkungsvoll und kräfteschonend einsetzen möchte. Stimmbildung und Sprechschulung sollten eigentlich ein Pflichtfach der Lehrerausbildung sein. Bei ernsteren Stimmschwierigkeiten bieten sie wirksame Hilfe. (Lit. Drach 1922; Reusch 1956; Hinsch o. J.)

## Beherrschung der Kulturtechniken

Hören und Sprechen, Lesen und Schreiben müssen in einem gewissen Grade gekonnt werden, um Verständigung zu ermöglichen, und sie bedürfen ständiger Übung und Verfeinerung, weil man sie nie gut genug erlernen kann. Insbesondere die *Schriftsprache* als ein doppelt codiertes, in Symbolen zweiten Grades gefaßtes Medium stellt schwierige und langwierige Lernaufgaben, ist bei ihrer Beherrschung aber der mündlichen Sprache in mancher Beziehung überlegen (vgl. Wygotski 1969).

### d) Chancen und Gefahren des Mediums Sprache

In fast allen genannten Funktionen ist Sprache das beweglichste, vielseitigste und leistungsfähigste Medium des Unterrichts. Sie ist freilich auch das schillerndste und gefährlichste; sie dient nicht nur der Benennung und Durchdringung der realen Welt, sondern auch der Enthebung von ihr. Wo sie zum »Verbalismus« wird, weil sie Begriffe und Vorstellungen beschwört, die noch gar nicht erworben sind, wo sie gar leer läuft, weil sie keine wirklichen Sachverhalte mehr trifft und eine Scheinwelt vortäuscht, die nur in Worten besteht, wo sie gar bewußt manipuliert, täuscht, lügt, da ist diese Gefahr manifest. Um so notwendiger ist das ständige Bemühen um Verständlichkeit, Sachtreue und Redlichkeit des Sprachgebrauchs im Unterricht, um Kultur der Sprache und des Sprechens und zu gegebener Zeit des Schweigens.

## 1.4 Beschluß: Die Grundstruktur von Unterricht

Einzelakte des Lehrers und der Schüler und einzelne Mittel als Vertreter des Gegenstandes machen die Elemente des Unterrichts aus. In ihrem wechselseitigen Bezug ordnen sie sich zum bekannten »Didaktischen Dreieck«. Es spiegelt die Grundstruktur des Unterrichts wider; denn alle drei »Ecken« sind immer da, wo Unterricht stattfindet, müssen da sein, wo der Begriff des Unterrichts zutreffen soll.

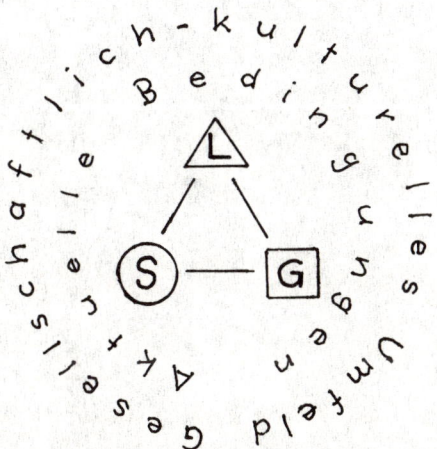

»Im didaktischen Dreieck werden ›Ansprüche‹ von jedem Eckpunkt an jeden Eckpunkt gestellt, wobei es wesentlich ist, daß jeder ›Anspruch‹ von einem zum anderen immer ›angesichts‹ des dritten Eckpunkts, d. h. im Hinblick, mit Rücksicht, mit Kontrolle usw. auf das dritte erfolgt.« Der Dialog zwischen Schüler und Sache wird vom Lehrer überwacht, der Dialog zwischen Lehrer und Schüler findet im Hinblick auf die Sache statt, der Dialog zwischen Lehrer und Sache wickelt sich vor den Schülern ab und muß ihnen gemäß sein (Mühlmeyer 1966, 165; vgl. Prange 1983, 36; Sünkel 1996, 63).

Allein kann das didaktische Dreieck freilich nicht genügen, um Unterricht in seiner Komplexität darzustellen. Es zeigt nicht, daß das Zueinander der drei »Ecken« immer in einem *Feld vielfacher Einflußfaktoren* stattfindet, einem »inneren« Feld der aktuellen räumlichen, sächlichen, personellen, atmosphärischen Gegebenheiten und einem »äußeren« Feld der gesellschaftlichen und epochalen Rahmenbedingungen. Sie alle beeinflussen das unterrichtliche Geschehen in stärkster Weise, ja die drei Hauptfaktoren selbst sind letztlich nur Teile dieses Feldes. (Vgl. Jannasch / Joppich 1964, 13; Geißler 1981, 185 ff.; Schöler 1977, 21)

Eine weitere Differenzierung dieses Grundmodells wird sich schrittweise ergeben. Im nächsten Hauptteil geht es um die Variationen der inneren Struktur, die wir als »Unterrichtsformen« bezeichnen.

# 2. FORMEN DES UNTERRICHTS

Wir haben als unvoreingenommene Beobachter dem Unterricht beigewohnt und können seine Elemente unterscheiden, benennen und ein Stück weit beurteilen. Wir stellen nun darüber hinaus fest, daß die Art und Weise, wie diese Elemente zueinander in Beziehung treten, gewissen Regelmäßigkeiten unterliegt. Wir befinden uns, bildlich gesprochen, auf der zweiten Problem-Ebene, um die *Beziehungen zwischen den Elementen* – Lehrer und Schüler, Schüler und Gegenstand, Schüler und Mitschüler – in den Blick zu nehmen. Dabei wird das Unterrichtsgeschehen gewissermaßen statistisch, im »Querschnitt« betrachtet, noch nicht im »Längsschnitt«, dem dynamischen Fortgang in der Zeit.

## 2.1 Allgemeines zu den Unterrichtsformen

### 2.1.1 Begriffliche Unterscheidungen

*Lehr-, Lern-, Unterrichtsformen*

Immer wieder kommt es vor,
– daß der Lehrer vor der ganzen Klasse steht, zu oder mit ihr spricht,
– daß die Schüler zu zweien oder vieren die Köpfe über einer Aufgabe zusammenstecken,
– daß sie sich einzeln mit einer Sache beschäftigen,
– daß der Lehrer sich Einzelnen oder Gruppen zuwendet usf.

Wir könnten diese wiederkehrenden Konstellationen auch dann unterscheiden, wenn wir eine Stummfilmaufnahme oder Unterricht in einer völlig fremden Sprache vor uns hätten; sie lassen sich unabhängig vom Inhalt des Unterrichts feststellen, wenn auch nicht – wie wir noch sehen werden – unabhängig von ihm beurteilen.

Es sind die *Unterrichtsformen*, begrifflich bestimmt als *»Gesamtcharakter der Stellung von Lehrer, Schüler und Lehrinhalt im Bezug auf den Vorgang des Lehrens und Unterrichtens«* (Dolch), gewissermaßen *die »Rollenverteilung« zwischen Lehrer und Schülern in der Auseinandersetzung mit dem Unterrichtsgegenstand«* (Rabenstein). Aus der Sicht des Lehrers sind sie »Lehrformen«, aus der des Schülers »Lernformen«.

Manche Autoren fassen den Sachverhalt unter einem unscharfen Begriff »Methode«, andere sprechen von »Unterrichtsorganisation« u. ä. Doch hat sich der Begriff der Unterrichtsform weithin durchgesetzt, und er sollte festgehalten werden, weil er einen eigenen Gegenstands- und Aufgabenbereich der Didaktik eindeutig bezeichnet.

Unterrichtsformen können unter zwei Aspekten betrachtet werden:

### Aktions- oder Arbeitsformen

Fragt man nach der Verteilung der *gegenstandsbezogenen Aktivität*, so heben sich drei grundsätzlich mögliche *Aktionsformen* (auch *Arbeitsformen*) heraus, die vom Lehrer aus als die *darbietende*, die *zusammenwirkende* und *die aufgebende*, vom Schüler aus als *aufnehmende, zusammenwirkende* und *ausführende* bezeichnet werden können. Sie lassen sich als Abwandlungen des didaktischen Dreiecks verstehen. Bei der darbietend-aufnehmenden Aktionsform geht die Vermittlung des Gegenstands an die Schüler über den Lehrer (oder einen fachkundigen Schüler), bei der zusammenwirkenden tritt der Lehrer neben oder zwischen die Schüler im gemeinsamen Bemühen um den Gegenstand, das in der Regel in der Form des Gesprächs verläuft; bei der aufgebenden steht er gewissermaßen hinter den Schülern, die sich dem Gegenstand unmittelbar zuwenden. Es handelt sich hierbei um idealtypische Unterscheidungen; faktisch gibt es Zwischenformen und rasch wechselnde Übergänge.

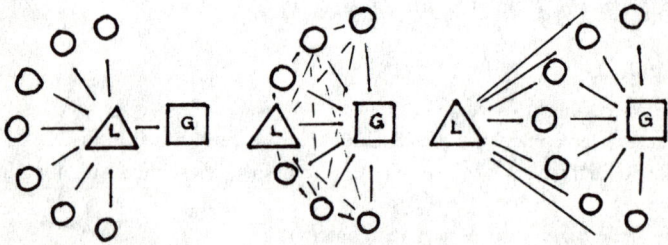

Die Aktionsformen des Darbietens und des Zusammenwirkens faßt man auch unter dem Begriff des *direkten* oder unmittelbaren Unterrichts, die des Aufgebens in dem des *indirekten* bzw. mittelbaren Unterrichts zusammen. Diese Unterscheidung ist allein auf das Lehrer-Schüler-Verhältnis bezogen. Vom Verhältnis Schüler-Gegenstand aus gesehen, müßten die Bezeichnungen gerade umgekehrt lauten. Nur die ersteren sind aber üblich.

### Sozialformen

Fragt man nach dem *Sozialverband*, in dem die Schüler sich jeweils befinden, der »Gruppierung«, so sind folgende *Sozialformen* zu unterscheiden:
- die *Großklasse* als Ansammlung so vieler Schüler, daß diese nicht mehr wechselseitig in Kontakt treten können (und die deswegen nicht »Großgruppe« genannt werden sollte),

– die *Klasse* als eine (meist relativ stabile) Einheit von Schülern, bei der jeder mit jedem in Beziehung treten kann, die also im soziologischen Sinne eine »Gruppe« darstellen und sich auch als solche erleben,
– die *Abteilung*, eine Teileinheit der Klasse, bei der die Glieder im sozialen Nebeneinander arbeiten,
– die *Gruppe* (im didaktischen Sinn), als Teileinheit der Klasse, bei der die Schüler im sozialen Miteinander arbeiten, gemeinsam für den Verlauf und das Ergebnis verantwortlich sind,
– die *Partnergruppe* zweier so zusammenarbeitender Schüler,
– der *Einzelne* in der Zuwendung zur Sache, auch im unmittelbaren Kontakt mit dem Lehrer.

*Kombinationen*

Arbeits- und Sozialformen kommen in reiner Form gar nicht vor. Sie sind Abstraktionen aus einem weit komplexeren Sachverhalt, als »Aspekte« seiner Betrachtung oder »Dimensionen« seiner Vermessung aber unentbehrlich für die Unterscheidung von Wesentlichem und Nebensächlichem. In der Wirklichkeit finden wir Aktions- und Sozialformen immer verbunden vor. Das Schema zeigt die gedanklich möglichen Kombinationen, von denen nicht alle tatsächlich vorkommen. Der Lehrer kann z. B. sowohl einem Auditorium wie einer Klasse, einer Abteilung, einer Gruppe oder einem Einzelnen etwas vortragen oder erzählen. Das Zusammenwirken ist mit der Großklasse schon kaum mehr möglich. Aufgebend kann er praktisch nur den Einzelnen und die Gruppe beschäftigen. Gelänge ihm dies bei der Klasse oder der

| Aktionsformen / Sozialformen | direkt | | indirekt |
|---|---|---|---|
| | darbietend | zusammen-wirkend | aufgebend |
| Großklasse | / / / | — | |
| Klasse | "Frontalunterricht" | | / |
| Abteilung | / / / | / / / / | / |
| Gruppe | \ | / / | \ \ \ |
| Einzelner | / / / | / / / | XXX |

Abteilung, so würde diese zur »Gruppe« im didaktischen Sinn. Gleichwohl kann das Schema zur Unterscheidung der Dimensionen und zur Einsicht in die Vielfalt auch praktisch möglicher Kombinationen beitragen. Die Bedeutung der Schraffuren wird später deutlich werden. Besonders hinzuweisen ist noch auf den häufig unklar verwendeten Begriff des »*Frontalunterrichts*«. Er umfaßt sowohl das Darbieten als auch das Zusammenwirken, wenn der Lehrer dabei in ständigem Blick- und Gesprächskontakt mit der ganzen Klasse steht.

*Inhaltlich* können diese Felder ganz unterschiedlich gefüllt sein. Das Darbieten kann ein Erzählen, Vorlesen, Vortragen, Vormachen sein, das Zusammenwirken ein gängelndes Abfragen, eine freie Diskussion oder ein Einzelgespräch, das Ausführen ein Abschreiben, Experimentieren, freies Gestalten, eine Probearbeit oder eine Hausaufgabe. Hier geht es vorerst um die Formen. Sie haben ihren eigenen Sinn und Wert, ihre Beschränkungen und ihre Gefahren.

### 2.1.2 Umschau in Geschichte und Gegenwart

Die oben unterschiedenen Aktions- und Sozialformen haben in allen Zeiten weit über den Schulunterricht hinaus vielfältige Verwendung und unterschiedliche Wertschätzung erfahren.

Die *Darbietung* finden wir im 6. Jahrhundert v. Chr. einseitig verwirklicht in der philosophischen Schule der Pythagoreer, wo der Lernende drei bis sechs Jahre lang nur hören, nicht einmal fragen durfte. Darbietung waren und sind die Predigt von den Propheten des alten Testaments bis zu modernen Erweckungspredigern, die politische Rede von Demosthenes und den antiken Rhetoren bis Lenin und Goebbels, der sachbezogene Vortrag und die Universitätsvorlesung, ebenso das Theater, die Film- und Fernsehsendung mit ihrer Faszination und Manipulation; Darbietung ist es aber auch, wenn die Mutter dem Kind ein Märchen erzählt, der Meister dem Lehrling einen Arbeitsvorgang zeigt usf.

*Zusammenwirkend* führte Sokrates in den platonischen Dialogen seine Gesprächspartner zur Einsicht in die Grenzen ihres Wissens, mühten sich die Gelehrten zur Zeit der Scholastik in kunstvollen Disputationen um die Auslegung und Begründung der biblischen Offenbarung, wollten die Pädagogen der Aufklärung im »Zusammenunterricht« die ganze Klasse im straffen Frage-Antwort-Stil zum Nachvollzug rationaler Einsichten führen. Wir schätzen heute das freiere Gespräch, die Diskussion und die Debatte prinzipiell Gleichberechtigter als Vollzugsform freiheitlicher Demokratie, das therapeutische Gespräch mit Einzelnen und Gruppen als Ausdruck mitmenschlicher Zuwendung; wir wirken mit dem Einzelnen zusammen in Beantwortung seiner spontanen Fragen und beim Nachhilfeunterricht.

*Aufgebend-ausführend* war der Unterricht zum größten Teil in den Schulen des

Mittelalters und der beginnenden Neuzeit vor Einführung des Frontalunterrichts, als die Schüler im »Haufen« saßen und einzeln vom Lehrer ihre Memorieraufgaben erhielten, sie einzeln erledigten und vom Lehrer wieder einzeln abgehört wurden. Aufgeben herrschte in den wenig gegliederten Landschulen vor, wenn der Lehrer sich immer nur einer Altersabteilung widmen konnte und die anderen »still beschäftigen« mußte. Neue Wertschätzung und Kultivierung fand das aufgebend-ausführende Unterrichten bei den Schulreformern unseres Jahrhunderts, in der »Arbeitsschule« mit ihrer Wertschätzung selbständiger und produktiver Einzel- und Gruppenarbeit, in der frei gewählten, aber streng an der Sache orientierten Einzelbeschäftigung mit sorgsam vorbereiteten Materialien der Montessori-Schulen, im programmierten Lernen am Computer; seinen dauernden Platz hat es in Form der Hausaufgaben, über denen Millionen von Schülern tagtäglich sitzen – mit all ihren Ärgernissen.

### 2.1.3 Forschungsergebnisse

Auch zum Einsatz der Unterrichtsformen liegt eine Fülle von empirischen Untersuchungen vor, von denen nur ganz wenige beispielhaft vorgestellt werden können.

#### Vortrag oder Gespräch

In den USA beschäftigte man sich jahrzehntelang mit der Frage, ob »lecture« oder »discussion«, also Darbieten oder Zusammenwirken die besseren Lernergebnisse erbringe. Dem Zeitgeist entsprechend favorisierte man die »moderne« Diskussion gegenüber der »traditionellen« Darbietung – und wurde durch Empirie nicht nur bestätigt.

*Dubin / Taveggia* (1968, 1973) rechneten 91 solcher Untersuchungen nach und fanden keine regelmäßigen Unterschiede zwischen beiden Formen, weder hinsichtlich des Lernzuwachses noch der Fähigkeit zum Problemlösen oder der Zufriedenheit der Studenten bzw. Schüler. Bei weiterer Nachprüfung stieß man auf einen vorher übersehenen Faktor: sowohl Vorlesungen wie Diskussionen lag das gleiche Lehrbuch zugrunde! Die inhaltliche Qualität des Gebotenen ist offensichtlich wichtiger als die Unterrichtsform (nach Boeckmann 1981, 636).
Immerhin fand *Gage* (1979) in einer Zusammenfassung vergleichender Untersuchungen eine tendenzielle Überlegenheit der Vorlesung beim »Faktenwissen«, der Diskussion bei »Behalten und anspruchsvollem Denken« und bei »Einstellung und Motiviertheit«. (S. a. Brophy u. Peterson in Clarizio 1981, 138 ff.)

*Aschersleben* (1985) fragte Schüler verschiedener Altersstufen und Schularten nach der Beliebtheit von Unterrichtsformen und kam zu folgenden Skalenwerten: 80 Unterrichtsgespräch mit Lehrer – 78 Partnerarbeit – 69 Gruppenarbeit zu viert – 65 Gruppenarbeit zu dritt – 63 Lehrervortrag – 60 Unterrichtsgespräch ohne Lehrer – 57 fragend-entwickelnde-darstellender (d. h. durch Fragen unterbrochener Unterricht) – 48 Gruppenarbeit zu fünf – 28 Einzelarbeit. Die frontalen Unterrichtsformen schnitten insgesamt recht gut ab.

*Hager u. a.* (1985) erhoben das »Methodenrepertoire« von 88 Lehrern in 181 Unterrichtsstunden an 10 verschiedenen Schulen und fanden folgende Durchschnittswerte (in Klammern die Werte für Gymnasium bzw. Hauptschule):
Bei den Aktionsformen lag ein eindeutiges Übergewicht beim Unterrichtsgespräch im weiteren Sinne mit 59% (69% bzw. 50%) gegenüber der betreuten bzw. selbständigen Schülerarbeit mit 24% (15% bzw. 32%).
Als Sozialform überwog mit Abstand der Klassenunterricht mit 77% (85% bzw. 75%) die Gruppen- und Partnerarbeit mit 10% (7% bzw. 13%) und Einzelarbeit mit 10% (5% bzw. 12%).
Alltagserfahrungen bestätigen diese Ergebnisse. Ein durchschnittlicher »Stil« der Unterrichtsarbeit in unserem Lande zeichnet sich in bedenklich anmutender Einseitigkeit ab.

Andererseits bestätigen verschiedene *neuere Untersuchungen* im In- und Ausland die Effektivität guten, klar aufgebauten und straff geführten direkten Unterrichts mit flexiblem Eingehen auf Leistungsunterschiede und Verständnisschwierigkeiten und bei bestmöglicher Nutzung der Lernzeit. (Treiber/Weinert 1985; Baumert 1986; Wittrock 1986, 379 ff.; Helmke 1988; Weinert 1994)

## Partner- und Gruppenarbeit

*Schell* (1972) erforschte die Auswirkung von Partnerarbeit. Sie ließ zehn 8. Klassen teils in Einzel-, teils in Partnerarbeit, teils im Wechsel dieser Formen ein Unterrichtsprogramm durcharbeiten. Ergebnis: Der Wechsel von Einzel- und Partnerarbeit war am lernwirksamsten. Die größere Leistungsfähigkeit der Partner kam aber erst bei schwierigeren Problemen zum Tragen. Mit wachsender Erfahrung in der Zusammenarbeit neigten die Schüler stärker zu dieser Unterrichtsform. Die Leistungen der Partner glichen sich nicht an, die Unterschiede zwischen ihnen blieben bestehen.
*Dietrich* (1969) untersuchte in einem ausgedehnten Feldexperiment die »Bildungswirkungen des Gruppenunterrichts«. Über ein Jahr lang beobachtete er eine mehr gruppenunterrichtlich und drei mehr frontal geführte 8. Klassen einer Nürnberger Hauptschule nach genormten Verhaltens- und Leistungskriterien. Ergebnis: Die gruppenunterrichtlich geführte Klasse war überlegen an Wissen, Behalten, Beherrschung der Lerntechniken, Leistungsverhalten, Problemsicht, Produktivität; ihre Schüler zeigten bessere Zusammenarbeit, engere Sozialbeziehungen, mehr Selbstdisziplin, soziale Einordnung und soziale Aktivität. Den wichtigen Faktor der Lehrerpersönlichkeit konnte Dietrich allerdings methodisch nicht eliminieren.
Daß Gruppenunterricht nicht nur Vorteile bietet, wird durch andere Untersuchungen belegt, von denen hier nur die von *Diegritz/Rosenbusch* (1976) zitiert sei (vgl. 1.2.3 b). Sie nahmen die interne Kommunikation einer Gruppe von 6 Schülerinnen mittels Fernsehen und Videoband auf und analysierten Teile daraus in minutiöser Weise. Das Ergebnis: Gewisse Schülerinnen dominierten eindeutig, andere traten völlig zurück. »Komplementäre«, nicht-symmetrische Kommunikation fand auch in der Gruppe statt.

Erziehungsvorteile der Gruppe wirken also nicht »automatisch«. Doch schafft sie Anlässe zu erzieherischem Eingreifen, indem sie Probleme aufdeckt, die sonst unerkannt blieben. Chancen und Gefahren der jeweiligen Unterrichtsform, Bedingungen ihres sinnvollen Einsatzes werden aus solchen Ergebnissen deutlich.

## Mehrdimensionaler Vergleich

Weil viele empirische Untersuchungen zur Unterrichtsform darunter litten, daß sie sich um der vermeintlichen Exaktheit willen auf einen einzigen Faktor beschränkten und ihn doch nicht völlig isolieren konnten, versuchte *L. Roth* (1971) einen mehrdimensionalen Zugriff.

Das physikalisch-technische Thema »Der Kompressorkühlschrank« wurde in 18 Klassen entweder im Frontal-, im Gruppen- oder im programmierten Unterricht behandelt, in jedem Falle von Lehrerstudenten, um Erfahrungsunterschiede auszuschalten. Eine Kontrollgruppe erhielt herkömmlichen Unterricht durch Fachlehrer. Die Klassen waren durch Intelligenztests vergleichbar gemacht. Ergebnisse (Reihenfolge jeweils von der besten zur schlechtesten Versuchsgruppe):
Lernzuwachs: Frontalunt. – Gruppenunt. – programm. Unt.;
Behalten: Programm. Unt. – Gruppenunt. – Frontalunt.;
Störendes Schülerverhalten: Programm. Unt. – Frontalunt. – Gruppenunt., bei erfahrenen Lehrern geringer als bei Studenten;
Zufriedenheit der Schüler: geringe Unterschiede zwischen den Versuchsgruppen; höhere Zufriedenheit bei erfahrenen Lehrern.
Insgesamt waren die Auswirkungen auf das Schülerverhalten größer als auf den Lernzuwachs.

## Hausaufgaben

*Wittmann* (1964) fragte in einer weit bekannt gewordenen Untersuchung nach dem Lerneffekt von Hausaufgaben. In zwei Versuchsgruppen mit je sechs Klassen des 3. und 7. Schuljahres, als Stichprobe parallelisiert, erhielt die eine die üblichen Hausaufgaben, die andere keine. Nach vier Monaten zeigten sich keine signifikanten Leistungsunterschiede.

*Dietz / Kuhrt* (1960) ermittelten Häufigkeit und Lerneffekt verschiedener Arten von Hausaufgaben in 9. bis 12. Klassen Magdeburger Schulen. Die Schüler erhielten unterschiedliche Hausaufgaben; Einstellung, Zeitaufwand und Lernergebnisse wurden erhoben. Am beliebtesten und erfolgreichsten waren Aufgaben zur selbständigen Anwendung des Wissens und Könnens wie auch zur Hinführung zu neuen Lehrinhalten; am wenigsten beliebt und erfolgreich waren einfache Erweiterung, Festigung und Systematisierung von Wissen und Können. Die am wenigsten erfolgreichen Aufgaben wurden mit Abstand am häufigsten erteilt. (Lit. Geißler / Schneider 1982)

*L. Haag* (1991) erforschte das Hausaufgabenverhalten von Schülern der 7. und 8. Gymnasialklassen im Fach Latein. Er ließ die Schüler über einen längeren Zeitraum jeden Tag protokollieren, wieviel Zeit sie für die Hausaufgaben aufwandten. Es zeigte sich, daß bessere und schlechtere Lateinschüler zu Hause etwa gleich viel Zeit für die Hausaufgaben verwendeten, daß aber die schlechteren sehr ungleichmäßig arbeiteten, zeitweilig das Lernen vernachlässigten und erst vor den drohenden Schulaufgaben das Versäumte verstärkt nachholen wollten, also das typische Bild des »Saisonarbeiters« zeigten, während die besseren Schüler konstantere Arbeitszeiten aufwiesen. Daraus gefolgerte Empfehlungen für eine verbesserte Hausaufgabenstellung durch konsequente individuelle Rückmeldung, Anregung zu freiwilligen Hausaufgaben und textbegleitende Fragestellungen beim Lektüreunterricht erwiesen sich bei empirischer Überprüfung als sehr hilfreich.

Diese und viele weitere Untersuchungen ergeben insgesamt ein widersprüchliches Bild. Ziele und Inhalte, Voraussetzungen bei den Schülern und Fähigkeiten der

Lehrer, Medien und Methoden, äußere Bedingungen und innere Einstellungen wirken sich neben und mit den Unterrichtsformen aus, fördern oder hemmen sich gegenseitig und erlauben nicht, bestimmte Effekte zu isolieren, geschweige denn zwingend nachzuweisen. Doch sind solche Ergebnisse besser als bloße Behauptungen, und sie verhelfen insgesamt zu einer nüchternen Sicht gegenüber einseitigen, mehr durch Wünsche als durch Erfahrung bestimmten Forderungen.

### 2.1.4 Erste Einsichten

Die – notwendigerweise bruchstückhafte – Rück- und Umschau eröffnet uns schon eine Reihe grundsätzlicher Einsichten in das Wesen und die Bedeutung der Unterrichtsformen.

#### Vielfalt der Zwecke

Der Einsatz der Unterrichtsformen geschieht aus sehr unterschiedlichen Motiven: aus sachlicher Notwendigkeit, zur Kraft- und Zeitersparnis, um der Wirkung auf die Hörer bzw. Schüler willen, mit politischer Absicht, gemäß überlegter didaktischer Planung, im Eingehen auf Schülerbedürfnisse ... So bunt sind die Motive gemischt, so unterschiedlich tief begründet, daß man offensichtlich nicht einfach »gute« und »schlechte« Formen trennen kann.

#### Normative Vorgaben

In Begründung und Auswahl der Unterrichtsformen gehen wertbestimmte Vorentscheidungen ein.

Gilt der *Gegenstand* als unangreifbare Wahrheit – »Wahrlich, ich sage euch ...« – was liegt näher, als nicht lange zu diskutieren, sondern ihn eindrucksvoll darzubieten? Man wird dies freilich auch tun, wenn eine bestimmte Auffassung erst einmal vorgestellt werden muß, damit sie Gegenstand kritischer Auseinandersetzung werden kann. Ist andererseits der Gegenstand ein offenes Problem oder eine kontroverse Frage, so bietet sich wie von selbst das zusammenwirkende Gespräch an. Ist der Stoff portionenweise ins Gedächtnis aufzunehmen, dann liegt das Aufgeben nahe, aber auch dann, wenn er in eigenständigem Suchen erst zu entdecken ist.

Sieht man den *Schüler* als tabula rasa, als passives, mit Wissen zu füllendes Gefäß, dann wird man ihn belehren. Sieht man ihn als wesensgemäß aktiv, dann wird man dieser Aktivität im Zusammenwirken und Ausführen Raum lassen.

Ist das *Ziel* der blind folgende, nicht kritisch hinterfragende Mensch, dann wird man ihn durch mitreißende Darbietung zu beeindrucken suchen. Man wird freilich auch zu ihr greifen, um ihn für das Wahre, Schöne, Gute empfänglich, zur besinnlichen

Kontemplation fähig zu machen. Soll er kooperations- und dialogfähig werden, wird man das Gespräch für wichtig erachten, und man wird ihn selbständig und selbstverantwortlich ausführen lassen, wenn eben diese Fähigkeiten angestrebt werden.

Auch das Selbstverständnis des *Lehrers* spielt mit. Ist er der Überlegene und Reife, im Besitz der Wahrheit und des Wissens, oder der ältere Partner auf der gemeinsamen Suche nach der Wahrheit, ist er Helfer zur Selbsthilfe, »Arrangeur von Lernprozessen«, die von den Schülern selbst vollzogen werden müssen – in jedem Fall wird er andere Lehr- und Lernformen bevorzugen.

### Eigenwert

Unterrichtsformen sind einerseits Mittel zum Zweck des Lernens, andererseits auch Selbstzweck, *eigene Ziele* des Unterrichts, Verwirklichung und Vorwegnahme wünschenswerter Fähigkeiten und Haltungen der Schüler. Schüler lernen eben nicht nur Inhalte, sie lernen auch »nebenher« durch das, was sie in den Unterrichtsformen tun und was mit ihnen getan wird. Es ergeben sich ungewollte *Nebenwirkungen,* die das bewußt gesetzte Ziel fördern, ihm aber auch entgegenwirken können. Man kann Kritik- und Dialogfähigkeit predigen und die Schüler dabei manipulierend gängeln, kann Solidarität und Teamgeist proklamieren und es geschehen lassen, daß bei der Gruppenarbeit die Empfindsameren von den Robusten unterdrückt werden. Unablässig wird so im Vollzug der Unterrichtsformen gelernt. Man hat diese Wirkungen als »hidden curriculum«, »heimlichen Lehrplan«, besser wohl »unterschwelligen Lehrplan« bezeichnet, was in der Bezeichnung ein Selbstwiderspruch ist, in der Sache aber ein wichtiges Problem trifft. Zu wünschen wäre, daß es aus der Heimlichkeit ins Bewußtsein gerückt wird, weil es nur so in verantwortliche Obsorge genommen werden kann. (Spranger 1962; H. Meyer 1987 I, 63 ff.)

### Unsichere Auswirkung

Man darf nicht naiv erwarten, daß die erhofften Wirkungen eintreten. Die tatsächlichen Haupt- und Nebenergebnisse lassen sich, wenn überhaupt, nur nachträglich feststellen und, wie wir schon gesehen haben, nur zum Teil empirisch kontrollieren. Auch sind diese Wirkungen nicht bei allen Schülern die gleichen. Es könnte sein, daß diese verschieden gut mit den Ansprüchen der jeweiligen Formen zurechtkommen, daß weniger selbständige oder selbstkontrollierte Schüler unter strafferer Führung besser lernen, daß stärkere Schüler beim Gruppenunterricht mehr gewinnen als schwächere, weil sie häufiger etwas erklären müssen usw. (Peterson in Clarizio 1981, 146 ff.). Unterrichtsformen dürfen nicht zur Ideologie werden.

### Form, nicht Inhalt

Unterrichtsformen sind – bei aller aufgewiesenen Bedeutung – eine Sache der Form, nicht des Inhalts. Man kann äußerlich ein freundlich-tolerantes Gespräch führen und in der Sache die Schüler massiv manipulieren. Man kann äußerlich streng dozieren, inhaltlich aber die Geister in Freiheit setzen. Wichtiger als die Form ist der Inhalt, nicht nur als »Stoff« an sich, sondern in der Art und Weise seiner Betrachtung und Bewältigung. (Lit. Dahms 1979)

*Notwendige Vielfalt*

Alle Unterrichtsformen sind notwendig. Jede hat ihre Leistungsbereiche und Grenzen, ihre Vorzüge und Gefahren. Zeitgemäßer Unterricht kann keine von ihnen entbehren. Sie müssen freilich gezielt eingesetzt werden, dort, wo sie aus didaktischer Überlegung geeignet oder sogar geboten erscheinen. Diese »Indikationen«, d. h. die Kriterien für den Einsatz von Aktions- und Sozialformen, sind nun des Näheren darzustellen.

## 2.2 Die Aktions- oder Arbeitsformen

### 2.2.1 Darbieten und Aufnehmen

*Bedeutung*

Die darbietende Form umfaßt die konkreten Tätigkeiten (H. Meyer 1987 bezeichnet sie als »Handlungsmuster«) des Erzählens, Vortragens, zusammenhängenden Erklärens, aber auch des Vorzeigens, Vorführens, Vormachens usw. Bei ihnen fällt die Hauptaktivität dem Lehrer zu, während die entsprechenden Schülertätigkeiten des Zuhörens, Zuschauens, Mitdenkens, Vorstellens allenfalls eine innere Aktivität einschließen und daher nur schwer zu beobachten sind.

Tatsächlich bringt die Verwendung dieser Form in der üblichen, keineswegs »natürlichen« Schulsituation einige *Gefahren* mit sich: die äußere und oft auch innere Passivität der Schüler, den autoritativen Anspruch des Lehrers, es richtig zu wissen oder zu machen, die mögliche Manipulation, die häufige Überfütterung mit Informationen in zu schnellem Tempo, die mangelnde Rückmeldung über deren »Ankommen« bei den Schülern. Diese nur allzu realen Nachteile haben dazu beigetragen, daß die darbietenden Lehrtätigkeiten in unserer Zeit wenig geschätzt werden, mancherorts geradezu verpönt sind und wenn, dann mit schlechtem Gewissen angewandt – und dementsprechend wenig geübt und auch wenig gekonnt werden. Nur selten erlebt man in den Schulen heute noch das lebendig-anschauliche Erzählen, die zusammenhängende, durchschaubare Erklärung, den eindrucksvollen Vortrag. Das ist höchst bedauerlich; denn damit gehen auch Chancen verloren, die das Darbieten im besonderen Maße enthält und die auch von den Schülern geschätzt werden, was durch alle Erfahrung bezeugt und durch die genannten Untersuchungen bestätigt wird.

Das Darbieten ist im Grunde eine *natürliche* und *naheliegende Form der Belehrung:* Wer etwas kann oder weiß, zeigt oder sagt es demjenigen, der erst hören und schauen muß, bevor er mitreden oder selbst richtig nachmachen kann. Er zeigt und sagt es in kompetenter Weise, sachlich richtig und überzeugend, gut strukturiert, in zusammenhängendem, überschaubarem Gedankengang, lebendig, eindrücklich, interessant, oft auch unterhaltend, anregend; er verfährt dabei ökonomisch, vergeudet keine Zeit mit Probieren- oder Ratenlassen – vorausgesetzt, er macht seine Sache gut. Aber diese Einschränkung gilt auch für die anderen Unterrichtsformen. (Lit. Grell 1981, 51 ff., 199 ff., Michael 1983; Prange 1983, 183, 124; Aebli 1983, 8; Treiber/Weinert 1985; Baumert 1986; Wittrock 1986, 179 ff.; Meyer 1987 II, 296 ff.; Helmke 1988; Peterson in Clarizio 1981; Weinert 1994)

*Indikationen*
Angezeigt ist diese Aktionsform dann,
- wenn das Darzubietende *die Sache selbst ist,* wie das bei allen Tätigkeiten, dem Schreiben und Zeichnen, Werfen und Springen, Singen und Vortragen, Aussprechen und Intonieren in der Fremdsprache, den Techniken im Werken und der Hauswirtschaft der Fall ist. Vorheriges Probieren ist dabei nicht ausgeschlossen. Aber irgendwann muß die »Sache« in vorbildlicher Form da sein, wenn sie verstanden und richtig ausgeführt werden soll.
- wenn die Schüler etwas nicht wissen und durch Denken auch nicht selbst darauf kommen können, weil der Gegenstand nicht logisch erschließbar ist, sondern *Informationen voraussetzt,* wie es in vielen Bereichen des Sachunterrichts, insbesondere in den historischen Fächern der Fall ist. Schon Pestalozzi warnte vor den Katecheten, die »gleich Habichten und Adlern Eier aus Nestern holen wollen, in die noch keine gelegt sind«. Bis heute wird dagegen viel gesündigt. Aus einem falsch verstandenen Bemühen um »Selbsttätigkeit« läßt man herumraten und probieren, zerstückelt man die Sache in einem quälenden, kleinschrittigen Frageunterricht, dessen Zusammenhang die Schüler doch nicht überschauen, in dem sie zu wenig Neues erfahren und an dem sie deswegen auch keine Freude haben. Dabei würden sie so gerne dem Lehrer zuhören und zuschauen, wenn er sich nur zu erzählen, vorzutragen, vorzumachen getraute.
- wenn ein ungestörter *ganzheitlicher Eindruck* angestrebt wird, der den Gegenstand in einiger Vollkommenheit zeigen und den Schüler in seiner seelischen Ganzheit ansprechen und beeindrucken soll, wie beim Erzählen von Geschichten, einer Schilderung, der Einstimmung zu einer Gedichtbehandlung, dem besinnlichen Ausklang eines Problemgesprächs, dem eindringlichen Appell an das Gewissen – immer dann, wenn etwas gültig Geformtes oder Geltung Beanspruchendes dem

Schüler begegnet, das er zunächst einmal zur Kenntnis nehmen muß, ehe er sinnvoll dazu Stellung nehmen kann. Die Darbietung ist hier notwendige Voraussetzung für den Dialog, ja ein Teil desselben.

– wenn die Schüler durch einen *zusammenhängenden Gedankengang*, eine verwikkelte Beweisführung, eine systematische Überschau ungestört von Zwischenfragen, Fehlantworten, Meinungsäußerungen geführt werden sollen, sei es, um eine vorhergehende Phase gemeinsamer Erarbeitung zusammenfassend abzuschließen, sei es, um die Basis für selbständige und kritische Auseinandersetzung zu schaffen. Es ist dies eine Funktion der Darbietung, die insbesondere im Grund- und Hauptschulunterrichts häufig fehlt. Dabei kann sie gerade schwächeren Schülern helfen, aus dem Stückwerk einer gemeinsamen Erarbeitung mit all ihren Ab- und Umwegen den gemeinten Gedankengang herauszulösen.

– wenn ein oder mehrere *Schüler etwas so gut können* bzw. vorbereitet haben, daß sie als »Experten« an die Stelle des Lehrers treten können: beim Vorturnen und Vorspielen, Vorlesen und Vortragen, im Einzel- oder Gruppenreferat u. ä.

– wenn um der *Sicherheit* willen den Schülern von vornherein genau gezeigt werden muß, was sie später ausführen sollen, wie z. B. die Griffe der Hilfestellung beim Turnen, die Verwendung von Werkzeugen und Materialien, den Aufbau gewisser Experiment usw.

– wenn sich die anderen Unterrichtsformen *nicht lohnen*, die Zeit zu knapp, die Schülerzahl zu groß, die Sache zu leicht ist, wenn also ein Herumraten oder -probieren nicht rationell wäre. Nun ist das, wie wir noch sehen werden, ein nicht ungefährliches Argument, weil es mit der Ökonomie des Unterrichtens, dem Verhältnis von Aufwand und Ertrag, eine eigene Bewandtnis hat (vgl. 6.3.6). Aber im Alltag der Schule werden doch viele Dinge vermeintlich »erarbeitet«, die im Grunde so banal sind, daß dieses Vorgehen bloße Zeit- und – schlimmer noch – Interessenvergeudung darstellt, weil zuviel Bekanntes breit getreten wird und die Schüler zu wenig lernen.

– wenn die *Schüler* in einer Verfassung sind, die ihre aktive Beteiligung zurückdrängt, sei dies aktuell bedingt durch die äußere oder die gruppeninterne Atmosphäre oder habituell durch den Schulungsstand und die Arbeitshaltung der Klasse oder, und das wird am häufigsten übersehen, durch den Entwicklungsstand. Jugendliche in und jenseits der Pubertät zeigen eine entwicklungsbedingte Zurückhaltung, besitzen nicht mehr das ungehemmte Ausdrucksbedürfnis der Kinder, wollen insbesondere nicht mehr häppchenweise abgefragt werden. Dagegen sind sie durchaus bereit, sich etwas zusammenhängend bieten zu lassen, um dann kritisch dazu Stellung zu nehmen. Auf diese Gegebenheit, die man doch leicht beobachten (und aus eigener Schulzeit erinnern) könnte, wird beim Unterricht von Jugendlichen oft wenig acht gegeben. Was Zehnjährigen angemessen ist, muß nicht auch für Sechzehnjährige taugen.

## 2.2.2 Zusammenwirken

*Einzelformen*

Das Zusammenwirken kann ein gemeinsames Handeln sein wie in den praktischen und den musischen Fächern. Viel häufiger ist es aber ein gemeinsames Reden, ein *Unterrichtsgespräch.* Dieser Begriff, hier im weiten Sinne verstanden, umfaßt sehr unterschiedliche Formen der Verwirklichung: die eng gängelnde, fragend-entwickelnde, nur äußerlich »sokratisierende« Unterrichtsführung der Vor-Herbartianer (vgl. 3.2.1), das entwickelnd-darstellende Gespräch und das Zweiergespräch des Lehrers mit einem Schüler vor der Klasse der Herbartianer (vgl. 3.2.2b), den Impulsunterricht und das freie Schülergespräch der Schulreformer (vgl. 3.2.3a–b) bis hin zum »Freien Gesamtunterricht« nach B. Otto, in dem die Schüler nicht nur den Verlauf, sondern auch das Thema des Gesprächs bestimmen (vgl. 3.2.3c).

In jüngerer Zeit hat die Gesprächsführung im Sinne der *»Themenzentrierten Interaktion«* viel Aufmerksamkeit gefunden. Sie fördert die Sensibilität für die emotionale Befindlichkeit der einzelnen wie auch der Gesamtgruppe als Voraussetzung für konzentrierte Zuwendung zur Sache. Ihr Grundsatz »Störungen haben Vorrang« kann nicht wörtlich für all die kleinen Irritationen gelten, die in einer Schulklasse fast ständig vorkommen, wohl aber für ernstere Störungen der Atmosphäre, deren Ansprechen eine sachlich ersprießliche Arbeit erst wieder möglich macht. (Lit. Cohn/Terfurth 1993).

Neues Interesse findet auch das *»Neo-Sokratische Gespräch«* im Sinne Leonard Nelsons, bei dem nach gemeinsam vereinbarter, präziser Fragestellung der Leiter sehr aufmerksam für gedankliche Disziplin und Einhaltung der Gesprächsregeln sorgt, selbst aber keinerlei inhaltliche Beiträge liefert. Es ist zeitaufwendig, aber ungemein förderlich für sauberes Denken und wirkliches Verstehen (Lit. Heckmann 1981; Loska 1995).

Die aufgezählte Abfolge ist zugleich eine solche wachsender Freiheitsgrade für den Schüler und abnehmender Lenkung durch den Lehrer. Man kann diese Begriffe auch zahlenmäßig definieren: *Lenkungsgrad* als das Verhältnis der steuernden Impulse des Lehrers zu denen der Schüler, *Freiheitsgrad* als den reziproken Wert. Die unterrichtliche Gesprächsführung ist im Laufe der letzten 200 Jahre tatsächlich offener und beweglicher geworden, bedingt durch gewandelte Erziehungsziele und -stile, ermöglicht durch bessere Ausbildung der Lehrer; denn auch hier setzt die Beherrschung offener Formen höhere Kompetenz voraus. Diese ist bei den Lehrern heute in der Regel vorhanden, wenn man auch in der Praxis viel Leerlauf beobachten kann. Noch nicht genügend gepflegt werden die anspruchsvolleren *Kunstformen des Gesprächs* wie die Diskussion, das Streitgespräch oder die Debatte, das Podiums- und das Expertengespräch, das gut vorbereitete Rollenspiel u. ä. (Lit. Bloch 1969; Kelber 1972; Ritz-Fröhlich 1977; 1992; Dahms 1979; Thiele 1981; Grell 1981)

*Ordnungsversuche*

Man hat versucht, die genannten Formen des Unterrichtsgesprächs unter Begriffen wie »Lehr-, Unterrichts-, Schülergespräch« o. ä. klassifizierend voneinander zu trennen – mit wenig Erfolg. Wenn man tatsächliche Gesprächsverläufe protokolliert, merkt man bald, daß die Grade der Lenkung im Verlauf einer Unterrichtsstunde häufig und rasch wechseln, je nach Inhalt, Bedeutsamkeit des Gesagten, Mitarbeit der Schüler, Zeitreserven usw. Es ist daher besser, ein kontinuierliches Gefälle von starker zu geringer Lenkung anzunehmen und die genannten Bezeichnungen nur in akzentuierender Begriffsbildung zu verwenden.

Also nicht so:

| Lehrgespräch, | Unterrichtsgespräch, | Schülergespräch, |
| Frageunterricht | Impulsunterricht | Gesprächsunterricht |
| o. ä. | o. ä. | o. ä. |

Sondern so:

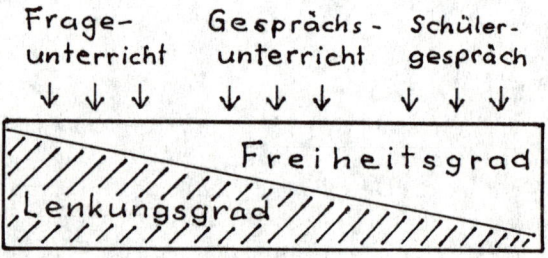

Dabei ist noch nichts über die *inhaltliche Qualität des Besprochenen* ausgesagt. Auch ein äußerlich straff gelenktes Gespräch kann in der gedanklichen Führung sprunghaft und schludrig sein, und umgekehrt können aufmerksame, in der Gesprächsführung geschulte Schüler beachtliche Gesprächsdisziplin ein- und sich gegenseitig zu ihr anhalten.

*Bedeutung*

Das Unterrichtsgespräch (im weiten Sinne) ist gegenwärtig in unserem Lande die mit Abstand häufigste Aktionsform. Darin drückt sich eine Einstellung zum Schüler aus, die ihm selbständiges Denken zutraut, ihn als Partner ernst nimmt und auf ihn hört, seine Gesprächsfähigkeit als eigenes Lehrziel fördern will, weil sie im Gespräch eine Form humanen Zusammenlebens sieht. All das kann gelingen, wenn das Gespräch formal und inhaltlich gut geführt wird. Das lebendige, an der Sache bleibende Gespräch in einer gut mitspielenden Klasse stellt für alle Beteiligten eine Hochform interessanten Unterrichts dar.

*Grenzen*

Freilich darf man nicht nur das Klassenkollektiv sehen, man sollte auch die *Situation des einzelnen* nüchtern einschätzen. Gerade für den weniger Gesprächigen ist das Reden der Mitschüler nicht notwendig interessanter als das des Lehrers. In beiden Fällen hört er zu, und dann kommt es wohl darauf an, was er zu hören bekommt, ob Neues, Verständliches, Hilfreiches oder Altbekanntes, Triviales, Unklares. Man kann sich als Schüler im scheinbar lebhaften Klassengespräch sehr langweilen.

Auch kann das Gespräch *mißraten*. Pseudodemokratisches Gehabe kann verdecken, daß in der Sache oktroyiert wird, daß der Dialog also nur ein formal-äußerlicher ist. Kleinlich-gängelndes Fragen kann den Gedankengang zerstückeln, undiszipliniertes Herumreden den Sachanspruch vernachlässigen; das flüssige Gespräch kann von den Schülern mehr aus Funktionslust denn aus sachlichem Interesse weitergetrieben werden (wozu gerade gut geschulte Klassen neigen); Vielredner können ihrer persönlichen Eitelkeit frönen; die Führung des Lehrers kann versagen, die, wenn auch noch so gering, vorhanden sein muß, solange es sich um Unterricht handeln soll. (Lit. Dahms 1979; Grell 1981)

Wenn wir nun nach den Anwendungsbereichen des Unterrichtsgesprächs fragen, so müssen wir einrechnen, daß in manchen Fällen eher das straff gelenkte, in anderen wieder das offener geführte Gespräch am Platze sein mag. Nicht alles taugt für jeden Zweck.

*Indikationen*

Das Unterrichtsgespräch, mehr oder weniger stark geführt, ist angezeigt:
- wenn die Schüler *Informationen beitragen können*, sie also schon etwas wissen oder erfahren haben, wenn gemeinsame Erfahrungen geklärt oder unterschiedliche Erfahrungen der einzelnen zusammengetragen werden sollen.
- wenn sie mit Anleitung ein Problem selbständig bewältigen, eine *Lösung selbst finden können*, weil der Sachverhalt sich durch Denken erschließen läßt.

Daß zur Messung von Winkeln nicht ein Längen-, sondern ein Drehungsmaß nötig ist, läßt sich durch Denken finden. Daß die Skala bei uns in 360 Grade eingeteilt ist, muß als historisch gegebenes Faktum mitgeteilt werden.

- wenn ein *gemeinsames Vorhaben geplant*, eine zu leistende Arbeit verteilt, ein gemeinsames Werk beurteilt werden soll.
- wenn der *Sachverhalt* wesensgemäß nicht eindeutig ist, sondern argumentierende Auseinandersetzung und wertende Stellungnahme verlangt, insbesondere bei The-

men der Geschichte und Politik, bei der Interpretation literarischer Texte, der Aussprache über Fragen des Zusammenlebens, der Beilegung von Konflikten.
– wenn einem Eindruck, einer zusammenhängenden gedanklichen Darstellung die Auseinandersetzung in Form des *Ausdrucks* oder der kritisch-analysierenden Stellungnahme folgen soll.
– wenn *Techniken* selbständigen Arbeitens zunächst gemeinsam erklärt und eingeübt werden müssen, wie das Erlernen der Haltung und Bewegung beim Handschreiben, die Einschulung von Gesprächsregeln, Memoriertechniken usw. All das gelingt nur bei gerichteter Aufmerksamkeit und präziser Normenkontrolle und fordert daher relativ straffe Führung durch den Lehrer.
– wenn das Gespräch die Lernvoraussetzungen und -erwartungen bei den Schülern erheben, ihren Erlebnis- und Erfahrungshorizont erhellen, den Lernerfolg überprüfen soll, wenn also die *diagnostische Funktion* im Vordergrund steht. Das Klassengespräch liefert allerdings nur für das Kollektiv, nicht für den einzelnen Schüler ausreichende Informationen. Hier ist eine Quelle fortwährender Selbsttäuschungen des Lehrers: Gerade wenn ein Gespräch mit der Klasse gut verlief, er auf jeden Impuls den erwünschten Beitrag erhalten hat und mit seinem »Stoff durchgekommen ist«, wenn er also mit dem Kollektiv einen Erfolg erleben durfte, übersieht er leicht, daß deswegen längst nicht jeder einzelne Schüler den Zusammenhang erfaßt und das Wesentliche behalten haben muß.

Es bleiben noch zwei einschränkende Bestimmungen:
– wenn der *Sachverhalt wichtig genug* ist und den Schülern genügend Denk- und Formulierungsleistung abverlangt, um den meist längeren Zeitbedarf zu rechtfertigen.
– wenn die *Schüler äußerungsbereit* und nicht aus irgendwelchen Gründen gesprächsunlustig sind. Hier gibt es zwar einige Tricks, ein stockendes Klassengespräch wieder zu beleben: Man kann ein kurzes Partnergespräch einschieben, eine Stellungnahme schriftlich notieren lassen, eine Lüfte- und Bewegungspause einlegen. Wo auch das nichts hilft, sollte man sich und die Schüler nicht länger quälen und das Gespräch vertagen.

### 2.2.3 Aufgeben und Ausführen

*Bedeutung*

Schüler schreiben einen Aufsatz, malen ein Bild, fertigen ein Werkstück an, kochen eine Speise, bereiten in Gruppen eine Ausstellung vor, interviewen Menschen am Arbeitsplatz, beobachten ein Tier, üben sich im Sportspiel, brüten über einer Probearbeit, sitzen an den Hausaufgaben ... Was sie da tun, kann ihnen eng vorgeschrieben sein oder einen weiten Spielraum der Eigengestaltung überlassen, immer führen sie eine Aufgabe aus, die ihnen der Lehrer gegeben oder der er jedenfalls zugestimmt hat.

Diese Form des Lernens hat ihren *eigenen Wert*. Ihre besondere Leistung besteht in der Verselbständigung des Schülers, seiner unmittelbaren Verwiesenheit auf die Sache, einer sonst nicht erreichbaren Genauigkeit der Lerndiagnose, in der Möglichkeit zur Individualisierung und nicht zuletzt im Ausgleich gegenüber der ständigen Anspannung des direkten Unterrichts, in der Chance zum Selbertun nach vielem Hören und gelegentlichem Reden.

An ihre *Grenze* stößt diese Unterrichtsform dort, wo das Fehlen von Mitteln und Lerntechniken die Arbeit unrationell macht, wo der Lehrer durch die aufwendige, aber unerläßliche Vor- und Nacharbeit überlastet wird, wo die Schüler ohne Lehrerhilfe auf ihrem Verständnisniveau stehen bleiben, Halb- oder Unverstandenes ausüben, wo sie ohne ständige Herausforderung durch den Lehrer in gedankenlose Routine verfallen, wo endlich das Recht des Dialogs als Grundform aller Erziehung beginnt. Dennoch ist diese Form unersetzlich, in ihrer Auswirkung auf Stil und Atmosphäre des Unterrichts so günstig, daß man nur bedauern kann, wie gering gerade hierzulande ihr Anteil an der schulischen Lernzeit ist, wie einseitig sie in die Hausaufgaben verlagert wird.

## Indikationen

Angezeigt ist das Aufgeben-Ausführen dann,
- wenn der Schüler durch die Forderung einer verbindlichen Leistung *verselbständigt* und *verantwortlich* gemacht werden soll, wenn er ein Werk, und sei es noch so klein, als sein Werk verstehen, Bestätigung erleben, eigene Grenzen erkennen soll. Dieses erziehliche Motiv steht über allen sonstigen Zwecksetzungen.
- wenn die Schüler in unmittelbarer Auseinandersetzung mit dem Gegenstand *Erfahrungen aus erster Hand* machen sollen, die durch Sekundär-Informationen nicht zu ersetzen sind, wie beim selbständigen Experimentieren in Physik und Chemie, beim Pflegen von Tieren und Pflanzen, aber auch beim Lösen von Rechenaufgaben und der Mühe des schriftlichen Formulierens.
- wenn die Schüler – einzeln oder in Gruppen – eine unterrichtliche *Teilaufgabe* übernehmen können, bei der Vorbereitung durch Sammeln von Informationen oder Dingen, Präparieren von Texten usw., bei der Erarbeitung durch selbständige Auseinandersetzung mit dem Problem, bei der Aufarbeitung durch sprachliches, bildliches oder szenisches Darstellen, Wiederholen, Üben, Memorieren, Anwenden.
- wenn die Bewältigung eines gemeinsamen Werkes die *Arbeitsteilung* fordert.
- wenn es um *Individualisierung* der Anforderungen nach Fähigkeiten, des Angebots nach Interessen, um Rücksichtnahme auf persönliches Arbeitstempo usw. geht. Am ehesten wird der Schüler dort ernst genommen, wo nicht individualisierend über ihn verfügt wird, sondern wo er selbst über seine Zuordnung zu einer Leistungsabteilung, die Art und das Ausmaß seiner Arbeit entscheiden kann.

- wenn um der *Unterrichtshygiene* willen der Wechsel von Aufnehmen und Verarbeiten, mündlicher und schriftlicher Äußerung, Arbeiten im Gleichschritt und im eigenen Tempo notwendig wird.
- wenn die Schüler eine Phase ungestörten *Bei-sich-Seins* und konzentrierten *Bei-der-Sache-Seins* haben und nicht fortwährend durch die Lehrerimpulse gegängelt oder durch die bruchstückhaften Beiträge der Mitschüler zerstreut werden sollen. Diese Funktion kann angesichts der heutigen Schulwirklichkeit nicht genug betont werden. Man muß die Schüler immer wieder für längere Phasen in Ruhe lassen, damit sie ganz bei der Sache sein können. Es kann die relative Ruhe eines disziplinierten Partner- oder Gruppengesprächs sein, es kann aber auch die segensreiche totale Ruhe der Stillarbeit sein, bei der niemand reden darf, auch der Lehrer nicht. Wenn die frühere Landschule in all ihrer äußeren Ärmlichkeit oft überraschend gute Ergebnisse erzielte, so lag das gewiß auch an dem hohen Anteil der dort geübten Stillarbeit.
- wenn die Beschäftigung mit dem Gegenstand durch Verlagerung in die häusliche Arbeit *zeitlich verlängert* werden soll. Darüber wird noch zu reden sein (2.3.5).

## 2.3 Die Sozialformen

Da Sozialformen immer mit Aktionsformen verbunden sind, mögen sich im folgenden scheinbar einige Wiederholungen ergeben. Gleichwohl handelt es sich um einen eigenen Aspekt mit eigenen Argumenten.

### 2.3.1 Die Großklasse

Das Verhältnis Lehrer-Auditorium kommt außerhalb der Schule häufiger vor als in ihr. Vortrag und Vorlesung, Predigt und politische Rede, Theater-, Film- und Schauvorführung sind hier einzuordnen. Auch die Riesenklassen früherer Volksschulen mit oft weit über 100 Kindern waren »Massenunterricht«, Großklassen in diesem Sinne. Heute hat diese Sozialform noch ihren bescheidenen Platz in der Schule als rationelle Form der Darbietung. Bei einem Film oder einem Gastvortrag ist es für den einzelnen gleichgültig, ob er mit zwanzig oder mit hundert anderen beisammensitzt, und die Schule spart Lehrerkraft und Geld.

Je größer die Zahl der Teilnehmer ist, desto besser müssen die Darstellungstechniken beherrscht werden, desto eindrücklicher muß agiert, desto prägnanter gesprochen werden. Vor einem Auditorium muß man anders sprechen als vor einer Klasse oder mit einer Kleingruppe. (Vgl. 1.3.7.c)

Grenzen sind um so eher erreicht, je jünger die Kinder sind, je kürzer sie bloß aufnehmend tätig sein können. Mit der Zahl der Hörer wächst auch die Distanz zum Lehrer, schwindet die Möglichkeit der Rückmeldung, kommt es eher zu Vermassungserscheinungen.

## 2.3.2 Die Klasse

### Herkunft

Die Klasse ist heute die grundlegende Organisationseinheit der Schulen und zugleich äußerer Rahmen für Abteilungs-, Gruppen-, Partner- und Einzelunterricht. Wird sie als Ganzes angesprochen, so reden wir vom »Frontalunterricht«, der heute vorherrschenden, unentbehrlichen und wertvollen, freilich zu einseitig verwendeten Unterrichtsform.

Unterricht mit der ganzen Klasse ist gar nicht so alt. Vom Mittelalter bis weit in die Neuzeit hinein herrschte der schon erwähnte Einzelunterricht im »Haufen« vor. In den höheren Schulen der Humanisten und Jesuiten gab es schon so etwas wie Klassenunterricht, aber die Konzeption des Comenius in seiner Didactica Magna klang zu ihrer Zeit (1657) noch utopisch:

> »Der Lehrer soll zu niemanden besonders hingehen und nicht dulden, daß einer besonders zu ihm komme, sondern auf dem Katheder bleiben (wo er von allen gesehen und gehört werden kann) und wie die Sonne seine Strahlen überall verbreiten. Aber alle sollen ihm Auge, Ohr und alle Aufmerksamkeit zuwenden und alles übernehmen, was er vorträgt, vormacht oder vorschreibt. So trifft man nicht nur zwei, sondern viele Fliegen mit einem Schlag« (1970, 123).

Noch hundert Jahre später mußten führende Schulmänner und Behörden für die Anerkennung des »Zusammenunterrichts« werben.

> So heißt es im »Berliner Schulbuch« des J. Fr. Haehn (1758): »... daß man die Kinder nicht einzeln die Buchstaben aufsagen, sondern so viele in der ABC-Klasse sitzen, zusammen an die Tafel vortreten oder sie miteinander in das Buch sehen und daraus die Buchstaben sagen lasse. Es ist zwar dieses das alte gewöhnliche Informieren nicht; allein es ist auch jenes etwas Elendes, als man sich nur vorstellen kann. Man erwäge die Sache selbst bey sich: hat jedes Kind oder vielmehr der Schulmeister selbst seine zwei oder drei Buchstaben a, b, c in 1 oder 2 Minuten hergesagt, so ist es fertig, so darf es sich wieder niedersetzen, so hat es weiter nichts zu thun. Müßig können doch die Kinder nicht sitzen, also bringen sie die übrige Zeit von 59,58 Minuten mit Plaudern, Spielen, Tändeln zu. Ja, was schreibe ich 58 Minuten, die ganzen 2, 3 Stunden, die sie in der Schule sitzen, werden müßig, mit Schlafen oder mit Plaudern oder mit Mutwillen zugebracht. Ist dieses zu verantworten? Wäre es nicht also besser, man nehme alle Kinder des ABC zusammen, behalte sie eine Viertelstunde an der Tafel und lasse die Größern unterdessen ihre Lection überlesen oder überbuchstabieren ... Es ist eine Lust, mit anzusehen, wenn die Kinder so abgerichtet sind, daß sie auf jeden Wink des Schulmeisters sogleich wissen, was sie tun und vornehmen sollen. Z. E. ehe sie anfangen zu buchstabieren, haben sie alle ihre Bücher zugemacht vor sich liegen. Der Schulmeister gibt ein Zeichen mit der Hand oder spricht das Wort: Kinder,

nehmt die Bücher! Die Kinder greifen alle zugleich zu und schlagen ihre Lection auf. Der Schulmeister gibt abermals ein Zeichen oder spricht: Suchet eure Lection auf! Jeder suchet und deutet mit dem Finger darauf. Der Schulmeister spricht: Gebt acht, wie ich es mache! Er buchstabiert etwas vor. Die Kinder sind stille, geben acht. Der Schulmeister ermuntert sie, es auch so zu machen, wie er es gemacht, und spricht: Fangt an, langsam, laut, bedächtig und deutlich die Sylben zu buchstabieren ... Auf solche Art kann man die Kinder abrichten und exerzieren wie preußische Soldaten. Welche Freude es für die Kinder selbst sei, welche Stille und Ordnung man dadurch erhalte, welche Erleichterung der Schulmeister sich dadurch mache, welche aufmerksame, prompte Kinder man dadurch ziehe, das werden diejenigen wissen, welche die Sache allbereits viele Jahre getrieben haben« (nach Vandré 1973, 32).

Es dauerte nochmals hundert Jahre, bis die dürftig ausgebildeten Volksschullehrer diese anspruchsvolle Unterrichtskunst beherrschten. Dann aber hatte sie sich durchgesetzt. Sie hat auch wesentliche Vorzüge.

*Bedeutung*

- Die Klasse dient zunächst, wie schon Comenius erkannte, der *Rationalisierung*. Nur mit Hilfe des Klassenunterrichts war es möglich, die mit Schulpflicht und raschem Bevölkerungswachstum in die Schule drängenden Kindermassen zu bewältigen.
- Sie hat *sozialisierende und disziplinierende Wirkung*. Solche Disziplinierung entspricht den Bedingungen einer modernen Industriegesellschaft. Die Weiterentwicklung hat gezeigt, daß die Disziplin keineswegs »autoritär« oder »repressiv« sein muß. Heute bemüht man sich mit Erfolg um einen sozialintegrativen Führungsstil im Klassenunterricht.
- Die Klasse als Gruppe im soziologischen Sinne kann *anregend und fördernd* wirken: durch Gefühlsansteckung und Wetteifer, Zusammenarbeit auf gemeinsame Ziele hin, gemeinsames Lösen interessanter Probleme, tolerantes und verständnisvolles Gespräch, positiv verlaufende Gruppenprozesse im Zusammenleben und -lernen.
- Schwächere Schüler erhalten im klar strukturierten Frontalunterricht oft bessere *Verständnishilfen* als in der Gruppe oder allein gelassen bei der Einzelarbeit.

Die oben genannten Untersuchungsergebnisse bestätigen die Wertschätzung dieser Unterrichtsform durch Lehrer und Schüler. Sie hat gerade im deutschsprachigen Raum, gefördert durch eine entsprechende Methodenlehre, einen hohen Stand der Kultivierung erreicht, wird aber zweifellos zu häufig eingesetzt. In den USA, wo sie bisher wenig gepflegt wurde, scheint sie umgekehrt an Boden zu gewinnen.

*Grenzen*

Klassenunterricht hat auch Nachteile und Gefahren:
- Er bringt notwendig eine gewisse *Normierung und Nivellierung*, die Vernachlässigung individueller Besonderheiten mit sich. Das kann auf Kosten der Raschen

gehen, die nicht genügend lernen, oder der Schwachen, wenn der Lehrer zu rasch vorangeht und sich durch die meist richtigen Beiträge der guten Schüler täuschen läßt.

– Er ist *für beide Seiten anstrengend*. Der Lehrer ist ständig überaktiviert, die Schüler bleiben relativ passiv und sollen zugleich ruhig sein und ständig aufmerken. Furcht vor dem Aufgerufenwerden und die Erregung beim Drankommen kann Energie von der Sache abziehen. Die sich anhäufenden Spannungen führen zu Störungen, die wieder Disziplinierungsmaßnahmen fordern, oder sie reagieren sich explosionsartig in den Pausen ab. Das alles bedeutet eine beachtliche Belastung des sozialpsychischen Feldes. Sie kann durch Lehrgeschick, persönliche Ausstrahlung und Führungskraft des Lehrers ein Stück weit gemildert werden, ist aber nicht voll zu überwinden.

*Kleinere Klassen* verringern einige dieser Gefahren, beseitigen sie aber nicht voll und schaffen neue Probleme. Sie erleichtern dem Lehrer manche Arbeit, erlauben eine lockerere Unterrichtsführung, ermöglichen intensivere Zuwendung zu einzelnen Schülern. Diese können ihre Probleme deutlicher ausagieren, sich aber weniger leicht zurückziehen. Kleinere Klassen bewirken nicht automatisch bessere Unterrichtserfolge. Ihre Vorzüge entfalten sie nur, wenn der Lehrer sich in seinem Unterrichtsstil auf die besondere Situation einstellt und die Chancen der Differenzierung und Individualisierung wirklich nützt. (Lit. Ingenkamp 1985)

Gleichwohl macht der Klassenunterricht immer noch, und zwar grundsätzlich zu recht, die Mitte heutiger Schularbeit aus. Er ist die *angemessene Sozialform* für die Eingangsstufe der Unterrichtseinheit, die Phasen der Darbietung und gedanklichen Verarbeitung, die vertiefende Besinnung, die Zusammenfassung der Ergebnisse, die Einschulung von Arbeitstechniken. Er muß aber unbedingt durch andere Sozialformen ergänzt werden. (Lit. Weiß 1967; Apel 1981; Aschersleben 1985; Vorsmann 1986; Jenzer 1991; Weinert 1994; vgl. 2.1.3)

*Zusammensetzung der Klasse*

Das bisher Gesagte gilt weitgehend unabhängig davon, wer da in der Klasse sitzt. Heute denkt man sogleich an die *Jahrgangsklasse* annähernd gleichaltriger Schüler, die zusammen eingeschult werden, von Jahr zu Jahr gemeinsam fortschreiten und in allen oder doch den meisten Fächern beisammen bleiben. Diese Organisationsform ist aber noch gar nicht sehr alt. Sie wurde als Rationalisierungs- und Planungshilfe erst zu Beginn des 19. Jahrhunderts in den Gymnasien durchgesetzt. Bis dahin waren Schüler verschiedenen Alters in *Fach- oder Stoffklassen* vereint, wie es heute wieder in den Grund- und Leistungskursen der gymnasialen Oberstufe, in Wahlfächern oder Neigungskursen der Fall ist. Ihr Nachteil ist die ständige Umgruppierung beim Fächerwechsel. In den Volksschulen herrschte noch viel länger die *Mehrjahrgangsklasse* vor. Nur zögernd teilte man sie wenigstens in Unter-, Mittel- und Oberstufe auf; erst in diesem Jahrhundert setzte sich auch hier die Jahrgangsklasse voll durch.

Diese hat *nicht nur Vorteile*. Das gleichmäßige Voranschreiten mit den Jahren bleibt eine Illusion; Altersgleichheit verhindert nicht die immer weitere Streuung der Leistungsfähigkeit; erst mit der Jahrgangsklasse entstand das Sitzenbleiberproblem. Eine Aufteilung innerhalb des Jahrgangs in Leistungsklassen, A-B-C-Kurse o. ä. verfestigt die Unterschiede eher und schafft zusätzliche soziale Barrieren. Auch fehlt in der Jahrgangsklasse das erziehlich günstige Altersgefälle. Deswegen haben Pädagogen wie P. Petersen und M. Montessori schon vor langem den »Bankrott der Jahrgangsklasse« erklärt und in ihren Reformschulen Klassen mit bis zu drei Altersjahrgängen eingeführt. Deren erzieherische Vorzüge können tatsächlich die relativ geringen unterrichtlichen Nachteile aufwiegen. Klassen mit zwei bis drei Jahrgängen sind vollgültige, auch heute noch aktuelle Organisationsformen der Schule. In ihnen tritt der gemeinsame Frontalunterricht zugunsten der anderen Sozialformen zurück. (Lit. Ingenkamp 1969; Petersen 1980)

## 2.3.3 Die Abteilung

Die Sozialform wird häufig auch unter den Begriff der »Gruppe« gefaßt. Sie sollte aber klar von ihr unterschieden werden, weil es tatsächlich etwas anderes ist, ob auf Zusammenarbeit in gemeinsamer Verantwortung abgehoben wird, oder ob ein Teil der Schüler angesprochen wird, zeitweise in frontaler Arbeit, dann wieder still beschäftigt im sozialen Nebeneinander.

*Altersabteilungen* gab es in der alten Landschule, wenn der Lehrer im Wechsel sich den Kleinen, Mittleren oder Großen direkt zuwandte und die anderen jeweils still beschäftigte, was von ihm viel Organisationstalent und methodisches Geschick verlangte. Ein Teil dieser Lehrkunst droht mit der Umstellung auf die Jahrgangsklasse verlorenzugehen.

Heute dienen Abteilungen in der Regel der *Leistungsdifferenzierung* innerhalb einer Klasse. Insbesondere beim Lesen, Rechtschreiben, Rechnen streuen die Leistungen oft so weit, daß der gemeinsame Unterricht die einen langweilt und die anderen überfordert. Jedes Kind hat aber das Recht auf bestmögliche Nutzung seiner Lernzeit. So ist es sinnvoll, wenn die einen schwierigere Aufgaben selbständig bearbeiten dürfen, während die anderen einfachere Aufgaben und zusätzliche Lernhilfen erhalten. Ein durchaus erwünschter Nebeneffekt ist auch hier die notwendige Stillarbeit, wenn der Lehrer sich einer anderen Abteilung widmet.

*Grenzen* bestehen in der Arbeitskraft des Lehrers, der mit Vor- und Nacharbeit belastet ist. Eine Gefahr liegt darin, daß gerade bei effektivem Abteilungsunterricht die Leistungen immer weiter auseinanderklaffen und ein gemeinsames Voranschreiten immer schwieriger wird. Anderwärts, so z. B. in England oder den USA, hat man sich darauf eingestellt und rechnet nicht mit gleichmäßiger Förderung. Hierzulande hat man Bedenken. Ratsam ist es jedenfalls, die Abteilungen nicht zu starr einzurichten und sie nur bei Bedarf zu verwenden. Gut bewährt sich die freiwillige Zuordnung. Die Schüler haben meist ein Gespür dafür, wo sie am besten lernen können, und wo nötig kann der Lehrer immer noch zu einem Wechsel raten.

Grundsätzlich würde sich die Abteilung auch für eine Differenzierung nach Neigung eignen. Doch wird sie hierfür seltener eingesetzt.


## 2.3.4 Die Gruppe

Die »Gruppe« im didaktischen Sinn ist soziologisch gesehen eine »Kleingruppe«, in der jedes Mitglied mit jedem anderen ständigen Kontakt hat, sich mit den anderen als Einheit erlebt und als solche behandelt wird. Als unterrichtliche Sozialform hat sie erst in diesem Jahrhundert Bedeutung erlangt.

### Motive

Die Wertschätzung der Gruppe wird von einer breiten Bewegung getragen, die weit über den Bereich der Schule hinausreicht. In Sozialpsychologie und Soziologie, Sozialpädagogik und Jugendpflege, Fürsorgeerziehung und Erwachsenenpädagogik, Psychotherapie und Psychiatrie, Sozialphilosophie und Anthropologie ist sie zu einem Leitthema grundsätzlicher Überlegungen und praktischer Anwendung geworden. Man beruft sich auf die Einsicht, daß der Mensch in seinem Verhaltensrepertoire auf das Leben in der Kleingruppe eingestellt sei und unter dem Streß übergroßer Ansammlungen unsicher und oft unverantwortlich reagiere. Man empfindet die Kleingruppe als eine besonders menschenwürdige Form des Zusammenlebens und erhofft sich von ihr eine Kultivierung des sozialen Lebens gegenüber den Vermassungs- und Vereinzelungstendenzen in den Kollektiven der modernen Industriegesellschaft. (Lit. Müller 1970)

Verschiedene Motive sprechen für die Gruppenarbeit im Unterricht:

- Man will durch Kooperation *zur Kooperation erziehen*, Teamfähigkeit, Hilfsbereitschaft, partnerschaftliche Haltung, soziale Verantwortung fördern.
- Man sieht in der Gruppe ein *Ventil* und einen Regulator für psychische Spannungen. In ihr werden Gruppenprozesse manifest, die sonst unerkannt bleiben, hier aber ausgesprochen und bewältigt werden können. Manche seelische Hilfe und Entlastung ist dadurch möglich. Ein laienhaftes »Therapieren« ist allerdings nicht ungefährlich. Eigentliche Gruppentherapie darf nur unter kompetenter und verantwortlicher Leitung betrieben werden. Sie ist für jüngere Menschen nur bedingt geeignet und nicht eigentliche Aufgabe der Schule.

- Gruppenarbeit ermöglicht *Tätigkeitswechsel*, freiere Bewegung und damit körperliche Entlastung, offenere Ausdrucks- und Kontaktmöglichkeiten und dient so der Unterrichtshygiene.
- Die *Rolle des Lehrers* wird eine andere. Er ist nicht der ständig Impulse setzende, Aufmerksamkeit und Disziplin in der Balance haltende frontale Unterrichter, sondern der Berater und Koordinator, den man bei Bedarf herbeibittet, dem man im kleinsten Kreis näher kommt und zu dem man ein unbefangeneres Verhältnis gewinnen kann – mit positiven Auswirkungen auf die Gesamtatmosphäre.
- Man hat der Gruppe auch einen *Leistungsvorteil* zugesprochen: Mehrere zusammen würden Besseres schaffen als einer allein; die Gruppe sei mehr als die Summe ihrer Teile; die gemeinsame Auseinandersetzung mit dem Stoff bewirke ein tieferes Durchdringen und besseres Verständnis.
- Gruppenarbeit kann der *Differenzierung* dienen. Leistungshomogene Gruppen erhalten Aufgaben unterschiedlicher Schwierigkeit, leistungsheterogene ermöglichen interne Arbeitsteilung und -hilfe, Neigungsgruppen finden sich nach inhaltlichen Interessen zusammen.
- Gruppenarbeit bedeutet eine *Erweiterung des methodischen Repertoires*. Sie ist zwar keine eigene »Methode«, sondern eine Sozialform. Aber als solche kann sie im Rahmen verschiedener Methoden arbeitsteilig oder arbeitsgleich eingesetzt werden.

*Grenzen*

Zuweilen hat man allzu euphorische Hoffnungen auf die schulische Gruppenarbeit gesetzt, sie mit Erwartungen überfrachtet, ihre Gefahren unterschätzt:
- Die »Gruppe« *löst nicht die großen Probleme der Gesellschaft*, als da sind Schichtung, Besitz, Macht, Konflikt ...
- Gruppenarbeit *verläuft nicht immer harmonisch*. Es gibt Cliquenbildung, Streit, Dominanz, Unterdrückung und Anpassung. Wenn Gruppen intern gut funktionieren, geschieht das nicht selten auf Kosten der Außenbeziehungen, des Zusammenhalts der ganzen Klasse. Auch diese ist ja im soziologischen Sinne eine Gruppe, in der die genannten positiven sozialen Effekte auftreten und gefördert werden können.
- Gruppenarbeit *wirkt nicht notwendig leistungsfördernd*. Es gibt auch viel Ablenkung durch persönliche Anliegen, bequemes Trittbrettfahren, oberflächliche Sachbehandlung, Leerlauf. Der Lerngewinn entspricht nicht immer dem Aufwand. Die Interaktion mit Gleichaltrigen fördert nicht notwendig die kognitiven Fähigkeiten.
- *Nicht jedem Schüler* liegt das Arbeiten in der Gruppe. Der eine kann sich erst in ihr richtig entfalten, ein anderer fühlt sich darin unwohl, arbeitet lieber und besser allein und sollte zeitweise auch so arbeiten dürfen; denn auch er hat ein Recht auf Achtung seiner Wesensart.

Gruppenarbeit kann nur gelingen, wenn die *äußeren und inneren Bedingungen* gegeben sind. Geeignete Materialien, Informationsquellen, Arbeitsmittel müssen vorhanden sein. Der Lehrer muß sehr viel Vorbereitung, mitlaufende Betreuung und Nacharbeit leisten, er braucht Organisations- und Führungsgeschick und Erfahrung mit geeigneten Aufgabenstellungen. Die Schüler bedürfen eingeübter Arbeits- und Sozialtechniken und einer kooperativen Grundhaltung. Andererseits kann man mit Gruppenarbeit nicht warten, bis diese Voraussetzungen gegeben sind; denn sie werden nur in Gruppenarbeit gelernt, in immer neuen Versuchen, gemeinsamer Bearbeitung von Mißerfolgen, kleinen und größeren Erfolgen bis zur sicheren, wenn auch nie risikofreien Beherrschung.

## Eignung

Die Gruppe ist eine wertvolle, unverzichtbare Sozialform des Unterrichts,
– wenn sie planmäßig, von einfachen Aufgaben zu immer anspruchsvolleren fortschreitend, eingeschult wird,
– wenn sie pädagogisch betreut und geführt wird,
– wenn sie methodisch sinnvoll eingesetzt wird.
Sie *eignet sich* insbesondere zur Vorbereitung, zum Zusammentragen von Informa-
tionen, zum gemeinsamen Knobeln an Problemen, zur Aufarbeitung und Darstellung von Ergebnissen, zur Erledigung von Teilaufgaben innerhalb größerer Vorhaben, insgesamt also für eine Arbeit in die »Breite« der Stoffbewältigung. Sie *eignet sich nicht* für Phasen der Besinnung, die in die »Tiefe« grundsätzlicherer Überlegungen führen sollen. Hier bedarf es der behutsamen Führung durch den reiferen Lehrer im gemeinsamen Gespräch. (Lit. Odenbach 1966; Walz 1960; E. Meyer 1983 (8); 1993; Dietrich 1974; Diegritz/Rosenbusch 1977; Wöhler 1981; A. Weber 1986; Gudjons 1993)

## Partnerarbeit

Das Zweierverhältnis ist leichter zu bewältigen als das Beziehungsnetz einer größeren Gruppe. So kann die Arbeit zu zweien *Vorstufe* für die anspruchsvollere Gruppenar-
beit sein. Sie hat aber auch ihren *eigenen Wert*. Sie bedarf keiner organisatorischen Umstände und eignet sich auch für kurzfristigen Einsatz zu Zwecken der Aussprache, der Lösungsversuche, der wechselseitigen Hilfe und Kontrolle, des Partnerdiktats, der Wiederbelebung eines stockenden Klassengesprächs, des Tätigkeitswechsels überhaupt.
Sie kann aber auch zwei Schüler längerfristig aneinanderkoppeln, wenn einer dem anderen als *Helfer* beigegeben ist, sei es ad hoc, sei es im Rahmen eines ausgebauten Tutorensystems, wie es mancherorts mit Erfolg durchgeführt wird. Solche längerfristige Tutorentätigkeit kann, pädagogisch betreut und zurückhaltend gesteuert, bei-
den Seiten helfen, dem Helfer oft mehr als dem Betreuten, weil er beim Erklären die

Sache selbst besser verstehen lernt, vor allem aber weil er Verantwortung trägt und Zutrauen verspürt. Ein Altersunterschied wirkt sich hierbei eher günstig aus. Es hat sich auch bewährt, daß schwächere ältere Schüler schwächeren jüngeren Kindern beigegeben werden und dadurch an Sachverständnis und Selbstvertrauen gewinnen. Wichtiger als die Frage der Effektivität ist hierbei die Haltung, die sich im Tun selbst ausdrückt, der Geist des Helfens statt des ichbezogenen Wetteifers. Hier könnte in den Schulen noch mehr getan werden, wenn auch die gegenwärtige Organisation nach Jahrgangsklassen manche Schwierigkeiten bereitet. (Lit. Simon 1965: Schell 1972; Krüger 1975; Feldmann 1980;

## 2.3.5 Der Einzelschüler

*Einzelunterweisung*

Der Einzelunterricht ist die älteste Sozialform, längst vor Einführung der Schule geübt, wenn die Mutter dem Kinde Märchen erzählte, der Vater den Knaben im Gebrauch von Werkzeugen und Waffen unterwies, schon institutionalisiert in der handwerklichen Meisterlehre, bis heute Wirklichkeit im Verhältnis des Meisterschülers in Musik und Kunst zu seinem Lehrer, des Spitzensportlers zu seinem Trainer ebenso wie in der sozialpädagogischen Einzelfallhilfe bei Schwerbehinderten und Kranken. In persönlicher Zuwendung und enger Verbindung von Darbieten und Zusammenwirken kann der Lehrende auf den Lernenden eingehen, seine Schwächen ausgleichen, seine Stärken fördern, sein Vertrauen gewinnen, ihn fachlich und menschlich betreuen.

Diese *Einzelbetreuung* sollte auch ihren Platz in der Regelschule haben. Sorgfältige Lerndiagnose, gezielte Lernhilfe, zusätzliche Anregung und Förderung, Verständnis und Hilfe in persönlichen Nöten würden durch sie gefördert, das Verhältnis zum Lehrer würde sich bessern. Jedes Kind sollte einen Anspruch darauf haben, daß der Lehrer sich ihm für eine gewisse Zeit ganz persönlich widmet. Mit Verfügungsstunden der Lehrer, dem Einsatz pädagogischer Assistenten ließe sich das unter heutigen Verhältnissen durchaus verwirklichen. Es wäre ein Kernstück innerer Schulreform, weit wirksamer als eine pauschale Herabsetzung der Klassenmeßziffern.

Schulische Einzelfallhilfe könnte zugleich zur Eindämmung des *Nachhilfeunterrichts* beitragen, der in Ausmaß und Durchführung einem nationalen Ärgernis nahekommt. Individuelle Lernhilfe sollte als *Aufgabe der Schule* verstanden werden, erteilt von qualifizierten Lehrern, eng in die gesamte Schularbeit integriert, unabhängig vom Geldbeutel der Eltern. (Lit. Krüger 1977; Langemeyer/Krohn 1987)

*Alleinarbeit*

Auf sich selbst gestellt arbeitet der Einzelne in der aufgebend-ausführenden Aktionsform. Die wesentlichen Motive wurden dort schon erwähnt. Es ist zum einen die *Verantwortlichkeit* für das eigene Lernen. Wo der Schüler nicht auch vor Aufgaben gestellt wird, die er verbindlich zu erfüllen hat, gibt man ihm nicht die Chance des Gelingens, verweigert man ihm die Achtung vor seiner Person. Zum anderen ist es die unmittelbare *Zuwendung zur Sache* ohne Vermittlung durch den Lehrer als Vorbereitung auf späteres selbständiges Lernen.

Besonders wertvoll ist die selbst gewählte Einzelarbeit als *Quelle bleibender Sachinteressen*. Wer nicht aus eigenem Antrieb – wenn auch gewiß nicht ohne Anregung – selbständig experimentiert, Pflanzen bestimmt, Bücher verschlingt, fremdsprachliche Texte liest, musiziert, bastelt, Sport treibt, Bilder malt, Karten zeichnet, an mathematischen Problemen oder Computerprogrammen knobelt, der bekommt kein enges Verhältnis zu diesen Sachgebieten. Nicht jeder wird sich für alle Bereiche freiwillig interessieren. Daß er sich überhaupt irgendwo festbeiße, ist wesentliche Bedingung seiner Interessierbarkeit und geistigen Entwicklung überhaupt. (Vgl. 4.3.3)

Alleinarbeit hat ihre *Grenzen*. So eignet sie sich, wie schon andernorts begründet, vor allem für ein Lernen auf dem schon erreichten Niveau des Stofferwerbs und der Anwendung. Wo diese Arbeit beurteilt und ein tieferes Verständnis erreicht werden soll, bedarf es der Führung durch den Lehrer. Gute Arbeitsmittel können diesen ein Stück weit ersetzen. Aber gerade hier tut sich ein Dilemma auf: Je sorgsamer diese den Schüler führen, desto mehr gängeln sie ihn auch. Der vermeintlich »selbständig« lernende Schüler ist nicht mehr vom Lehrer, um so mehr aber vom Arbeitsmittel abhängig, und dieses ist meist weniger flexibel als jener. Die Antinomie ist grundsätzlich nicht zu überwinden. *Wenn der Schüler etwas völlig selbständig tun könnte, hätte er nichts mehr zu lernen, bräuchte er keinen Lehrer.* Unterricht ist geistiger Verkehr zwischen Personen unterschiedlicher fachlicher Kompetenz und meist auch menschlicher Reife. (Lit. Michael 1973; Aebli 1987, 179ff.)

*Hausaufgaben*

Die wesentliche Domäne der Alleinarbeit sind heute – leider zu einseitig – die Hausaufgaben. Sie werden, wie Umfragen beweisen, von Lehrern, Eltern und auch Schülern zwar nicht immer geliebt, im Grunde aber für nützlich und notwendig gehalten. Das sollte verwundern; denn zugleich unterliegen sie seit langem heftiger *Kritik*.

Diese begann spätestens 1830 mit der Klage des Arztes Lorinser über die Überbürdung der Gymnasiasten. In der Reaktion auf Lorinsers Anklagen setzte das Ministerium fest, daß nach einem Schulunterricht von vier Stunden am Vormittag und zwei Stunden am Nachmittag die Hausaufgabenzeit für Unterklassen höchstens drei Stunden, für Oberklassen höchstens noch fünf Stunden betragen sollte. Diese Zahlen wurden später schrittweise vermindert.

Die Vorwürfe sind aber heute nicht weniger heftiger als früher:
– Hausaufgaben seien bei weitem nicht so lerneffektiv wie meist angenommen, wenn nicht überhaupt nutzlos.
– Sie würden oft routinehaft, ohne Prüfung ihres didaktischen Werts, als bloße »Beschäftigungstherapie« erteilt, nicht genügend integriert, nicht sorgfältig nachbereitet.
– Sie belasteten die Schüler zusätzlich, raubten ihnen ihre Freizeit, überbürdeten die Schwächeren und Langsameren; die Lehrer unterschätzten oft den Zeitbedarf.
– Mittels der Hausaufgaben greife die Schule tief in das häusliche Leben ein – bis an die Grenze zum Hausfriedensbruch.
– Die häuslichen Bedingungen – eigener Arbeitsplatz, Ruhe und Zeit, elterliche Mithilfe – seien unterschiedlich. Hausaufgaben förderten daher soziale Ungerechtigkeit.
– Lehrer wüßten häufig wenig über elterliche Mithilfe oder Nachhilfeunterricht und täuschten sich daher über ihre Unterrichtserfolge.
– Es gehe überhaupt nicht an, daß schulisch unerledigte Aufgaben auf das Haus abgeschoben werden. Eltern, praktisch meist die Mütter, seien nicht die Hilfslehrer der Nation. Das wirklich Notwendige müsse in der Schule gelernt werden. Wenn es zu viel sei, könnte es eben nicht gelehrt werden.

Es gibt auch *Argumente für die Hausaufgaben*. Wo bei unvernünftigem Tun Gefahren drohen, bietet vernünftiges Handeln Chancen:
– Hausaufgaben müssen nicht lernunwirksam sein. Es gibt auch Untersuchungen, die sie als wertvolle Ergänzung des Unterrichts bestätigen.
– Sie müssen die Schüler nicht überlasten, wenn sie maßvoll und individuell dosiert werden.
– Sie können ein Bindeglied zwischen Schule und Elternhaus sein und dessen Interesse an der Schularbeit fördern.
– Sie bieten Gelegenheit zu ruhigem, ungehetztem Bei-der-Sache-sein, und viele Schüler nehmen diese Gelegenheit gerne wahr.
– Richtig betrieben, können sie dazu beitragen, die Selbständigkeit im Sinne der genannten Erziehungsziele zu fördern.
Tatsächlich machen Schüler überall in der Welt Hausaufgaben, spätestens ab der Sekundarstufe, oft weit umfangreicher als in Deutschland, und dies auch bei Ganztagsschulbetrieb. Sollte das wirklich alles nur auf Illusion beruhen?

Hausaufgaben sind *didaktisch zu rechtfertigen*,
– wenn sie didaktisch sinnvoll in die Unterrichtsarbeit einbezogen sind und eine notwendige Teilfunktion erfüllen. Insbesondere sollten sie nicht nur zur Nacharbeit, sondern viel häufiger zur *Vorbereitung* eingesetzt werden und den Schülern

echte Eigenaktivität abverlangen. Es empfiehlt sich unbedingt, nicht eine Vielzahl kleiner Arbeiten, sondern nur eine größere Arbeit für den Nachmittag aufzutragen, weil dies eine konzentrierte Einstellung der Schüler fördert.

- wenn sie im Umfang maßvoll, zwischen den Fächern abgestimmt und den einzelnen Schülern zumutbar sind.
- wenn man sich in der Schule die Zeit genommen hat, sie inhaltlich und arbeitstechnisch gut vorzubereiten.
- wenn sie dem Schüler viel eigene Entscheidung über Umfang, Zeitaufwand, inhaltlichen Schwerpunkt, Darstellungsweise erlauben.
- wenn sie regelmäßig kontrolliert und gewürdigt werden. Form und Gründlichkeit der Rückmeldung können variieren, diese darf aber nie ausbleiben. Ein Lehrer, der Hausaufgaben nicht nachsieht, nimmt weder seine Arbeit noch die der Schüler ernst, er verstößt gegen seine Dienstpflichten. (Lit. Wittmann 1964; v. Derschau 1979; Geißler/Schneider 1982; Geißler/Plock 1981 (3); Prange 1983, 220; Aebli 1987, 208 ff,; Becker/Kohler 1988, Seitz 1990; Haag 1991)

## 2.3.6 Die räumlichen Ordnungen des Unterrichts

*Bedeutung*

Räumliche Ordnungen stehen in enger Beziehung zu den Sozialformen, sind gewissermaßen deren Außenseite, erleichtern oder erschweren ihren Vollzug. Ihre Bedeutung geht jedoch weit darüber hinaus. Sie definieren Situationen anschaulich, geben Verhaltensregeln vor und schaffen klare äußere Verhältnisse. In ihnen drücken sich soziale Beziehungen aus, und sie wirken zurück auf seelisches Erleben und äußeres Verhalten. Die hell (selbstverständlich von links) belichteten hohen Klassenräume der alten Schulkasernen mit den parallelen Reihen normierter Zweierbänke (die, der Schülergröße angepaßt und über eine Längsschiene kippbar, zu ihrer Zeit einen hygienischen Fortschritt darstellten), die anheimelnde »Schulwohnstube« der Reformpädagogen im naturnahen Pavillonbau, der abteilbare Raum mit beweglichem Gestühl neben der isolierenden Lernkabine in der labyrinthartigen Schulfabrik der siebziger Jahre, sie alle waren Ausdruck eines bestimmten pädagogischen Grundverständnisses und Vorgabe für das Erleben und Verhalten der Betroffenen. Analoges gilt für die Gestaltung der Schulhöfe. Auf kahlen Asphaltflächen bewegen sich Kinder anders als auf variabel gestalteten, in Ruhe-, Spiel- und Bewegungszonen aufgeteilten Schulhöfen. (Lit. Kaspar in Halbfas u. a. 1976; Kraft 1977, 1980)

*Formen*

Jede der üblichen Sitz- bzw. Stehordnungen hat ihre Vor- und Nachteile.

Der *Hör- oder Klassenblock* richtet die Schüler auf den Lehrer aus und erschwert den Kontakt zwischen ihnen, insbesondere wenn sie an Einzeltischen sitzen, ist platzsparend und bietet die günstigste Beleuchtung der Arbeitsplätze. Er eignet sich besonders für Darbietung und Vorführung, Einzeltätigkeit, Schreiben, Zeichnen, bei Zweiertischen auch für die Partnerarbeit.

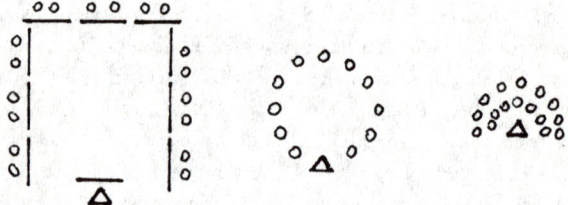

*Hufeisen, Halbkreis oder Kreis* fördern das Zueinander. Jeder kann jeden sehen und ansprechen, der Lehrer ist einbezogen und doch Mittelpunkt. Doch braucht diese Anordnung viel Platz, ein Teil der Schüler sitzt mit dem Rücken zum Licht oder mit dem Gesicht zur hellen Fensterwand. Sie ist die ideale Sitzordnung für das Gespräch, auch noch für die Darbietung, weniger für schriftliche Tätigkeit. Enger noch zentriert der *Stehhalbkreis* bei Gemeinschaftsleistungen wie Singen und Chorsprechen, bei der Betrachtung kleiner Objekte, der Beobachtung von Experimenten u. ä., die aus der Sitzentfernung nicht richtig gesehen werden können.

*Gruppentische* verstärken den Binnenkontakt der Gruppe, schwächen aber den Außenkontakt und zerteilen daher die Klasse mehr oder weniger deutlich. Oft ist ein Teil der Arbeitsplätze schlecht beleuchtet, was durch dauernd eingeschaltetes Kunstlicht nicht ausgeglichen werden kann. Ein Teil der Kinder muß sich beim Abschreiben von der Tafel umdrehen und zeigt eine entsprechend schlechte Körperhaltung. Diese Sitzordnung ist die einzig richtige für den Gruppenunterricht. Für den Frontalunterricht ist sie von Nachteil, weil die Kinder vom Lehrer und der Sache ab- und aufeinander hingelenkt werden, es sei denn, der Lehrer bestehe fest auf der Anweisung: »Dreht eure Stühle jetzt so, daß ihr mich gerade anschaut und die Lehne im Rücken habt!«

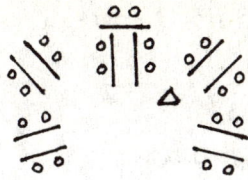

*Beweglicher Einsatz*

Die Frage der Sitzordnungen sollte also *undogmatisch* behandelt werden. Sie sollten nicht starr sein, sondern zweckmäßig gewechselt werden. Das setzt allerdings voraus, daß eine praktische Lösung für rasches und leises Umsetzen gefunden und dieses zielbewußt eingeübt wird. Nur dann wird man auf die Dauer beim Wechsel der Sitzordnungen bleiben. Man sollte es tun und die kleine Mühe nicht scheuen, weil mit der räumlichen Umstellung die Schüler wirksamer auf das Kommende eingestellt werden.

Man sollte aber die Bedeutung der Sitzordnung nicht überschätzen. Sie ist eine wichtige, aber *nicht die entscheidende Bedingung* für das Gelingen des Unterrichts. Man kann auch in feststehenden Bänken ein freies Schülergespräch führen, und man kann im Kreise sitzend autoritär lenken. Der Geist ist wichtiger als der materielle Rahmen. (Lit. Becker 1968; Haug in Kasper 1974; Halbfas 1976; Holl 1976)

## 2.3.7 Abschließendes zu den Unterrichtsformen

Unsere Umschau hat gezeigt, wie vielfältig die Motive, Maßnahmen und Wirkungen des Einsatzes von Unterrichtsformen sind, wie armselig ein Unterricht wäre, der aus Bequemlichkeit oder dogmatischer Enge ihre Vielfalt nicht nutzen würde, wie sie allerdings überlegt und gezielt eingesetzt werden müssen, um ihren Wert voll zu entfalten. Wir kehren noch einmal zu der Übersicht unter 2.2.1 zurück: Durch die unterschiedliche Dichte der Schraffen wurde angedeutet, welchen Anteil nach dem heutigen Stand unseres Wissens und Könnens die jeweilige Kombination von Aktions- und Sozialformen in einer Schule haben sollte. Wenn sich in der Bewertung eine persönliche Vorliebe des Verfassers ausdrückt, so die für Vielseitigkeit, Offenheit und Ausgewogenheit.

## 2.4 Unterrichtsformen im Dienste der Differenzierung

*Begriffe*

Die Forderung nach Differenzierung ist uns schon mehrfach begegnet. Es ist an der Zeit, diesen wichtigen Begriff der Schulpädagogik eingehender zu klären. Eine ausführlichere Behandlung würde allerdings ein eigenes Buch füllen. Daher hier, z. T. über die Ebene der Unterrichtsformen hinausgehend, nur das Wichtigste:

*Differenzierung in der Schule ist der Inbegriff aller organisatorischen und didaktisch-methodischen Maßnahmen, die eine unterschiedliche Behandlung der Schüler in unterrichtlicher oder erziehlicher Hinsicht bezwecken* (engl. »grouping«). Für seine nähere Bestimmung haben sich die folgenden Bezeichnungen eingebürgert:

*Äußere Differenzierung* meint diejenigen Unterscheidungsmaßnahmen, die über die einzelne Klasse hinausgreifen und somit Aufgabe des Kollegiums oder der Schulbehörde bzw. des Gesetzgebers sind. Sie können den Schulkörper oder sogar die Schulart übergreifen oder innerhalb eines Schulkörpers stattfinden.

*Innere oder Binnendifferenzierung* bezeichnet diejenigen unterscheidenden Maßnahmen, die innerhalb der Klasse vorgenommen werden und somit in den Verantwortungsbereich des Lehrers fallen.

In all diesen Fällen kann die Aufteilung der Schüler nach irgendeinem Kriterium *verordnet* werden, sie kann aber auch nach *Wahl* des Schülers oder / und seiner Eltern erfolgen.

*Motive*

Differenzierung bezeichnet die *Maßnahmen*. Zweck dieser Maßnahmen ist die bestmögliche Förderung des Einzelnen, also *Individualisierung*. Anlaß sind die allenthalben vorfindbaren *Unterschiede* zwischen den Schülern. Aus diesem empirisch immer von neuem bestätigten *Faktum* (über dessen Ursachen hier nicht zu rechten ist) lassen sich unterschiedliche *Folgerungen* ziehen:

Differenzierung kann davon ausgehen, daß diese Unterschiede *zu beklagen* seien und daher ihrer Überwindung oder wenigstens Verringerung dienen wollen, weil dies soziale Gerechtigkeit fördere und für das Zusammenleben notwendig sei.

Sie kann aber auch davon ausgehen, daß die Unterschiede *zu begrüßen* seien und sie somit fördern und verstärken wollen, weil jeder ein Recht auf die Entfaltung seiner persönlichen Eigenart habe und eine so komplexe Kultur wie die unsere von der Vielfalt der Einzelnen lebe.

In beiden Fällen können die Motive mehr das Interesse des *Einzelnen* oder das der *Gesamtheit* betonen.

Es liegt auf der Hand, daß so unterschiedliche, ja widersprüchliche Zielsetzungen zu Schwierigkeiten in der praktischen Verwirklichung führen müssen. (Vgl. 6.2.2)

*Äußere Differenzierung*

Eine Fülle von Maßnahmen wurde und wird erprobt, keine ist ohne Probleme und Nebenwirkungen.

*Überkommene Kriterien* der Differenzierung nach Geschlechtern, Konfessionen, Rassen, Ständen werden im Zuge demokratischer und sozialer Bestrebungen mehr und mehr abgebaut. Als Unterscheidungskriterium erkennt man heute nur die *Leistung* oder die *Neigung* des als Einzelperson gedachten Schülers an.

Gewisse ständische Unterschiede sind nach Meinung Vieler im sog. »*dreigliedrigen Schulsystem*« konserviert, das demnach durch die »Gesamtschule« zu ersetzen sei, die aber wieder nur als intern differenzierte vorstellbar ist. Das *Sonderschulwesen* als oft übersehenes viertes Glied, erst in den letzten Jahrzehnten vorbildlich ausgebaut, erfährt schon wieder Kritik, weil es der sozialen Integration der Behinderten schade.

Die *Jahrgangsklasse* als Differenzierungsmaßnahme nach dem Lebensalter nivelliert nach Meinung mancher zu sehr, nach Auffassung anderer zu wenig. Verschiedene *Korrekturmaßnahmen* wie beweglicher Einschulungstermin, kompensatorische Vorschulerziehung, Sitzenbleiben, Überspringen, Stützkurse u. ä. sollen die Homogenität der Jahrgangsklasse vergrößern, können aber nicht voll befriedigen.

Die Aufteilung paralleler Jahrgangsklassen in *Leistungsklassen oder -züge* (engl. streaming) erbrachte bei ungewissen Leistungsvorteilen als Nebeneffekt auch eine soziale Selektion. *Fachleistungskurse* (engl. setting) sollen der unterschiedlichen Leistungsfähigkeit in einzelnen Fächern gerecht werden. Auch sie können die soziale Selektion nicht vermeiden und bringen organisatorische Komplizierung und mangelnde Gruppenbindung der Schüler mit sich. Beide Lösungsversuche stehen vor dem *grundsätzlichen Dilemma*: Schöpfen sie die jeweilige Leistungsfähigkeit der Schüler voll aus, so vergrößern sie notwendig die Unterschiede und erschweren somit einen Wechsel von unten nach oben. Versuchen sie, um der »Durchlässigkeit« willen das Niveau annähernd gleich zu halten, so fragt es sich, warum überhaupt eine Trennung vorgenommen wurde.

Das *Kern-Kurs-System* soll diese Nachteile ausgleichen, muß aber mit den gleichen Problemen und dazu noch mit größerer Leistungsstreuung im Kernbereich fertig werden.

*Wahlpflicht-, Wahl-, Neigungskurse* gestehen den Schülern Bereiche eigener Entscheidung zu und bewirken oft Lernfreude und Interesse, betreffen aber nicht den Zentralbereich der als unentbehrlich angesehenen Pflichtfächer (vgl. 5.4.2 e).

*Individuelles Fortschreiten* in konsequenter Alleinarbeit, wie es z. B. in der Tradition M. Montessoris, in gewissen Formen der »Freiarbeit« oder im programmierten Unterricht betont wird, setzt neben entsprechenden Mitteln ein grundsätzliches organisatorisches und pädagogisches Umdenken voraus und kann schon aus Gründen des sozialen Lernens nicht alleiniges Prinzip des Unterrichts sein.

## Innere Differenzierung

Insgesamt sind die hochgesteckten Erwartungen in die Wirkungen äußerer Differenzierung starker Ernüchterung gewichen. Es hat sich erwiesen, daß in vielen Fällen die leistungsfähigen Schüler wenig gewinnen, die schwachen an Leistung und Lernfreude eher verlieren. Insbesondere bewirken organisatorische Veränderungen wenig, wenn sich die Lehrer nicht auf die unterschiedlichen Schüler einstellen und unterschiedliche Lehrziele mit angemessenen Methoden verfolgen. Auch unterschätzte man die Nebenwirkungen komplizierter Planungen in übergroßen Schulkörpern. Also erhoffte man sich mehr von *innerer Differenzierung*. Tendenziell ist sie auch im Frontalunterricht möglich, wenn der Lehrer sich auf die Verschiedenheit der Schüler einstellt und sie nach ihrer Fähigkeit heranzieht. Ihre eigentliche Domäne ist aber das Lernen in Abteilung, Gruppe, Partnergruppe und Einzelarbeit. Das wurde an den entsprechenden Stellen schon ausgeführt. Voraussetzungen sind differenzierte Unterrichtsmittel, eingeschulte Arbeitstechniken, Raum für nicht zu große Schülerzahlen, Zeit in einem nicht zu zerstückelten Stundenplan. Aber auch wo diese Voraussetzungen gegeben sind, kann innere Differenzierung nicht alles leisten. Insbesondere die Zeit und die Kraft des Lehrers setzen ihr Grenzen.

## Zwischenformen

Da liegt es nahe, an neue Lösungsversuche zu denken, die an der Grenze zwischen äußerer und innerer Differenzierung liegen und die Nachteile beider vermindern. Eine solche ist der *Verbundunterricht oder das Team-Teaching*:

Eine Gruppe von etwa 3 bis 5 Lehrern übernimmt den gesamten Unterricht für etwa 60 bis 80 Schüler. In enger Zusammenarbeit entscheiden sie weitgehend selbständig über die Verteilung der Fächer, die wechselnde Aufteilung der Schüler zu Differenzierungszwecken, die persönliche Verantwortlichkeit für einzelne Schüler einschließlich des Kontakts mit dem Elternhaus, den Stundenplan. Jeder Lehrer kennt jeden Schüler, jeder Schüler hat die Chance, sich einem der Lehrer mit besonderem Vertrauen an- und aufzuschließen. Übergroße Schulen werden so in überschaubare, weitgehend autarke Teileinheiten aufgegliedert, in denen sich ein eigenes Zugehörigkeitsgefühl entwickeln kann; die Schwierigkeiten eines atomisierten Stundenplans verringern sich.

Eine solche Lösung fordert äußere und innere Umstellung bei allen Beteiligten. Sie hat aber Zukunft, und man sollte recht viele Versuche in dieser Richtung wagen. Ein erster Schritt wäre mit *Zwillingsklassen* gemacht, bei denen zwei Lehrer gemeinsam für zwei benachbarte Klassen verantwortlich sind und weitgehende Freiheit in der Übernahme von Lehraufgaben und der wechselnden Aufteilung der Schüler haben. (Lit. Winkel 1971; Steindorf 1972; Brandt/Liebau 1978; Uflerbäumer 1985; Schlömerkemper/Winkel 1987)

*Fazit*

Die Probleme schulischer Differenzierung sind vielschichtig, im Grunde unlösbar. Gleichwohl ist sie notwendig, und sie kann, überlegt und undogmatisch vorgenommen, viel Gutes bewirken, das Lernen erfolgreicher und die Schule menschlicher machen. Ein vielseitiges Angebot an Maßnahmen – hier an Unterrichtsformen – dürfte dem einzelnen die besten Chancen geben, das ihm Angemessene zu finden. Differenzierung bleibt eine dauernde Aufgabe auf allen Ebenen der Schulorganisation und der Unterrichtsarbeit. Sie wird uns im folgenden noch öfter begegnen. (Lit. M. Fischer 1968; Lichtenstein-Rother 1968 (7); Scheuerl 1970; Fischer/Michael 1973; Casper 1974; Hopf 1974; Vierlinger/Feiner 1974; Preuß 1976; Meyer-Willner 1979; Haußer 1980; Fend 1981, 288 ff.; Glöckel 1983; Treiber/Weinert 1985; Keim 1987)

## 2.5 Die Unterrichtssituation

*Begriff*

Was wir auf den Ebenen 1 und 2 einzeln betrachtet haben, Akte und Medien, Aktions- und Sozialformen, all das sind letztlich Abstraktionen aus einer Gesamtkonstellation, die vorher da ist, ehe wir Teilmomente aussondern können. Wir bezeichnen sie als *Unterrichtssituation*. Sie stellt sich für den Lehrer als Lehr-, für die Schüler als Lernsituation dar. Sie ist das eigentlich Gegebene, Konkrete und Wirkliche, zugleich etwas höchst Komplexes, das wir mit unseren Abstraktionen nicht voll erfassen:

Kinder stehen im Halbkreis um einen Förster im Wald und fragen ihn über Wildhege und Baumsterben aus, der Lehrer steht mitten unter ihnen.
Kinder untersuchen in Paaren ein Insekt, der Lehrer bereitet an der Tafel eine Zusammenfassung des Beobachteten vor.
Schüler lösen in Einzelarbeit um die Wette Rechenaufgaben, der Lehrer beschäftigt sich mit einer Partnergruppe schwacher Rechner.
Die Klasse führt als »Partei« ein Streitgespräch mit festgelegten Rollen gegen den Lehrer.
Kinder knien in Gruppen um je einen großen Bogen Packpapier und entwerfen ihren Beitrag zu einem gemeinsamen Wandfries.
Eine Riege von Schülern übt unter Aufsicht des Lehrers am Barren, eine andere spielt im Kreis mit dem Ball, eine dritte führt Übungen zum Kraft- und Geschicklichkeitstraining aus.

Der Begriff der Situation spielt heute in den Sozialwissenschaften eine wichtige Rolle. Er eröffnet eine eigene, fruchtbare Sicht auf das Unterrichtsgeschehen, das als eine Abfolge von Situationen betrachtet werden kann. Von den vielfältigen Facetten des Begriffs dürften die folgenden für die Unterrichtstheorie besonders bedeutsam sein.

## Äußere Beschreibungseinheit

Eine Unterrichtssituation in diesem Sinne ist ein in sich sinnvoller Teilabschnitt des Unterrichts, von anderen deutlich absetzbar, eine gewisse Zeit dauernd, der innerhalb dieser Zeitspanne eine relativ unveränderte Konstellation der Einzelfaktoren und der äußeren Bedingungen aufweist (Tätigkeiten, Gegenstand bzw. Medien, Aktionsform, Sozialform, räumliche Ordnung . . .). Ändert sich ein Faktor wesentlich, so ist eine neue Situation gegeben: bei der Umstellung vom Hörblock zum Halbkreis, beim Wechsel von der Wandkarte zum gemeinsamen Lesen im Buch, von der Gruppenarbeit zum Klassengespräch, von diesem zur Einzelarbeit usw.

Natürlich ist das nur eine Beschreibung »von außen«; aber auch sie liefert wertvolle Einsichten. Dauer einzelner Situationen, Häufigkeit des Wechsels, inhaltliche Vielfalt, hektische Betriebsamkeit, einfallslose Monotonie werden recht genau faßbar.

## Verstehenszusammenhang

Mit der äußeren Beschreibung der Situation, und sei sie noch so exakt, ist nichts über deren innere Seite ausgesagt, über den Sinn, den die Beteiligten ihr beilegen, sowohl in gemeinsamer wie auch in individueller Sicht: gemeinsame Zielsetzung, gemeinsames Bemühen um die Sache, Sich-Erleben als Gruppe, Interesse oder Langeweile, Zustimmung oder Kritik, Zuwendung oder Reserve, Zuneigung oder Abneigung bei den Einzelnen. All dies sind eigene Momente der Gesamtsituation, die von den äußeren Bedingungen beeinflußt werden und auf sie zurückwirken.

Man muß die gemeinsame und die individuelle Deutung der Situation verstehen, um das gemeinsame oder individuelle Verhalten und Handeln in ihr erklären zu können. Das ist natürlich viel schwieriger als die äußere Beschreibung und nie voll zu erreichen. Gleichwohl ist es hilfreich, sich immer wieder »in die Situation des anderen zu versetzen« – die Situation der Klasse, die in der 6. Stunde noch einmal Frontalunterricht über sich ergehen lassen soll, des Lehrers, dem alle gebannt zuhören und der plötzlich gestört wird, des Schülers, der das große Wort führt oder von der Gruppe an den Rand geschoben wird – um die Betroffenen zu verstehen und gegebenenfalls nicht das Verhalten direkt zu reglementieren, sondern die Situation zu verändern.

## Bedingungsrahmen für Lernprozesse

»›Pädagogische Situation‹ ist ein problemhaltiger Lebenskreis von Kindern und Jugendlichen um einen Führer, von diesem in pädagogischer Absicht derart geordnet, daß jedes Glied des Lebenskreises genötigt (gereizt, aus sich herausgetrieben) wird, als ganze Person zu handeln, tätig zu sein.« In diesem Sinne führte Peter Petersen (1937) den Situationsbegriff in die Unterrichtswissenschaft ein (1951, 20). Hier dient der Begriff nicht nur der Beschreibung und dem Verstehen. Er enthält eine grundlegende, letztlich philosophisch begründete Einsicht und ein pädagogisches Programm:

Der Mensch steht immer in Situationen, die er handelnd beantwortet. Auch sein Lernen ist nicht einfach kausal bedingt durch die methodische Führung des Lehrers und damit beliebig machbar, es ist eine persönliche Antwort, *es ereignet sich in der Situation*. Aufgabe des Lehrers müßte es also sein, Situationen zu planen, in denen Lernen sich mit größerer Wahrscheinlichkeit ereignet. Je vielfältiger und reicher, je prägnanter und eindrucksvoller, je konkreter und seelisch näher, je lebendiger und allseitig aktivierender diese Situationen sind, desto wahrscheinlicher werden sie Lernen bewirken. Dies ist von großer Bedeutung für das Verständnis der Unterrichtsmethode und die Planung von Unterricht und damit für den weiteren Gang unserer Überlegungen. (Lit. Petersen 1951; Winnefeld 1959; Cavemann 1965; Bönsch 1965; Arnold 1981)

*Bedingungsrahmen für Lehrerhandeln*

Die vielfältigen Situationen stellen an den Lehrer unterschiedliche Anforderungen. Alle aber sind mehr oder weniger stark gekennzeichnet durch Komplexität, raschen Wechsel der Konstellation und der nicht völlig erkennbaren Faktoren, Notwendigkeit raschen und flexiblen Agierens und Reagierens, emotionale Belastung, hohen Kraftverbrauch, insgesamt also durch »Handlungsdruck«. Entlastung verschafft sich der Lehrer mehr oder weniger bewußt durch Schwerpunktbildung der Aufmerksamkeit bei Aufrechterhalten der Hintergrundkontrolle, Routinen, Handlungsschemata für typische Situationen, Reduktion der Komplexität durch »subjektive Theorien«, die freilich der Aufklärung und Weiterentwicklung bedürfen, was oft schwerfällt. (Lit. Wahl 1991)

## 2.6 Beschluß: Situation und Prozeß

Der Begriff der Unterrichtssituation übergreift die beiden bisher behandelten Ebenen. In ihnen betrachteten wir Unterricht in seinen Elementen und seiner Struktur, d. h. im *Querschnitt*, gewissermaßen im Stehbild, und *von außen*. Unterricht ist aber ein Geschehen, das in der Zeit verläuft. Die Unterrichtssituationen lösen einander ab und ergeben so wechselnde Querschnittsbilder. Zugleich hängen sie aber auch zusammen, sie sind durch eine »innere« Folgerichtigkeit verbunden. *Im Längsschnitt sehen wir Unterricht als Geschehensverlauf in seinem Sinnzusammenhang, als Unterrichtsprozeß.*

Dieser Prozeß ist, wie wir schon wissen, ein mehrschichtiger. Er ist zum einen *Lehr-Lern-Prozeß*, Auseinandersetzung von Lehrer und Schülern mit der Sache in einem methodischen Gang, Überwindung von Lernschwierigkeiten usw. Er ist zum anderen *Sozialprozeß*, Auseinandersetzung des Lehrers mit den Schülern, der Schüler untereinander, mit Sympathie- und Antipathiebeziehungen, Übernahme von Rollen, Entstehung und Lösung von Konflikten, auf- und absteigenden Gruppenprozessen usw.

Beide Prozesse sind engstens miteinander verflochten und wirken stärkstens aufeinander ein. Gleichwohl müssen wir sie, wie eingangs schon erklärt, zum Zwecke der Betrachtung trennen. Wir überlassen die Behandlung der so wichtigen Sozialprozesse und ihrer pädagogisch verantwortlichen Führung anderen Veröffentlichungen und reden hinfort nur vom Unterricht als Lehr-Lern-Prozeß. Die dritte Ebene ist den kürzeren, die vierte den längeren Teilstücken dieses Prozesses gewidmet.

# 3. DIE UNTERRICHTSEINHEIT

Auf dieser dritten Ebene betrachten wir also Unterricht in seinem inneren Fortgang, als in der Zeit verlaufenden, sinnhaften Prozeß.

## 3.1 Aufriß des Problems

### 3.1.1 Begriffe

Nach Ablauf einer längeren Beobachtungszeit erkennen wir, daß Unterrichtselemente, -formen, -situationen nicht nur deutlich zu unterscheiden und – in Grenzen – isoliert zu beurteilen sind, sondern daß sie auch zusammenhängen, Teile eines größeren Ganzen sind, einer *Sinn-Einheit,* die sich selbst wieder deutlich von nachfolgenden Einheiten abhebt:
*Gemeint ist die Unterrichts-Einheit, das kleinste, eine Planungseinheit bildende Stück Unterricht, in dem eine klar begrenzte Zielsetzung verfolgt wird und das den Lernprozeß zu einem (immer nur relativen) Abschluß bringt.* Auch von den Schülern soll dieser Unterrichtsablauf als Einheit empfunden werden.
Als Lektion, lesson, leçon, lección, lezione, (russ.) urok gibt es diesen Begriff nahezu überall, wo Unterricht stattfindet. Freilich liegt damit auch ein Mißverständnis nahe. Die Unterrichtseinheit ist *nicht gleichbedeutend mit der Zeiteinheit,* schon gar nicht mit der 45-Minuten-Stunde. Zwar fordert der Schulbetrieb solche zeitlichen Zäsuren, und in der Ausbildungssituation glaubt der Anfänger nur zu leicht, er müsse um jeden Preis in einer Schulstunde »fertig werden«. Das ist aber nur selten möglich. Häufig umfaßt eine Unterrichtseinheit mehr als eine Zeiteinheit. Doch sollte sie auch nicht zu lange dauern und vor allem nicht über einen zu langen Zeitraum verteilt sein, damit die Schüler den Zusammenhang noch überschauen können.
Die Unterrichtseinheit ist einem Wege vergleichbar, der von einem bestimmten Ausgangspunkt zu einem Ziel führt. Dieses *Unterrichtsziel* ist vom Lehrer aus gesehen *Lehrziel,* von den Schülern aus *Lernziel.* Der Lehrer hofft, daß sein Lehrziel auch zum Lernziel der Schüler werde, was nicht immer der Fall ist. Das Unterrichtsziel ist oft nur über *Teilziele* zu erreichen, deren Abfolge überlegt werden muß.
Für die planende Untergliederung der Unterrichtseinheit sind seit langem verschiedene Metaphern im Gebrauch.
Das Bild der *»Schritte«* stellt ein lineares Nacheinander letztlich gleichartiger und gleichrangiger Teilhandlungen vors Auge.

Die Metapher der »*Stufen*« meint nicht nur ein Nach- sondern ein Aufeinander, das von einem niedrigeren zu einem höheren Niveau führt, und zwar nicht kontinuierlich wie auf einer schiefen Ebene, sondern in deutlich voneinander abgesetzten Ebenen.

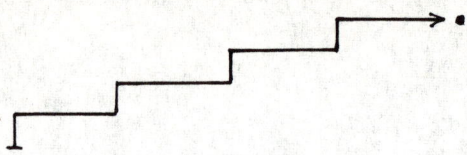

Die Rede von »*Phasen*« drückt einen rhythmischen Wechsel regelmäßig wiederkehrender, gegensätzlicher, aber doch zusammengehörender Bewegungen oder Tendenzen aus, wie bei Ebbe und Flut, Ein- und Ausatmen, den Phasen des Herzschlags oder des Mondes.

Obgleich die drei Bilder nicht völlig vereinbar sind, haben sie ihren heuristischen und verdeutlichenden Wert und ihre Grenzen, wie wir noch sehen werden (E. Geißler 1965; Meyer 1987, II/104).

Für die Gliederung der Unterrichtseinheit, ihren Aufbau in Schritten, Stufen oder Phasen, die in einem inneren Zusammenhang stehen und zusammen ein Sinnganzes bilden, steht der Begriff der »*Artikulation des Unterrichts*«, der von Herbart 1806 in die Fachdiskussion eingeführt wurde. Es gibt auch andere Bezeichnungen für den gemeinten Sachverhalt, die aber alle ihre Mängel haben. Den Terminus »Methode« (= Weg, Gang des Unterrichts) müßte man immer mit dem Zusatz »im engeren Sinne« versehen, weil er auch für umfassendere Sachverhalte verwendet wird. Das Modewort »Lehrstrategie« paßt in seiner Herkunft aus dem Militärwesen kaum für die Arbeit des Lehrers, der seinen Unterricht ja nicht als Feldzug gegen einen Feind verstehen sollte. So sollten wir den Begriff der Artikulation festhalten, zumal er einer der wenigen präzisen Begriffe unserer Fachsprache ist. In ihm zentrieren sich seit langem die Bemühungen, den Unterricht rational faßbar(er), das Lernen planbar(er), das Lehren lehr- und lernbar(er) zu machen. Diese Bemühungen haben zu beachtlichen Erfolgen geführt, wenn sie auch teils unter-, teils überschätzt wurden und noch werden. Solche Fehlauffassungen seien daher vorweg beiseite geräumt, wobei das Gesagte auch für die weiteren Ebenen unserer Betrachtung gilt.

## 3.1.2 Fehlauffassungen des Methodenproblems

*»Sachkenntnis ersetzt Methode«:* »Habe Geist und wisse Geist zu wecken! Habe Gelehrsamkeit, und dir wird die Gabe zu lehren nicht fehlen!« Das war das Motto, nach dem F. A. Wolf vor 200 Jahren seinen eigentlich pädagogischen Lehrauftrag in einen philologischen ummünzte, und dieser Auffassung sind heute noch vor allem Fachleute, Fachwissenschaftler und manche Lehrer, die sich als solche verstehen. Sie ist durch die Erfahrung widerlegt: Als ob der »Geist« notwendig mit der Gelehrsamkeit käme! Auch hat natürlich jeder, der so redet, eine Methode, nur eben eine selbstgestrickte oder kopierte, in jedem Fall unreflektierte und damit ungeprüfte. Das kann nicht Maßstab verantwortlichen Unterrichtens sein.

*»Lehrerpersönlichkeit ersetzt Methode«:* So reden diejenigen, die auf ihre Intuition und ihren schöpferischen Einfall setzen und sich damit nicht wenig wichtig nehmen. Sicherlich gibt es schöpferische Persönlichkeiten, aber auch bei ihnen findet sich neben eindrucksvollen »Sternstunden« viel Leerlauf und wenig Selbstprüfung. Daneben gibt es die vielen weniger kreativen und strahlenden Persönlichkeiten, die auch guten Unterricht geben möchten und bereit und fähig sind, dies zu lernen.

*»Erfahrung begründet Methode«:* Natürlich brauche man Methode, aber das gehe ohne Theorie, am besten vergesse man diese, sobald man mit der Praxis des Unterrichtens beginne. Dazu sagte schon Herbart: »Wollten wir nur sämtlich bedenken: Daß jeder nur erfährt, was er versucht! Ein neunzigjähriger Dorfschulmeister hat die Erfahrung seines neunzigjährigen Schlendrians; er hat das Gefühl seiner langen Mühe; aber hat er auch die Kritik seiner Leistungen und seiner Methode?« (1971, 33) Auch stimmt das ja gar nicht mit der Praxis ohne Theorie. Der Mensch handelt grundsätzlich sinnhaft, aufgrund von Annahmen, »Theorien«, auch wenn er dies nicht weiß.

*»Es gibt nur die eine, allgemein richtige Methode (... und zwar die meine!).«* Diese Einstellung war vor allem in der Tradition der Volksschulpädagogik, gelegentlich auch bei Lernpsychologen zu finden. Man suchte eifrig nach der einzig richtigen Lehrmethode, schwor auf bestimmte Prinzipien, verlor sich nicht selten in Haarspaltereien, berief sich auf nachweisbare »Erfolge«, vermied aber den Blick auf Mißerfolge und etwaige Nebenwirkungen – und übersah, daß die Gegner mit ihren Methoden auch Erfolg hatten. Es gibt nicht nur eine Methode, und sie allein entscheidet nicht über den Erfolg, schon deswegen nicht, weil erst zu klären ist, worin dieser bestehen soll.

Diese verbreiteten Mißverständnisse widerlegen nicht den *Wert methodischer Bemühungen.* Der geschichtliche Rückblick zeigt, daß theoretisch geleitetes praktisches Versuchen binnen weniger Jahrhunderte einen beachtlichen Fortschritt gebracht hat. Lehrer unterrichten planmäßiger, klarer und ökonomischer, Schüler lernen leichter, rascher und lieber als früher. Auch wissen wir, daß mangelnde methodische Qualität vor allem den schwachen Schülern schadet. (Lit. Einsiedler 1981; Treiber/Weinert 1985; Liedtke 1986; vgl. 3.2.8)

So gilt weiterhin O. Willmanns Wort (1888): »Der Methodenkultus hat die Gedankenlosigkeit zur Mutter, die Methodenscheu die Denkfaulheit« (1957, 458). Broudy sagt es so: »Wenn der Lehrer schon nicht schöpferisch sein kann, so sollte er doch mindestens intelligent sein, und wenn nicht das, so methodisch. Ist er aber in seinem Unterricht nicht einmal methodisch, so ist alles vergebens« (in Ingenkamp 1970, I, 23).

Das Problem der »Methode« im engeren Sinne, des Aufbaus der Unterrichtseinheit, ihrer Artikulation, ist komplex. Es schließt sich am besten auf, wenn wir seine historische Genese in den wichtigsten Schritten nachvollziehen und erst dann eine systematische Zusammenschau wagen. (Lit. G. Geißler 1952; Schwerdt 1955; Hausmann 1959; Eggersdorfer 1961; Rebel 1970; Dietrich 1980; Henningsen 1974; Loser/Terhart 1977; H. Roth 1978; Keck 1983; Glöckel 1986a; Domke 1991)


## 3.2 Die Genese des Problems der Unterrichtsmethode

### 3.2.1 Die Zeit vor Herbart

#### Von der Antike bis zum Beginn der Neuzeit

Seitdem es vom Lebensvollzug getrennten »Unterricht« gibt, in dem berufsmäßige Lehrer ihre Schüler über längere Zeit in umfassendere Wissensgebiete einführen, denkt man auch darüber nach, wie man diesen Unterricht anlegen und untergliedern solle. In unserem Kulturkreis hat dieses Nachdenken spätestens bei den Sophisten begonnen, jenen griechischen Lehrern der Redekunst und ihren Nachfolgern in den hellenistischen und römischen Rednerschulen. Bei ihnen und durch das Mittelalter hindurch bis in die beginnende Neuzeit finden sich Gliederungsschemata für die wirkungsvolle Rede, die scholastische Disputation, die Behandlung von Texten u.ä. Sie können hier nicht im einzelnen aufgeführt werden (vgl. Glöckel 1986a).

#### Die »Katechisierer«

Die Pädagogen der Aufklärung im 18. Jahrhundert bauten auf die Vernunft des Menschen und orientierten ihren Unterricht am Vorbild des Sokrates, der in kluger Gesprächsführung seine Schüler so lenkte, daß sie die in ihnen schon schlummernde Wahrheit selbst entdecken konnten. Auch bei ihnen fehlt, wie unser Beispiel zeigt, noch etwas Entscheidendes.

*Versuch, Kindern gesprächsweise Begriffe von der sinnlichen und sittlichen Natur des Menschen beizubringen*

L. Ihr wißt, daß wir zweierlei Empfindungen haben können, nämlich *angenehme* und *unangenehme*. Jetzt sagt mir, zu welcher Art der Empfindungen der Hunger und Durst gehören.

K. Zu den unangenehmen.

L. Wenn ich nun aber einem Hungrigen und Durstigen ein Stück gutes Brod und ein Glas frisches Quellwasser reiche und er beides genießt, was für eine Empfindung wird ihm dieses verursachen?

Eine angenehme.

L. Und wenn ich einem anderen Hungrigen und Durstigen ein Stück Braten mit einem guten Salat nebst einer Kanne Bier vorsetze und er solches alles genießt, was für eine Empfindung wird diesem ein solcher Genuß verursachen?

Auch eine angenehme.

L. Bei welchem von beiden wird aber die angenehme Empfindung stärker, lebhafter, oder, wie man auch zu sprechen pflegt, in einem *höheren Grade* vorhanden seyn?

K. Bei dem letzteren.

L. Allerdings! Dieser würde daher auch sprechen: meine Mahlzeit schmeckt mir weit besser, als mir die Mahlzeit des Andern dort schmecken würde. Nun denkt, ich schenke dem einen von zwei gleich armen und bedürftigen Menschen einen Groschen, dem andern einen Gulden: welche Art von Empfindungen werde ich dadurch beiden verursachen?

K. Angenehme.

L. Bei welchem wird aber die angenehme Empfindung in einem höheren Grade vorhanden seyn?

K. Bei dem, der einen Gulden von Ihnen empfangen hätte.

L. Nun sagt mir, was nach dem, was wir jetzt miteinander bemerkt haben, für ein Unterschied zwischen den angenehmen Empfindungen des Einen und denen des Anderen Statt finden kann?

K. Die angenehmen Empfindungen des Einen können schwächer (weniger lebhaft, in einem niedrigeren Grade vorhanden), die des Andern aber stärker (lebhafter, in einem höheren Grade vorhanden) seyn.

L. Wie mag es sich aber mit den unangenehmen Empfindungen verhalten? Sollten auch diese der Stärke (der Lebhaftigkeit, dem Grad) nach verschieden seyn?

K. Gewiß.

(Weitere 2 Seiten hier in Kurzfassung des Gedankengangs: Jeder Mensch ist bestrebt, sich angenehme Empfindungen zu *verschaffen* und unangenehme *zu vermeiden*. Er tut das ohne Anregung von außen, sondern aus einem inneren Trieb, dem *Trieb nach Glückseligkeit*.)

Diesen Trieb haben alle Menschen. Er ist dem Menschen *angeboren*. Er gehört zur menschlichen *Natur*. Er äußert sich sehr verschieden. Die verschiedenen *Neigungen* des Menschen sind nichts anderes als die unterschiedlichen Äußerungen des Glückseligkeitstriebes. Das *Vermögen*, Empfindungen zu haben, heißt *Sinnlichkeit*. Der Glückseligkeitstrieb ist ein sinnlicher, eigennütziger Trieb.

Muß man dem Trieb unbedingt folgen, oder kann man ihn *beherrschen*? Der Mensch hat einen *freien Willen*. Er hat ihn von Gott. Er soll seine Triebe beherrschen, wenn er sie nur auf unrechte Weise befriedigen könnte. Das sagt ihm die Vernunft, und das sagt ihm die christliche Lehre.

(Wieder wörtlich weiter):

L. Und welches Geschöpf besitzt nur den freien Willen?

K. Auch nur der Mensch.

L. Da hat also – merkt wohl auf! – der Mensch *Anlage zur Sittlichkeit*, oder: da hat also der Mensch *eine sittliche Natur*. Worin mag demnach wohl die Anlage zur Sittlichkeit bestehen?

K. In der Vernunft und dem freien Willen.

L. Können wir wohl auch den Thieren Anlage zur Sittlichkeit oder eine sittliche Natur zuschreiben?

K. Nein.

L. Warum nicht?

K. Weil sie keine Vernunft und keinen freien Willen haben.

L. Richtig. Vermöge der Anlage zur Sittlichkeit, die dem Menschen gegeben ist, kann er ein *sittlich gutes* Geschöpf (sittlich gut) werden. Wie er, um dieses zu werden, gesinnt seyn und handeln müsse, wollen wir in der nächsten Unterredung lernen.

(Aus: Der baierische Schulfreund. Jg. 1829. Herausgeber Heinrich Stephani)

Das Beispiel war zur Zeit seines Erscheinens nicht mehr ganz modern, doch es dürfte besser sein als vieles, das im Alltag der Schulen getrieben wurde. Was soll daran neu und fortschrittlich sein?

Man wollte den *Verstand*, nicht nur das Gedächtnis ansprechen, vernünftig *begründen* statt dogmatisch setzen, Einsichten nicht vorgeben, sondern *selbst finden lassen*. Das gelang freilich nicht voll. Die inhaltlichen Fragwürdigkeiten, die Gewaltsamkeiten der Beweisführung, die verborgene Dogmatik liegen auf der Hand. Und was tun die Schüler wirklich? Sie werden Schritt für Schritt durch den Gedankengang geschubst, können nur reagieren, nicht selbständig denken, weil sie das Ganze nicht übersehen. Sie kommen auf verschlungenen Wegen, ohne Haltepunkte, Zusammenfassungen, Rückblicke bei einer Lösung an, ehe für sie überhaupt ein Problem bestand, sie werden zum Nachherdenken, nicht zum Nachdenken angeleitet. Der Aufbau des Unterrichts ist ein bloß logischer, nicht ein psychologischer. Ein solcher Unterricht entspricht dem Ziel des verständigen, aber folgsamen Untertanen im aufgeklärt-absolutistischen Fürstenstaat weit mehr als der Idee des Menschen im »Ausgang aus der Unmündigkeit«.

Die Vermittlung eines größeren Wissensbestandes in Frage und Antwort war damals schon in den Katechismen der verschiedenen Konfessionen vorgegeben, und so nannte man auch diese Art fragend-entwickelnder Unterrichtsführung »Katechese«. Tatsächlich vermengte man die Vermittlung festgelegter Glaubenswahrheiten mit der bohrenden Frage des Sokrates nach den Gründen unseres Wissens und verdarb so beides (Flügge 1965).

Gleichwohl blieb ein Fortschritt gegenüber dem fraglosen Übernehmen und unverstandenen Memorieren früherer Zeiten. Hinzu kam, daß erst mit ihm der »Zusammenunterricht« im frontalen Klassengespräch möglich wurde (vgl. 2.3.2). So galt das »Katechisieren«, von klugen Schulmännern wie Vierthaler in Österreich und Dinter in Sachsen und Preußen vorbildlich gezeigt und eifrig gefördert, als Krone der Lehrkunst – einer Kunst, der die dürftige Ausbildung der Schulmeister kaum entsprach. Jeremias Gotthelf läßt in seinem (sehr lesenswerten) Roman »Leiden und Freuden eines Schulmeisters« den armen Kerl rückblickend über sein Leben erzählen:

»Auf das Katechisieren wurde viel verwandt, hing es doch mit den Kinderlehren zusammen, der Herzensangst der angehenden Schulmeister, der Herzenslust der Älteren. Das Fragebuch lag hier einzig und allein zugrunde, über dessen Auffassung, Form, Veranlassung uns gar nichts gesagt wurde. Wir wußten nicht, wer da fraget und wer antwortet. Von den christlichen Lehrsätzen, auf welchen die Antworten ruhen, sagte man uns gar nichts. Die Hauptsache war die, daß der Lehrer fragen konnte, was er zu fragen wußte, mit Fragen nie stockte. Ob auf die Frage eine vernünftige Antwort folgen könne, ob auf die letzte Antwort die nächste Frage passe, und ob jede zum Ziele führe, darauf kam es wieder nicht an. Man fragte so, daß man ja oder nein bestimmt erwarten konnte; man half sich mit Müslins Erklärungen zum Heidelberger Katechismus durch, der das Fragen und auf das Fragen das Antworten recht bequem machte. So wußte mancher nicht, ob die erhaltene Antwort die rechte sei. Die Erklärung der Wörter und Begriffe bestand nur darin, daß man die Hauptwörter mit dem Zeitwort umschrieb ... z. B. was ist Trost? Wenn man einen tröstet. Ja, wenn er betrübt ist und man ihn dann tröstet. Was ist leben? Wenn einer lebt, wenn einer hier auf der Welt ist und lebt ... Überhaupt ward hauptsächlich darauf gesehen, daß einer an einer Frage eine gehörige Zeit zu verbrauchen wußte, ohne merklich zu stocken ...?«

Wir sollten uns über jene Zeit nicht allzu erhaben dünken. So mancher vermeintlich »erarbeitende« Unterricht unserer Tage ähnelt nur zu sehr dem Vorgehen der Katechisierer. Es ist gar nicht leicht, sich davon frei zu machen, solange man der zusammenwirkenden Unterrichtsform einseitig anhängt. (Lit. Flügge 1965; Grell 1981; Meyer 1987)

*Pestalozzi* übte scharfe Kritik an diesem »Maulbrauchen«, dem Herumschieben von Wörtern ohne Grundlage in Anschauung und Erfahrung. Er sah das Problem der Methode grundsätzlicher. Sie solle den »ewigen Gesetzen der Natur« folgen, dürfe sich aber keineswegs auf die Natur verlassen, sondern müsse in der rechten Abfolge von den »Elementen« ausgehen und planmäßig weiter bauen. Eine Stufung der Unterrichtseinheit legte er nicht vor. Seine Bedeutung für die Geschichte der Didaktik betrifft mehr die Ebene des Lehrgangs und ist dort zu behandeln.


## 3.2.2 *Herbart und seine Nachfolger*

### a) Herbart und die Artikulation des Unterrichts

*Johann Friedrich Herbart* (1776–1841), der leidenschaftlich an Pädagogik interessierte Philosoph in Königsberg und Göttingen, führte unser Problem zur vollen Klarheit und zu einer ersten, höchst beachtlichen Lösung:

Oberstes Ziel ist die »Charakterstärke der Sittlichkeit«; sie hat ihre Grundlage in der »Vielseitigkeit des Interesse«, der Bildung eines ausgewogenen Gedankenkreises. Ihn erreicht man nur im Wechsel von *»Vertiefung«* ins Einzelne und *»Besinnung«* auf seine Bedeutung im größeren Zusammenhang.

Zur *Vertiefung*: »Wer jemals sich irgendeinem Gegenstand menschlicher Kunst mit Liebe hingab, der weiß auch, was Vertiefung heißt. Denn welches Geschäft und welche Art des Wissens ist so schlecht, welcher Gewinn auf dem Wege der Bildung läßt sich so ganz ohne

Verweilung erhaschen, daß man nicht nötig hätte, eine Zeitlang von allem anderen die Gedanken abzuziehen, um sich einzusenken! Wie jedem Gemälde seine Beleuchtung gehört, wie die Richter des Geschmacks für jedes Kunstwerk eine eigene Stimmung des Betrachters fordern, so gehört allem, was würdig ist, bemerkt, gedacht, empfunden zu werden, eine eigene Sorgfalt, um es richtig und ganz zu erfassen, um sich hineinzuversetzen...«

Aber die Einheit der Persönlichkeit beruht auf der *Besinnung*: »Die Vertiefungen schließen einander, sie schließen eben dadurch die Besinnung aus, in welcher sie vereinigt sein müßten. Gleichzeitig kann das, was wir fordern, nicht sein, es muß also aufeinander folgen. Erst eine Vertiefung, dann eine andere, dann ihr Zusammentreffen in der Besinnung! Wieviele zahllose Übergänge dieser Art wird das Gemüt machen müssen, ehe die Person, im Besitz einer reichen Besinnung und der höchsten Leichtigkeit der Rückkehr in jede Vertiefung, sich vielseitig nennen darf!« (1806, hier nach Auflage 1971, 70 ff.)

Beide Hauptarten der Zuwendung zum Gegenstand sind sowohl »ruhend« als auch »fortschreitend« zu vollziehen. Die »ruhende Vertiefung« sieht das Einzelne klar; die »fortschreitende Vertiefung« verbindet die Vorstellungen und vergleicht sie miteinander; die »ruhende Besinnung« ordnet die Einzelvorstellungen in den Zusammenhang ein; die »fortschreitende Besinnung« bezieht das Gelernte auf neue Sachverhalte.

Außerdem hat man Interessen der sachbezogenen »*Erkenntnis*« von Interessen der menschlichen »*Teilnahme*« zu unterscheiden. So ergeben sich vier Unterrichtsstufen in zwei sachspezifischen Abwandlungen mit entsprechenden Handlungsanweisungen.

|  | Vertiefung |  | Besinnung |  |
|---|---|---|---|---|
| (Erkenntnis): | Klarheit | – Assoziation | – System | – Methode |
| (Unt. soll): | zeigen | – verknüpfen | – lehren | – philosophieren |
| (Teilnahme): | Merken | – Erwarten | – Fordern | – Handeln |
| (Unt. sei): | anschaulich | – kontinuierlich | – erhebend | – eingreifend |

Dieser Wechsel findet immer wieder statt, zunächst in kürzeren Abständen zwischen kleineren Gegenstandsbereichen, dann zu immer umfangreicheren Inhalten sich ausweitend. Jede in diesem Wechsel der Einstellungen abgeschlossene Einheit ist selbst wieder »Klarheit« höheren Grades in einem lebenslangen Prozeß der Bildung. Das ist die »Artikulation des Unterrichts«.

Das sieht sehr schematisch aus. Liest man aber Herbarts feinsinnige Begründungen im Zusammenhang, so erkennt man, daß er *keineswegs an ein Schema für Einzelstunden dachte*. Es hätte seiner großzügig-liberalen Auffassung gar nicht entsprochen. Ihm ging es um etwas Grundsätzliches, den anzustrebenden Wechsel unterschiedlicher Einstellungen des Bewußtseins, der die geistig-seelische Gesundheit des Lernens und damit des Lebens gewährleisten soll. Dabei dachte er nicht an einen naturgesetzlichen Ablauf, sondern an notwendige Voraussetzungen für das Erziehungsziel, das auch verfehlt werden kann, wenn man diese Bedingungen nicht schafft.

Dies ist Herbarts eigentliche Einsicht: *Qualitativ unterschiedliche geistige Akte müssen vollzogen werden, wenn der Lernprozeß richtig verlaufen und zu einem soliden Abschluß gelangen soll.* Man hat diese unterschiedlichen Sinnhaltungen gegenüber dem Gegenstand verschieden bezeichnet: als Akte der »Apperzeption« (Ziller), »seelische Unterrichtshaltungen« (Göttler), »Seelenkräfte« (Willmann), »Stadien der Denktätigkeit« (Wygotski), »didaktische Funktionen« (Klingberg). Der letztere Ausdruck bezeichnet besonders gut das, was mit der Metapher der »Stufen« gemeint ist: *Jede Stufe hat eine eigene Aufgabe im Ganzen, keine darf ausfallen, wenn nicht etwas Wichtiges fehlen soll.*

Es liegt auch ein anderes Bild nahe, das der »*geistigen Respiration*«, der seelisch-geistigen Hygiene im Rhythmus von Herantreten, Sich-Vertiefen und Zurücktreten, Sich-Besinnen, vergleichbar mit der Eng- und der Weitwinkeleinstellung beim Fotografieren, und das ist eine *Phasenvorstellung.* Beide Metaphern zusammen zeigen Sinn und Wert der Artikulationsidee bildhaft auf. Mit ihr war etwas Unüberholbares gewonnen.

## b) Die Herbartianer und ihre Formalstufen

### Ziller und Rein

Herbarts Lehre blieb lange ohne Breitenwirkung. Erst Jahrzehnte nach seinem Tode führte sein indirekter Schüler, der Leipziger Professor *Tuiskon Ziller,* sie in seiner Weise fort. Ziller versuchte, Herbarts grundsätzliche Einsichten in praktisch handhabbare Regeln für den Unterricht umzusetzen, auf den er in seiner Seminarübungsschule die Lehrer in gründlichster Weise vorbereitete. Er machte aber etwas ganz anderes daraus. Herbarts »kleinste Glieder«, die sich im Laufe des Bildungsganges zu immer größeren Einheiten zusammenfügen, wurden bei ihm zu »methodischen Einheiten« im Sinne unserer Unterrichtseinheit (1876; 1886).

Die Stufe der »Klarheit« gliederte er in zwei Stufen auf:

Die »*Analyse*« soll die schon vorhandenen Vorstellungen ins Bewußtsein heben, an die sich die neu zu vermittelnden anschließen können, und die zugleich unpassenden, hemmenden Vorstellungen zurückdrängen, damit der »Apperzeptionshintergrund« richtig bereitet ist. In der »*Synthese*« sollen dann Lehrer und Schüler im entwickelnd-darstellenden Gespräch die neuen Vorstellungsinhalte zusammentragen und so ein anschauliches, klares und gründliches Bild im Geiste der Schüler aufbauen.

Dann geht es darum, aus dem Konkreten das Allgemeine in begrifflich-systematischer Arbeit zu gewinnen:

Auf der Stufe der »*Assoziation*« wird das Neue mit dem schon Bekannten verglichen, Gemeinsames herausgehoben, so daß Nebensächliches und Zufälliges zurücktreten. Das »*System*« zielt auf Einordnung und begriffliche Fixierung. Die Stufe der »*Methode*« bzw. »*Funktion*« wendet das Gelernte auf weitere Fälle an, macht es geläufig und verwendbar.

Voran stellt Ziller noch die »*Zielangabe*«. Sie soll konkret und faßlich sein, den Schülern als Aufgabe erscheinen, die der Anstrengung wert ist und alle Kräfte in den Dienst nimmt.

So ergibt sich die Stufenfolge:

(Zielangabe) – Analyse – Synthese – Assoziation – System – Methode bzw. Funktion.

*Wilhelm Rein*, weit bekannter Pädagogikprofessor in Jena, verdeutschte die Bezeichnungen – und vergröberte damit ihre Bedeutung (1885, 1900):

(Zielangabe) – Vorbereitung – Darbietung – Verknüpfung – Zusammenfassung – Anwendung.

Das waren die berühmt-berüchtigten »*Formalstufen*«, die jahrzehntelang für die Ausbildung der Volksschullehrer bestimmend wurden. Schauen wir uns ein Beispiel an.

*Die Bremer Stadtmusikanten* (Erstes Schuljahr)
*1. Einheit*
    A. *1. Stufe.* Wir haben schon von vielen Tieren gehört. Vom Hahn kennen wir schon zwei Geschichten. Ihr kennt aber noch andere Haustiere; so die Katze, welche die Mäuse fängt, den Hund, welcher das Haus bewacht. Auch den Esel mit den langen Ohren kennt ihr schon (Wartburg, Mühle). Wenn diese Tiere alt geworden sind, was können sie dann nicht mehr thun? Was geschieht dann mit ihnen? Aber was für Stimmen haben denn Esel, Hund, Katze, Hahn? Da können sie gewiss schöne Musik machen.
*2. Stufe.* Erzählung bis »da gingen alle vier zusammen fort«.
    B. *1. Stufe.* Die Stadt Bremen liegt sehr weit von uns. Wenn wir fortgingen von hier und wir gingen jeden Tag zehn mal so weit wie von hier nach der Ziegelei, so müssten wir doch Tage lang laufen, bis wir dahin gelangten. Die Tiere mussten da auch lange laufen. Übernachten im Walde. Wo Hund, Katze, Esel, Hahn? Herberge. Räuberherberge.
*2. Stufe.* Erzählung bis »und assen, als wenn sie vier Wochen hungern sollten«.
    C. *1. Stufe.* Was thun wohl die Tiere, nachdem sie satt sind? Verschiedene Schlafstätten. Wo die Katze? Wo der Hund? Wo der Esel? Wo der Hahn? Wie sehen die Augen der Katze in der Dunkelheit aus? Womit macht man Licht? Was aber haben wohl die Räuber gethan? Wie ergings ihnen?
*2. Stufe.* Erzählung bis zu Ende. Konzentr.
*3. Stufe.* Die Tiere hielten zusammen. Wer hielt auch zusammen? Wer nicht? Hätten sie einzeln wohl so viel erreicht? Die Räuber waren feig, sie waren schlechte Leute. Wer war auch feig? Wer erhielt auch seine Strafe? Sie hatten ein böses Gewissen und fürchteten sich. Hatten die vier Tiere aber auch recht gehandelt? Nein, sie vergriffen sich an fremdem Eigentum. Wie nennt man das? Darf man stehlen? Sind die vier Tiere nach Bremen gekommen? Nein. Sie sind vom Weg abgewichen. Sie haben Böses gethan. Das war nicht recht.
*4. Stufe.* 1. »Allein erreichen wir nicht so viel, als verbunden mit anderen.« 2. »Ein gut Gewissen ist das beste Ruhekissen.« 3. »Hüte dich vor dem ersten Schritt zum Bösen.«
*5. Stufe.* Wann haben wir ein gutes Gewissen? (Arbeit) Was sollen wir nicht thun? Wovor sollen wir uns hüten? (Beispiele etc.) (Aus Rein/Pickel/Scheller 1885/I, 95)

Nach Ziller sollten die Formalstufen nicht für jeden Unterricht gelten, sondern nur dort, wo »Mannigfaltiges sich zum Allgemeingültigen, Begrifflichen« erhebt, also bei

Geschichten, Märchen, historischen Ereignissen, naturkundlichen Sachverhalten usw., nicht für Leitfaden- oder Lehrtexte, Techniken u. ä. Doch erstarrten die Formalstufen unter den Händen der Epigonen, die die »reine Lehre« Zillers bewahren wollten, und führten in der Praxis zu kuriosen Mißbräuchen. Was ist davon heute zu halten?

## Beurteilung

Die Herbartianer hielten die *Idee der Artikulation*, des notwendigen Wechsels unterschiedlicher Sinnhaltungen gegenüber dem Gegenstand fest. Mit ihrem Schema gaben sie dem Unterricht mindestens einer Lehrergeneration Form und Richtung, Überlegung und Begründung in einer psychologisch und pädagogisch durchdachten Theorie.

Sie bemühten sich um *Anschaulichkeit* des Unterrichts, Zielklarheit, Gründlichkeit der Vorbereitung, Erarbeitung und Verarbeitung mit dem Ziel klarer Vorstellungen und wirklichen Verstehens.

Sie hoben den Unterricht, insbesondere in den Volksschulen, auf ein *neues Niveau*. Nimmt man ihre hier nicht behandelten Anstöße um die Bereicherung des Schullebens und die Lehrerbildung hinzu, so kann man durchaus sagen, daß sie zu einer »inneren Schulreform« beigetragen haben.

Alles kann uns freilich *nicht gefallen*:

Nur erwähnt, da nicht zu unserer Fragestellung gehörig, sei die Übersteigerung der Idee des »Erziehenden Unterrichts«, die penetrante Ver-Moralisierung der Sachverhalte, der Versuch, eine bestimmte Moral aus den Gegenständen herauszupressen bzw. ihnen anzukleben und sie den Schülern aufzunötigen. Ein solcher »Gesinnungsunterricht«, der »nichts dem Zufall überlassen« und alles ängstlich absichern will, hat wenig gemein mit Herbarts Erziehung zur Charakterstärke auf der Grundlage eines vielseitigen Gedankenkreises.

Die Sorge um Absicherung zeigt sich auch in der *übergründlichen, oft quälend langweiligen Gedankenführung*, die bei allem Bemühen um Beteiligung der Schüler diesen doch nur ein Reagieren zugestand. Dabei wirkte freilich auch die äußere Manier der fragend-entwickelnden Unterrichtsführung nach, von der man sich im Frontalunterricht mit großen Klassen nur schwer freimachen konnte, selbst wenn man anderes wollte.

Aber auch die *Aufgabe des Unterrichts* sah man anders als Herbart: Wo er eine offene, nachdenkliche Besinnung in »philosophierender« Grundhaltung meinte, engte Ziller das Ziel auf »Begriffsbildung« ein und glaubte, man könne diese in einem einmaligen Aufstieg vom Konkreten zum Abstrakten erreichen. Wo Herbart das »Handeln als Prinzip des Charakters« sah – denn »Knaben müssen gewagt werden!« – blieb es auf der Stufe der »Anwendung« zumeist bei einem Reden über das, was gut und richtig sei, zum Tun des Guten und Richtigen kam man selten.

Vor allem aber: Was bei Herbart wünschenswerter Rhythmus des geistigen Lebens im Hinblick auf das Ziel des urteilsfähigen und sittlich verantwortlichen Menschen war, wurde nun als *gesetzmäßiger Ablauf* gesehen. »Unter der Voraussetzung, daß die Seele des Menschen nach bestimmten Gesetzen arbeitet, unter der Annahme, daß im psychischen Geschehen die gleiche Gesetzmäßigkeit herrscht wie im physischen, unter dieser Voraussetzung wird es nur einen naturgemäßen Unterricht geben können, nämlich denjenigen, der genau nach den Gesetzen des menschlichen Geistes sich richtet...« (Rein 1900, 107) Unter diesen Voraussetzungen der damals herrschenden Assoziationspsychologie, unter der weiteren Voraussetzung, daß das Unterrichtsverfahren allein von der Psychologie her zu begründen sei, waren die Folgerungen der Herbartianer durchaus sinnvoll. Treffen diese Voraussetzungen aber, und wenn, treffen sie immer zu? (Lit. Schwenk 1963; Bloch 1969; Pohl 1972; Scheffler 1977; Prange 1983, 120 ff.)

*Weitere Stufenlehren*

Die Formalstufen fanden schon von Anfang an nicht nur Zustimmung, und es gab manche Versuche ihrer kritischen Fortführung. Die neuen Stufenlehren liefen aber letztlich auf das gleiche Grundschema hinaus.

So bei dem undogmatischen F. W. Dörpfeld (1873):
    Anschauen – Denken – Anwenden;
bei O. Willmann und seinen Schülern, die von dem psychologischen Ternar des Aristoteles ausgingen (1888):
    Auffassen (empirisches Moment) – Verständnis (rationales Moment) – Betätigung (technisches Moment);
oder dem schon von Reformideen erfaßten H. Itschner (1921):
    Stoffvermittlung – Stoffbemeisterung – Stoffverwertung.

Sie konnten nichts anderes erbringen, weil sie im Prinzip dem Unterricht die gleiche Aufgabe stellten: die Einführung in wohlgeordnet vorgegebene Wissensgebiete und ihre verständige Übernahme. *Die Welt war Gegenstand der Erkenntnis.* Erst ein tiefergreifender Wandel des Denkens vermochte das zu ändern.


## 3.2.3 Die Schulreformbewegung

Eine bunte Fülle von Reformideen schossen etwa um die Jahrhundertwende empor, und diese »Schulreformbewegung« machte selbst nur eine Teilströmung der umfassenden Kultur- und Lebensreform aus, die damals die Geister erfaßte und Wertvorstellungen wie Lebensweisen in heute kaum mehr vorstellbarem Maße umwälzte. Für unsere Frage nach der Artikulation des Unterrichts sind – bei einiger Schematisierung – vor allem drei Richtungen der Reformbewegung von Bedeutung.
Einig war man sich in der Ablehnung des Herbartianismus.

Gegen dessen Intellektualismus und Moralismus betonte man Gemüt, Gefühl, Erlebnis, das Künstlerische und das Schöpferische: die *Erlebnispädagogik*.

Dem Gängeln passiv gehaltener Schüler setzte man die Überzeugung entgegen, der Mensch sei von Natur aus aktiv, und man wollte ihn weiter aktiv und selbständig machen. Nicht auf Wissen und Reden, sondern auf Können und Handeln komme es an: *die Arbeitsschulpädagogik*.

Gegen die Normierung des gleichmäßigen Voranschreitens setzte man die Meinung, die Menschen seien verschieden, sollten es sein und werden dürfen; so solle auch ihr Lernen individuell und aus eigener Spontaneität erfolgen: die (mangels eines einheitlichen Begriffes hier so genannte) *Individualitätspädagogik*.

## a) Die Erlebnispädagogen und das »Gestalten« von Unterricht

*Programm*

Heinrich Scharrelmann und Fritz Gansberg in Bremen, Wilhelm Albert in Nürnberg und Ernst Weber in Bamberg, Paul Georg Münch in Leipzig und andere eigenständige Persönlichkeiten faßt man unter diesem Sammelnamen zusammen. Gemeinsam war ihnen die Wertschätzung des »*Erlebnisses*«, das den Menschen bis in emotionale Tiefen ergreift, ihn empfänglich für Schönes und Wertvolles macht und Quelle seiner produktiven Kraft ist. Unterricht zum Erlebnis werden zu lassen, ist die zentrale Aufgabe der schöpferischen Lehrerpersönlichkeit. Diese ist die »Ur-, die Zentralkraft der Klasse«. Der Lehrer muß selbst von der Sache ergriffen sein, »mit dem Stoff sich selbst bringen«. Jeder Stunde muß er etwas von seinem eigenen Geist aufprägen, »objektive Stoffe in subjektive Erlebnisse umwandeln«. Vom Stoff ergriffen, auf die Kinder blickend, soll er jede Stunde zu einem einmaligen schöpferischen Werk gestalten. Wie ein Künstler schafft er aus dem eigenen Empfinden, der Intuition, und bewirkt Empfinden bei den Schülern. Dabei kommt es auf feinfühliges Beachten der Stimmung an. »Ein Kunstwerk erträgt kein breites Erklären, es geht daran zugrunde. Eine Rose duldet nicht, daß man ihre Staubblätter zählt. Sie wirkt durch ihre Unmittelbarkeit. So will es auch das Kunstwerk« (Albert 1921). Methode, gegründet auf graue Theorie, kann dabei nicht helfen. »Meine Methode ist, keine Methode zu haben«, ruft Scharrelmann emphatisch aus.

Begeistert-bewegte Lehrerpersönlichkeiten schufen fein komponierte Kunstwerke von Unterricht. Als Beispiel stehe eine Gedicht- und Bildbehandlung von Wilhelm Albert.

*Morgenrot*
Gedicht von W. Hauff – Bild v. R. v. Haug
Ich könnte meine vorbereitende Einstimmung mit der Schilderung des Morgens beginnen; mit dem Sonnenaufgang; der Patrouille, die draußen auf Wacht steht; den Gedanken, die den Soldaten durch den Kopf ziehen.

Ich werde aber weiter ausholen. Der Sonnenaufgang soll nicht Ausgangspunkt meiner Darbietung sein, sondern das Endziel. Darum werde ich nicht mit dem Morgen beginnen, sondern schon mit dem Abend vorher. Wir werden ein gut Stück Weg zurücklegen, bis wir zum Morgenlied und zum Bild von Haug gelangen werden. Eine ganze, lange, endlos lange Nacht! Und was für eine Nacht! Wir wollen die Nacht mit all ihrer Unheimlichkeit durchleben, den Morgen und seine Sonne herbeisehnen wie eine Erlösung, eine Befreiung. Dann erst wird das Gedicht und hierauf das Bild einsetzen. Das soll ein Aufatmen geben zum Schluß.

*Einstimmung:* (Wird entwickelnd dargestellt; nicht vom Lehrer geboten, aber nicht durch Fragen ermittelt!)

Krieg draußen! Am *Tag* heiße Schlacht! Weites, großes Schlachtfeld. Trommelfeuer. Granateneinschlag, Tod, Jammer, Elend.

*Abend.* Zerschossene Gräben, Dörfer, Mühlen, Bäume, Geschütze, Menschen, Pferde. Langsam naht die *Nacht.*

Ruhe. Eine Patrouille zieht auf Wacht. Unaufhörlich rieselt der Regen nieder. Wolken jagen voller Unruhe am Himmel hin, zerreißen zuweilen in schwarze Fetzen. Zwischendurch schaut ab und zu der Mond traurig in die Nacht.

*Posten.*

Zwei der drei Mann stehen beisammen, einer ist vorgeschoben, hält scharfe Wacht. Die andern plaudern leise, erzählen sich. Von Zeit zu Zeit lösen sie den Vordersten ab. Unheimlich lang zieht die Nacht hin. Sie will kein Ende nehmen. Durch das Regengeriesel wird sie noch länger. Wenn wenigstens ein paar Sterne am Himmel stünden, dann wär's nicht gar so erdrückend wehetuend . . .

Langsam verstummt das heimlich-leise Plaudern. Die Menschen sind zu müde geworden. Jeder ist allein mit seinen Gedanken: bei Weib und Kind, der Mutter, der Braut – zu Hause – in der Heimat! In der Heimat, wo's jetzt vielleicht vom Kirchturm zwei schlägt und die Kinder in den Bettlein liegen und träumen; wo um die alte Stadtmauer die Eulen fliegen; wo die Bank unter der Linde steht. – Zu Hause – in der Heimat. – –

»In der Heimat – in der Heimat – da gibt's ein Wiedersehn!« . . . Wann das sein wird? . . . Ob das wiederkommt? . . . Das Dörflein? Der spitze Kirchturm? Die Stadtmauern? Die Linde mit der Bank und der Kirchenweg mit dem Bildstock? . . . Ob nicht morgen schon . . .? Nein, nein, das wäre . . . nein, das wäre nicht zum Ausdenken . . .«

So grübeln die Gedanken durch den müden Kopf hinaus in die müde Nacht.

Und immer noch will's nicht Tag werden.

Wenns doch nur Morgen wäre! Die schweren Gedanken zerreißen ja fast das arme Gehirn! Langsam steigt es grau aus der Ferne herauf. Die Nacht dämmert zum Tag. Die Wolken lösen sich. Der Regen hört auf. Der Himmel zerfließt in endloses Grau.

Es wird *Morgen.*

Eintönig breitet sich die Wiese aus: kein Baum, kein Haus, kein Strauch, kein Dorf, nirgends etwas, woran das Auge einen Halt hätte, immer ins Leere blickt es, heute Nacht ins Schwarz, jetzt ins Grau! Am Boden stehen Wasserpfützen vom nächtlichen Regen.

Da – ganz schüchtern ein Aufleuchten im Osten! Langsam, zaghaft sucht es sich heraus aus dem Düster des bleiernen Himmels, als fürchte es sich vor all dem Weg. Dann bahnt es sich ängstlich einen Weg am Himmel, gleitet an den Wolken vorbei, bleibt an ihren Rändern hängen, verliert sich herunter auf die Erde mit den müden Soldaten und schaut diesen ins Auge . . .

*Darbietung:* Morgenrot – Morgenrot . . .

        leuchtest mir zum frühen Tod?

        (Ganzes Gedicht!) Nachklingen lassen!

Nun setzt das Bild ein.

              Nachwirken lassen.

Endlich: »Herr Lehrer, das habe ich mir ganz anders gedacht!«
Glaub's gerne!
*Besprechung:*
a) *Sachliche*. Freiheitskriege! Uniformen damals! Schön! Posten mit Pferden. Einer ist abgestiegen, steht weit vorne und hält Umschau. Die anderen sind bei den 4 Pferden zurückgeblieben; zwei abgesessen, einer zu Pferde.
b) *Formelle Besprechung*. Haltung: müde, abgespannt, traurig, Sonne beleuchtet den linken Reiter und sein Pferd recht schön.
Gruppierung: Die Hauptperson nimmt mit seinem Pferde die Hälfte des ganzen Bildes ein. Wirkung der düsteren Farbtöne. Die ruhigen Linien.
c) *Seelische Vertiefung*. Sicher geht gerade dem Linken das Lied durch den Kopf. Er schaut der Sonne entgegen und fragt sie: Leuchtest mir zum frühen Tod? Die Sonne sagt nicht ja! Sie schüttet ihren Glanz auf ihn, ihr Gold. Sie erlöst ihn vor der Nacht, läßt in seinem Herzen hell werden, gibt ihm neue Hoffnung zum Kampf und zum Leben und – wenn es sein muß: Kraft zum Sterben!
Und nochmals das Lied.
*Ausdruck:* (Beispiel für Schüleraufsätze)
*Morgenrot*
Unheimlich schwer ballen sich die Wolken am nächtlichen Himmel. Der Regen rieselt hernieder, langsam – ebenmäßig. Der Mond verbirgt hartnäckig sein Gesicht hinter undurchdringlichen Wolkenschleiern. Kein Sternlein schimmert durch die Nacht.
Ein einsamer Vorposten, aus einigen Mann bestehend, ist die einzige Abwechslung in dem öden Einerlei. Doch auch hier ist die Stimmung düster und wehmütig. Müde und abgespannt lehnen die Soldaten an ihren Pferden. Schweigend harren sie dem Morgen entgegen, der die Ablösung bringt. Dann und wann hebt einer lauschend den Kopf, ob nicht etwa eine Bewegung des Feindes zu merken sei. Alles still. –
Dieser oder jener denkt vielleicht zurück an die Heimat! Er sehnt sich nach Hause, nach seinen Lieben, die er schon so lange nicht mehr gesehen hat. Einen anderen beschäftigt wohl auch der Gedanke: Was wird der morgige Tag bringen? Werde ich ihn erleben? –
Allmählich beginnt es zu dämmern. Gespensterhaft kriechen die Nebel über das öde, vom Schlachtengewühl zerstampfte und verwüstete Feld. Das Schwarz des Himmels hat sich in Grau verwandelt, und ferne im Osten kommt langsam die Sonne herauf. Ein blaßroter Streifen am Horizont kennzeichnet die Bahn. Sie beleuchtet die einsame Patrouille und spiegelt sich in den Wasserpfützen, die sich hier und dort gebildet haben. Verheißungsvoll scheinen ihre Strahlen den Kriegern zuzuwinken. Freudig wiehern die Pferde, und auch die Herzen der Soldaten erfüllen sich mit neuer Hoffnung. (W. Albert 1921, 113)


*Beurteilung*

Vieles war neu und wertvoll an solchem Unterricht:
Man achtete die *Sache*, wollte das Kunstwerk nicht in ein Schema pressen und nicht zerreden, sondern es in seiner Eigenart als Ganzes wirken lassen. Man ging auf die *Kinder* ein und versuchte, sich in ihre Erlebnisweise einzufühlen.
Man nahm überhaupt *Gefühle* ernst, wußte um den Rhythmus seelischen Erlebens, die eigene »Logik der Gefühle«, und um die Notwendigkeit ihrer sorgsamen Kultivierung (vgl. Prange 1983, 138 ff.). So bereitete man die Aufnahme des Neuen nicht nur gedanklich, sondern auch emotional vor, förderte so die Aufnahmebereitschaft

und gab damit auch den Kindern eine Chance, die von sich aus zunächst kein Verhältnis zur Sache hatten, was auch im Sinne sozialer Chancengerechtigkeit wirkte.

Man wußte um die Bedeutung des ersten, ganzheitlichen *Eindrucks* und übte sich in der Kunst des Erzählens und Vortragens. Man spürte, daß ein tiefer Eindruck zum *Ausdruck* drängt und gab diesem freien Raum.

Mit der Forderung, daß jede Unterrichtseinheit neu und selbständig zu »gestalten« sei, erlebte der Lehrer einen neuen *Selbstanspruch* und ein höheres Selbstbewußtsein. Der Unterricht erreichte, jedenfalls in den gelungenen Beispielen, ein bisher nicht gekanntes Niveau. Befruchtende, ja befreiende Wirkung ging vor allem auf den Literaturunterricht, die Kunstbetrachtung, die Geschichte aus, ebenso auf die produktiven Tätigkeiten wie den freien Aufsatz und das künstlerische Gestalten.

Es zeigten sich aber auch *Gefahren.*

Manche Lehrer neigten zur Selbstüberschätzung, nicht alle waren schöpferische Persönlichkeiten. Die »Befreiung vom Schema« führte zur Formlosigkeit; »Intuition« und »Persönlichkeit« waren billige Ausreden für Schlamperei, und auch bei den Meistern gab es zwischen den »Sternstunden« öde Strecken und viel Routine.

Man vertraute zu sehr auf die Wirkung des Ersteindrucks und vernachlässigte die »harten« Phasen der Wiederholung und Übung. Wenig wußte man mit Fächern wie Mathematik und Naturwissenschaften anzufangen und hatte hier auch kaum Überzeugendes zu bieten.

Vor allem aber: Trotz aller Ablehnung von Theorie, Methode, Schema läßt sich in den gelungenen Unterrichtsbeispielen der Erlebnispädagogen doch wieder eine regelmäßige *Stufung* erkennen. W. Neubert hat sie herausgearbeitet (1932, 56):

- Die »*Einstimmung*« schlägt den Ton an und bereitet gedanklich und emotional den Boden für den Ersteindruck.
- Die »*Darbietung*« präsentiert den Gegenstand in vorbildlicher Form, läßt ihn zum ganzheitlichen Eindruck werden und diesen Eindruck ausklingen.
- Die »*Besinnung*« leistet ein Stück vorsichtiger gedanklicher Durchdringung und Klärung.
- Der »*Ausdruck*« in Sprache, Bild, szenischer Darstellung entspricht einem Bedürfnis der Kinder und macht ihnen die Sache zum bleibenden Besitz.

Man hatte also doch eine Methode, nur eben eine andere als die Herbartianer, weil das Ziel ein anderes war. (Lit. Dietrich 1982; Prange 1983, 138 ff.)

### b) Die Arbeitsschulpädagogen und die Selbsttätigkeit

Unter diesem Namen sammeln sich die Verfechter verstärkter Handarbeit wie Otto Seinig in Berlin und Karl Stieger in der Schweiz, geistiger Selbsttätigkeit mit manueller Beteiligung wie Hugo Gaudig in Leipzig und Georg Kerschensteiner in München, Adolphe Ferrière in der Schweiz und Célestin Freinet in Frankreich, John Dewey in Amerika, produktiver Arbeit wie Pavel Bonskij in Rußland, Paul Oestreich in Deutschland, ihnen allen lange voraus der beinahe vergessene C. G. Scheibert in Preußen. (Lit. Scheibert 1848; Schwerdt 1955; G. Geißler 1952; Reble 1979; Scheibe 1984) Für unsere gegenwärtige Frage sind insbesondere Gaudig, Kerschensteiner und Dewey von Bedeutung.

*Gaudig und die methodenbewußte Selbsttätigkeit*

Hugo Gaudig wetterte gegen die »Tyrannei der Formalstufen«, gegen die Lehrerfrage als »das fragwürdigste Mittel der Geistesbildung« und setzte auf die selbsttätige Auseinandersetzung der Schüler mit echten Aufgaben, die ihre seelisch-geistigen Kräfte fordern und eben dadurch fördern. Voraussetzung ist freilich: »... der Schüler muß Methode haben. Dem Lehrer aber muß die Methode, seinen Zögling zur Methode zu führen, eigen sein.« Einführung in sachgerechte Arbeitstechniken und Anleitung zum richtigen Fragen sind besonders wichtige Aufgabe des Lehrers. Mit Otto Scheibner, Lotte Müller und anderen Mitarbeitern gab er an seinem Mädchen-Lyzeum in Leipzig weit ausstrahlende Beispiele »freier geistiger Schularbeit«. (Lit. Gaudig 1922; 1969; L. Müller 1951; Scheibner 1962)

*Otto Scheibner: Der Lerchensporn* (6. Schuljahr der höheren Mädchenschule, im Original 25 Seiten umfassend, hier stark gekürzt mit einigen wörtlichen Ausschnitten).
Auf einer Waldwanderung entdeckt die Klasse dichte Bestände blühenden Lerchensporns und macht erste Beobachtungen. Die weitere Arbeit erfolgt in der Schule:
1. Arbeit am wirklichen Gegenstand
a) Jede Schülerin arbeitet in Stillbeschäftigung auf ihre Weise an einer Pflanze, zerlegt die Blüte, zählt und mißt, zeichnet und schreibt auf. Der Lehrer beobachtet, beantwortet Fragen, hilft auf Verlangen.
b) Im weitgehend freien, vom Lehrer ganz zurückhaltend geführten Unterrichtsgespräch, das von den Schülerinnen nach ihnen bekannten fachlichen Fragestellungen geordnet wird (Blütenstand, Blüte usw.) tauschen die Kinder Beobachtungen aus, ergänzen und korrigieren sich gegenseitig, immer das eigene Vorgehen reflektierend.
»... Nun können wir aber von den Blüten anfangen. Es ist ein Sporn daran; der ist lang und dick und hinten umgebogen, nach unten.« – »Der Sporn ist waagerecht.« – »Wir hatten schon einen Sporn beim Frauenflachs und auch beim Veilchen.« – »Und bei dem Rittersporn und bei der Akelei.« – »Wir wissen, daß im Sporn immer der Honig war, aber ich habe nichts Süßes geschmeckt ... auch nicht gesehen, daß es glänzt.« – »O doch, wenn man den Sporn aufreißt. Wo er nach unten umbiegt, ist so ein grünes Körnchen, und da kommt Saft heraus; der schmeckt süß. Er läuft in die kleine umgebogene Tasche.« – »Ich habe Löcher gefunden; die sind sicher von Honigräubern.« – »Bei mir ist auch die Blüte aufgebissen, auch die Knospe.« – »Die Löcher sind so groß wie Stecknadelköpfe, und der Rand ist braun.« – »Ich möchte gern wissen, wer hier den Honig raubt?« – »Da muß man sich lange hinlegen und aufpassen ...«
2. Arbeit am Text: Eine vorbildliche Beschreibung der Blüte und des Bestäubungsvorgangs aus der Fachliteratur wird abschnittsweise vorgelesen und von den Schülerinnen frei ausgewertet

und kommentiert. Dabei achten sie besonders auf die treffenden Ausdrücke, die Naturgeschichtsstunde wird so zur Deutschstunde.

»Von der Oberlippe heißt es: senkrecht aufgerichtet, von der Unterlippe vorhin: waagrecht vorgestreckt.« – »Worgitzky gibt damit genau die Richtung an. Er sagt auch: die Oberlippe läuft nach rückwärts und die Röhre ist nach unten umgeschlagen.« – »Nach unten umgebogen!« – »Ich verstehe nicht blindsackartig; jeder Sack ist doch blind, weil er am Ende zu ist, man sagt darum Sackgasse.« – »Öhrchenartig?« – »Es ist ein Unterschied zwischen umgeschlagen und umgebogen; umgeschlagen ist etwas Breites, die Oberlippe, umgebogen etwas Langes, der Sporn.« – »Worgitzky gibt von den Blütenblättern genau die Lage, die Größe und die Zahl an: es sind zwei Kronenblüter; die sind klein; sie stehen innen, zwischen den äußeren, und sind seitlich angewachsen . . .«

3. Arbeit am Bild: Eine Abbildung im Biologiebuch wird betrachtet und kritisch kommentiert, die aus dem Text gelernten Fachausdrücke werden nun angewandt. Ein Arbeitsblatt mit dem Blütenlängsschnitt wird ebenso kritisch betrachtet und dann richtig beschriftet. Einige Kinder kleben zu Hause gepreßte Blüten dazu.

Nach vier Wochen geht die Klasse nochmals zum Standort, stellt die Veränderungen fest, untersucht Fruchtstände, Samen und Knollen (nach Scheibner 1962, 177 ff.).

Wie methodenbewußt und selbständig so geschulte Kinder arbeiten, zeigen viele weitere Beispiele aus der Gaudigschule (L. Müller 1951; Schwerdt 1955; Scheibner 1962; Dietrich 1980). Sie wirken dort nicht mehr so überzeugend, wo eingelernte Arbeitstechniken auf Sachverhalte angewandt werden, die ihr Bestes erst in der erlebnisbetonten Darbietung oder im besinnlichen Gespräch mit dem reiferen Lehrer entfalten.

### Kerschensteiner und die Werkvollendung

Georg Kerschensteiner, Stadtschulrat in München, bekannt auch als Begründer der modernen Berufsschule und der staatsbürgerlichen Erziehung, setzt einen anderen Akzent. Auch er spottet über den »geschickten Methodiker, der alle Schwierigkeiten im Erfassen einer neuen Sache so zerkleinern kann, daß alle Schüler, wenn möglich gleichmäßig, wie auf einem schiefen Asphaltpflaster in den neuen Vorstellungsinhalt hinüberrutschen«; denn »die geistige Kraft der Kinder wächst, wie die körperliche, nur durch Überwindung von Schwierigkeiten«. Stärker als Gaudig, der sich vor allem über die Aktivität und geistige Beweglichkeit freut, betont er die Hingabe an die Sache und die *Verbindlichkeit des Vollbringens*.

»In der Arbeitsschule muß das Werk des Schülers, soweit es möglich ist, der eigenen Selbstprüfung unterworfen werden können und alle Erziehung darauf bedacht sein, daß jeder Schüler diese Notwendigkeit als inneres Bedürfnis empfindet. Diesem Zwecke stehen zwei Wege zur Verfügung:
a) der Weg der empirischen Selbstprüfung (die Außenschau)
b) der Weg der rationalen Selbstprüfung (die Innenschau) . . . und weil geistig-manuelle Arbeit diese Außenschau so leicht ermöglicht – und soweit sie sie ermöglicht – darum ist sie auch ein so wertvolles Unterrichtsmittel in der zur Arbeitsschule auszugestaltenden Volksschule . . .«

Ist Gaudigs Ziel das der »autonomen Persönlichkeit«, so geht es Kerschensteiner mehr um den Dienst an der Sache und der Gemeinschaft, den mitverantwortlichen »Staatsbürger«. (Lit. Kerschensteiner 1959; 1965). Er hat sein Prinzip nicht an Unterrichtsmodellen, sondern an erdachten Beispielen demonstriert, so am berühmten »Starenkasten«:

Ein Knabe will ein Starenhaus bauen und erhält dazu von seinem Vater ein Brett mit bestimmten Ausmaßen, mit dem er auskommen muß. Er muß also genauestens überlegen, wie groß er den Boden, die Seitenbretter, die Dachlänge und -schräge machen darf, eine Werkskizze dazu entwerfen, die technische Fertigkeit des geraden Sägens vorher üben, weil »ohne die Erfüllung dieser Voraussetzungen auch die beste Überlegung nur zu einem stümperhaften und den Arbeitenden selbst unbefriedigenden Werk führen kann« (hier nach Dietrich 1982).

Das Prinzip soll ebenso für die rein geistige Arbeit gelten, wenn auch bei ihr die Werkvollendung schwieriger festzustellen ist.

Das zeigt Kerschensteiner an der Übersetzung einer Horaz-Ode aus dem Lateinischen. Der Schüler muß alle Einzelvokabeln, Kasuspassungen und inhaltlichen Bezüge in Gedanken so lange umherschieben, bis eine in sich stimmige Lösung erreicht ist. »Eine Fülle von Regeln mußte aus der Erinnerung herangeholt werden, eine Menge von Beziehungen abgelehnt, an vielen Stellen das Sinnvolle gesucht werden. Der bequeme Schüler gibt sich leicht mit jeder Lösung zufrieden, Sinnwidriges stört ihn nicht, er quält sich nicht, bis das Ganze einen vollendet richtigen Gedanken gibt, der jeder Prüfung standhält. Ganz anders der arbeitsame Schüler. Es läßt ihm »keine Ruhe, bis alles sich zum Ganzen findet . . .« (hier nach Schwerdt 1955).

### Dewey und die Projektmethode

Kerschensteiner war in vieler Beziehung von John Dewey beeinflußt, dem bedeutenden Gesellschafts- und Erziehungsphilosophen und Vater der amerikanischen Schulreform, die unter dem Namen »Progressive Education« das Bild der amerikanischen Schule einschneidend verändert hat. Schule ist für ihn »embryonic community life«, sie soll am Leben der Gemeinde teilhaben, mitverantwortlich in ihr wirken und so ihren Beitrag zur Weiterentwicklung der Demokratie leisten. Der Mensch ist ein primär aktives Wesen, das in Zusammenarbeit mit anderen praktische Lebensaufgaben denkend und handelnd angeht und meistert. Erkenntnis ist in Handlungsvollzüge eingebettet. Denken steht im Dienste des Handelns, indem es »experiences« aus dem Handeln zur Lösung von Handlungsproblemen verwendet. Am ehesten ist solches denkend-handelnde Lernen möglich im *Projekt*, einem in Amerika schon seit etwa 1880 bekannten Verfahren, dem Dewey mit tieferer Begründung zum Durchbruch verhalf, das dann freilich von Kilpatrick über Gebühr erweitert und damit verflacht wurde (Knoll 1984). Ein Projekt im Sinne Deweys ist ein umfangreiches Arbeitsvorhaben, bei dem *eine reale Lebensaufgabe von praktischer Bedeutung für das Gemeinschaftsleben bewältigt wird, und zwar so, daß an ihrem Ende ein sinnenhaft greifbares, praktisch brauchbares Ergebnis steht*. Es kann das Projekt eines einzelnen sein, wenn z. B. ein Landwirtschaftsschüler nach neuesten Erkenntnissen ein Schwein mästet und mit Gewinn verkauft oder Düngeversuche zur Züchtung von Mais anstellt. Häufiger ist es eine Gemeinschaftsarbeit, wie die berühmte Untersuchung der Krankheitsursachen auf einer amerikanischen Farm, die auch dann noch als Beispiel dienen kann, wenn man inzwischen weiß, daß es sich um einen stark »geschönten« Bericht handelt (Knoll 1992 a, b):

*Ellsworth Collings: Welches sind die Ursachen des Typhus bei H. Smith?*
Oberstufe einer amerikanischen Landschule (1918)
Die Gebrüder Smith fehlen in der Schule. Auf die Anfrage des Lehrers nach der Ursache des Fernbleibens antwortet ein Schüler, die beiden seien typhuskrank. Die Klasse stellt fest, daß einige Angehörige der Familie Smith jeden Herbst vom Typhus befallen werden. Ihr ältester Sohn ist sogar vor kurzer Zeit dieser Krankheit erlegen. Sonderbar, keine einzige Familie im Dorf hat jeden Herbst Typhus wie Familie Smith. Die Klasse erörtert verschiedene aus der Erfahrung bekannte Gründe, gerät aber dabei in immer größere Verlegenheit. Sie kommt zum *Entschluß*, Familie Smith bei der Auffindung der Krankheitsursache und bei deren Bekämpfung zu helfen. Dazu müssen sie sich aber die Verhältnisse an Ort und Stelle ansehen. Vorsichtsmaß-nahmen werden erörtert und ein *Plan* für die Exkursion aufgestellt. Dann macht sich die Klasse an seine *Ausführung*. Nach vorheriger Verständigung mit Familie Smith findet der Besuch statt. Die Schüler wissen nun genau, worauf sie zu achten haben und worüber sie sich erkundigen wollen. Sie notieren die Befunde. In den folgenden Tagen und Wochen legen alle Schüler ihre Ergebnisse vor und erörtern die Bedingungen ihrer Wahrnehmungen. Verschiedene, anfänglich aufgestellte Behauptungen und Theorien müssen aufgegeben werden, weil sie sich auf Grund der objektiven Feststellungen und eingehender Lektüre (über gewisse Spezialfragen) als nicht stichhaltig erweisen. Andererseits kristallisiert sich allmählich heraus, daß die schlechten hygienischen Verhältnisse im Haus und um das Haus herum die Entwicklung der Fliegen begünstigen und daß diese die gesuchten Ursachen sein könnten. Aus der Untersuchung der Ursachen des Typhus in Herrn Smiths Haus ergeben sich weitere, mit dem ersten verknüpfte »Anschluß-Projekte«; u. a. das der Fliegenbekämpfung. Durch eine umfangreiche Literatur, Bilder und Lichtbilder und weitere Exkursionen in andere Häuser (mit moderneren hygieni-schen Einrichtungen) werden die Schüler über das Leben der Hausfliege und über Methoden ihrer Bekämpfung unterrichtet. Die Schüler fertigen selbst eine Fliegenfalle und einen ver-schließbaren Müllkübel an und arbeiten für Herrn Smith einen ausführlichen Bericht über die Ursachen des Typhus in seinem Hause aus. Da die Kinder Herrn Smiths Vertrauen haben gewinnen können, nimmt er ihre Vorschläge auch *tatsächlich ernst*. –
Nach dieser Arbeit untersuchen die Schüler in einem Anschluß-Projekt, welche Krankheiten in jeder Familie in den letzten zwei Jahren vorgekommen sind, um feststellen zu können, ob Typhus die in der Gemeinde vorherrschende Krankheit sei.
(Zusammengefaßt nach J. Dewey/W. Kilpatrick: Der Projekt-Plan – Grundlegung und Praxis. dt. Weimar 1935, in Martin 1964, 291)

Ein solches Hinauswirken in die Öffentlichkeit ist nicht immer möglich. Für beschei-denere, oft schulinterne Projekte hat sich in Deutschland der Begriff des *Vorhabens* eingebürgert (Kretschmann 1948). Auch es zielt auf ein *brauchbares, gemeinschafts-dienliches Werk*: eine Ausstellung gestalten, ein Theaterstück einstudieren und aufführen, ein Gewächshaus oder Klettergerüst bauen, ein Biotop anlegen, Umwelt-schäden kartieren, das Schicksal des Heimatortes im Weltkrieg erforschen, eine Fahrt planen usf. Das zu schaffende Werk *motiviert, organisiert* und *korrigiert* die Arbeit und ist Maßstab für Leistung und Erfolg. Oft sprengt es die Fächergrenzen. Es erfordert gemeinsame Überlegung, Verteilung der Arbeit, beharrliche Durchführung über alle Schwierigkeiten hinweg, Einbezug vorhandener und Erwerb neuer Kenntnisse und Fertigkeiten, Zusammenarbeit mit anderen, Verantwortlichkeit. Es kann auch mißlingen, sonst wäre es keine wirkliche Aufgabe; ohne Risiko des Scheiterns gibt es keinen echten Erfolg.

Gut durchgeführte Projekte oder Vorhaben machen Lehrern und Schülern viel Mühe, sie lohnen diese aber auch. Kaum je sind die Schüler mit so viel Einsatzfreude, ja Begeisterung bei der Sache, kaum je entwickeln sie so treffende und vielseitige Ideen, beweisen sie so viel guten Willen und Verantwortlichkeit wie hier. Lehrer und Schüler berichten immer wieder, daß Projekte zu den befriedigendsten Erlebnissen ihrer Schulzeit zählen. (Lit. Dewey 1951/1964; Reichwein 1964; Odenbach 1966; Kaiser 1977; Hinrichs 1981; Gudjons 1986; Meyer 1987, II; Aebli 1980; Knoll 1984; 1992; s. a. 3.2.7c und 4.2.7)

### Der Ertrag der Arbeitsschulbewegung

In den Unterrichtsbeispielen der Arbeitsschulpädagogen steckt eine gemeinsame Psycho-Logik. Dewey und mit ihm Kerschensteiner gewinnen sie aus der Analyse des »Denkens im Handeln«, Scheibner abstrahiert sie aus der Praxis des Unterrichtsvollzugs. Sie kommen daher zu verschiedenen Bezeichnungen, die hier nicht wichtig sind. Ihr Gemeinsames: Sie alle sehen das *Lernen als aktiven Vorgang der Auseinandersetzung mit Schwierigkeiten*. Sie stellen daher den Schüler vor *komplexe Aufgaben und Probleme* und geben ihm Zeit und Gelegenheit zur *selbständigen Auseinandersetzung*, zur Klärung der Fragestellung und Planung des Vorgehens, zu eigenen Lösungsversuchen bzw. zur Ausführung der Arbeitsschritte auch über Schwierigkeiten und Irrtümer hinweg, zur *Überprüfung der Lösung* bzw. des Arbeitsergebnisses, zu dessen *gültiger Fassung, Aufarbeitung und Anwendung*. Daß sie den Schüler unmittelbar an den Gegenstand heranführen, ihn zur *Auseinandersetzung mit der Sache* zwingen, daß sie ihm die sachgemäßen *Arbeitstechniken* an die Hand geben und ihm sein Vorgehen *bewußt machen*, das ist das Neue und Wesentliche an ihrem Unterricht. Quellenarbeit in Geschichte, Experimentieren in Physik und Chemie, Beobachten und Pflegen am lebenden Objekt, Problemlösen in Mathematik, Erkunden und Befragen in Sozialkunde, selbständiges Erschließen literarischer Werke, praktische Arbeit in Werken, Hauswirtschaft, polytechnischem Unterricht, all das wurde von ihnen in entscheidendem Maße gefördert. Aktivere und interessiertere, selbständigere und produktivere Schüler waren ihr Lohn.

Nicht immer erkannten sie die *Grenzen*. Sie wandten ihre Verfahren auch auf Gegenstände an, denen sie nicht gemäß sind. Es gab auch viel äußere Geschäftigkeit, ein Abspulen von Techniken ohne wirkliches Gepacktsein von der Sache. Der Begriff der »Arbeit« wurde überdehnt; es galt nur eine Sinnhaltung, das problemlösende

Denken und Schaffen. Hier aber erhebt sich die Grundsatzfrage: Hat der Mensch nur praktisch-gesellschaftliche Interessen, steht all sein Denken im Dienste des Handelns und Machens? Gibt es nicht auch das reine, »theoretische« Interesse, das einfache Wissenwollen, was und wie und warum etwas ist, das »interesselose Wohlgefallen« am Wahren, Schönen, Guten? Für »empfangendes Lernen«, Besinnung, Kontemplation ist in der Arbeitsschule wenig Raum.

## c) Die Pädagogik des spontanen individuellen Lernens

Man kann den Gedanken der Selbständigkeit noch weiter treiben und dem Kinde zutrauen, daß es sich kraft seiner inneren Bestimmung in organischer Entfaltung seiner Anlagen entwickle und von sich aus nach den Sachverhalten greife, deren es im jeweiligen Zeitpunkt bedarf, um an ihnen zu wachsen, wenn sie in seiner Umgebung nur da sind. Solche Ideen im Geiste Rousseaus waren zur Zeit der Schulreformbewegung in allen Graden der Radikalität verbreitet. Wir fassen sie heute unter dem weiten und vagen Namen einer »Pädagogik vom Kinde aus« zusammen. (Lit. Dietrich 1982) Für unsere Fragestellung sind vor allem Berthold Otto und Maria Montessori von Belang.

### Berthold Otto und der Freie Gesamtunterricht

Der Berliner Journalist, Amateurpädagoge aus Leidenschaft, war »der Überzeugung, daß, wie jedes organische Wesen aus der Welt, die es umgibt, sich das aussucht, was ihm gerade förderlich ist, und das natürlich und instinktiv zurückweist, was ihm schädlich ist, so auch der Kindergeist aus der ihn umgebenden Welt, also aus der Kulturwelt, in die es hineinwächst, sich immer gerade das wahrscheinlicher Weise heraussuchen wird, was immer diesem einzelnen Kinde zum Wachstum, zum geistigen Wachstum am besten förderlich sein wird ...« Das spontane Fragen des Kindes galt ihm als Anzeichen für diese Bereitschaft. »... Jedenfalls ist aber der Augenblick, in welchem ich mich für einen Gegenstand interessiere, der günstigste, sowohl für Herstellung und Vervollkommnung der Anschauung selbst als auch für ihre dauernde Verbindung mit den entsprechenden Wortklängen. Man wird also sagen müssen, daß der Vorzug der natürlichen, in den ersten Lebensjahren befolgten Methode darin besteht, daß jede einzelne Erkenntnis in dem für sie günstigen Augenblicke entsteht« (Otto 1963, 7).

Im »Freien Gesamtunterricht« an Ottos Privatschule in Berlin versammelten sich die Schüler aller Altersstufen zusammen mit Lehrern und erwachsenen Gästen täglich für eine Stunde und besprachen im offenen Gespräch, das nicht an ein festes Thema gebunden war, die von den Kindern aufgeworfenen Fragen. Regel war, daß zunächst die jüngeren, dann die älteren Schüler, dann erst die Erwachsenen reden durften. Der Leiter achtete nur darauf, daß das Gespräch nicht zu lange über die Köpfe der Kleinen hinwegging. Ein festes Thema gab es nicht. Vorbild war das zwanglose Tischgespräch eines gebildeten Vaters mit seinen Kindern. Das konnte z. B. so verlaufen:

Montag, den 23. April. Das allgemeine Gespräch nahm seinen Ausgang von meiner Frage: ob nicht jemand in den letzten Tagen irgend etwas Neues erlebt oder gesehen hätte. Das führte ganz natürlich zu der Machnower *Schleuse*, die auch das Neueste ist, was ich selber gesehen hatte. Alfred (10 Jahre) gab eine fast ganz richtige Erklärung der Schleuse. Er äußerte sich nur nicht über die Höhe des Wasserstandes zwischen den beiden Schleusentoren. Merkwürdigerweise waren darüber die Meinungen sehr schwankend. Die meisten waren überzeugt, daß der *Wasserspiegel zwischen den beiden Schleusentoren* ebenso hoch sein müsse, wie der Wasserspiegel stromabwärts. Erst durch Zeichnung und gemeinsame Überlegung wurde die richtige Meinung formuliert. Zu bemerken ist noch, daß Alfred mit seiner Mutter an der Woltersdorfer Schleuse gewesen war, aber kein Durchschleusen mit angesehen hatte, so daß er also nur die Erklärung, die ihm seine Mutter gegeben hatte, wiederholte. Die Frage, wozu Schleusen überhaupt nötig wären, wurde von Fränze (17 Jahre) aufgeworfen und von Kurt (14 Jahre) dahin beantwortet, daß sonst die Strömung zu rasch wäre. Wir kamen dann auch auf das Zuschwemmen tiefer gegrabener Kanäle und Flußbette zu sprechen, und dadurch auf die Herkunft des Sandes aus dem Gebirge. Es wurden ferner noch verschiedene Wissensgebiete durchgesprochen. Ich fragte wiederholt einzelne, wofür sie sich in der Schule besonders interessiert hätten, wobei einer lediglich das Turnen anzugeben wußte und dann nach längerem Hin- und Herreden schließlich noch das Latein, was dann aber auf meine Frage sofort auf die Persönlichkeit des Lehrers zurückgeführt wurde. Auch auf Flotte und Militär kamen wir zu sprechen. Vom Begriff der *Linienschiffe* und Linientruppen kamen wir auf die *Schlachtlinie der Römer*, und während ich die Lücken in dieser Schlachtlinie erklären wollte, kamen wir auf die Leicht-Bewaffneten und dadurch auf die *Technik des Schleuderns*, wobei ich erzählte, daß die *Erde* ebenso von der *Sonne* herumgeworfen werde, wie der Stein vom Schleuderer vorm Fliegen. Ich erzählte auch noch, daß unsere Erde, wenn die Sonne einmal plötzlich losließe, ebenso in den Weltenraum geschleudert würde, wie der Stein in der Luft. Ich wurde auf die Gefahr aufmerksam gemacht, daß die Erde dann eine der Sonnen treffen könnte, und erklärte dann, die Gefahr sei eigentlich gering, da die Sonnen immer recht weit auseinander liegen. *Vier Billionen Meilen* sei die geringste bekannte Entfernung. Kurt glaubte, mit Siebenmeilenstiefeln über diese Entfernung Herr werden zu können, und ich regte an, daß jeder einmal darüber nachdenken könnte, wie lange er mit diesen Siebenmeilenstiefeln wohl brauchen würde, um die vier Billionen Meilen zurückzulegen. Es ergaben sich folgende Schätzungen. Für 400 Jahre stimmten Fränze und Marie (14 Jahre), für 550 Helmut (13 Jahre), für 600 Richard (16 Jahre) und für 7000 Lice (14 Jahre). Zu Ende geführt wurde dieses Gespräch nicht, da wir schon fast 2 Stunden zusammen waren; die Ausrechnung erfolgte einige Tage später in der Rechenstunde und ergab etwa 12 000 Jahre. (Aus Otto 1963, 106)

Eine »Stufung« kennt der Freie Gesamtunterricht nicht; er vertraut darauf, daß jedes Kind das ihm Gemäße entnimmt. Er kann Interessen wecken, den Horizont weiten und manche Lehrplanlücke füllen. Der Lehrer gewinnt einen weit besseren Einblick in kindliches Fragen und Denken als beim gelenkten Gespräch. So sollte auch der Freie Gesamtunterricht einen Platz in der Schule haben.
Offen bleibt, ob das Fragen eines Kindes auch die Lernbereitschaft aller anderen anzeigt, und sicherlich kann man im Freien Gesamtunterricht nicht alles lernen. So gab es an der Otto-Schule auch Fachstunden und Kurse (Otto 1907/1963).

### Maria Montessori und die Selbstbildungsmaterialien

Die italienische Ärztin wurde durch ihre Erfahrungen in Kindergärten zur wegweisenden Pädagogin.

»... Es wäre widersinnig, anzunehmen, daß gerade der Mensch, der sich durch die Großartigkeit eines seelischen Lebens von allen anderen Geschöpfen unterscheidet und auszeichnet, als einziger keinen Plan seelischer Entwicklung in sich tragen sollte. Zu tief liegt der Geist im Menschen verborgen, daß er nicht sogleich offenbar wird ... Es gibt also in der kindlichen Seele ein Geheimnis, in das wir nicht eindringen können, wenn das Kind selbst es uns nicht dadurch offenbart, daß es allmählich sich selbst aufbaut ... Jedoch darf man einen wichtigen Grundsatz nicht vergessen: Die Freiheit des Kindes kann nicht darin bestehen, daß wir es »sich selbst überlassen« oder es gar vernachlässigen. Nicht durch gleichgültige Untätigkeit helfen wir der kindlichen Seele bei allen Schwierigkeiten ihrer Entwicklung, sondern wir müssen ihr mit Umsicht und liebevoller Sorge beistehen. Wenn wir die Umgebung des Kindes sorgfältig vorbereiten, so ist dies schon eine große Aufgabe, da es sich darum handelt, eine neue Welt zu schaffen: die Welt der Kinder ... Hat das Kind für seine inneren Bedürfnisse ein entsprechendes Tätigkeitsfeld gefunden, so offenbart es uns auch das, was es zur Entwicklung seines wahren Seins braucht ... Und von nun an war es mein Bestreben, Übungsgegenstände zu suchen, die die Konzentration ermöglichen; und ferner studierte ich gewissenhaft, welche Umgebung die günstigsten äußeren Bedingungen für diese Konzentration bietet. So begann ich meine Methode aufzubauen ... Das Schwerste ist es, der Lehrerin beizubringen, daß sie sich selbst auslöschen und auf die Rechte verzichten muß, die ihr früher zukamen, damit das Kind fortschreiten könne ... Zum Ausgleich dafür muß sie sich sehr stark indirekt einsetzen: sie hat voller Verständnis die Umgebung vorzubereiten, das didaktische Material bereitzustellen, das Kind sehr sorgfältig in die Arbeiten des praktischen Lebens einzuführen. Sie muß ferner das den rechten Weg suchende Kind zu unterscheiden wissen von dem, das auf Abwege geraten ist – muß immer ruhig, immer bereit sein zu kommen, sobald sie gerufen wird, um ihre Liebe, ihr Vertrauen zu zeigen. Immer bereit sein, das ist alles ...« (aus verschiedenen Werken der Verfasserin, Lit. Böhm 1985)

Ihre genial erdachten *Materialien* bilden die »sorgfältig vorbereitete Umgebung des Kindes«, von einfachsten Hilfen zum Sinnestraining bis zu Arbeitsmitteln für das Rechnen, Lesen und Schreiben, alle so gebaut, daß sie eine klare Aufgabe stellen und unmittelbare Selbstkontrolle ermöglichen. Alle Materialien sind frei zugänglich, jedes ist nur einmal vorhanden. Jedes Kind holt sich nach eigener Wahl das, womit es sich beschäftigen möchte, spielt bzw. arbeitet mit ihm solange es möchte und stellt es dann an seinen Platz zurück. Die Kinder dürfen einander auch helfen, und sie tun es gerne. Die Lehrerin berät und hilft auf Wunsch, achtet aber darauf, daß das Kind das Material richtig verwendet und die konzentrierte Ruhe des Arbeitens einhält. So sind die Lernfortschritte unterschiedlich, niemand wird gedrängt, niemand gelangweilt und aufgehalten.

Man könnte so etwas wie eine Stufung von »Zuwendung – intensiver Beschäftigung einschließlich Selbstkontrolle – Ablösung« im Verhalten des Kindes erkennen. Sie bliebe aber sehr formal. Die eigentlichen didaktischen Funktionen sind in das Material bzw. den rechten Umgang mit ihm verlegt.

*Folgerungen für die Methode*

Es geht also nicht um ein bloßes »Wachsenlassen«, ein planloses Eingehen auf zufällige kindliche »Bedürfnisse« und Launen, sondern um ein planmäßiges und sorgsames Betreuen der sich entfaltenden Persönlichkeit des Kindes. Zugrunde liegen die Annahmen:

Jeder Lernvorgang ist ein *spontaner Akt* des Individuums, in dessen Reifungsprozeß begründet und letztlich unverfügbar.

Er ist immer *individuell*, man kann ihn nicht normieren und soll das auch nicht wollen, sondern sich über die Unterschiede freuen.

Der Lehrer kann und muß aber *viel tun*, um diese spontane Lernbereitschaft zu befriedigen, Lernakte zu provozieren und zu fördern, und zwar durch Bereitstellung von geeignetem Material, Gestaltung einer anregungsreichen Umwelt, sorgsame individuelle Betreuung.

Ottos und Montessoris Ideen haben das schulische Lernen bereichert. Sie widerlegen nicht die Grundeinsicht der Artikulation, relativieren aber alle schematisch-normierenden Stufenlehren, weisen auf individuelle Bedingungen im Lernen hin und erinnern an das Recht der Person auf ihre Einmaligkeit.

#### d) Die Endphase der Schulreformbewegung: Zusammenschau

Etwa um 1930 verbreitete sich die Einsicht, daß jede der Reformströmungen ihr Recht und ihre Grenzen hat, daß keine Methode für alle Gegenstände und alle Schüler paßt, daß guter Unterricht vielmehr versuchen muß, das so stark erweiterte methodische Repertoire vielseitig zu nützen. Weiter noch: *daß methodisch geleiteter Unterricht nicht das ganze Lernen in der Schule und Schule nicht das ganze Jugendleben ausmacht*, daß der Mensch auch in der handelnden Teilhabe, in »Erfahrung und Umgang«, wie schon Herbart sagte, lernt. So unterschied man neben dem planmäßigen Unterricht andere »*Grundformen der Bildung*« wie Arbeit, Spiel, Gespräch, Feier und wies ihnen ihren legitimen Platz in einem vielseitig anregenden, jugendgemäßen »Schulleben« zu. Unterstützung fand solches Denken durch die sog. Geisteswissenschaftliche Pädagogik, die den Vorrang des »Lebens« vor aller Theorie und Reflexion betonte. In Petersens Schule nach dem »Jenaplan« und an vielen anderen Orten wurde es in glücklicher Weise verwirklicht – bis die politische Überformung durch den Nationalsozialismus und vor allem die Not des Krieges vieles davon verkümmern ließ. Ganz ging es jedoch nicht verloren. (Lit. Petersen 1927/1937; W. Flitner 1928; Hördt 1932; Blättner 1937; Reichwein 1937; Lassahn 1969; Weber 1979; Dietrich 1986; Ipfling 1992)

### 3.2.4 Einsichtiges Lernen und produktives Denken

Die Arbeitsschulpädagogen erkannten die Funktion des Denkens im Handeln, waren aber, noch von der Assoziationspsychologie beeinflußt, sich über das Wesen des Denkens nicht völlig im klaren. Ihr Ansatz erfuhr eine bessere Begründung in der neueren *Denkpsychologie.* Die Psychologen der »Würzburger Schule« (Külpe, Ach, Selz u. a.) erkannten, daß das Denken sich nicht durch die Assoziation von »Vorstellungen« erklären läßt, sondern etwas grundsätzlich anderes ist, eine eigene Klasse geistiger Akte, das Stiften von unanschaulichen Beziehungen zwischen Vorstellungselementen. Die Vertreter der *Gestaltpsychologie* wie Köhler, Koffka, Wertheimer, Metzger fanden es in der Umstrukturierung einer Gesamtsituation, die den Elementen einen neuen Stellenwert im Ganzen gibt, einer Umstrukturierung, die bestimmter Wahrnehmungs- und Informationsgrundlagen bedarf, die aber im entscheidenden Moment plötzlich erfolgt, im »Aha-Erlebnis« dem Ganzen einen neuen Sinn verleiht.

### a) Copei und der »fruchtbare Moment im Bildungsprozeß«

Was die Psychologen vorwiegend empirisch und experimentell erforschten, fand anfangs der dreißiger Jahre der Pädagoge Friedrich Copei auf anderem Wege. Er war fasziniert von den »fruchtbaren Momenten im Bildungsprozeß«, jenen eigenartigen Augenblicken, in denen fast blitzartig ein Problem den Menschen packt, eine neue Erkenntnis in ihm erwacht. Nach solchen Momenten suchte er zunächst in den Selbstzeugnissen genialer Erfinder, Entdecker und Künstler und von Menschen, die von ernsten ethischen Entscheidungen und religiösen Erweckungen betroffen waren. Er fand etwas Gemeinsames: Kaum je war ihr Werk bzw. ihre Entscheidung Ergebnis mühelos glücklicher Intuition, aber auch nicht kontinuierlich logischen Erarbeitens. Vielmehr folgte auf einen *Anstoß*, eine beunruhigende »Nanu«-Frage, die das bisher Selbstverständliche in Frage stellte, eine lange *Phase des Suchens*, Vermutens und Verwerfens in oft quälender Unklarheit und Unruhe. Die Lösung tauchte kaum je dann auf, wenn das Bemühen am drängendsten war, sondern häufig in einer entspannten Situation, im Halbschlaf, beim Spaziergang, und zwar als blitzartiger *Einfall*, begleitet vom Erlebnis der Evidenz und einem freudigen Glücksgefühl. Darauf folgte wieder harte systematische Arbeit, die *Prüfung der Lösung*, die *Rückführung* des Erkenntnisweges auf die einfachste, von den Um- und Irrwegen gereinigte, geradlinige Beweisführung und die verständliche *Darstellung* für andere. »Der Weg zu einer echten Erkenntnis, die im ›fruchtbaren Moment‹ aufschießt, führt von der Fragehaltung, die vom Anstoß erwacht, über die Formen analysierenden und kombinierenden Denkens bis an jene Kluft und über sie hinweg zur Lösung. Der Abschluß der Erkenntnis ist ihre Einformung« (1969, 72).
Zu gleichen Ergebnissen kamen der Psychologe Max Wertheimer in der Untersuchung »Produktiven Denkens« (1964), sein Schüler Wolfgang Metzger (1971), der Mathematiker Georg Pólya (1967) und andere. Otto Scheibner berichtet z. B., wie ihm bei der Unterrichtsvorbereitung der gestaltende Gedanke für das Stundenbild »mit einem Schlag« entsteht, nachdem sein Blick gleichsam schwebend über dem

Stoff von der Ausgangs- zur Ziellage hin und her gewandert ist, und wie dann eine bleibende Schaffensfreude als Gefühlsbegleitung spürbar wird (1962, 289).

Das entscheidend Neue daran: Nicht alles Lernen erfolgt in kontinuierlich planmäßigem Aufbau. Es gibt »unstetige Momente«, unverfügbare Akte, in denen sich die Freiheit der Person manifestiert. Der fruchtbare Moment ist nicht erzwingbar, sein Auftreten wird aber wahrscheinlicher durch die mühevolle Sucharbeit unter dem Zug des Problems.

Was hat das mit der Schule zu tun? Copei fand analoge »fruchtbare Momente«, wenn auch in schlichterer Form, im Lernen von Kindern. Bekannt ist sein Beispiel von der »Milchbüchse«, an der die Kinder zufällig beobachten, daß die Milch erst herausfließt, wenn ein zweites Loch geschlagen ist, und so zu Untersuchungen über den Luftdruck angeregt werden (103). Oder dieses:

Die Messung der Bergeshöhe im Sandkasten

»... So vermag man schon in den ersten Schuljahren *echte* Einsicht zu wecken ...

... In der *Heimatkunde* ist am Ende des dritten Schuljahres der Heimatort mit seiner bergigen Umgebung in der diesem Alter möglichen Weise erwandert und erforscht, er ist erst im Sandkasten, dann in der Projektion auf der Tafel dargestellt; nun sind die Kinder so weit, daß sie ihre Landschaft auf der Heimatkarte wiedererkennen und Einzelheiten aus dieser Karte herauslesen. Wie sie die Berge und Hügel einzeln nach der Karte benennen, fällt ihnen auf, daß bei dem Namen jedes Berges eine Zahl steht, und sie vermuten sofort richtig, daß das die Höhenangaben sind. Da fragt ein Schüler, wie man denn die Berge gemessen habe. Der Lehrer erkennt sofort, daß die durch diese Frage entstandene glückliche Unterrichtssituation genutzt werden muß; er gibt den Weg seiner eigenen Überlegungen auf und ermuntert die Schüler, ihre Meinungen zu der Frage zu äußern. Eine erste Vermutung geht in die falsche, allerdings nicht unerwartete Richtung: man müsse ein langes Seil nehmen und an den Berg legen. Aber schon wenden die Schüler ein, ein Seil von dieser Länge gäbe es nicht. Nun wollen sie streckenweise messen. Der Lehrer wendet fragend ein, welchen Abhang sie denn auf diese Weise messen wollten. Da stellt sich eine erste Verlegenheit ein, die aus dem undeutlichen Bewußtsein kommt, daß da eine Schwierigkeit verborgen liege; man merkt, daß man auf diese Weise nicht weiterkommt. Da gibt der Lehrer eine Hilfe: man solle es im kleinen an den Bergen versuchen, die im Sandkasten dargestellt sind. Ein Schüler mißt zunächst die höchste, steilere Erhebung, indem er das Metermaß an einen Abhang legt, und stellt fest: ›15 Zentimeter‹. Der Lehrer fordert auf, auch einmal von der anderen Seite zu messen. Nun sind es aber 17 Zentimeter. ›Also ist der Berg auf der einen Seite 15, auf der anderen Seite 17 Zentimeter hoch?‹ – ›Ja, weil er hier schräger ist.‹ – Der Lehrer läßt den Irrtum auf sich beruhen und fordert auf, auch einen der flachwelligen vorgelagerten Hügel zu messen. Ein Schüler legt wieder das Maß an und kommt zu dem Ergebnis: ›22 Zentimeter‹. Aber da stutzt er selbst, und ein anderer ruft ihm dazwischen: ›Dann wäre der Hügel ja höher als der Berg.‹ Alle merken, daß das nicht stimmen kann. Der Befund der Messung und die vernünftige Überlegung werden noch einmal in Gegensatz gestellt. Die Ratlosigkeit diesem Widerspruch gegenüber steigt. Jetzt erinnert der Lehrer noch einmal an die Messung des höheren Berges: ›Eben habt ihr ja auch denselben Berg einmal mit 15, einmal mit 17 Zentimeter gemessen.‹ – ›Ja, das kann auch nicht stimmen.‹ – Nun steigert sich die Verlegenheit von neuem. Der Lehrer formt den Berg noch etwas steiler und meint: ›Wenn wir jetzt messen, müßte er ja noch niedriger geworden sein. Aber ist er denn niedriger geworden?‹ Da kommt ein Schüler auf die glückliche Lösung. ›Ich weiß es‹, sagte er, aber er gibt die Antwort nicht mit Worten, sondern mit der Hand: er nimmt das Metermaß und steckt es von der Spitze des Sandberges *senkrecht* bis auf den Grund. Damit ist der Damm durchbrochen. Es braucht nicht weiter ausgeführt zu werden, wie nun diese am Modell gewonnene Einsicht übertragen wird auf das geographische Objekt, wie nun noch einmal klar formuliert wird, was eine Höhenangabe auf der Karte bedeutet. Alles wird nun mit stärkster innerer Beteiligung erfaßt; die Bildungswirkung stellt sich ein in dem gehobenen Gefühl, das jede eigene Entdeckung begleitet.

Der Fortgang dieses Unterrichts in den nächsten Stunden liefert nur noch ein Beispiel dafür, wie eine glücklich gefundene Lösung den Anstoß zu einer neuen Fragehaltung geben kann; denn nun, nachdem die Schüler von der Problematik der Sache erfaßt sind, kommen sie mit dem Einwand, der eine für sie ungelöste Frage enthält, bei einem Berge könne man doch nicht eine Meßstange hineinstecken, und selbst wenn man es könnte, stieße man doch nicht auf einen ›Boden‹ wie bei dem Sandkasten. Es erübrigt sich an dieser Stelle, den Fortgang der Überlegungen bis zu einem neuen ›fruchtbaren Moment‹ auch nur anzudeuten« (ebenda 107).

Copei folgert daraus:

»Die Unlust mancher Schüler hat wesentlich darin ihren Grund, daß sie das ›Lernen‹ nie als einen lebendigen Erkenntnisvorgang kennengelernt haben, daß es ihnen immer wesentlich Gedächtnisaneignung war. Hier muß man sich an Heraklits Wort erinnern: ›Vielwissen lehrt den Geist nicht.‹ Unser Unterricht ist leider zu oft nur ein Antworten auf Fragen, die noch gar nicht gestellt sind, ein Abspeisen, wo nie ein herzhafter Hunger wartet. Manchmal sind die Geister der Kinder nur deshalb stumpf, weil sie noch gar nicht gespürt haben, worauf es denn in dem neuen Fache etwa ankommt.« (112) »Lehren heißt nicht übermitteln, es heißt den ›fruchtbaren Moment‹ vorbereiten, heißt, eine lebendige Bereitschaft wecken, welche im Ringen mit dem Gegenstand den Sinngehalt in sich aufzunehmen strebt« (101).

## b) Methodische Förderung einsichtigen Lernens

»Echte Erkenntnis« bzw. »Einsicht« ist ein höher gestecktes Lehrziel als bloße »Kenntnis«, »Wissen« oder »Information«.

»Einsicht ist ein Verhältnis des Erkennenden zu den Sachverhalten, das jeder für sich aufs Neue gewinnen muß. Um Einsicht zu vermitteln, gibt es daher nur einen Weg, dem Schüler Bedingungen zu schaffen, unter denen er selbst zur Einsicht gelangen kann« (Metzger 1971, 29).

Den *Anstoß* gibt eine gedankliche Beunruhigung, eine Provokation, die Erschütterung einer Selbstverständlichkeit, ein »kognitiver Konflikt« (der nicht nur kognitiv ist, sondern den ganzen Menschen erregt). Er erwächst aus der unmittelbaren Begegnung mit der Sache.

»Dieser besonderen Aufmerksamkeit kommt man nicht entscheidend bei durch äußere Mittel, nicht dadurch, daß man durch starken Reiz die Sinne fesselt, daß man für Ausgeruhtsein der Kinder sorgt, daß man ihre Aufmerksamkeit durch den Willen erzwingt ... das wäre alles so, als wenn man immer von außen mit einem Meißel in das Zahnwerkgetriebe eines Uhrwerkes stieße, um es voranzutreiben, statt daß man die Feder durch Aufdrehen spannt. Diese innere Feder wird aber angespannt durch die echte Frage, die sich an der Sache entwickelt ...« (Copei 115)

Hier, und eigentlich nur hier ist der Begriff des »*Einstiegs*« am Platze: für die Begegnung mit einem konkreten Sachverhalt, der den Schülern als solcher schon etwas bedeuten kann, der es aber »in sich hat«, bei näherer Betrachtung immer mehr seine Problematik entfaltet und die Schüler immer weiter in diese hineinzieht.

Mit einer kurzen »Problemstellung« ist es meist nicht getan, die Frage des Lehrers oder eines Einzelschülers ist noch nicht die der Klasse. Erst die ausführliche »*Entfaltung des Problems*« schafft die Problemspannung, aus der die Kraft für die oft mühsame Lösungssuche wächst.

Für ausgedehnte *eigene Lösungsversuche* in Einzel-, Partner-, Gruppen-, Klassenarbeit muß reichlich Zeit bleiben. Irrwege dürfen nicht zu früh abgeschnitten, Vermutungen nicht blockiert werden, falsche Ansätze sollen nicht durch die Autorität des Lehrers, sondern durch die Sache widerlegt werden.

Zum *Akt der Einsicht* kommt es nicht bei allen Schülern zur gleichen Zeit, oft nicht in der ersten Stunde. Manchmal muß man mehrfache Chancen schaffen, indem man von unterschiedlichen Seiten der Sache oder verschiedenen Beispielen her auf die eine Erkenntnis zielt.

Die *einsichtige Lösung* muß deutlich herausgehoben, auf ihre Begründung und ihre Folgerungen hin überprüft werden; denn nicht jedes subjektive Evidenzerlebnis ist auch objektiv richtig. Dabei wird der schwer überschaubare »Entdeckungszusammenhang« von den Irrwegen gereinigt, auf den klaren »Begründungszusammenhang« reduziert und in das verstandene Wissen eingeordnet. Die *Darstellung* in gültiger Form gehört unabdingbar dazu.

Eine Einsicht ist immer ein genereller Satz, erst ihre *Anwendung* macht sie beweglich verfügbar, beweist und vertieft das Verständnis. Wichtig ist hierbei, daß die Anwendungsfälle immer neue Variationen und auch Grenzen der Anwendbarkeit enthalten und so zu aufmerksamer Auseinandersetzung nötigen. Routineaufgaben verführen zum mechanisierenden Üben und können die Einsicht wieder verdunkeln. Auch das Übertragen will gelernt sein.

*Förderliche Bedingungen* sind solide Wissens- und Könnensgrundlagen, Erfahrungen aus vielseitiger Beschäftigung mit den Sachverhalten, eine entspannte, von sekundären Motiven wie Angst, Ehrgeiz usw. möglichst freie Situation, Offenheit für alle Fragen und Vermutungen, nicht zuletzt ein Lehrer, der so weit über der Sache und der Situation steht, daß er sich nicht ängstlich an ein starres Konzept halten muß, sondern souverän und flexibel die Geister freilassen und doch die notwendigen Führungshilfen geben kann. Der *Stil* solchen Unterrichts ist weitgehend offen in Führung und Verlauf und gleichwohl hart im Anspruch der Sache.

Im Klassenunterricht ist nicht zu erwarten, daß alle Schüler das gleiche Niveau der Einsicht erreichen. Was für den einen eine selbständige produktive Denkleistung darstellt, ist für den anderen einsichtiger Nachvollzug, für den dritten nur übernommene Information, für den vierten bloße Reproduktion von früher schon Gelerntem.

Das schadet aber nichts. Die *Chance*, daß es zu echten Akten der Einsicht kommt, ist jedenfalls größer – und der Unterricht hat sie den Schülern nicht systematisch verbaut.

Auf Einsicht zielender Unterricht ist *aufwendiger*. Er kostet weit mehr Zeit für die Entfaltung des Problems, die Suche nach der Lösung, die Aufarbeitung. Er verspricht aber intensivere Arbeit an der Sache, stärkeres Interesse, tieferes Verstehen, festeres Behalten, beweglicheres Verfügen, insgesamt ein höheres Niveau und größere Solidität des Lernens.

Nicht alles kann und muß so gelernt werden. Dieser Weg ist *anspruchsvoller* und kann insbesondere schwächere Schüler, die auf stärkere Vorstrukturierung angewiesen sind, verwirren und entmutigen. Auch ist er nicht immer rational. Aber daß die Schüler immer wieder einmal die Chance erhalten, einsichtig zu lernen, die Freude wirklichen Verstehens zu erleben, das sollte der Lehrer sich zur Pflicht machen. Es ist der Zeit und Mühe wert. (Lit. H. Roth 1957; Pólya 1967; Joerger 1975; Neber 1981; Einsiedler 1985 b)

### c) Wagenschein und das geduldige Arbeiten an der Sache

Martin Wagenschein hat die wohl eindrucksvollsten Beispiele für solches »Verstehen Lehren« gegeben. Er gehört längst zu den Klassikern der Didaktik, seine Schriften müssen im Original gelesen werden (1965; 1975; 1989). Unser Beispiel soll vor allem die Gelassenheit zeigen, mit der er sich Zeit nimmt für den Einstieg, die Entfaltung des Problems, die Lösungsversuche in engster Bindung an die Sache.

Unterrichtsbeispiel: *»Erdgeschichte«*
I. (Problementfaltung)
L.: Zeigt, ohne Eile und durcheinander, Lichtbilder in großer Zahl, auf denen zu sehen sind: Geröllhalden, Felsstürze, Lawinen, Gletscher, Moränen, Flußtäler, Wasserfälle, Brandungsküsten, Deltas, und so fort.
S.: Können dazu sagen, was ihnen einfällt, sie können auch Fragen stellen.
L.: Beantwortet die Fragen nicht! (passives Verhalten)
Nach einiger Zeit konvergieren diese Fragen auf eine, umfassende, alle Bilder betreffende Frage:
S.: *»Wie soll das enden? Alles geht zu Tal. Wird eine Zeit ohne Berge kommen?«*
II. (Lösungsversuche)
S.: »Wie kommt es zu diesen Erscheinungen? *Welche Kräfte wirken dabei?«*
S.: Sammeln quantitatives Material zu den Lichtbildern und den aufgetretenen Fragen, z. B.:
  – der Niagarafall schreitet jährlich 1,5 m zurück, das Niltal 4 m voran.
  – Der Bodensee wird in 15 000 Jahren verlandet sein,
  – die U-förmigen Täler, die Schwedischen Felsblöcke in Sachsen sind Zeugen einer vergangenen Eiszeit,
  – der Niagarafall nagt schon 30 000 Jahre seit dem Rückgang des Eises.
S.: »Die *Erosionskräfte* sind Ursache der Erscheinungen!«
Im Ganzen verstärkt sich bei den Schülern der Eindruck der fortschreitenden Einebnung und Versumpfung der Landschaft durch die Erosionskräfte. Von selbst kommt die Gegenfrage:

S.: »Gibt es auch *Gegenkräfte*? Woher sind die Berge gekommen? Sind sie etwa alle nur Erosionsinseln?«

S.: Die *Vulkane* müßten es gewesen sein, die die Berge aufgeworfen haben. (Naheliegende Vermutung)

L. + S.: Verbreitung und Bau der Vulkane wird aus der Literatur und vielen Bildern studiert. Besprechung der Vulkangesteine und der erloschenen Vulkane.

S.: Nein, die Vulkane sind zwar eine Begleiterscheinung, aber nicht letzte Ursache für das Entstehen der Berge!

S.: »Gibt es also vielleicht noch andere Kräfte in den Gebirgen?«

L. + S.: Besuchen Steinbrüche, wenn möglich fahren sie durch die Alpen, schauen Fotografien an.

S.: Sammeln, Ausweiten und Beurteilen des Gesehenen.

    Z. B.: Das entblößte Innere der Erde zeigt Spuren, wie es scheint gewaltsamer, doch nicht vulkanischer Erhebungen, waagrechte, aber auch gekippte, ja hoch gestellte und überkippte, und sogar gefaltete. Brüche, Verwerfungen, oft alles ineinander gemischt: Abradierte Falten etwa, Schichten darüber und das Ganze in Verwerfungen zerbrochen.

    – Aus großer Entfernung erkennt man an den Auszackungen der Kämme und an den steilen Gipfeln die Anzeichen ihrer gewaltsamen Erhebung.

S.: »Das müssen tolle Zeiten gewesen sein!«

S.: (Vermutung) Die Zerreißungen, Biegungen und Kippungen, welche die Schichten aufweisen, sind Zeugen dafür, daß plötzliche und heftig wirkende Ursachen am Werk gewesen waren – *Katastrophen*.

S.: Suchen solche, in Frage kommende Katastrophen; z. B. die Erdbeben.

S. + L.: Studieren zunächst die Naturerscheinungen »Erdbeben«, ihre Heftigkeit und Häufigkeit.

L.: Zeigt andererseits, wieder schweigend, Dokumente und Bilder über sanfte, aber unablässige Hebungen und Senkungen, wie das Aufsteigen der norwegischen und das Sinken der deutschen Nordseeküste.

S.: Könnten nicht auch solche Kräfte, wie wir sie heute noch feststellen oder wegen ihrer Sanftheit übersehen, die Ursachen der Erscheinungen gewesen sein? Dann müßten die Schichten ein entsprechend hohes Alter aufweisen!

S. + L.: Besprechen Möglichkeiten zur Bestimmung des Alters von Gesteinsschichten und Versteinerungen (z. B. radioaktive Methode). Sie suchen die Ergebnisse dieser Altersbestimmungen zusammen. Ergebnis: Die Versteinerungen (Schichten . . .) weisen ein sehr hohes Alter auf!

S.: »Es waren *ungeheure Abgründe an Zeit* notwendig, um die Meeresablagerungen von 10 000 m Mächtigkeit anzuhäufen!« »Die Katastrophen (Erdbeben) können nicht die alleinigen Ursachen dieser Naturerscheinungen sein!«

III. (Einsicht)

S.: *Über »entsetzliche« Zeiträume hinweg wirken Kräfte,* die auch heute noch vorhanden sind, oft aber wegen ihrer Sanftheit nicht bemerkt werden. Diese stetig wirkenden *Ur-Kräfte* sind die entscheidende Ursache der Erdbewegungen (Hebungen, Senkungen). Die wirkenden Kräfte bleiben immer die selben.

*»Wir leben auf einer ruhelosen Erde!«*

Wir brauchen keine Angst vor einer Einebnung durch die Erosionskräfte haben, da ihnen innere Urkräfte entgegenwirken: Die Alpen und der Himalaya wachsen heute noch. (Aus: Verstehen Lehren, Weinheim 1968, 60 ff., hier gerafft und mit Stufenbezeichnungen versehen)

## 3.2.5 Neuere Beiträge der Psychologie

Auch in der Nachkriegszeit haben Psychologen verschiedener Richtungen Beiträge zur Klärung der Methodenfrage geliefert, dabei allerdings zuweilen ihren Anspruch überzogen.

### a) Die Verhaltenspsychologie und das Konditionieren

*Theoretische Annahmen*

In den sechziger Jahren gab es einen vehementen Einbruch der behavioristischen Psychologie, die ziemlich kritiklos als »die« Lernpsychologie akzeptiert wurde. In streng naturwissenschaftlichem Anspruch wollte sie auf jede subjektive Innenschau verzichten und sich nur an objektiv feststellbaren Daten orientieren. In der theoretischen Vorannahme, ohne die auch sie nicht auskam, war sie die Neuauflage einer *Assoziationstheorie*, nur assoziierten sich bei ihr nicht »Vorstellungen«, sondern meßbare »Reize« mit beobachtbaren »Reaktionen« (stimulus-response). Sie berief sich auf erfolgreiche Dressurversuche an Tieren und übertrug die Ergebnisse auf menschliches und sogar schulisches Lernen. Ihr Anspruch war hoch: Sie glaubte, durch Beherrschung der äußeren Bedingungen und Kenntnis der Lerngesetze menschliches Verhalten weitgehend formen zu können. Durch ihre konsequente Anwendung in der Schule erhoffte man sich große Dinge für die Rationalisierung, Individualisierung und Objektivierung des Unterrichts. Watson, Thorndike waren auf amerikanischer, Pawlow auf russischer Seite die Initiatoren, Skinner einer der eifrigsten Verfechter in der Nachkriegszeit. (Lit. Skinner/Correll 1967; kritisch Hachmöller 1977)

*Programmierter Unterricht*

Eine unmittelbare Umsetzung erfuhr diese Lerntheorie im Programmierten Unterricht. Im »linearen Programm« sollte der Schüler in kleinsten Schritten von »stimulus-response-reinforcement« so geführt werden, daß er möglichst nur richtiges »Verhalten« äußert, keine Fehler assoziiert und immer von neuem »verstärkt« wird, z. B. so:

1. Lernen ist, verhaltenspsychologisch definiert, ein Prozeß der . . . . .     Verhaltens-
änderung

2. Das . . . . . kann jedoch nur verändert und geformt werden, wenn es zuvor geäußert werden konnte.     Verhalten

3. Die Verhaltensformung wird erreicht, indem die gewünschten Verhaltensweisen, wenn sie auftreten, . . . . . werden.     verstärkt

4. Soll nun ein Lernprozeß wirksam unter Kontrolle gebracht werden,

so ist es erforderlich, den Lernstoff in kleinen Schritten darzubieten und nach jedem bewältigten Lernschritt eine ..... folgen zu lassen.   Verstärkung

5. Der Verstärkung kommt also im Lernprozeß eine zentrale Bedeutung zu. Dieser Sachverhalt ist im Bereich des ..... (programmierten/konventionellen) Unterrichts noch immer nicht genügend berücksichtigt worden.   . konventionellen

6. So müssen nach einer Schätzung Skinners etwa 50 000 ..... -verbindungen geschaffen werden, um das mathematische Verhalten aufzubauen, das ein Schüler nach 4 Schuljahren aufweisen sollte.   Verstärkungs-

7. Daran gemessen ist die Anzahl der Verstärkungen, die der Schüler wirklich vom Lehrer erhält, sehr ...... (gering/groß).   gering

8. Allerdings ist es einem Lehrer auch beim besten Willen praktisch nicht möglich, jedem Schüler auch nur annähernd so viele ..... zu verabreichen, wie zum wirksamen Aufbau eines ..... erforderlich sind.   a) Verstärkungen   b) Verhaltens

9. Diese Feststellung impliziert eine erhebliche Kritik an der Wirksamkeit des ..... (programmierten/konventionellen Unterrichts.   konventionellen

usw.                                    (aus Correll/Schwarze 1968, 273 ff.)

Abgesehen von den inhaltlichen Schwächen dieses Beispiels – keine der so eingebleuten Behauptungen gilt uneingeschränkt – kann ein Schüler natürlich nach einem solchen Programm lernen. Er lernt dann aber nicht wegen, sondern trotz der unterlegten Theorie, weil er eben nicht nur Verhaltensbruchstücke assoziiert, sondern den Sinnzusammenhang erfaßt.

Den sog. »verzweigten Programmen« liegt von vornherein eine andere, kognitive Lerntheorie zu Grunde. Sie sind damit für schulisches Lernen geeigneter – falls sie inhaltlich und didaktisch gut sind. Wann aber sind sie gut? Wenn sie die Notwendigkeit unterschiedlicher didaktischer Funktionen und damit den Grundgedanken der Artikulation berücksichtigen. Das taten viele Programme jener Zeit nicht, und man kann getrost behaupten, daß die Welle des programmierten Unterrichts für die Frage der *Unterrichtsmethode* nicht nur keinen Fortschritt, sondern einen Rückschlag gebracht hat. Viel Verwirrung wurde insbesondere durch die ständige Mischung verhaltens- und bewußtseinstheoretischer Argumente angerichtet.

Vergleichbares gilt für *Kybernetik* und *Informationstheorie*. Diese gehen von einem anderen theoretischen Ansatz aus, der etwa zur gleichen Zeit viel Aufmerksamkeit fand und sich auch auf den programmierten Unterricht auswirkte. Wo aber Lernen auf bloßen Input von »Informationen«, gemessen in Bits, reduziert wird, bleiben unterschiedliche Qualitäten des Zugriffs auf den Gegenstand notwendigerweise auf der Strecke. (Lit. v. Cube 1965; kritisch Nicklis 1967)
So blieb von der ganzen Bewegung ein neuer, höherer Anspruch an Gestaltung und

empirische Erprobung von Arbeitsmitteln zum selbständigen Lernen, die dann gut und brauchbar sind, wenn in sie alle die didaktisch-methodischen Erkenntnisse eingegangen sind, die aus anderen Quellen stammen. (Lit. Zielinski/Schöler 1965; Schiefele 1969; Nicklis 1969; Schröder 1971; Weltner 1981; Oblinger 1985)

*Üben von Fertigkeiten*

Dabei gibt es durchaus Bereiche des assoziativen Lernens, für die die Ergebnisse der Verhaltenspsychologie zutreffen. Sie sind allerdings schon lange bekannt, in der wissenschaftlichen Psychologie spätestens seit den Gedächtnisuntersuchungen von Ebbinghaus vor hundert Jahren, in der Praxis von jeher: beim Lehren und Lernen von Fertigkeiten und beim Einprägen von Einzelwissen. Tätigkeiten wie Sägen und Stricken, Fechten und Schießen, Musizieren und Tanzen, Schreiben mit Hand und Maschine, aber auch Einmaleins und fremdsprachliche Vokabeln müssen, sollen sie brauchbar sein, bis zur völligen Automatisierung geführt werden. Auch das fordert eine Abfolge von Stufen:

Die Fertigkeit muß richtig *vorgemacht* und *erklärt* werden. *Eigene Versuche* unter Bewußtseinsbegleitung führen zum ersten Gelingen. Der Vollzug muß dann unter strenger Normkontrolle mit peinlicher Vermeidung von Fehlern *eingeübt* werden. Das Tempo darf dabei nur im Maße des Könnenszuwachses gesteigert werden, da sonst die Assoziationsketten wieder zerfallen. Durch »*Überlernen*« im praktischen Gebrauch wird die Fertigkeit zum unverlierbaren Besitz. Dann ist auch vorsichtige *Generalisierung* (z. B. Spielen auf einem anderen Instrument, Schreiben mit anderen Werkzeugen) möglich. Hier hat die Assoziationspsychologie, sowohl der älteren Vorstellungs-Assoziation als auch der behavioristischen Reiz-Reaktions-Verbindung, ihren legitimen Anwendungsbereich.

Ihre Untauglichkeit bei anderen Lernaufgaben wurde rasch deutlich. So wandte man sich mit neuem Interesse »kognitiven« Theorien des Lernens zu.

## b) Kognitive Psychologie: darlegendes contra entdeckendes Lernen

Leitbegriff der neueren »kognitiven Psychologie« ist die »*Struktur*«. Was immer das auch sei, so ist damit jedenfalls eine Zusammenordnung von Einzelelementen in einem Netz von Beziehungen gemeint, die durch sinnbezogenes Denken zu erfassen sind, nicht durch bloßes Assoziieren von Wahrnehmungen mit Vorstellungen oder Reizen mit Reaktionen. Lernen besteht demnach in der Einordnung der objektiven Struktur des Gegenstandes in die vorhandene subjektive Struktur des Lernenden, die sich damit selbst verändert. Über das Wie gibt es unterschiedliche Auffassungen, die sich gut an den amerikanischen Psychologen Ausubel und Bruner demonstrieren lassen. (Lit. Ausubel 1974; Bruner 1972; Neber 1981)

## Ausubel

David P. Ausubel verficht das »expositorische« oder *darlegende*, vom Lehrer gelenkte Lernen, das in diesen Stufen verläuft:

– *Vorstrukturierende Lernhilfen* aktivieren das Vorwissen und sichern die Verankerung des Neuen im Alten. Solche »advance organizer« können Fragen, Probleme, Oberbegriffe (subsuming concepts) sein, die das Neue von vornherein in den richtigen Zusammenhang stellen.

– In »*progressiver Differenzierung*« wird innerhalb des vorstrukturierten Sinnrahmens das Neue schrittweise erarbeitet.

– »*Beziehungsstiftende Integration*« bewirkt die horizontale Verknüpfung des Neuen mit dem Bekannten, das Aufzeigen von Querverbindungen innerhalb des Faches und über es hinaus, sowohl in ihren affektiven als auch ihren kognitiven Aspekten.

– »*Konsolidierung*« schafft klare Begriffe durch Variation der Inhalte, Abgrenzung mittels Kontrast, Durcharbeitung des Gelernten.

Kommt uns diese Stufung nicht bekannt vor?

## Bruner

Jerome S. Bruner sieht in der kognitiven Struktur nicht so sehr ein Wissens- als ein Kategoriensystem zur Integration neuen sinnhaften Materials. Für ihn ist Lernen mehr ein *aktiver, selbständig strukturierender Prozeß* unter Anleitung des Lehrers, ein »guided discovery learning«:

– Es geht aus von einem *Problem*, einer Überraschung oder Verwirrung, einem Widersinn oder Zweifel,

– bemüht sich auf der Stufe der *Auseinandersetzung* um die Klärung dieses »kognitiven Konflikts«, und zwar in größtmöglicher Selbständigkeit, auch über Fehler und Phasen der Stagnation hinweg mit einem Minimum an Strukturierungshilfen,

– *überprüft* und *verifiziert* die Lösung, ordnet sie in das vorhandene Wissen ein und *wendet sie an.*

Die »Struktur« steht hier also am Ende als Ergebnis eigener Anstrengung. Haben wir nicht auch das schon früher gehört?

## Ausubel contra Bruner

*Ausubel* argumentiert: Auch er habe nichts gegen entdeckendes Lernen. Es sei aber unrationell und bedeute in der Praxis oft nur äußere Geschäftigkeit ohne geistigen Gewinn; es könne insbesondere die schwächeren Schüler verwirren und werde daher immer die Ausnahme bleiben. Hauptaufgabe der Schule sei nun einmal die Einführung in die Fülle der Kultur mittels des »meaningful verbal learning«.

*Bruner* setzt dagegen, daß es selbstverständlich ein darlegend-übernehmendes Lernen gebe. Aber es mache das Denken nicht beweglich und selbständig genug. Wichtiger als die Menge der Inhalte seien die geistige Produktivität und Problemlösefähigkeit, das lebendige Interesse.

Die Kontroverse ist nicht neu. Der Leser hat längst bemerkt, daß Ausubels Stufen in frappierender Weise denen der Herbartianer ähneln, nur eben kognitionstheoretisch und damit besser begründet, und Bruners Stufen eindeutig denen der Arbeitsschule und des einsichtigen Denkens. Es handelt sich also um eine bleibende Spannung, in der sich unterrichtliches Arbeiten vollzieht.

Dabei geht es nur vordergründig um die psychologische Begründung der Methode, in Wirklichkeit um das *Ziel des Unterrichts*. Für Ausubel besteht es in der planmäßigen und rationellen Einführung in die bestehende Kultur; deren Inhalte haben Selbstwert, die Betonung liegt auf dem *Ergebnis*. Die Gefahr ist, daß das Wissen statisch, der Mensch rezeptiv bleibt. Bruner zielt auf Aktivität und Produktivität; Wissen hat Funktionswert, der *Prozeß* ist wichtiger als das Ergebnis. Bei ihm besteht die Gefahr, daß die Aktivität zum Selbstzweck wird, das geordnete, reiche Wissen zu kurz kommt.

Wir haben es also mit der alten Spannung zwischen »materialer Bildung« und »formaler Bildung« zu tun, die uns auf der Lehrplanebene noch einmal begegnen wird (vgl. 5.4.5).

### c) Piaget / Aebli und der Aufbau von Operationen

*Grundlagen*

Jean Piaget hat die Psychologie des Denkens insbesondere in zwei wichtigen Punkten weitergeführt. Zum einen hat er »*Operationen*« als eigene Formen einsichtigen Denkens aufgewiesen, zum anderen hat er gezeigt, daß dieses Denken im Laufe der Kindheit bestimmte *Entwicklungsstufen* durchläuft, von der sensumotorischen über die vorbegrifflich-symbolische, die anschauliche, die der konkreten Operationen bis zur Stufe der formalen Operationen. Piagets Schüler H. Aebli und F. Kubli betonen stärker als ihr Meister, daß diese Entwicklung zwar durch Reifung vorgezeichnet ist, zu ihrer Verwirklichung aber der Anregung durch die Umwelt bedarf, der Auseinandersetzung mit Sachen und des Einbezugs in das gemeinsame Denken mittels der Sprache. (Lit. Piaget 1980; Aebli 1980; 1983; Kubli 1983)

Zwei Tendenzen wirken in der Entwicklung des Denkens fortwährend mit- und gegeneinander. Das Kind eignet sich die Umwelt mit Hilfe der ihm verfügbaren »kognitiven Schemata« an *(Assimilation)*, und es verbessert diese im Zuge vielfältiger handelnder Auseinandersetzung, wenn sie den Anforderungen nicht mehr entsprechen *(Akkomodation)*: Es »konstruiert« sich und seine Welt in diesem aktiven Prozeß der Auseinandersetzung.

Das *Handeln* hat dabei Priorität, und hier berührt Piaget sich mit Deweys pragmatischer Grundhaltung. Denken erwächst aus dem Handeln und dem gemeinsamen Sprechen über das Handeln, es ist *verinnerlichtes Handeln*. Der Mensch erwirbt vielfältige Handlungsschemata, d. h. Vorstellungen von Handlungsabläufen. Wenn nun von den konkreten Bedingungen der Handlung abgesehen und die Aufmerksamkeit auf die ihr innewohnenden Beziehungen gerichtet wird, spricht man von einer *Operation*. Symbole anschaulicher und sprachlicher Art helfen, das »logische Gerüst« der Handlung in den Blick zu nehmen. »Eine Operation ist eine effektive, vorgestellte (innere) oder in ein Zeichensystem übersetzte Handlung, bei deren Ausführung der Handelnde seine Aufmerksamkeit ausschließlich auf die entstehende Struktur richtet. Abgekürzt sagen wir: eine Operation ist eine abstrakte Handlung« (Aebli 1983, 209). Die Einsicht in die gedankliche Struktur ermöglicht erst das bewegliche Verfügen über die Operation, ihre »*Reversibilität*«. Wer z. B. die Berechnung eines Kegelinhalts aus Radius und Höhe verstanden hat, kann auch umgekehrt aus gegebenem Inhalt und Höhe den Radius berechnen, und er hat sie erst verstanden, wenn er das kann.

*Folgerungen*

Auch der Erwerb einer Operation vollzieht sich also in *Stufen*. Sie muß erst am konkreten Objekt, am bildlichen Symbol, dann in rein sprachlicher Fassung *vollzogen werden*, immer unter ausdrücklicher Betonung der *gedanklichen Struktur*. Dann wird sie auf immer neu variierte (umgekehrte, sachlich anders eingebettete, komplexere) Aufgaben *übertragen* und bis zur sicheren Verfügung »*durchgearbeitet*«. Bei diesem »operativen Üben« kommt es darauf an, die Gedankenschritte bewußt zu vollziehen und *sprachlich präzis zu bezeichnen*. Routinehafte und gedankenlose Einschleifungen sind zu vermeiden. Diese haben an anderer Stelle ihr Recht.

Die eigentliche Domäne des Lernens von Operationen ist die Mathematik. In etwas weiterem Verständnis kann man es aber auf Grammatik, den regelhaften Teil des Rechtschreibens, die Einführung von Arbeitstechniken (1.2.2.d) und ähnliche Aufgaben übertragen. Wie sich Piagets Ansatz in den weiteren Zusammenhang eines »handlungsorientierten Lernens« einordnen läßt, soll an anderer Stelle (3.2.7.d) besprochen werden.

### d) Suggestopädie und das empfangene Lernen

Nach überraschenden, wenn auch später oft in Frage gestellten Ergebnissen des bulgarischen Arztes Lozanov kann der Mensch im entspannten, scheinbar passiven, aber seelisch offenen Zustand besonders hohe Mengen an Information aufnehmen und behalten, wenn diese in suggestiv-eindrucksvoller Weise dargeboten werden. Daraus entwickelte man die Methode der Suggestopädie, die dann unter dem Schlagwort »Superlearning« vermarktet wurde: Die Schüler sitzen in entspannter,

u. U. halbliegender Stellung. Der Lehrer leitet sie durch Atemübungen und Weckung angenehmer Vorstellungen zur Entspannung an. Dann bietet er ihnen den neuen Stoff, begleitet von lebhafter Musik, in eindringlich-dramatischem Ton dar, wiederholt die Präsentation noch einmal unter Begleitung durch ruhig getragene Musik und arbeitet in der nachfolgenden Aktivierungsphase das Gehörte in abwechslungsreichen Übungen mit den Schülern durch.

Vielfältige Erprobungen haben Wert und Grenzen dieser Methode aufgezeigt. Mit der bewußten Förderung gesamtseelischer Aufnahmebereitschaft erinnert sie an den Unterricht der Erlebnispädagogen, wie dieser stellt sie einen Gegenpol zu äußerlich aktivierenden Methoden dar. Sie fördert die Konzentration, weckt positive Gefühle und kann rasche Lernerfolge bewirken, die allerdings nicht immer lange anhalten. So eignet sie sich besonders für Intensiv-, Nachhol- oder Auffrischkurse von begrenzter Dauer. Ihr Einsatz im üblichen Schulbetrieb wird durch organisatorische Bedingungen erschwert. (Lit. Schiffler 1989; Seitz 1991)

### e) Lernpsychologische Vielfalt

Der Streit der Schulen hat sich beruhigt, lernpsychologische Dogmen sind nicht mehr gefragt. Automatismen, Informationen, Oberbegriffe, Regeln, Einsichten, Problemlösungsverfahren lernt man auf verschiedene Weise. Keine Theorie umfaßt alles Lernen, sie sei denn so allgemein formuliert, daß sie alles deckt, aber nichts mehr erklärt.

*Unterschiedliche Bedingungen*

Die Weise des Lernens ist nicht nur vom zu lernenden Sachverhalt bestimmt, sondern auch von den *Bedingungen der Lernsituation.*

Man kann Ratten in einen Versuchskasten stecken, in dem ihnen nichts übrig bleibt, als in richtungslosem Probieren einen Ausweg zu suchen und sich auf abstruse Bewegungsfolgen konditionieren zu lassen, und damit »beweisen«, daß Lernen in blindem »trial and error« erfolgt – solange man geflissentlich übersieht, daß die gleichen Tiere in natürlicher Umgebung ein weit beweglicheres, intelligenteres Lernen im Rahmen ihrer Instinktausstattung zeigen.

Man kann Versuchspersonen vor lange Reihen sinnloser Silben setzen, die sie beim besten Willen nur assoziierend lernen können, und beweist damit wohl, daß es dieses gibt, nicht aber, daß alles menschliche Lernen notwendig assoziativ verlaufe.

Bei der kleinschrittigen Gängelung des fragend-entwickelnden Unterrichts kann der Schüler kein Problemlösungsverhalten entwickeln, ohne Kenntnis des Ziels kann er nicht aktiv mitdenken.

Wenn bei ersten Fahrversuchen der mitlaufende Vater das Rad hält, kann das Kind nicht lernen, Gleichgewicht zu halten. Sichert er es am Oberarm, so lernt es das binnen weniger Minuten.

Wo nicht mehrere Beispiele mit gemeinsamen Merkmalen vorliegen, muß die Abstraktion eine logische Erschleichung bleiben.

Je nach den Bedingungen kann der gleiche Sachverhalt sehr unterschiedliche Lernprozesse auslösen.

Nehmen wir den Satz »Die Winkelsumme im Dreieck beträgt 180°«:
Er kann unverstanden nachgesagt werden – was binnen fünf Minuten mit jedem Vierjährigen gelingt.
Er kann als Information übermittelt werden, wenn die Begriffe Dreieck, Summe und Winkel bekannt sind – was in 10 Minuten mit jedem Neunjährigen zu erreichen ist.
Er kann als übernommene Regel auf Winkelberechnungen angewendet werden – worauf man Zehnjährige in kurzer Zeit drillen kann.
Er kann in seiner geometrischen Beweisführung einsichtig nachvollzogen und dann doch unter »Lernwissen« abgespeichert sein – was bei Zwölfjährigen nur allzu oft geschieht.
Er kann als Problem in aufregendem Suchen auf verschiedenen Wegen selbständig gefunden und dann so gut verstanden sein, daß man selbständig auf die Winkelsumme in allen möglichen Vierecken schließen kann – was bei Gleichaltrigen mehr als eine Unterrichtsstunde fordern kann.
Er kann vom Mathematikstudenten in seiner relativen Geltung in Abhängigkeit von axiomatischen Vorgaben erkannt sein ... (vgl. Parreren 1969, 13).

Das heißt aber: Lehrmethoden sind nicht einfach aus Lerngesetzen abzuleiten; *Lehren ist selbst eine Bedingung des Lernens*, dieses ist abhängig vom methodischen Arrangement. Unterschiedliche Methoden bewirken – erleichtern oder erschweren jedenfalls – unterschiedliche Lernprozesse. (Lit. van Parreren 1969; Schröder 1977; Gagné 1980; Bonne 1980; Clarizio 1981; Mouly 1982; Aebli 1983; Terhart 1983; Edelmann 1986)

## Unterschiede der Altersstufen

Lernpsychologie fragt nach generellen Bedingungen und Abläufen menschlichen Lernens. Der Mensch *entwickelt* sich aber; sollte sein Lernen nicht auf verschiedenen Altersstufen unterschiedlich verlaufen, sollten ihm nicht jedenfalls bestimmte Arten des Lernens besser oder schlechter gelingen? Die Frage ist rhetorisch: Wir wissen, daß es so ist.

Kleine Kinder lernen durch Imitation und Probieren Schwimmen, Radfahren und sogar Violinspielen ohne viel Erklärung und Reflexion und gelangen zu einer selbstverständlichen Sicherheit der Bewegungsabläufe, die der Erwachsene kaum mehr erreicht.
Wenn es richtig sein mag, Jugendliche und Erwachsene am Übungshang aufzureihen und sie einzeln mit »Talski belasten, Gegenschulter zurück« das Sikfahren zu lehren, so ist dies bei jüngeren Kindern sicherlich falsch. Sie üben spielend im hügeligen Gelände, fallen hin und stehen wieder auf und fahren ohne alle Hemmungen dem Erwachsenen hinterher.
Eine Fremdsprache lernt das Kleinkind imitativ im Umgang, das Schulkind in Verbindung von Vokabelnpauken und gespielten Anwendungssituationen, der geschulte Jugendliche bzw. Erwachsene von den grammatischen Regeln her.

In engster Verquickung von reifenden Lernpotenzen und anregend-fördernder Umwelt entwickelt sich die Lernfähigkeit nicht nur quantitativ, im Umfang des Erfaßbaren, sondern auch *qualitativ*, in der Art und Weise seiner Bewältigung. Die Darstellung dieser Entwicklung in Stufen, ja sogar die Annahme von Reifungsgesetzlichkeiten überhaupt wurde vor einigen Jahrzehnten vehement in Frage gestellt. Man erklärte die ältere Entwicklungspsychologie für »überholt« und glaubte an die schier unbegrenzte Machbarkeit menschlichen Lernens durch das Arrangement günstiger Umweltbedingungen. Dadurch wurden einige allzu enge Festlegungen relativiert und pädagogischer Optimismus befördert. In der bereitwilligen Rezeption der neuen Ideen stak aber eine massiv ideologische Komponente: Sie wurden deswegen so begrüßt, weil sie das zu leisten versprachen, was die meisten sowieso wünschten, weil es ihren gesellschaftspolitischen Ideen entsprach.

Inzwischen ist Ernüchterung eingetreten, und man erinnert sich wieder der *entwicklungspsychologischen Fragestellung.* Natürlich stellt die Darstellung in Entwicklungsstufen eine Vereinfachung dar, aber sie liefert doch notwendige Orientierungspunkte gerade für den Lehrer in der Schule, der zunächst mit Durchschnittswerten rechnen muß, ehe er individuelle Abweichungen feststellen, ja überhaupt als solche definieren kann. So versteht es sich in der guten Praxis beinahe von selbst, daß Kinder auf unmittelbare Erfahrung, konkretes Beispiel, handelnden Umgang, lebendige Anschauung angewiesen sind, daß mit dem elften oder zwölften Jahr die Fähigkeit zu begrifflich-abstrakten Beweisführungen wächst, und daß die Welt der Ideen und Ideologien erst dem Jugendlichen und Adoleszenten etwas bedeuten kann.

Doch sind das nur Beispiele; eine ausführliche Entwicklungspsychologie hat hier nicht Platz. Wohl aber muß auf das *Problem altersgemäßer Lehrmethoden* hingewiesen werden. Nicht überall wurde es ausgeklammert. Wir finden es bei Montessori und Otto und auch bei Rudolf Steiner. Letzterer nimmt an, daß jeweils nach sieben Jahren das In-der-Welt-Sein und damit das Lernen des Kindes sich grundlegend verändere, und seine Anhänger in den Waldorfschulen ziehen daraus radikale Konsequenzen für einen entsprechenden Methodenwechsel. So weit muß man es nicht treiben. Aber die Frage nach altersgemäßen Methoden ist für den Lehrer, der mit sich entwickelnden Menschen zu tun hat, ein zentrales Anliegen. Für unser Thema bedeutet das eine weitere Relativierung der Stufenlehren, nicht im Sinne der Beliebigkeit, sondern in Richtung auf eine Spezifizierung ihrer Anwendungsbereiche. (Lit. s. 6.2.2)

*Individuelle Unterschiede*

Noch sind wir nicht am Ende der Relativierung und Spezifizierung. Auch innerhalb der Altersgruppen unterscheiden sich die Menschen nach ihrer *individuellen Lernweise.* Wir wissen heute aus vielen Untersuchungen, daß Schüler unterschiedlich gut auf bestimmte Methoden ansprechen. Sie unterscheiden sich nicht nur nach dem Zeitpunkt und Grad der Lernbereitschaft, sondern auch in der Art ihres Zugriffs. Der eine lernt besser induktiv, der andere deduktiv, der eine mehr analysierend, der andere aus Elementen aufbauend; der eine neigt mehr zur ganzheitlich-emotionalen Bewertung, der andere zur rationalen Analyse. »Entdeckendes Lernen« fordert die selbstsicheren Schüler heraus. Bei schwächeren, unsicheren, auch sozial benachteiligten kann es eher Angst und Verwirrung bewirken. Man kann Probleme der Unterrichtsmethode heute nicht mehr diskutieren, »als wenn alle Kinder erbgleiche Zwillinge wären, die einheitlich auf verschiedene Lehrsysteme reagierten« (Eysenck 1975, 149, 253).

Das bedeutet für die Praxis nicht notwendig den totalen Einzelunterricht. Es bedeutet aber sorgfältige Beobachtung und gezielte Lernhilfe zur Überwindung der jeweiligen persönlichen Schwierigkeiten, und es verlangt beim Lehrer Zeit für persönliche Zuwendung und ein differenziertes Wissen um Vorzüge und Schwierigkeiten der einzelnen Methoden. Er wird dadurch mehr gefordert, zugleich aber entlastet vom Anspruch des »Richtigmachens«.

Dogmatisches Beharren auf einer bestimmten Methode kann also schon deswegen nicht richtig sein, weil diese eine Methode nicht allen Schülern gleich gut bekommt. *Methodische Vielseitigkeit gibt mehr Schülern eine Chance, auf die ihnen am besten liegende Weise zu lernen.* (Lit. Flammer 1975; Glogauer 1976; Glöckel 1983a, Einsiedler 1988a, b)


## 3.2.6 Lernzielorientierung (die »Lernziel-Welle«)

### a) Programmatisches

Daß Unterricht als absichtsvolles Handeln notwendigerweise ein Ziel hat (Zielgerichtetheit),
daß der Lehrer sich dieses Ziel gut überlegen muß (Zielklarheit),
daß Unterrichtsaufbau und Einzelmaßnahmen dem Ziel auch wirklich dienen und ihm nicht insgeheim widersprechen sollen (Zielgemäßheit),
daß den Schülern das Ziel bekannt sein soll, sie soweit möglich auch bei seiner Aufstellung mitwirken sollen (Zielorientierung durch Zielangabe),
das alles ist seit langem unumstritten.

In den sechziger Jahren erhob sich in enger Verbindung mit der Verhaltenspsychologie (3.2.5a) und der Curriculumrevision (5.2.3) die Forderung nach »Lernzielorientierung« des Unterrichts in einem neuen, radikaleren Verständnis.

Man teilte die Ziele nach ihrem *Allgemeinheitsgrad* in »Richt-, Grob-, Feinziele« ein und erhielt so eine Hilfe zur übersichtlichen Durchgliederung der Lehrpläne.

Man unterschied verschiedene *Arten von Zielen* mit Hilfe von »Taxonomien« (= theoretisch begründeten Klassifikationen) nach ihrer Zugehörigkeit zu psychischen »Dimensionen« (z. B. kognitiv, affektiv, psychomotorisch bzw. pragmatisch), gliederte diese wieder »hierarchisch« nach bestimmten Kriterien und förderte so die Einsicht, daß es unterschiedliche Arten und Qualitätsebenen von Lernakten und Lernergebnissen gibt.

Man empfahl die »*Operationalisierung*« der Ziele, d. h. ihre Formulierung in Verhaltensbegriffen unter möglichst exakter Angabe der Verhaltensbedingungen und Beurteilungsmaßstäbe, um den Unterricht zielstrebiger und seinen Erfolg besser kontrollierbar zu machen.

Man erwartete allgemein von der Lernzielorientierung bessere *Transparenz*, präzisere *Planung* und höhere *Effektivität* des Unterrichts. (Lit. Bloom 1972; Krathwohl 1975; Mager 1965; Möller 1976)

Die Forderung nach Lernzielorientierung entsprach den Anliegen der Zeit, stieß auf reges Interesse und wurde bald zur offiziellen Doktrin in Lehrplänen und Lehrerausbildung. Insbesondere in den Fachdidaktiken wurde sie vielfach als hilfreich empfunden, und sie weckte Interesse an Didaktik auch in Kreisen, die vorher wenig von ihr wissen wollten, so z. B. in der Gymnasial-, der Berufs- und der außerschulischen Pädagogik.

Die Idee hielt aber nicht alles, was sie versprach. Ihre Umsetzung in die Praxis führte zu kuriosen Mißbräuchen, und bald zeigte sich die Gefahr einer neuen Lernziel-Orthodoxie, die hartnäckig auf Positionen beharrte, die unzureichend durchdacht waren und sich auf die Dauer nicht halten ließen. Sehr bald setzte denn auch die Kritik ein. (Lit. Blankertz 1969; Rumpf 1971a; Flügge 1971; 1972; Boeckmann 1974; Glöckel 1975; 1977; 1979; H. Meyer 1976; Hachmöller 1977; Ballauff 1978; Kozdon 1980; Benden 1977; 1982; Oblinger 1985)

## b) Kritisches

### Lehr- oder Lernziele

Die Bezeichnung »Lernziele« ist eine relativ willkürliche Übersetzung des in Amerika seit langem üblichen Begriffs »objectives«. Soweit sie von Lehrplankommissionen und Lehrern aufgestellt werden, sollten sie besser »Lehrziele« heißen. »Lernziele« werden sie erst dann, wenn die Schüler sie sich zu eigen gemacht haben. Beide Begriffe bezeichnen den gleichen Sachverhalt aus jeweils unterschiedlicher Perspektive.

### Sinnvolle Abstraktionsebenen

Die Unterscheidung von Richt-, Grob- und Feinzielen hat sich als brauchbare Ordnungshilfe insbesondere für Lehrpläne erwiesen. Sie gibt aber nichts her für die Begründung von Zielen, und man kann insbesondere die konkreteren Ziele nicht aus den allgemeineren durch logische Deduktion »ableiten«; denn in jede Konkretisierung gehen zusätzliche Merkmale ein, die wieder eigens begründet werden müssen (vgl. 5.4.7).

*Fragwürdige Taxonomien*

Die Versuche der Lernzielklassifizierung haben didaktisch Ungeschulte nachdrücklich darauf aufmerksam gemacht, wie unterschiedlich Lehrziele in Qualität und Komplexität sein können. Unglücklicherweise erhielten jedoch von allen Klassifikationen, ehe man sie auf ihre Brauchbarkeit gründlich geprüft hatte, ausgerechnet die Taxonomien von *Bloom, Krathwohl und Dave* größte Popularität, ja bisweilen fast den Rang eines Dogmas. Ursprünglich zum Vergleich von Prüfungsaufgaben entworfen, und zwar nach Aussage der Verfasser selbst aufgrund psychologischer und logischer, nicht etwa didaktischer Überlegungen, unterschied man hier drei psychische Bereiche, den kognitiven, den affektiven und den psychomotorischen, und innerhalb dieser Bereiche Niveaustufen der Komplexität bzw. Internalisierung bzw. Koordination, die selbst wieder weiter untergliedert waren. Im Überblick sieht das so aus:

Kognitiver Bereich (Gliederungsaspekt Komplexität): Kenntnisse – Verstehen – Anwendung – Analyse – Synthese – Bewertung
Affektiver Bereich (Gliederungsgrundsatz Internalisation): Aufmerksamwerden – Reagieren – Bewerten – Einordnen – Bestimmtsein durch Werte
Psychomotorischer Bereich (Gliederungsaspekt Koordination): Imitation – Manipulation – Präzision – Handlungsgliederung – Naturalisierung

Die Klassifikation ist nicht nur kaum praktikabel. Sie leidet an dem grundsätzlichen Fehler, daß sie – in Neuauflage einer überholten psychologischen Vermögenslehre – *Funktionsbereiche* der Psyche trennen will, die in Wirklichkeit nur *Aspekte* der als Ganzes handelnden Person sind. Sie eignet sich allenfalls für analytische, nicht aber für planend-konstruktive Zwecke. So hat sie denn ein laienhaftes Psychologisieren, ein Basteln an ellenlangen Lernziellisten mit fragwürdigen Formulierungen und nahezu willkürlichen Einordnungen ausgelöst, das oft zum Selbstzweck wurde und dem tatsächlichen Geschehen beim Lernen nicht entsprach. Vor allem verdeckte sie die entscheidende Einsicht, *daß unterschiedlichen Zielen auch unterschiedliche Methoden entsprechen müssen*, und daß auf diesen das Hauptaugenmerk liegen muß, wenn das Ganze einen Sinn haben soll.

Rein psychologisch ist auch die Hierarchie der Lernarten nach *Gagné* (1980) begründet, die von einfachsten Assoziationen bis zu komplexen geistigen Leistungen reichen:

Signallernen – Reiz-Reaktionsverbindungen – motorische Kettenbildungen – Verbale Assoziationen – Multiple Diskriminationen – Begriffe – Regeln – Problemlösen

Hier ist der Bezug zu den jeweiligen Lernbedingungen schon enger gesehen. Doch steht auch diese Einteilung den tatsächlichen schulischen Aufgaben zu fern, als daß sie sich bei ihnen bewähren könnte.

Der *Deutsche Bildungsrat* hat nach dem Vorschlag von H. Roth eine schulnähere Unterscheidung getroffen (1970):

- Reproduktion (Wiedergabe aus dem Gedächtnis auf Abruf durch Stichworte)
- Reorganisation (eigene Verarbeitung und Anordnung des Gelernten)
- Transfer (Übertragung der Grundprinzipien auf neue, ähnliche Aufgaben)
- Problemlösendes und entdeckendes Denken (produktive, für den Lernenden neuartige Leistungen)

Sie ist überschaubar und macht die Niveauunterschiede von Lernprozessen besonders deutlich, bleibt aber ebenfalls psychologisch formal, betrifft nur kognitive Prozesse und erfaßt so nicht alle Lehr-Lernaufgaben der Schule.

Eine Lehrzielordnung ganz anderer Art findet sich bei *Tyler* (1973):

Informationen – Arbeitsgewohnheiten und Fertigkeiten – effektive Denkweisen – Soziale Einstellungen – Interessen – Wertgefühle – Empfindungsvermögen – persönliche soziale Anpassung – Aufrechterhaltung physischer Gesundheit – Entwicklung einer Lebensphilosophie

Ihr steht die von *Klingberg* nahe (1972):

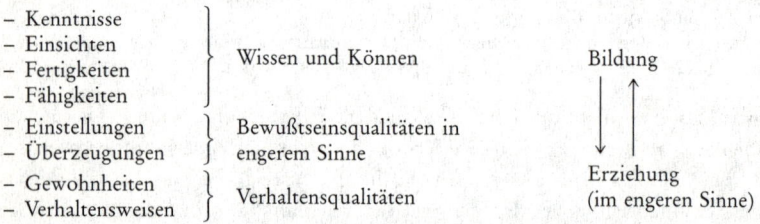

Bei den letzten Ordnungsversuchen wird nicht künstlich nach abstrakten Persönlichkeitsbereichen unterschieden, weil eben Fertigkeiten nicht nur »psychomotorisch« sind, sondern Wissen und Bereitschaft einschließen, Einsichten nicht nur im »Kognitiven«, sondern auch im Emotionalen verwurzelt sind, Einstellungen nicht nur »Affekte«, sondern auch Überlegungen, Urteile (oder Vorurteile) und Handlungsbereitschaften umfassen. Man geht von *inhaltsbezogenen Lernaufgaben* aus, wie sie in bunter Fülle tatsächlich vorkommen, und versucht, sie nach gewissen »Typen« zu ordnen. Das geht nicht ohne Analyse der »Sachstruktur«, erweist sich aber als hilfreicher denn ein laienhaftes Hantieren mit leeren psychologischen Kategorien. Ein solcher *genuin didaktischer Ansatz* bietet bessere Aussichten, eine brauchbare Lehrzielordnung zu schaffen. Auch ich gehe von diesem Ansatz aus. Zu welchen Ergebnissen er geführt hat, soll weiter unten deutlich werden (3.3.4 b).

*Grenzen der Operationalisierung*

Die Überlegung, was man die Schüler tun lassen will, um den Lernerfolg festzustellen – denn das ist der eigentliche Sinn der Operationalisierung – hat durchaus ihren Sinn. Man plant den Unterricht gewissermaßen von hinten her, weiß somit besser, worauf man hinaus will, und arbeitet zielstrebiger. In der Praxis empfiehlt sich eine Formulierung, die die geforderten Inhalte und Tätigkeiten beschreibt, z. B.:

> »Die Schüler sollen am Ende der Unterrichtseinheit die Größen Länge, Breite, Fläche und Umfang des Rechtecks reversibel in Beziehung setzen und entsprechende Aufgaben unter richtiger Verwendung der Maße überschlagen und richtig ausrechnen können.«

Doch erwies sich auch das Operationalisieren als schwieriger denn erwartet:

- Operationalisierung verführt zur Überschätzung des Endverhaltens, das doch nur Indiz für die Zielerreichung, nicht aber das Ziel selbst ist; denn dieses kann nur in der bleibenden Disposition zu solchem Verhalten bestehen, einem »inneren« Sachverhalt.
- Operationalisierbarkeit eines Ziels bedeutet noch nicht seine Wünschbarkeit. Das kann zur Vernachlässigung wichtiger, aber nicht operationalisierbarer und nicht leicht kontrollierbarer Ziele führen. In der Regel stehen Operationalisierbarkeit und Wichtigkeit eines Ziels in umgekehrtem Verhältnis.

## c) Bleibendes

Die Unterscheidung von Lehrzielen und ihre Beschreibung in einem sinnvollen Grad der Konkretheit macht didaktisches Denken und Handeln differenzierter und präziser. Sie kann nach unterschiedlichen Aspekten erfolgen:

- nach *Zielbereichen* (z. B. Kenntnisse, Einsichten, Fertigkeiten, Gestaltungsaufgaben, Einstellungen ...)
- nach dem *Niveau der Anforderungen* (z. B. Erwerb und Wiedergabe, Umformung, Zusammenfassung, selbständige Lösung oder Anwendung, kritische Auseinandersetzung ...)
- nach dem *Intensitätsgrad* der Verfügung über das Gelernte (z. B. Ersteindruck, Überblick, vertieftes Verständnis, sichere Beherrschung ...)

Das alles hat aber nur Sinn, wenn solchen Unterscheidungen die notwendigen Konsequenzen folgen:

*Unterschiedliche Arten von Lehrzielen fordern unterschiedliche, den jeweiligen Zielen gemäße Unterrichtsmethoden.*

Wenn die »Lernzielwelle« über äußere Geschäftigkeit hinaus zu dieser Einsicht geführt hat, hat sie ihren Beitrag zur Methodenfrage geleistet.

Auch auf diesem Wege kommen wir zum Schluß: *Es gibt nicht die eine, es gibt aber auch nicht jede beliebige, es gibt die jeweils angemessene Methode, und man muß viel wissen, um sie zu finden.*

### 3.2.7 Jüngere Ansätze eines »offeneren« Unterrichts

Nicht zuletzt als Reaktion auf die »geschlossenen« Verfahren, die einengenden Tendenzen der Verhaltensformung und der Lernzielorientierung wendet man sich wieder Unterrichtsverfahren zu, die in ihrem Verlauf, teilweise auch in ihrem Inhalt größere Freiheiten lassen, also »offeneren« Charakter haben. Zum Teil sind es Wiederaufnahmen reformpädagogischer Gedanken in zeitgemäßer Umformung, zum Teil auch neue Ansätze. Wie immer, so besteht auch jetzt die Gefahr, daß wertvolle und begrüßenswerte Ideen durch Verabsolutierung Schaden erleiden. Auch sie müssen »kritisch« betrachtet werden, was bekanntlich nicht »von vornherein ablehnend«, sondern »sorgfältig unterscheidend« heißt.

### a) Entdeckendes Lernen

Über Sinn und Wert dieses Verfahrens wurde bei Gaudig, Kerschensteiner und Dewey, dann bei Copei und Wagenschein und endlich bei Bruner schon das Nötige gesagt. Seitdem es wieder modern geworden ist, »entdeckend« lernen zu lassen, droht dem Begriff die Aufweichung, und er muß für so manches Vorgehen herhalten, das nicht mehr als ein gängelndes Herausfragen ist (3.2.3 b; 3.2.4; 3.2.5 b).

Ganz falsch wird es dort verstanden, wo man es mit dem »trial and error« der Behavioristen gleichsetzt. Dieses meint eine statistisch ermittelte Erhöhung der Trefferquoten beim blinden Probieren, etwas völlig anderes als das sinnhafte Suchen nach einer Problemlösung. (Schon die Übersetzung mit »Versuch-Irrtum-Lernen« ist ungenau, weil »Irrtum« in unserer Sprache ein mentaler, auf das Verhältnis des Erkennenden zum Sachverhalt bezogener Begriff ist.)

Deswegen sollte der eigentliche Begriff in seiner spezifischen, für die Didaktik so wertvollen Bedeutung festgehalten und gegen Mißbrauch hartnäckig verteidigt werden. Er meint von der Sache wie auch vom Weg her etwas ganz Bestimmtes:

Entdecken kann man eine *Sache* nur, die schon da ist, nur eben noch nicht bekannt, wie z. B. eine mathematische Regel, ein Naturgesetz, einen historischen Zusammenhang, nicht etwas, das man erst schaffen oder gestalten muß bzw. über das man unterschiedlicher Meinung sein kann.

Der *Weg* darf nicht bis ins letzte festgelegt sein, er muß die Chancen selbständigen Suchens auch über Irrwege hinweg offenhalten. Auf höherem Niveau, methodisch reflektiert und mit umfänglicheren Aufgaben mag man auch von »forschendem Lernen« sprechen. Daß es sich hierbei nicht um völlig unbetreutes Suchen handelt, sondern immer um ein den Kräften entsprechendes »guided discovery«, versteht sich schon aus dem Begriff des Unterrichts. (Lit. H. Roth 1957; Foster 1974; Metzger 1971; Riedel 1973; Joerger 1975; 1980; Aebli 1983; Neber 1981; Einsiedler 1979, 1985 b; Oblinger 1985)

## b) Kreativitätsförderndes Lernen

Was in der Reformpädagogik als hochzielende »Entfaltung des Schöpferischen im Kinde«, bescheidener als »Förderung produktiver Kräfte« angestrebt wurde, kehrte in unserer Zeit unter dem Namen »Kreativität«, einer Nicht-Übersetzung aus dem Englischen, wieder und verflachte sogleich unter der Inflation des Wortes.

Zweifellos handelt es sich um eine hohe Form des geistigen Schaffens, bei dem nicht nur der Weg zum vorbestimmten Ziel, sondern auch das Ziel selbst offen ist, bei dem etwas Neues geschaffen wird, das vorher nicht in dieser Form da war. Es geht mit weniger »konvergentem« und mehr »divergentem« Denken einher. Das schöpferische Moment kann sich in verschiedenen Sachbereichen bewähren:

– als »*gedankliche Kreativität*« ansatzweise schon beim problemlösenden, entdek-
  kenden, forschenden Lernen, voll erst da, wo nicht nur vorgegebene Probleme
  gelöst, sondern neue Probleme erkannt und definiert werden;
– als »*schaffende Kreativität*« beim Erkennen und Bewältigen praktisch-gesellschaft-
  licher Aufgaben, z. B. in Vorhaben oder Projekten;
– als »*gestaltende Kreativität*« in Kunst, Musik, Tanz, Sprache.

So unterschiedlich die einzelnen Verfahrensweisen in so heterogenen Sachgebieten auch sein mögen, so haben sie doch etwas gemeinsam, das wir schon bei Copei, Metzger u. a. fanden: Es muß ein »*Problemdruck*« da sein, ein aus dem Innersten kommender Drang, das Problem zu lösen, es muß *harte Arbeit* über Mißerfolge und Enttäuschungen hinweg geleistet werden, und man darf doch nicht in der Aufgabe gefangen sein, sondern es muß *Phasen der Distanz* von ihr, der Offenheit für produktive Einfälle geben. Gefördert werden diese durch *Freiheit* für Wagnis und Experiment, *Ermutigung* zum Denken des Ungewöhnlichen, eine tolerante, offene *Atmosphäre* – und viel *Zeit* für die gründliche und zugleich gelassene Vertiefung in die Sache ohne Hetze und Stoffdruck.

Diese Bedingungen *begünstigen* aber nur, sie *bewirken nicht* den Einfall. Auch die kreative Leistung, gerade sie, basiert auf solidem Wissen und Können, vielseitiger Betätigung und Erfahrung, einem reichen Fundus an Bildern und Vorstellungen, die man durch fleißiges Lernen einmal erworben haben muß, einem immer tieferen Eindringen in die Sache.

Damit ist das Wesentliche auch für die *Kreativitätsförderung* in *der Schule* gesagt. Selbstverständlich kann es hier nicht um »objektiv Neues« gehen, den erstmaligen und einzigartigen Beitrag wirklich schöpferischer Menschen zur Kultur, sondern um das »subjektiv« Neue, das ein Kind jeweils neu für sich erkennt, schafft oder gestaltet. Aber auch hier geht es nicht ohne Maßstäbe für das Geschaffene. Es darf nicht nur etwas »Neues« sein, denn neu sind auch Irrtümer, Skurrilitäten und Pfuschwerke; es muß etwas »Gutes« – Richtiges, Brauchbares, Schönes, Überzeugendes ... – sein, relativ zu den jeweiligen Kräften und Möglichkeiten, aber nicht ohne den Anspruch der Sache. Wo dieser Maßstab für das Produkt völlig fehlt, wo man vorurteilhaft alles bejubelt, was ein Schüler produziert, da verdirbt man nur den Begriff des Kreativen und verliert das eigentlich Wertvolle an ihm.

Auch für die *Maßnahmen zur Kreativitätsförderung* ist der Weg vorgezeichnet. Sie bestehen nicht, jedenfalls nicht primär in einem direkten »Kreativitätstraining« mittels der Produktion von Unsinn in allerlei Spielchen, nicht im »brain storming« und ähnlichen Unverbindlichkeiten. Diese können allenfalls die Atmosphäre auflockern und zur freien Äußerung ermutigen. Wichtiger ist, daß man solides Können und Wissen vermittelt, zu eingehender Beschäftigung mit den Sachverhalten anhält, die Phantasie mit reichen Bildern füllt, was alles auf »nicht-kreativem« Wege vor sich geht, daß es dann gelingt, Aufgaben zu stellen, die bei den Schülern »zünden«, daß man ihnen Zeit läßt zur Vertiefung und zur Muße und ihnen die gelassene, zurückhaltende und ermutigende Hilfe gewährt, die sie brauchen.

Ein Letztes: Wer sagt denn, daß Kreativität *immer etwas Positives sei*? Es steckt viel Kreatives auch in der Erfindung von Folterwerkzeugen und Waffen, Flugzeugentführungen und Gaskammern. Es kommt also nicht nur darauf an, daß irgend etwas geschaffen werde; denn dieses kann nicht nur skurril oder unbrauchbar, es kann auch böse sein. Kreativitätsförderung ist pädagogisch nur zu rechtfertigen, wenn zugleich mit ihr die Verantwortlichkeit gefördert wird, d. h. im Rahmen von *Erziehung*. Auch deswegen sollte man das Wort vorsichtig gebrauchen und doch lieber öfter von »produktivem« als von »kreativem« Lernen reden. (Lit. Ullmann 1993; H. Roth 1976; Cropley 1978; Aebli 1983)

## c) Projektunterricht

Herkunft, Verfahren und Bedeutung des Projektunterrichts wurden oben (3.2.3b) schon behandelt. Weil man sich über seinen Wert einig ist, ist das Schwärmen für Projektunterricht aber auch zur Mode geworden. Man möchte zeitgemäß sein und heißt nun jede umfangreichere Unterrichtseinheit schon »Projekt«, auch wenn sie am Ende nur zu einem Hefteintrag oder – noch armseliger – zum Ausfüllen eines sog. Arbeitsblattes führt. Das mag gut gemeint sein, entwertet aber den Begriff. Man sollte nur dort vom Projektunterricht sprechen, wo wirklich gehandelt wird und am Ende *das greifbare Werk in seiner relativen, brauchbaren Vollendung* steht.

Auch kann man nicht alles in Projekten lernen:
– Schon aus organisatorischen Gründen bleiben sie eher die Ausnahme. Sie kosten außerordentlich viel Zeit, passen nicht in den üblichen Stundenplan und fordern einen Einsatz, den man nicht ständig durchhalten kann.
– Es ist auf die Dauer gar nicht einfach, sinnvolle und durchführbare Aufgaben von gesellschaftlich relevanter Bedeutung zu finden. Projekte sind kaum wiederholbar.
– Es gibt prinzipielle Grenzen. Handlungsziele sind nicht immer Lernziele, der

Handlungsdruck oder -zug in der Realsituation kann das Lernen auch beeinträchtigen. Der Lernprozeß folgt anderen Gesetzen als der Produktionsprozeß.

Das Projekt zentriert Wissen und Können auf eine bestimmte Mitte, an ihm lernt man die Komplexität der Faktoren und Aspekte. Es eignet sich aber nicht zur planmäßigen Einführung in zusammenhängende Wissensgebiete. Im Projekt lernt man weder Rechnen noch Rechtschreiben, weder eine Fremdsprache noch eine zusammenhängende Schau der Geschichte oder des Erdballs. Das wird auf der Ebene des Lehrgangs noch deutlicher werden. (Lit. Szaniawski 1965; Kreft 1974; Knoll 1984; 1988; 1992; Bielefeldt/Emundts 1987; Oblinger 1985; s.a. 3.2.3.b u. 4.2.7)

### d) Handlungsorientiertes Lernen

Auch diese Formel hat neue Aktualität, wenn auch nicht klare Begrifflichkeit erlangt. Zuweilen wird sie mit dem Begriff des »praktischen Lernens« gleichgesetzt, der als der engere ihr aber unterzuordnen ist. Was sind die Grundgedanken?

*Motive*

Der Mensch »verhält sich« nicht nur als Organismus im Reagieren auf innere oder äußere Reize, er »handelt« als Person, bewußt, unter Verwendung von Mitteln, gemäß den Bedingungen der Situation, mit der Wahrnehmung von Erfolg oder Mißerfolg, mit einem Wort: sinnhaft. *Handeln* ist der Kern seines Wesens, sein anthropologisches Grundmerkmal. Bei Dewey und wieder bei Piaget fanden wir schon diese Auffassung von der Priorität des Handelns vor dem Erkennen, dem Dienstcharakter des Denkens für das Handeln.

Das hat Folgen für das Lernen und den Unterricht: Handeln folgt nicht nur, wie in vielen der bisher behandelten Stufenlehren, als »Ausdruck« dem »Eindruck«, als »Anwendung« der »Einsicht« nach, *es geht ihnen oft auch voraus.* »Das Denken steigt von der Hand in den Kopf und kommt dann wieder weiser und wirksamer zurück zur Hand; es gibt ein dialektisches Verhältnis zwischen der Fähigkeit des Verstandes und der Gewandtheit der Hände« sagt Bergson (Fundort nicht mehr bekannt). Ein amerikanischer Psychologe drückte es so aus: »Wie kann ich wissen, was ich denke, bevor ich fühle, was ich tue?« (nach Bruner 1972, 41).

*Kindern* ist dieser Weg vom Tun zum Verstehen besonders gemäß. In den Waldorfschulen führt der methodische Weg grundsätzlich vom Anschauen und Erleben über das Tun zur vorsichtigen Bewußtmachung auf einem lange dauernden Erkenntnisweg. Überhaupt ist Handeln, etwas Bewirken in ganzheitlicher Betätigung von »Kopf, Herz und Hand«, ein *Grundbedürfnis* des jungen Menschen. Es befriedigt seinen Tätigkeitsdrang, nötigt ihn zur Auseinandersetzung mit der widerständigen Sache, vermittelt ihm Erfahrungen mit der Wirklichkeit der Dinge und der Menschen, fordert ihn zur Bewährung, gibt ihm Chancen zur Entfaltung seiner Begabungen, zur

Selbsterkenntnis und Selbstbestätigung, läßt ihn den Sinn seines Tuns im gesellschaftlichen Zusammenhang erleben. (Lit. Fauser 1983; 1988; 1991; Aebli 1980; 1983; Oblinger 1985; Meyer 1987/II; Lersch 1988; Duncker 1989; Flitner 1990; Jank/Meyer 1991; Lütgert 1993; Gudjons 1994)

So kann die Idee des Lernens im Handeln und durch das Handeln nicht falsch sein. Sie wird freilich unterschiedlich ausgelegt und umgesetzt.

### »Natürliches« Lernen

Es gibt ein »natürliches«, »zufälliges«, »inzidentielles«, »autonomes«, unbeabsichtigtes Lernen im alltäglichen Handeln. Wir alle haben unendlich viel auf diese Weise gelernt und tun es noch immer. Wo man dieses Lernen aber als Grundprinzip der Schule propagiert, steckt darin ein gutes Stück Selbst- und Fremdtäuschung. Man möchte die Kinder gar nicht merken lassen, daß sie lernen sollen, weil man dies als eine ungebührliche Zumutung empfindet, und versteckt die Absicht daher im praktischen Tun. Dabei müßte man doch wissen von der Bedeutung der Lerneinstellung für den Lernerfolg, vom echten, unbändigen Lernwillen der Kinder, von der Aufgabe der Schule, das Lernen eben nicht »wie im Leben« zu betreiben, sondern methodisiert und damit effektiver und erfolgreicher. Gewiß hat auch das »natürliche Lernen« seinen begrenzten Platz in der Schule, insbesondere in den vielfältigen Situationen und Geschehnissen eines reichhaltigen Schullebens. Es kann aber das methodisch geleitete Lernen nicht überflüssig machen.

### Förderung von Anschauung und Erfahrung

Handeln dient dem Erwerb intensiver Anschauungen und klarer Begriffe. Daß man Sachverhalte erst richtig kennenlernt, wenn man sie nicht nur betrachtet, sondern handelnd mit ihnen umgeht, und zwar sowohl auf der Stufe des Ersterwerbs wie der Aufarbeitung und der Anwendung, daß also »Anschauung« und »Selbsttätigkeit« eng verwoben sind, ist didaktisches Allgemeingut. Ob im Modellbau am Sandkasten, beim Nachspielen einer historischen Szene, im physikalischen Experiment oder beim Zeichnen einer Blüte, immer wird die Beobachtung schärfer, das Verständnis tiefer, das Behalten fester, der Einsatz intensiver, das Interesse größer. Man möchte an Stiegers »Unterricht auf werktätiger Grundlage« in der Schweiz (1951) erinnern, an Ebelings hervorragende Beispiele handelnden Lernens im Geschichtsunterricht (1964), an Rabensteins »Handlungseinheiten«, diese meisterhaften Mini-Vorhaben für die Grundschule (1969), an Freinets Schuldruckerei (1979) ... Aber das wären nur Beispiele aus der unübersehbaren Fülle methodischer Ideen, teils schon bei den Herbartianern, voll erst in der Arbeitsschulbewegung verwirklicht, die heute zum selbstverständlichen Grundbestand der Didaktik gehören.

## Vorstufe der Operation

Die Rolle des Handelns in diesem Zusammenhang ist bei Piaget schon erläutert worden. Von materialistischen Grundlagen her kommt der sowjetische Psychologe Galperin zu einem vergleichbaren Gang der Interiorisation in der Abfolge von »Orientierungsgrundlage – materialisierte Handlung – sprachlich gefaßte Handlung – inneres Sprechen« (vgl. Meyer 1987/I, 187ff.).

## Gegenstand des Unterrichts

Handeln ist selbst Unterrichtsgegenstand, wo dieser in einem Handlungsvollzug besteht, wie das Zubereiten einer Speise, die Fertigung einer technischen Zeichnung, die Herstellung eines Werkstücks oder eines mikroskopischen Präparats. Das ist vorwiegend in den »praktischen Fächern« der allgemeinbildenden Schule der Fall, im Werk-, Handarbeits-, Hauswirtschaftsunterricht, daneben bei der Einschulung fachgemäßer Arbeitsweisen in anderen Fächern, wie wir sie schon als eigene Lehrziele kennengelernt haben. Die eigentliche Domäne dieses Verständnisses von »handelndem Lernen« ist aber die Berufsausbildung. Für die dort vorliegenden Lehraufgaben, die in der Regel auf die Herstellung eindeutig definierter Ergebnisse in ebenso eindeutigen Handlungsvollzügen zielen, sind in den genannten Fächern bzw. Schulen eigene, zweckmäßige Methoden entwickelt worden, die freilich nicht immer »offen« sein können. Sie dürfen bei allgemeindidaktischen Überlegungen nicht übersehen werden. (Vgl. 3.3.4.b)

## Bewältigung lebenspraktischer Aufgaben

Hier sind Vorhaben und Projekte anzusiedeln, weil sie eben diesen Namen nur verdienen, wenn tatsächlich gehandelt wird. Sie wurden schon an zwei Stellen (3.2.3 u. 3.2.7.c) ausführlicher behandelt.

## Verantwortliche Teilhabe am gesellschaftlichen Leben

Zum Tätigsein und Sammeln praktischer Erfahrungen kommt hier der pädagogisch so wichtige Gedanke der Verantwortung in der Ernstsituation. Hierher gehören die »Dienste« in Feuerwehr, technischer Nothilfe, Seenotrettung usw. in den Landerziehungsheimen Kurt Hahns. Hier einzuordnen sind die »Praktika« verschiedenster Art, vom Betriebspraktikum der Hauptschüler bis zum Schulpraktikum der Lehrerstudenten, als unersetzbare Maßnahmen zur Vermittlung von praxisnaher Theorie und theoriegeleiteter Praxis. Weiter zielt der »polytechnische Unterricht« nach Marxens Vorstellungen auf die Verbindung von Lernen mit Arbeit in der Produktion, eine pädagogisch sinnvolle Grundidee, die aber in der Durchführung überall auf große Schwierigkeiten stößt. Der konsequenteste Gedanke einer »Produktionsschule«, die sich ökonomisch selbst unterhält und zugleich allgemeine Bildung vermittelt, ist nirgendwo erfolgreich verwirklicht worden und wohl auch nicht verwirklichbar, weil er die besondere Funktion von »Schule« im Rahmen des »Lebens« nicht wahrhaben will.

*Grenzen*

Handlungsorientiertes Lernen in seinen verschiedenen Zielsetzungen und den entsprechenden Verfahrensweisen ist ein notwendiges Gegengewicht zum einseitig »verkopften« Lernen, insbesondere in den allgemeinbildenden Schulen hierzulande und in der ganzen Welt. Es verdient alle Förderung, läuft aber zur Zeit Gefahr, zur Mode zu werden, jedenfalls in der Theorie. Seine Grenzen liegen
- praktisch in räumlichen, zeitlichen, materiellen Vorgaben,
- didaktisch in seiner Unangemessenheit für Lernaufgaben, die andere Verfahren fordern,
- pädagogisch im Wesen der Schule als eines Schonraumes gegenüber der vollen Lebensverantwortung und Lebensnot,
- anthropologisch in der schon einmal (3.2.3 b) aufgeworfenen Frage, ob wirklich alles Erkennen aus dem Handeln kommt, oder ob nicht zu den Wesensmerkmalen des Menschen ein ebenso primäres »theoretisches« Interesse, ein Wissenwollen um seiner selbst willen gehört, das seine Wurzeln nicht im Handeln, sondern im Schauen und im Empfangen hat. (Vgl. Peter 1954; Aebli 1983)

### e) Lernen im Spiel

*Ursprünge*

Der Gedanke, daß man auch beim Spielen lernen könne, besser und freudiger als auf andere Weise, erhielt immer dann Auftrieb, wenn neben der Sache und dem gesellschaftlichen Auftrag die Eigenart und das Recht des Kindes in den Blick kamen. Hans Scheuerl hat gezeigt, wie auch in diesem Falle die Reformpädagogik zu einer neuen Wertschätzung und Kultivierung des Spielens in seinen verschiedensten Formen geführt hat: vom freien Spiel als dem Urquell alles schöpferischen Tuns bis zum raffiniert entworfenen »Lernspiel«, von der erholsamen Unterbrechung der Arbeit bis zur weltanschaulich überhöhten kultischen Handlung. Vieles davon wird in unserer Zeit wieder aufgenommen, manches Neue kommt hinzu. Die Motive und Formen reichen von einem oberflächlichen Hedonismus, nach dem Schule immer »Spaß machen« müsse und nur dann Spaß mache, wenn sie dem Kind möglichst wenig abverlange, bis zu wohl begründeten, meisterhaft verwirklichten Beispielen erfolgreichen Lernens im Spiel und durch das Spiel. (Lit. Scheuerl 1959; Daublesky 1983; Kluge 1981; Meyer 1987/II; Flitner 1972; Spanhel 1985; 1985 a; Einsiedler 1991; Schuster 1994)

## Wesen des Spiels

Der Begriff »Spiel« deckt eine weite Spanne von Erscheinungen. Ihre gemeinsamen Wesenselemente sind das *Freisein von Zwecken* und Zwängen des Daseinskampfes, das Aufgehen in der Gegenwart, die Selbsterfüllung in der »inneren Unendlichkeit« des freudigen Tuns um seiner selbst willen, die ganzheitliche Betätigung von »Kopf, Herz und Hand«, die »Scheinhaftigkeit« des Handelns in einem Reich der Phantasie, und alles doch nicht ungeordnet und willkürlich, sondern in der *Bindung an das Gesetz der Sache*, des elastischen Balles oder der angemessenen Sprache, und das *Recht des anderen*, die vereinbarte Regel und die sichere Ordnung. Spiel bewegt sich in der Ambivalenz von Befreiung und Bindung, Unverbindlichkeit und ernster Hingabe, Offenheit innerhalb klar bestimmter Grenzen, die doch in Freiheit angenommen sind; denn zum Spielen kann man nicht gezwungen werden. Das Spiel muß nicht spontan gewählt sein, auch die aufgegebene Tätigkeit kann zum Spiel im vollen Sinne werden, wenn sie innerlich bejaht wird.

So ist Spiel ein *Urphänomen des Lebens*, dem Kinde und Jugendlichen besonders eigen, schon bei den Jungen der höheren Tiere zu beobachten, im Erwachsenenalter aber dem Menschen vorbehalten und als bleibendes Moment der Jugendlichkeit und Plastizität etwas typisch Menschliches (Scheuerl 68 ff., 204; Meyer 347 ff.).

Nun soll hier keine pädagogische Theorie des Spiels entfaltet werden. Uns geht es um das *Spielen als Weg des Lernens* und hier wieder besonders des methodisch geplanten Lernens. Auch hier gibt uns Scheuerl wegweisende Klärung: Nur weil im Spiel etwas Objektives, Sinnhaftes da ist, kann in ihm gelernt werden. Es fördert nur, indem es fordert. Es setzt zum Teil ein Können voraus, das außerhalb des eigentlichen Spielens erworben werden muß, und es fordert für sein Gelingen Leistungen sachlicher und sozialer Art. Das gilt für das völlig freie Spielen des Kindes mit seinen Dingen und mit seinesgleichen wie für das sorgfältig arrangierte Spiel in der Schule: *Wo es nichts fordert, wird in ihm nicht gelernt* (Scheuerl 169 ff.).

## Spielen in der Schule

Nur erwähnt seien die Formen des Spielens, die durchaus ein Recht in der Schule haben, für die Leitfrage nach der Artikulation des Unterrichts aber nur von sekundärer Bedeutung sind (vgl. Scheuerl 195 ff.; Meyer 1987/II, 346 ff.):

- *Freies Spielen* in seiner lösenden und befreienden, vielleicht sogar heilenden Wirkung hat seinen eigentlichen Raum in der freien Zeit. Je stärker dieser »Spielraum« des Kindes in unserer heutigen Welt beschnitten wird, desto mehr muß die Schule ihn öffnen, was sie freilich, insbesondere im Halbtagsbetrieb, nur in engen Grenzen tun kann.
- *Interaktionsspiele* in sozialerzieherischer, ja sozialtherapeutischer Absicht nehmen dieses freie Spielen kaum merklich in die pädagogisch pflegende Hand und helfen

Kindern, sich und die anderen besser zu verstehen. (Lit. Daublesky 1983; Gudjons 1983; van Ments 1985)

– Die *»spielerische Einkleidung«* von Stoffen, wenn sie nicht in falsch verstandener Kindertümelei die Sache verfälscht, ist ein bewährtes Mittel der Unterrichtsgestaltung.

– *»Experimentieren«* im Sinne des spielerischen Umgangs mit Dingen vom Knetmaterial bis zu technisch-naturwissenschaftlichen Experimentierkästen schafft Erfahrungen mit den Dingen vor, neben und nach dem systematischen Unterricht.

– *»Lernspiele«* als reizvoll gestaltete Hilfen zum Üben und Wiederholen – weniger zum Neuerwerb von Wissen – wecken zusätzliche Lernmotive. Der Einwand, daß sie eigentlich den Namen »Spiel« nicht verdienten und die Schüler täuschen wollten, entfällt dann, wenn diese den Lernzweck erkennen und sich zu eigen machen. Sie tun es erfahrungsgemäß gern, schon der Abwechslung wegen und weil Teilmomente des Spiels – lustvolle Tätigkeit, Offenheit im vorgegebenen Rahmen, Wahl des Spiels, der Partner, der Spieldauer – eben doch enthalten sind. Ob man sie dann als »lernbetonte Spielmittel« (Kluge 1981, 59) oder als »spielbetonte Lernmittel« bezeichnen mag, ist unerheblich. Ob der Umgang mit ihnen zum Spiel wird, entscheidet letztlich das Kind. Sie geben ihm jedenfalls die Chance. (Lit. Bühnemann 1949; Regelein 1991; 1994; 1995; Wittmann/Müller 1993)

– *Musisches Tun* in Musik und Kunst, Tanz und Leibesübungen enthält spielerische Momente in allen Übergängen vom schier absichtslosen Mitmachen bis zur vollendet stilisierten Darbietung oder dem verregelten Wettkampf der Professionellen. In den Didaktiken dieser Bereiche hat das Spiel notwendigerweise schon immer Aufmerksamkeit erfahren. Auch wir lernen von ihnen, soweit sie über das rein Fachspezifische hinaus zu einer Methodik des Lernens im Spiel beitragen. (Lit. Seybold 1972) Das führt uns zum nächsten Abschnitt:

## Methodisch geleitetes Spielen

Was uns hier eigentlich angeht, das Spiel als *Unterrichtsmethode*, die planmäßige Führung des Lernens im Spiel, betrifft notwendigerweise das mehr oder weniger gebundene Spielen, gebunden nur vordergründig an Zielsetzung und Leitung durch den Lehrer, durch sie vermittelt an das Objektive, das »bündige Werk« und den »bindenden Wert« (Scheuerl 201). Entsprechend den Formen und Zwecken differenziert sich die Methode:

»*Bewegungsspiele*«, meist mit Wettkampf verbunden, reichen von kleinen Spielen der Leibeserziehung bis zu den großen, international geregelten Sportspielen – und leiden heute unter deren Entartung zu professionellen Schaukämpfen unter dem Diktat der Massenmedien. Um so wichtiger ist ihre pädagogische Betreuung:

Nicht mit dem fertigen Regelwerk der Erwachsenen wird begonnen, sondern mit der *Bewegungsaufgabe*: einen Ball so über die Schnur hin- und herzubringen, daß er nicht zu Boden fällt, ihn nur mit den Füßen in ein gegnerisches Tor zu befördern o. ä. . . . . Dabei entstehen Probleme, die die Vereinbarung von Regeln, Verhaltensweisen, Selbstbeschränkungen notwendig und einsichtig machen. Einzelne Fertigkeiten gelingen nicht und müssen gesondert geübt werden. Die Spielgruppen müssen so zusammengestellt werden, daß sie gleich stark sind, weil man sonst nicht spielen kann. Das Spiel gelingt immer besser, es nähert sich – im Falle der Sportspiele – der offiziellen Endform an (Seybold 1972).

»*Rollenspiele*« legen, wie der Name sagt, den Schwerpunkt auf das Verständnis und die Bewältigung bestimmter Verhaltenserwartungen. Sie dienen der Selbst- und Fremderfahrung im Miteinander und haben ihre Domäne im Bereich des sog. »Sozialen Lernens«. Sie sind zur Zeit sehr beliebt, doch verspricht man sich oft zu viel vom Stegreifspiel, (das natürlich nicht »spontan«, da vom Lehrer bestellt, sondern nur unvorbereitet ist). Das kann bei begabten Schülern ganz nett werden, und es mag ein solcher unvorbereiteter Versuch vorangehen. Aber mit ihm ist es nicht getan. Wenn Kinder im Unterricht nicht anders agieren und sprechen als auf dem Schulhof und der Straße (meist sogar einfallsloser und gehemmter als dort), dann lernen sie dabei kaum etwas. Erfolgreiches Rollenspiel verlangt inhaltliche und organisatorische Vorbereitung, Festlegung der Rollen, ihrer Standpunkte und Argumente, Stellung von Beobachtungsaufträgen. Es folgt ein erster Durchlauf, erste Auswertung, dann ein zweiter, dritter Versuch mit denselben oder mit anderen Spielern, mit steigenden Ansprüchen an Darstellung und Sprache. Erst so wird ein Lernen im Spiel daraus, erst dann bringt es nicht nur »Spaß« an der Abwechslung, sondern Freude am immer besseren Gelingen. (Lit. Coburn-Staege 1977; van Ments 1985; Schuster 1994)

Auch die »*Darstellungseinheiten*« R. Rabensteins (1970) stellen elementare soziale Situationen in den Mittelpunkt. Sie zielen aber stärker auf den inneren Nachvollzug und die klärende Besinnung als das Einüben, geben folglich engere Vorgaben und nähern sich damit der nächsten Form.

»*Szenisches Spiel*«, pantomimisch und sprachlich, vom Stegreifspiel über die Dramatisierung von Einzelszenen und das kleine Stück bis zum abendfüllenden »Schultheater« bedarf natürlich auch der Rollen, sein Schwerpunkt liegt aber auf dem Inhalt des Dargestellten, menschlichem Handeln und Leiden, menschlichen Verhältnissen und Konflikten, und geht damit weit über das »soziale Lernen« hinaus. Darstellendes Spiel wird in anderen Ländern, z. B. in England, weit stärker gepflegt als bei uns, und wir sollten von ihnen lernen; denn es bietet dem jungen Menschen außerordentliche Chancen der Selbstformung, Selbstbestätigung und Selbstklärung. Das Selberschreiben von Texten fördert Ausdrucksfähigkeit und geistige Beweglichkeit. Doch sollte auch das Spielen nach vorgegebenen Texten nicht vernachlässigt werden, in die der Spieler »hineinschlüpft«, um mit und an ihnen zu wachsen und Maßstäbe für Qualität zu gewinnen. Daß die Einstudierung eines solchen Spiels noch weit härtere Lern- und Probenarbeit verlangt als das unverbindlichere Rollenspiel, erhöht nur seinen erzieherischen und didaktischen Wert. Man sollte viel öfter mit angemessenem, aber hohem Anspruch in der Schule Theater spielen. (Lit. Reinert/Arnold 1976; Schuster 1994)

Das »*Planspiel*«, aus militärischem und wirtschaftlichem Training auch in die Schule übernommen, legt den Schwerpunkt eindeutig auf die Sache, wenn auch in wieder anderer Weise. Es ist besonders geeignet, Einsicht in komplexe fachliche bzw. gesellschaftliche Zusammenhänge mit der Vielfalt ihrer Faktoren und Beziehungen, der in ihnen vertretenen Standpunkte und Interessen zu wecken und somit auf verantwortliche Entscheidungen vorzubereiten. Es erfordert sachliche Vorgaben und Informationen, klare Definition der Einzel- und Gruppenrollen, genaue Spielregeln, streng einzuhaltende Formen der Kommunikation, einen kompetenten, mit weitgehenden »Machtbefugnissen« ausgestatteten Spielleiter, wenn es gelingen soll. Trotz der vielen Beschränkungen bleiben aber Momente des Spiels erhalten. (Lit. Lehmann 1977)

*Bedingungen und Bedenken*

Spielen im Unterricht bedarf der taktvollen und sicheren *Führung*, die in der Regel wohl beim Lehrer liegt. Taktvoll muß er die Spielgruppen zusammenstellen und die Spieler auswählen, die Leistungen aufbauend und anregend beurteilen. Kinder sind fast unbegrenzt spielwillig; Jugendliche sind da schon empfindlicher, und sie neigen in ihrer Befangenheit zur Überzeichnung und Parodie. Sicher und überlegen muß die Führung sein, weil die immer wechselnde, nie vorhersehbare Situation immer neue Entscheidungen fordert: freies Handeln fördernd und zugleich Regeln und Grenzen deutlich wahrend, offen und fest zugleich – wie es dem Wesen des Spiels entspricht. *Es ist ein bewegliches, im Einzelzug freies Handeln im entspannten Feld innerhalb eines klar gesteckten Rahmens.* Wo solches Handeln gelernt werden soll, ist das Spiel eine angemessene Methode.

Es gibt auch *Bedenken*: Das Handeln ist eben doch nur ein Spiel, frei von der letzten Verantwortung in der Ernstsituation, unverbindlich in seinen Folgen und damit nicht volle Wirklichkeit. Das Interesse kann von der Freude am Spielverlauf, der Leidenschaft des Wettkampfs absorbiert und von der Sache abgezogen werden. Es gibt hier ein eigenartiges Verhältnis der Spannung und Ergänzung. »Spielen erfolgt motiviert, jedoch ist das Lernen dabei nicht optimal zielorientiert; systematisches Lernen in der Schule ist optimal zielbestimmt, aber es wirft Motivationsprobleme auf« (Einsiedler 1989).

Allzu häufiges Spielen kann auch verwöhnen. Es ist gar nicht wünschenswert, daß ältere Kinder und Jugendliche immer oder auch nur vorwiegend spielend lernen. Sie sind keine Kleinkinder mehr, können und sollen auch mit Willenseinsatz »arbeiten« – und wollen es tun, weil sie sehr wohl um den Unterschied wissen und ihre Selbstachtung aus der Bewährung gewinnen. »Wenn ich Jugendliche so auf das Leben vorbereite, als ob alles ein Spiel wäre, dann bin ich vielleicht ein Herzensnarr. Aber ich verkürze die Wirklichkeit. Wenn ich aber nur auf den rauhen Alltag vorbereite, verkürze ich die Wirklichkeit um die Sonntage« (Everding 1988, 243).

Eine ausgewogene Unterrichtspraxis wird diese Gefahren vermeiden und dem Spiel seinen angemessenen Platz zuweisen. Zur Zeit verdient das Spiel im Unterricht – nicht die unverbindliche Spielerei – noch alle Förderung. (Lit. Hetzer 1965; Lehmann 1977, 223 ff.; Schäfer 1985; Einsiedler 1989 a; Schuster 1994).

## f) Diskursiver Unterricht

Diese Bezeichnung stehe für ein methodisches Vorgehen, für das es noch kein einheitliches »Markenzeichen« gibt, das aber schon weit, wenn auch nicht weit genug verbreitet ist. Zunächst ein Beispiel:

*Sozialkunde: »Studentenunruhen« – 9. gem. Kl.*

*Äußere Vorbereitung*

Lehrer: »Wir wollen uns unterhalten. Setzt euch im Halbkreis, wenn ihr alles vorbereitet habt.«

    S. bauen Leinwand auf, räumen Bänke beiseite und bilden einen Sitzkreis.

*Problementfaltung, erste Stellungnahmen*

L. führt Lichtbilder von Demonstrationen vor. S. sollen sagen, was sie *sehen*:
– Demonstration – verletzter Demonstrant – brennendes Motorrad eines Polizisten – verletzter Photoreporter – umgeworfene, mit Zeitungen beladene Lastwagen – verbarrikadierter Druckereiausgang – verletzter Zivilist – am Boden liegender, von Polizisten umgebener Student – umgestürzte Studentenautos – am Boden liegender Reporter mit von Polizisten zertretener Kamera.

    S. äußern sich spontan zu den einzelnen Bildern, nehmen erregt Stellung, beurteilen und werten, ergreifen Partei.

    L. weist auf die tatsächliche Aussage der Bilder hin, gibt sachliche Richtigstellungen bzw. Zusatzinformationen, enthält sich der Stellungnahme.

    Nach beendeter Vorführung schließt die Klasse den Kreis zum Gespräch.

L.: »Was haben wir gesehen?«

    S. äußern sich zu den Bildern und zu Demonstrationen allgemein, sprechen über das Verhältnis Studenten – Polizei, Studenten – Springerzeitungen, Polizei – Presse – Studenten – Öffentlichkeit. L. beteiligt sich zurückhaltend am Gespräch.

*Gründliche Erarbeitung, klärende Informationen und Argumente*

    S. diskutieren die Rechtmäßigkeit des Verhaltens beider Seiten, äußern unterschiedliche Meinungen.

L.: »Warum demonstrieren diese Leute?«

    S. vermuten Gründe der Studenten, L. korrigiert und ergänzt.

L.: »Dürfen die Studenten demonstrieren?«

    Jeder S. erhält ein Exemplar des Grundgesetzes und sucht darin.

    S. finden Artikel 8 (Versammlungsfreiheit), ein S. liest vor.

    L. verweist noch auf Artikel 5 (Pressefreiheit).

    S. diskutieren über Aufgaben und Rechte der Polizei.

L. teilt Blätter mit »Augenzeugenberichten« aus, auf der Vorderseite aus einem Polizeibericht, auf der Rückseite aus einem Bericht von studentischer Seite.

S. lesen, stellen fest, daß beide Berichte einseitig sind.

*Begründete Stellungnahme, Ergebnis*

L. wirft die Frage auf, ob man Demonstrationen grundsätzlich verbieten solle, oder ob die Polizei sich immer aus Demonstrationen heraushalten solle.

Man einigt sich, daß beide Seiten Zurückhaltung üben sollten.

L.: »Wie müßte die Berichterstattung über solche Sachen aussehen?«

Sie sollte unparteiisch und wahr sein. L. fragt, ob er mit seinen Zeitungsausschnitten unparteiisch sei. Man stellt fest, daß es einseitig berichtende Zeitungen gibt. Gut wäre eine Zeitung, die mehrere Seiten zu Wort kommen läßt. L. erwähnt, daß seine verschiedenartigen Berichte aus der gleichen Zeitung, dem Spiegel, seien.

(Nach: Unterrichtsmitschau-Film FT 2396, ca. 1970)

Was ist das Besondere? Es geht um einen *Wertkonflikt*, und dem Schüler soll geholfen werden, zu einer *eigenen Stellungnahme* zu kommen. Er soll nicht manipuliert, seine Entscheidung ihm nicht vorgegeben werden. Er soll aber auch nicht in Vorurteilen befangen bleiben, sondern aufgeklärt werden, damit er weiß, worum es überhaupt geht und wo der eigentliche Punkt seiner persönlichen Entscheidung liegt, um diese verteidigen, gegebenenfalls auch revidieren zu können.

Zugrunde liegt die Annahme, daß es »die« Wahrheit hier nicht gibt, daß sie aber doch das *Ziel gemeinsamen Suchens* bleiben muß, eines Suchens, bei dem der Lehrer vielleicht ein Stück weit voraus, aber nicht in ihrem Besitz ist, bei dem nicht Rang und Würde der Beteiligten, sondern allein die *Argumente* zählen. Klärung des Werturteils, Ringen um Wahrheit, Verständnis für andere Standpunkte, Toleranz, ein humaner Stil der Auseinandersetzung sind die Ziele solchen Unterrichts. Sie entsprechen unseren politischen Grundüberzeugungen.

In Sozialkunde und politischem Unterricht, Ethik und Religionslehre wird dieser Stil der Auseinandersetzung heute besonders geschätzt und gepflegt (Sutor 1971, Giesecke 1979). Im deutschen Aufsatz der Oberstufe hat er schon immer seinen Platz, und sogar in Zillers »Disputationsmethode«, die viel weniger bekannt ist als seine Formalstufen, finden sich Ansätze dazu (Bloch 1969, 130). Die Idee des »herrschaftsfreien Diskurses« steht in unserer Zeit dahinter, und solcher Unterricht ist auch im Sinne der »kritisch-kommunikativen Didaktik«. (Schäfer/Schaller 1971; Winkel 1986)

Es handelt sich um eine wichtige Bereicherung des methodischen Repertoires, eine *eigene Stufenfolge der Artikulation* mit besonderem Akzent: Die kontroversen Positionen werden *vorgestellt oder erarbeitet*. Eine *erste Auseinandersetzung* führt zur Einsicht, daß man noch zu wenig weiß. Die zur Klärung erforderlichen *Informationen und Argumente* werden erarbeitet.

Die *nochmalige, tiefer gehende Auseinandersetzung* führt zu einer neuen, begründeten Stellungnahme in persönlicher Entscheidung. Die *Fassung und Darstellung des Ergebnisses* (hier in der Regel der eigentlichen Wertedifferenz) schließt den Gang der Überlegungen ab.

Die Denkbewegung ist häufig eine »dialektische«. Wollte man sie schon bei der Erarbeitung in reiner Form einhalten, so müßte der Lehrer stark führen. In der zusammenfassenden Rückschau sollte sie aber als die innere »Logik« der Überlegungen herausgearbeitet werden.

Als Form eignet sich neben der *Diskussion* auch die strengere *Debatte* zwischen zwei »Parteien« bzw. zwei Sprechern, die sich mit Hilfe ihrer »Anhänger« vorbereitet haben und von diesen im Ablauf unterstützt werden (vgl. Kelber 1972). Erhellend und erziehlich mag es wirken, wenn die Kontrahenten dabei den Standpunkt des jeweiligen Gegners verteidigen müssen. Besonders lebendig verlaufen Debatten, bei denen der Lehrer eine »Partei« gegenüber der ganzen Klasse vertritt und diese versucht, ihn mit ihrer Argumentation »aufs Kreuz zu legen« – was um so reizvoller und schwieriger wird, je besser beide Seiten sich vorbereitet haben.

## g) Offener Unterricht

### Begriffliche Unschärfe

Unter diesem Motto sammeln sich seit Mitte der siebziger Jahre die bisher genannten und noch weitere didaktische Bestrebungen in wechselnder Betonung und Mischung. Sie alle wenden sich, wie schon erwähnt, gegen die zeitweilige Tendenz der Verplanung des Unterrichts, der effektsicheren Produktion von Lernergebnissen, gegen ein technologisches Verständnis von Unterricht. Sobald man aber fragt, was der Begriff positiv bedeute, wird die Antwort schwierig; denn »Offenheit« kann sich auf verschiedene Teilmomente des Unterrichts beziehen: auf Inhalte, Methoden, Formen, Mittel, Lernkontrollen, Räumlichkeiten, Lernorte, Beziehungen zur außerschulischen Umwelt, Wahlmöglichkeiten und Mitsprache der Schüler, individuelles Fortschreiten, Zeitplanung, Stundenplan, Fächer ... Die mögliche Begriffsweite geht also weit über die Fragestellung dieser Ebene hinaus. Hier soll nur von der Offenheit im Vollzug des Unterrichts die Rede sein. (Lit. Klewitz/Mitzkat 1977; Garlichs/Groddeck 1978; Einsiedler 1979; 1985a; Seitz 1995)

### Motive

Auch die Begründungen für Offenheit bei der Durchführung des Unterrichts sind schon genannt worden: Man will die »spontanen Interessen« des Kindes, seine geäußerten »Bedürfnisse« befriedigen, seiner Aktivität Raum geben, seine Selbständigkeit und Selbststeuerung, aber auch die Bereitschaft und Fähigkeit zur Zusammenarbeit fördern, dem individuellen Lernfortschritt Rechnung tragen. Der Lernprozeß erscheint wichtiger als das Ergebnis, und man weiß um die letztliche Unverfügbarkeit des Lernerfolgs.

Nun haben wir solche Motive schon anderwärts gefunden. Sie fordern wohl mehr oder weniger Offenheit des Unterrichtsverfahrens, reichen aber nicht aus zur Begründung eines eigenen Namens für eine spezifische Art des Unterrichts. Wenn dieser etwas bedeuten soll, muß er etwas Spezielles meinen; wir finden es am ehesten in der sog. »Freiarbeit« und im englischen »Open-Plan-System«.

## Freiarbeit

Wichtige Ziele sind die Förderung von Initiative und Selbstverantwortung und die Anbahnung autodidaktischen Lernens.

Die Kinder beschäftigen sich teils individuell, teils in Paaren oder Kleingruppen mit selbst gewählten oder vom Lehrer angebotenen Themen. Sie können aus einem reichen Angebot von Lern- und Arbeitsmitteln wählen, das, wenn es gut ist, die unmittelbare Auseinandersetzung mit den Sachverhalten fördert und Selbstkontrolle ermöglicht. Sie machen und gestalten aber auch selbst viel, was ihnen den Erfolg ihres Tuns greifbar bestätigt. Sie werden schrittweise in die Techniken des selbständigen Arbeitens eingeführt, an die Regeln der Allein- und Zusammenarbeit gewöhnt und zur Selbstdisziplin und Hilfsbereitschaft erzogen. Der Lehrer ist weniger direkter Vermittler, er arrangiert die vielfältigen Lernsituationen, stellt das Material bereit, zum Teil auch selbst her, verfolgt und protokolliert den individuellen Lernfortschritt, stellt mit dem Kind Tages- und Wochenarbeitspläne auf, berät, korrigiert, kontrolliert, hilft bei Schwierigkeiten, ermutigt. Organisation und ständig wechselnde Zuwendung verlangen hohe Flexibilität von ihm. Teamarbeit kann ihn entlasten; sie ist in dieser Situation auch leicht zu verwirklichen, ja geradezu angezeigt.

Solche Freiarbeit kann stundenweise den lehr- und stundenplanmäßigen Unterricht ergänzen, sie kann ihn auch weitgehend ersetzen und dann den größeren Teil der Zeit füllen, wie z. B. im »informal teaching« im Rahmen des »integrated day«, das die Arbeit englischer Grundschulen bestimmt.

## Offene Räume

Die räumliche Ordnung kann Freiarbeit erleichtern oder erschweren. Getrennte Gruppennischen, eigene Lese-, Mal-, Versuchs-, Naßecken, ein freier Mittelraum für das Kreisgespräch erlauben bewegliche Nutzung und bewirken wie von selbst ein geordneteres Verhalten der Kinder.

Der Spielraum der Freiarbeit wird größer, wo es keine Klassenzimmer mehr gibt und die Schule einen einzigen, wenn auch vielfältig untergliederten Raum darstellt. »Open Plan« nennt man in England Schulbauten nach diesem Prinzip, das insbesondere in Grundschulen recht verbreitet war und vielerorts noch ist. Es wurde nicht zuletzt aus Sparsamkeitsgründen gefördert, weil man sich von ihm eine bessere Raumnutzung erhoffte, aber es entspricht auch den pädagogischen Vorstellungen eines offenen Unterrichts.

Die Schulen sind oft sehr einfallsreich gestaltet. Jede Lerngruppe hat ihre »home base«, einen durch Möbel oder Vorhänge etwas abgesetzten Eigenraum, den sie liebevoll ausgestaltet. Von ihm aus haben die Kinder freien Zugang zu den Bereichen gemeinsamer Nutzung für haus- und naturwissenschaftliche Aktivitäten, Musik, bildende Kunst, Leibeserziehung, gemeinsames Feiern und Essen. Die Zonen sind vielfältig untergliedert, deutlich voneinander abgesetzt und gehen doch beinahe nahtlos ineinander über. Die Kinder können sich im Rahmen ihrer Lernaktivitäten frei bewegen, sie wechseln zwischen gemeinsamem Unterricht mit der Lehrerin und Eigentätigkeiten, die Lehrerinnen arbeiten notwendigerweise im Team. Besucher, insbesondere hilfsbereite Eltern lassen sich ohne Schwierigkeiten integrieren.

So wird offener Unterricht durch offene Raumplanung erleichtert, wenn er sie auch nicht notwendig voraussetzt. (Lit. Foster 1974; Unseld 1977; Kasper/Piechorowski 1978; Kasper 1979; Bennett 1980; Wenzel 1983)

*Erfahrungen*

Freiarbeit kann *günstige Wirkungen* haben. Die Kinder arbeiten ruhiger, konzentrierter und selbständiger, der Wechsel von Anspannung und Entspannung geschieht natürlicher, Bewegungs- und Mitteilungsdrang kommen eher zu ihrem Recht, die Atmosphäre ist gelassener und freier und doch nicht ungeordnet, der Umgangston natürlicher und persönlicher. Die Lehrerin kann sich den einzelnen mehr zuwenden, die Kinder lernen etwas und fühlen sich zumeist wohl.

Der unbefangene Beobachter sieht aber auch *Nachteiliges*. Die Kinder arbeiten nicht immer an der Sache, es gibt Reibungsverluste und Leerlauf, viel Zeit geht dem Lernen verloren. Neben selbständiger Auseinandersetzung sieht man auch viel Routinearbeit, oberflächliches Hantieren, mechanisches Erledigen. Die Arbeitsmittel gängeln oft weit mehr als ein aufmerksam führender Lehrer, es fehlt am wirklich gründlichen Durchdenken. Die Lehrerin ist ständig gefordert. Was sie sonst im Klassenunterricht für alle behandelt, muß sie nun einzelnen Kindern und Gruppen erklären, und sie hat dafür zu wenig Zeit. Das geht insbesondere zu Lasten der schwächeren und weniger geförderten Kinder, die ihr Lernen nicht so selbständig strukturieren können wie die rascheren Lerner aus anregungsreicher Umgebung. Sie erhalten nicht genügend Führungs- und zu wenig ausführliche Denkhilfen. Im Gegensatz zu manchen Erwartungen werden die Unterschiede im Lernfortschritt bei Freiarbeit nicht geringer, sondern größer.

In den Schulen ohne Wände kommt noch das Problem des Lärms hinzu. Auch wenn Kinder (und Lehrer!) sich beherrscht betragen, entstehen ständig Arbeitsgeräusche, die Ablenkung verursachen, wobei Kinder sich durch Lärm oft – nicht immer – subjektiv weniger gestört fühlen als Erwachsene. So schätzen nicht alle Lehrer die Arbeit in Open-Plan-Schulen, und man darf annehmen, daß sie auch nicht allen Kindern gleich gut bekommt. Solche – von vielen Beobachtern berichteten – Erfahrungen werden durch methodisch kontrollierte Empirie weitgehend bestätigt. (Bennet 1979; 1980; Einsiedler 1979; 1981; 1985a; s. a. 2.3.6 u. 3.2.8)

So ist es verständlich, daß offener Unterricht in Deutschland – aus guten Gründen –

noch stärker propagiert wird, während er in anderen Ländern wie England und den USA – aus ebenso guten Gründen – eher im Rückgang begriffen ist.

*Sinnvoller Einsatz*

Offener Unterricht im Sinne eines spezifischen Lehrverfahrens hat *Vorzüge und Nachteile*. Er eignet sich nicht für alle Lehraufgaben, wird nicht allen Schülern gerecht und liegt nicht allen Lehrern im gleichen Maße. Offenheit ist kein Wert an sich. Notwendig ist ein gezielter, theoretisch begründeter Einsatz, bei dem die Ansprüche der Sache, des Lernenden und der Gesellschaft wie auch die Bedingungen der Situation sorgfältig gegeneinander abgewogen werden. (Nehles 1981; Loser/Terhart 1977, 218).

Das schließt nicht aus, daß man gegenwärtig der Überzeugung sein kann, der durchschnittliche Unterricht in unserem Lande habe die Ergänzung durch offenere Formen, insbesondere auch durch mehr Zeit für wirkliche Freiarbeit, durchaus nötig. Man darf aber eine solche zeit- und situationsbedingte Tendenzaussage nicht mit einer systematischen verwechseln.

## h) Offenheit als Stilmerkmal

Nun kann man diesen Begriff selbst wieder offener und zugleich grundsätzlicher, weniger als Markenname, mehr als gemeinsames Merkmal eines *methodischen Stils* betrachten, dem recht unterschiedliche Ansätze zugeordnet werden können.

Der Begriff des »Stils« als das einheitliche, charakteristische Gepräge menschlicher Lebensäußerungen, das einerseits von einer gewissen Dauer ist, andererseits dem historischen Wandel unterliegt, ist ursprünglich eine ästhetische Kategorie. Ein Stil kann nicht richtig oder falsch sein; er unterliegt dem Urteil des Gefallens oder Mißfallens, der Zeitgemäßheit, des Geschmacks. Den Schülern mehr Mitwirkung einzuräumen, die Sache eher als frag-würdig denn als unbefragbare Gewißheit zu betrachten, Selberdenken, Aktivität, Mündigkeit des Menschen zu fördern, das sind gewiß Anliegen, die als zeitgemäß gelten können.

Von Stilen ist in der Pädagogik bisher vorwiegend im Bereich des Führungsverhaltens gesprochen worden, wo man ebenfalls Grade der Lenkung bzw. Offenheit unterscheiden kann. Führungsstil in diesem Sinne und methodischer Stil des Unterrichts hängen zwar zusammen, sind aber nicht identisch. Daß beide einander entsprechen, wäre zu wünschen.

Ein Letztes ist wohl deutlich geworden: Je offener der methodische Stil sein soll, desto mehr *muß der Lehrer über der Sache stehen,* souverän über Inhalt und Vorgehen verfügen. Je weniger gut er ausgebildet (und gebildet) ist, desto stärker muß er sich an sein Konzept klammern, desto weniger wird ihm der anspruchsvollere offene Unterricht gelingen.

## 3.2.8 Empirische Untersuchungen zum Methodenproblem

Der kritische Leser mag sich des öfteren gefragt haben, worauf sich die wohl um Ausgewogenheit bemühten, aber doch recht sicher klingenden Urteile des Verfassers über Brauchbarkeit und Grenzen der unterschiedlichen Methoden gründen mögen. Die Antwort kann nur lauten: auf *reflektierte Erfahrung* im weitesten Sinne; auf eigenes Versuchen, Beobachten und Fragen; in weit stärkerem Maße auf historische Erfahrung, wie sie uns in ungezählten Berichten übermittelt wird, die als einzelne oft fragwürdig sein mögen, in ihrer Gesamtheit aber einen Schatz von Erkenntnissen enthalten, den zu vernachlässigen eine Torheit wäre; nicht zuletzt auf recht viele Ergebnisse methodisch kontrollierter Empirie, die uns um so eher vor raschen Verallgemeinerungen bewahren, je exakter die Untersuchungen angelegt sind. Nur ein paar Beispiele solcher Forschung seien aufgeführt.

### Einzeluntersuchungen

*Einsiedler* (1976) verglich vier unterschiedliche »Strategien« zur Behandlung des Themas Wasserverdampfung und -kondensation in fünf Klassen der 3. Jahrgangsstufe von Grundschulen: »entdeckendes Lernen« von einer problemhaltigen Beobachtung aus, »Konzeptvorgabe« mit der einleitenden Erinnerung an das schon bekannte Molekülmodell, »Konzepterarbeitung« von der Beobachtung aus mit baldiger Anwendung des bekannten Molekülmodells, und »hierarchisches« Vorgehen von der Beobachtung zur Regel. Im Nachtest waren auf der Ebene des Wissens keine wesentlichen Unterschiede festzustellen. Auf der höheren Ebene des Transfers erwies sich die »Konzepterarbeitung« als Kombination von Problemvorgabe und Erklärungsmodell am erfolgreichsten, insbesondere bei sprachlich weniger differenzierten Schülern.

*Riedel* (1973) behandelte die Themen »Fliehkraft« und »arithmetische Reihen« mit variierter Aufgabenstellung und fand: Die bloße Konfrontation mit dem »Problem« macht es nicht aus. Entscheidend ist die Art der Lernhilfen in ihrer Angemessenheit an die Sache. Unmittelbar auf das Ergebnis zielende Lernhilfen waren weniger förderlich als problemstrukturierende, die den Sinnrahmen und die Gedankenbewegung erhellten. Problemorientierte Lernhilfen erforderten mehr Lernzeit, erbrachten aber rascheren Transfer als ergebnisorientierte. Es kam also nicht so sehr auf das »Wie«, die methodischen Schritte, als auf das »Was«, ihre inhaltliche Füllung im einzelnen an.

Weites Aufsehen hat die umfassende und gründliche Studie von *Bennet (1979)* zum Vergleich von »informellem« und »formellem« Unterricht an englischen Grundschulen erregt. Nach Befragung von 468 Lehrern und Untersuchungen in 37 Klassen kam er zu differenzierten Ergebnissen, die sich etwa so zusammenfassen lassen: Die zunächst unterschiedenen zwölf »Lehrstiltypen« wurden zu drei Haupttypen zusammengefaßt: dem »informellen«, dem »formellen« und dem »gemischten«. Schulleistungs- und Persönlichkeitstests und systematische Beobachtung ausgewählter Schüler erbrachten die Daten. Die Ergebnisse: Die Schulleistungen in Mathematik, Lesen und englischer Muttersprache waren in den formell geführten Klassen besser; in der Kreativität, ermittelt durch Phantasieaufsätze, zeigten sich keine Unterschiede. Lernmotivation und soziale Beziehungen waren im informellen Unterricht besser; ängstlich-introvertierte Schüler schnitten im formellen Unterricht besser ab. Die erfolgreichste Klasse war nach den äußeren Merkmalen als »informell« eingestuft worden. Die Lehrerin arbeitete aber mit besonders klar strukturierten Lehrmaterialen.

Eine ganze Anzahl ähnlicher Vergleichsuntersuchungen führte zu im einzelnen unterschiedlichen, in der Gesamttendenz ähnlichen Resultaten. (Vgl. Einsiedler 1981; 1982; Walberg 1981; Wittrock 1986, 851 ff.)

*Sekundäranalysen*

*Hermann* (1964) stellte Vergleichsuntersuchungen zum »darlegenden« bzw. »entdeckenden« Verfahren zusammen und fand bei insgesamt widersprüchlichen Resultaten eine gewisse Tendenz zu besserem Behalten bei deduktiv-rezeptivem Vorgehen, zu besserem Transfer bei induktiv-entdeckendem Lernen, wobei die letztere Überlegenheit mit zeitlichem Abstand und Schwierigkeit der Aufgabe noch wuchs (nach Riedel 1973, 58).

Verschiedene Untersuchungen zur Wirksamkeit von vorstrukturierenden Lernhilfen (advance organizer) im Sinne Ausubels brachten keine eindeutigen Ergebnisse. Anscheinend helfen sie nur etwas, wenn sie den Schülern wirklich Neues bringen (nach Wittrock 1986, 876).

Eine lange Reihe amerikanischer *Einzelberichte* läuft darauf hinaus, daß direkter Unterricht und angeleitete, gut betreute Stillarbeit besseren Lernerfolg bringen als völlig freies Arbeiten (ebenda 379 ff.) – was plausibel erscheint, wenn man das Vorherrschen der Stillarbeit bei weitgehendem Zurücktreten des direkten Unterrichts in amerikanischen Schulen kennt.

Als sehr wichtiger Faktor erweist sich in den genannten und vielen anderen Untersuchungen die auf das eigentliche Lernen, d. h. den Umgang mit dem Lerngegenstand *tatsächlich verwendete Zeit* (»time on task«). Sie macht mancherorts kaum 25% der in der Schule abgesessenen Zeit aus und ist in der Regel bei stärkerer Führung größer als bei freierem Lernen – was allein schon manche der gefundenen Unterschiede erklären kann (Walberg 1981, 21; Wittrock 1986, 863; Brophy in Clarizio 1981, 138 ff.)

Methodenkombinationen waren meist erfolgreicher als »rein« verwirklichte Einzelmethoden – wohl weil sie den so verschiedenen Schülern mehr Chancen gaben, auf die ihnen gemäße Weise zu lernen (Einsiedler 1981, 185).

Walberg faßt zusammen: »Bestimmte Bedingungen und Methoden bewirken mit einer gewissen Regelmäßigkeit (consistently) bestimmte Ergebnisse, aber keine einzelne Methode bzw. Bedingungskonstellation (set of conditions) ist in allen Ergebnissen überlegen« (1981, 26).

Es käme also darauf an, daß der Lehrer diese Bedingungen kennt, über ein reichhaltiges Arsenal von Methoden verfügt und diese zielgerecht einsetzt. Sie könnten seinen Lehrerfolg wahrscheinlicher machen, wenn auch nicht garantieren.

*Kritische Fragen*

Weitere Beispiele empirischer Untersuchungen werden auf der Lehrgangsebene erwähnt (4.3.2), zumal sich die Ebenen hier nicht streng trennen lassen. Dort sollen auch die grundsätzlichen Einsichten erörtert werden, die sich zum Teil schon jetzt aufdrängen. Vorerst soll nur das zentrale methodische Problem solcher Untersuchungen angesprochen werden:

Sie sollen möglichst *exakt* sein, quantifizierbare Daten erbringen, und müssen zu diesem Zweck versuchen, die zu untersuchenden Variablen genau zu definieren und zu isolieren. Unterricht als Prozeß in der Zeit ist aber ein komplexer Sachverhalt, in den immer auch unkontrollierbare Faktoren hineinwirken, die weit stärker sein können als die zu untersuchenden Momente.

Wie soll man z. B. die hier gefragte *Bedingungsvariable* »*Unterrichtsmethode*« isolieren? »Methode ist – logisch gesehen – ein Idealtypus und damit im gewissen Sinn eine Fiktion. Kaum zwei Lehrer, die die gleiche Methode gebrauchen, tun dasselbe« (Brezinka 1969, 263). Was da im einzelnen geschieht, wie der geistige Verkehr zwischen Lehrer und Schülern verläuft, was in deren Köpfen vor sich geht, das alles weiß man bei solchen Untersuchungen nicht.

Wie will man den *Lernfortschritt* feststellen und ihn dann als Folge dieser oder jener Methode nachweisen, wenn er doch so stark von persönlichen Voraussetzungen, Intelligenz, Elternhaus, Milieu, Motivation, Lehrerpersönlichkeit, Klassengeist, Atmosphäre, Schulklima usw. abhängt, und wenn er überhaupt um so schwerer feststellbar ist, je wichtiger das Lehrziel erscheint und je längerfristig es gelten soll? (Vgl. Thiemann 1973; Einsiedler 1981; Steffens u. a. 1989) So ist schlichtweg zu erwarten, daß die einzelnen Untersuchungen unterschiedliche, ja widersprüchliche Ergebnisse liefern, und man kann die so gewonnene Nüchternheit gegenüber methodischen Heilslehren durchaus positiv werten.

Unbefriedigend bleibt es aber doch, wenn die hundert- und tausendfältigen Mühen der Unterrichtsforscher nicht mehr als solche Skepsis bewirken sollten. So wendet man sich in jüngster Zeit immer stärker einem anderen methodischen Paradigma zu: Man verspricht sich nicht mehr viel von der Isolierung »unabhängiger« Methoden- und »abhängiger« Ergebnisvariablen und deren Verrechnung, statt dessen mehr von der *Verfolgung der Denk- und Lernprozesse* bei Lehrern und Schülern in subtil durchgeführten Einzelstudien und Fallanalysen. Solche Untersuchungen erfordern andere methodische Standards, sie sind weniger »objektiv« im Sinne statistischer Vergleichbarkeit, aber sie sind »valider« im Hinblick auf das, was der Unterricht tatsächlich bewirkt, und damit ergiebiger für dessen Verbesserung. Die dritte, völlig neu gefaßte Ausgabe des »Handbook of Research on Teaching«, eine umfassende Zusammenschau pädagogischer Forschung im englischsprachigen Bereich, ist ganz von dieser methodologischen Wende bestimmt (Wittrock 1986; Calderhead 1987).

Damit rückt zugleich der *Inhalt des Unterrichts*, der bei den früheren Untersuchungen oft nebensächlich erschien, an zentrale Stelle. Man kann das »Wie«, die Tauglichkeit von Methoden nicht erforschen ohne die Frage nach dem »Was«, dem Inhalt, der mittels ihrer gelehrt wird und gelernt werden soll. Zu dieser forschungsmethodischen Wende wird ein Traditionsstrang wieder aufgegriffen, der schon lange bestand, aber unter dem Vorherrschen psychologischer Fragestellungen in den Hintergrund trat:

die Versuche einer inhaltlich-logischen Begründung der Unterrichtsmethode. Ihnen wenden wir uns nun zu.

### 3.2.9 Beiträge zur sachlogischen Begründung der Unterrichtsmethode

#### a) Grenzen der Psychologie

Schon Ratichius bezeichnete das Lehren als eine Kunst, die sowohl aus der Natur des Menschen als auch aus den Eigenschaften der Sprache, Künste usw. genommen sei. Sein Anliegen war damals die bessere Beachtung der »Natur« gegenüber einer jahrtausendelangen Tradition, die diese Seiten des Lehrens und Lernens weitgehend vernachlässigt hatte. So wurde er zum Mitbegründer der Didaktik als der Wissenschaft vom immer leichteren, rascheren und erfolgreicheren Lernen. Von der Fragestellung nach der »Natur des Menschen« ist auch vorrangig die Genese des Methodenproblems bestimmt, wie wir sie bisher beschrieben haben, und vorrangig psychologisch begründet sind die verschiedenen Stufenfolgen. »Vorrangig« müssen wir vorsichtigerweise sagen, weil es nur selten bei einer einseitig psychologischen Begründung geblieben ist. Allein daß wir verschiedene Stufenfolgen mit spezifischen Anwendungsbereichen und deutlichen Grenzen gefunden haben, zeigt, daß es noch andere Bedingungen der Methode gibt, die in der *Sache* liegen.

So unterschied Herbart schon Interessen der »Erkenntnis« von denen der »Teilnahme«, die im Rahmen des allgemeinen Artikulationsschemas unterschiedlich zu behandeln seien (vgl. 3.2.2 a). Seine Epigonen übersahen das weitgehend, aber auch ihr Stufengang von der Anschauung zum Begriff war nicht nur psychologisch, sondern auch logisch begründet. Die Erlebnispädagogen wollten dem »Wesen« des individuellen Kunstwerks gerecht werden, Gaudig schulte fachgerechte Arbeitstechniken, Kerschensteiner sah in der Selbstprüfung am vollendeten Werk die Bewährung der Sachlichkeit, bei Montessori stak der Sachzwang in den Materialien, bei den Psychologen des problemlösenden Lernens im Sachproblem. Allein die Verhaltenspsychologie war blind gegenüber unterschiedlichen Sachansprüchen, aber im Strukturbegriff der kognitiven Psychologen war er wieder präsent, und sogar die Bloomsche Lernziel-Taxonomie beruft sich ausdrücklich nicht nur auf psychologische, sondern auch auf logische Kriterien.

Doch bleiben diese Momente meist allgemein und vage. Bei genauerem Hinsehen setzen die Stufenlehren für ihre Anwendung noch Begründungen voraus, die sie nicht ausdrücklich reflektieren.

So ist z. B. die Stufung des »problemlösenden Lernens«, wie wir gesehen haben, psychologisch wirklich gut fundiert. Aber *inhaltlich* kann das Problemlösen auf ganz verschiedene Weise geschehen; das gedankliche Fortschreiten ist ein jeweils anderes beim mathematischen oder physikalischen, biologischen oder chemischen, historischen oder geographischen Problem. »Man kann den Satz des Thales nicht erzählen und das Gänseblümchen nicht beweisen« (Nicklis). Zur psychologischen Begründung muß noch die sachlogische kommen.

Das Bemühen um eine *Begründung aus der Logik der Sache* zieht sich als eigene Linie durch die Geschichte der Didaktik, neben der bisher beschriebenen psychologischen Fragestellung und in um so stärkerem Gegensatz zu dieser, je einseitiger psychologisch sie argumentierte. Wir können diese Linie hier nur im Überblick verfolgen. Als Leitmotiv kann *Hegels* Auffassung gelten: Erst im Sich-Verlieren des Individuums an die Sache, in der »Selbstentfremdung« durch Begegnung mit dem ganz anderen und Fremdartigen, in dem das Subjekt sich objektiviert, begegnet es sich selbst, befreit es sich aus der bloßen Subjektivität, wird es von der »weichen Seele« zum »festen Charakter« (Vgl. Sünkel 1981)

## b) Formallogische Begründungsversuche

Es gab und gibt noch die naive aber wirksame Auffassung, der Stoff, wie die Wissenschaft ihn jeweils bietet, genüge allein zur Grundlegung der Methode. Die Psychologie liefere allenfalls einige nützliche Vermittlungstricks, für die aber auch der gesunde Menschenverstand und einige Schulmeistererfahrung ausreichen. Dies ist eine unzureichende »Wissenschaftsorientierung«, mit der wir uns später auseinandersetzen wollen (3.2.9d, 5.3.1).
Ernsthaftere Bemühungen um eine logische Begründung des Unterrichts wurden um die Jahrhundertwende vom Psychologismus der Herbartianer herausgefordert.

*O. Meßmer* (1905) argumentierte etwa so: Gegenstand der Psychologie sei alles, was in der Seele vorgehe, Richtiges und Falsches. Didaktik müsse aber darauf zielen, daß die Ergebnisse psychischer Aktivität auch *richtig* seien. Für das Streben nach Richtigkeit gelte die objektiv-wissenschaftliche Norm. Als Elemente jeder Erkenntnismethode seien logische Prozesse wie Analyse und Synthese, Abstraktion und Determination, Induktion und Deduktion zu beachten. Für die Ökonomie der geistigen Kraft, ein möglichst rasches und zweckmäßiges Lernen gelte die psychologische Norm. Ihr unterlägen Dinge wie Aufmerksamkeit, Assoziation, Gedächtnis, Übung, Ermüdung, Anschauung usw. »Das Lehrverfahren ruht nur auf Logik, das Lernverfahren dagegen auf logischer und psychologischer Notwendigkeit« (46).
Ähnlich meinte der Neukantianer *P. Natorp* (1905), das Ziel und der grundsätzliche Weg des Unterrichts könne nur von den reinen Gesetzeswissenschaften Logik, Ethik und Ästhetik als den Grundlagen der Hauptkulturbereiche bestimmt werden. Die Psychologie als die Wissenschaft der Subjektivität zeige an, wie im individuellen Fall zu verfahren sei (10).
*O. Willmann* (1888, 1905) und seine Anhänger betonten gegenüber den Herbartianern den Eigenwert der Inhalte, die nicht nur »Mittel zur Darstellung der Welt« für das Subjekt, sondern »Bildungsgüter« von eigenem Wert seien, denen der Mensch verpflichtet sei. Maßstab für allen Erkenntniserwerb sei die Wahrheit. Auffassen, Verstehen und Wiedergeben seien psychische Vorgänge, aber was gedacht wird und wie richtig gedacht werden soll, sei Gegenstand der Logik. Die gegenläufigen Denkbewegungen der »Analyse« und »Synthese« seien als logische Momente des Lehrverfahrens zu unterscheiden (1957, 515).

Die genannten Autoren stellten eine notwendige Frage, aber die Versuche einer Beantwortung mit bloß formallogischen Mitteln blieben allesamt zu allgemein; sie boten kaum eine Hilfe für methodische Entscheidungen im Einzelfall. Es bedarf der gegenstandsspezifischen Erkenntnismethoden, wie sie den Fächern eigen sind. (Terhart 1983, 167 ff.; Koch 1991; kritische Beispielanalysen bei Rumpf 1971)

### c) Fachspezifische Begründung

O. *Wichmann* (1930) beschwor gegenüber dem Subjektivismus mancher Reformpädagogen das »Eigengesetz« und den »bildenden Wert der Lehrfächer«, die Notwendigkeit der Begegnung mit dem Objektiven. Aber über den Details verlor er die eigentliche erkenntnistheoretische Fragestellung. Diese verfolgte in Fortführung des Natorpschen Ansatzes der Neukantianer *A. Petzelt* (1962).

Methode ist ihm die »Bedingung der Möglichkeit eines jeden auf gültige Begründungszusammenhänge gerichteten Erkenntnisprozesses«. »Nun wissen wir, daß eine Fragestellung, sofern sie ihrem Gegenstand gerecht wird, Methode heißt« (124). Methode in diesem Sinne ist nur der in den Verlauf projezierte Begriff der Wissenschaft. Jedes Gegenstandsgebiet hat seine eigene, es konstituierende Methode. Lehrer und Schüler müssen ihr gehorchen, wenn nicht nur übernommene Kenntnis, sondern »argumentierbares Wissen« erreicht werden soll. An sachlich geeigneten und der Individuallage angemessenen Ordnungszusammenhängen ist die spezifische Eigenart des Urteilens in den einzelnen Geltungsgebieten und damit ihre Entscheidung und Überschau zu lernen. Es gibt also keine gegenstandsunabhängigen, nur psychologisch begründeten Methoden.
»Der Gegenstand befiehlt, er befiehlt auch den Weg zu ihm, damit das Ich ihn sucht, begründet sucht, ihn fragen kann ... Methode will gefragtes Ordnen im Hintereinander, also in jenem Prozeß, der dem Gegenstand gehorcht. Wir sprechen von der spezifischen Fragestellung der Mathematik, der eigenwertigen Fragestellung der Biologie und fassen damit zugleich das Verhältnis der Wissenschaften zueinander gemäß ihrer Struktur. Ihre Einheit erscheint als Systematik möglicher Fragestellungen, als Einheit von Methoden in verbindlicher Geschlossenheit. Das Bildungsproblem erweist sich in definierter Letztheit als Problem der Einheit von Fragestellungen. Methode muß entsubjektivieren ... Sie schließt alles, was nach »meiner Methode«, nach »jemandes Methode« klingt, aus ... sonst sinkt sie in gefährliche Nähe der Willkür, und das vollzieht sich auf Kosten der Gültigkeitsansprüche« (82 ff.).

Ähnlich betonen die jüngeren Vertreter einer »*Lehrlogik*« in den USA wie Nuthall, Smith, Hirst u. a. in Frontstellung gegen den dort herrschenden Psychologismus, daß bloß psychologische Untersuchungen des Lernprozesses noch nichts über die sachliche Richtigkeit und Begründbarkeit des Ergebnisses besagen. Sie halten daran fest, daß jemand etwas nur »weiß«, wenn er den Sachverhalt für *richtig hält*, wenn der Sachverhalt auch *richtig ist*, und wenn er den Sachverhalt aus *guten Gründen* für richtig hält, wozu er über die »logische Grammatik« des jeweiligen Wissensgebietes verfügen muß (in Loser / Terhart 1977). Bei ihnen klingt aber auch an, was bei Petzelt noch außer aller Frage steht: die Relativierung der gesetzgebenden Wissenschaft.

## d) Relativierungen

### Intellektualismus

Bei Petzelt liegt – wie schon bei Meßmer und Natorp – eine nicht hinterfragte Voraussetzung vor: daß Unterricht allein dem richtigen Erkennen und Urteilen diene. Sie sehen den Menschen nur als »theoretisch« betrachtenden, nicht als praktisch handelnden. Wichtige Teilbereiche des Unterrichts in Kunst, Musik, Leibeserziehung, sprachlichem Ausdruck, Werkschaffen finden in ihren Systemen keinen Platz. Diese Voraussetzung stammt selbst nicht aus den »Wissenschaften«, sie ist als werthafte Vorentscheidung hineingetragen.

### Szientismus

Petzelt und seine Vorgänger schätzen »die Wissenschaft« als das eigentlich Objektive. Ihnen schwebt ein »Kanon« der Wissenschaften vor, ein globus intellektualis, in dem sich die Einzelwissenschaften einander ergänzend und begrenzend zum harmonischen Ganzen runden. Tatsächlich gleicht aber das Reich der Wissenschaften eher einem Dickicht heterogener, sich teils widersprechender, teils überschneidender methodologischer Ansätze, die sich oft heftig befehden, im historischen Gang einander ablösen, den Zeitmoden unterliegen und von Wertentscheidungen mitbestimmt werden, die außerhalb und vor ihnen liegen. Damit sind auch ihre Methoden nicht in reiner Objektivität vorgegeben; in die »Struktur des Gegenstandes« gehen *normative Bestimmungen* ein. »Objektiv« ist sie für den Lernenden in seiner Auseinandersetzung mit ihr, aber wie sie ihm begegnet, ist sie Ergebnis historisch-kultureller Vorprägung. (Lit. Kuhn 1979; Martin 1964; Rülcker 1976; Terhart 1983; Loser/ Terhart 1977)

### Wissenschaftsorientierung?

Unter diesem Motto sammeln sich seit langem und immer von neuem die Verfechter einer sachlogischen Begründung des Unterrichts. Von manchen wird sie, wie schon erwähnt, in naiver Selbstverständlichkeit als Kriterium guten Unterrichts betrachtet. Insbesondere mit der Bildungsreform wurde sie zum umfassenden Anspruch für alle Schularten und -stufen (z. B. Deutscher Bildungsrat 1970). Oft mißverstanden, ist sie heute schon wieder in Gefahr, diskreditiert zu werden. Deswegen gilt es festzuhalten: Wissenschaft ist, wie wir gesehen haben, *kein einheitlicher Sachverhalt*, ihre Fragestellungen und Ergebnisse sind nicht bedingungslos objektiv.
*Nicht alle Schulfächer* stehen in gleicher Nähe zur Wissenschaft. Physik und Chemie sind ihren Bezugswissenschaften enger zugeordnet als Deutsch, Englisch, Religionslehre oder gar Kunsterziehung und Sport.
Die Schulfächer sind aus den Wissenschaftsfächern *nicht abzuleiten*, weder historisch

noch systematisch. Das wird auf der Lehrplanebene noch deutlicher werden (5.3.1).

Die Didaktik eines Faches ist *nicht bloße »Abbildung«*, kein verdünnter Aufguß der Universitätslehre.

Wissenschaft ist *nicht die einzige Instanz* in der Entscheidung über Schulunterricht.

Andererseits besteht *nicht notwendig ein Gegensatz* zwischen schulischer und universitärer Lehre und sogar Forschung. Man muß ihr Verhältnis nur richtig verstehen. Wenn freilich Wissenschaft in dem bestehen soll, das an der Universität betrieben wird, in etablierten Disziplinen mit ihrem Apparat, ihrem Spezialwissen und ihren Prätentionen, wenn »Wissenschaftlichkeit« des Unterrichts in der Übernahme fertiger Denkergebnisse in hochgeschraubter Terminologie aufgehen soll, dann ist sie falsch verstanden. Wenn aber Wissenschaft die Erkenntnisfunktion des menschlichen Geistes auf ihrem jeweils höchsten Niveau darstellt, das über eigene Voraussetzungen, Wege und Grenzen reflektierende, die eigene Verantwortung bedenkende, sich selbst in Frage stellende Ringen um Wahrheit, der Einbezug ins gemeinsame Denken, wenn sie Hingabe an die Sache, Rücknahme eigener Zwecke und Bedürfnisse bedeutet, *dann darf der Geist des Unterrichts, jedenfalls soweit er auf Erkenntnis zielt, kein anderer als ein wissenschaftlicher sein.* (Lit. Kramp 1963; Ballauff 1970; Schmitz 1977; Beckmann 1978; Reble 1979; Oblinger 1985; Beckmann/Fischer 1990)

### e) Didaktische Integration

*Sachanspruch und normative Vorgaben*

Unterricht muß dem Sachanspruch genügen – im Wissen darum, daß dieser nicht in absoluter Objektivität gegeben, sondern selbst wieder durch normative Vorgaben bestimmt ist. Erst durch eine Zwecksetzung, eine Zielstellung und damit eine Bewertung wird aus einem beliebigen Sachverhalt ein mögliches Unterrichtsthema.

Zum Leitgedanken wird die Verflechtung von Sachanspruch und normativer Vorgabe in *R. Peters* »Grundlegender Bildung« (1954), einem gedankenreichen, leider zu wenig beachteten Werk.

»Erfassen« im Erkennen der Natur und der geistigen Welt und »Tun« im Werken und Wirken, Darstellen und Gestalten unterscheidet er als von der Sache geforderte Zugangsarten. Sie ». . . stehen in vielseitiger Beziehung zueinander, sind sie doch Leistungen des einen menschlichen Geistes; jedes von ihnen besitzt aber seine Eigenart, die vermöge des verschiedenen Sachcharakters der Gegenstände sich in der Unterrichtsform auswirkt« (221). Zugleich aber betont er immer wieder, daß der Gegenstand nicht einfach gegeben sei, daß in ihm ein Zielfaktor stecke (z. B. 72). So »ergibt sich, daß der Begriff *Unterrichtsgegenstand immer aus der Sicht des Lehrers heraus* gebildet wird. Unterrichtsgegenstand ist das, *was gelehrt wird,* und zwar im Aspekt des objektivierend eingestellten Lehrers; das muß festgehalten werden!« (74, Hervorhebungen im Original).

Man müßte die vielen Beispiele nachlesen, an denen er diese Grundeinsicht mit den Folgerungen für Methode, Unterrichtsform, Lehrerfunktion und Schülertätigkeiten überzeugend deutlich macht.

*Sachstruktur*

Die Frage nach der »Sachstruktur«, der Eigengesetzlichkeit des Gegenstandes ist heute Allgemeingut didaktischen Denkens, sollte es jedenfalls sein. W. Klafki (1958) hat sie in den Mittelpunkt seiner »didaktischen Analyse als Kern der Unterrichtsvorbereitung« gestellt, und keine Anleitung zur Unterrichtsvorbereitung kann seitdem auf sie verzichten.

Solcher Sachanalyse dienen Fragen wie diese:
- Unter welchen Aspekten kann der Gegenstand gesehen, unter welchen soll er in diesem Falle betrachtet werden?
- Welche Fragen und Begründungsweisen werden ihm gerecht (kausale Begründungen, finale Erklärungen, Handlungsmotive ...)?
- Liegen lineare oder vernetzte Zusammenhänge vor?
- Besitzt, erfordert, ermöglicht der Gegenstand eine innere Gliederung (zeitlich, räumlich, funktional, technologisch, ästhetisch ...)?
- Läßt sich eine innere Schichtung feststellen (z. B. wörtliche Aussage und übertragene Bedeutung)?
- Gibt es »Schlüsselbegriffe«, die geeignet sind, den Gegenstand aufzuschließen?
- Fordert der Gegenstand eine zwingende Abfolge des Vorgehens, oder ist er auf unterschiedliche Weise anzugehen?
- Welche Tätigkeiten können oder müssen an ihm ausgeführt werden, damit er richtig erfaßt wird?
  usw.

Der Allgemeindidaktiker kann die Fragen nur in dieser allgemeinen Form stellen. Ihre Spezifizierung und Beantwortung ist Sache fachdidaktischer Reflexion. Deutlich wird aber wohl, wie weit didaktische Besinnung über die bloße Sachkenntnis hinausreicht. Die Sicht des Lehrers schließt die des Fachmanns ein, geht aber nicht in ihr auf.

# 3.3 Zusammenschau / Grundlegung der Planung von Unterrichtseinheiten

In einem langen, sich vielfach verzweigenden und wieder vereinenden Weg sind wir der Genese des Methodenproblems nachgegangen. Längst nicht alle, aber die wichtigsten Ansätze haben wir kennengelernt. Jeder hat etwas zur Lösung beigetragen, keiner sie allein gebracht. Nun müssen wir versuchen, den Ertrag mehrhundertjähriger Bemühungen in ein System zu bringen. Zugleich werden damit die theoretischen Grundlagen für die Planung von Unterrichtseinheiten aufgezeigt, die dem gegenwärtigen Stand der Allgemeinen Didaktik entsprechen.

### 3.3.1 Die konstitutiven Bedingungsbereiche

»Unterrichtsmethode« ist ein komplexer Sachverhalt, bestimmt von vielerlei Bedingungen, die sich ergänzen und in Spannung zueinander stehen, sich gegenseitig fördern oder auch hemmen. Sie lassen sich drei großen Bereichen zuordnen.

#### a) Der Lernende

Da ist *jemand*, der lernen soll, der Schüler in seinem Ist-Stand, seinen gegebenen Voraussetzungen. Im Blick auf ihn muß die Frage lauten: »Kann und will er überhaupt das lernen, was er lernen soll?« Als *Mensch* mit seinen allgemein menschlichen Fähigkeiten und Bedürfnissen körperlicher, seelischer, geistiger Natur; als *Kind, Jugendlicher, Erwachsener* mit den Möglichkeiten und Grenzen seiner Entwicklungsstufe; bedingt durch seine *Herkunft* aus einem Volk, einer sozialen Schicht, einer Gruppe; als *Individuum* mit seinen Fähigkeiten und Neigungen, seiner Lerngeschichte und seinen Lebenszielen; als *Person*, die nicht nur Objekt pädagogischer Einwirkungen, sondern Subjekt des eigenen Lernens ist und bei der nichts zu bewirken ist, wenn sie nicht lernen will. In der Schule ist dieser Schüler in der *Mehrzahl* vertreten, meist nach gewissen Kriterien vorsortiert, aber doch mit einer *Streubreite* der Voraussetzungen, die zu berücksichtigen ist.

Diese Bedingungen des *Ist-Standes* sind biologischer und medizinischer, allgemein-, entwicklungs-, sozial-, individual- und fachpsychologischer, soziologischer und historischer Art: Grundregeln der physischen und psychischen Hygiene, allgemeine Lerngesetze, Denk- und Erlebnisweisen der Altersstufe, Bildungs-, Erfahrungs- und Mentalitätsunterschiede des Herkunftsmilieus, epochale Eigenheiten der Generationen usw. sind zu beachten. Die einschlägigen Wissenschaften liefern Durchschnittswerte, die für die Grobplanung unentbehrlich sind. Sie ersparen aber nicht die Erhebung der jeweiligen *Individuallage der Klasse und des Einzelnen*, die wieder eine habituelle und eine aktuelle sein kann. Zu ihr gehört unbedingt die Erhebung der tatsächlichen *Unterrichtsergebnisse* in kurz- und mittelfristiger Lernkontrolle und langfristiger Evaluation.

Die genaue Kenntnis der Individuallage ermöglicht es dem Lehrer, *den Schüler dort abzuholen, wo er steht*. Sie ist nicht nur Bedingung für die Effektivität des Unterrichts, sondern auch eine Forderung der Humanität. Man kann vielerlei mit Kindern anstellen, solange man nicht fragt, was dies bei ihnen bewirkt.

Alle genannten Voraussetzungen sind prinzipiell *nur empirisch zu ermitteln* – im weiteren Sinne des Zusammentragens, Überprüfens und Weitergebens von Beobachtungen und Erfahrungen. Hier gilt kein Wünschen und Meinen, hier geht es um die nüchterne Frage nach dem, was ist, ob es gefällt oder nicht.

Wissen wir aber wirklich, wie der Mensch ist? Unsere Umschau hat doch gezeigt, daß man den Menschen in seinem »Sein« unterschiedlich eingeschätzt hat. Ist er beliebig zu beschreibende tabula rasa oder nach innerem Gesetz sich Entfaltender, »Lernsystem«, Adressat von Informationen oder Einheit von »Kopf, Herz und Hand«, Miniaturerwachsener oder Wesen von eigener Art und eigenem Recht, erbsündig oder von Natur aus gut? In die Beschreibung des Ist-Standes gehen *Deutungen* ein und mit ihnen *Wünsche,* daß der Mensch so sein möge, wie er angeblich ist.

## b) Die Sache

Lernen kann man nur *etwas,* einen Inhalt, eine Sache, und man muß, um richtig zu lernen, ihrem Anspruch genügen.

Dieser Anspruch gilt nicht nur für die Richtigkeit der übermittelten *Ergebnisse,* die keine nachweislich falschen Informationen enthalten dürfen; das wäre trivial (obschon auch hier viele Fehler vorkommen). Er verlangt auch, daß der *Weg zu den Ergebnissen* richtig gegangen werde, daß Fragestellung und Methode sachgemäß seien. Denn Lernen ist nicht bloße Übernahme richtiger Denkergebnisse anderer, es ist der Prozeß der Genese des Wissens und Könnens in der Einzelperson – vorausgesetzt, es soll ein verstandenes und beherrschtes Wissen und Können sein.

Vom Lehrer ist also gründliche *Sachkenntnis* gefordert; denn »Didaktik ist nicht die Lehre davon, wie man etwas lehrt, von dem man nichts versteht« (Wagenschein). Der Lehrer muß Fachmann sein – und zugleich mehr als dieser. Er muß wie er »in« der Sache stehen und sie zugleich »von außen« sehen als eine zu vermittelnde, vom Schüler neu zu erwerbende. Er fragt deshalb nicht nur »Was soll der Schüler lernen?«, sondern »Was ist das überhaupt für eine Sache, die der Schüler da lernen soll?« Welche Zugänge, welche Schwierigkeiten bietet sie ihm? Was wird er tun müssen, um sie zu bewältigen – was ist die »Bedingung der Möglichkeit« ihrer Erlernung, ihre *Sachstruktur?* Die Antwort auf solche Fragen sind nicht empirischer, sondern *fachwissenschaftlicher* und *erkenntnistheoretischer* Art.

Und doch sind sie nicht nur solcher Art. Wir haben gesehen (3.2.9. d), wie auch die vermeintlich so objektive Sachstruktur bestimmt ist durch die jeweilige Sichtweise, die herrschende wissenschaftliche Auffassung, das »erkenntnisleitende Interesse« und damit durch Deutungen. Es ist ja eine Sache, die gelernt werden *soll.* Endlich ist die erstrebte Haltung der »Sachlichkeit«, das unbedingte Streben nach Wahrheit ohne Rücksicht auf Wünsche und Zwecke selbst eine Norm, die um Anerkennung ringt.

## c) Die Zielsetzung

Wenn jemand etwas lernen *soll*, so geschieht das immer mit einer Absicht, gemäß einem Auftrag, mit einer *Zielsetzung*. »Warum soll der Schüler das lernen? Was sage ich ihm, wenn er danach fragt? Was ginge ihm ab, wenn er es nicht lernte? Wenn schon, muß er es unbedingt jetzt und hier, muß er es in der Schule lernen?« Solche Fragen stellt sich der Lehrer und haben sich vor ihm schon seine Auftraggeber, Lehrplanmacher, Schulbehörden, Eltern, Interessenverbände, Politiker gestellt – oder zu stellen versäumt. Sie müssen gestellt und beantwortet werden zur *bildungstheoretischen Rechtfertigung* des Unterrichts.

Die Antworten auf solche Fragen lassen sich im wesentlichen vier Motivbereichen zuordnen. Er soll dies oder jenes lernen,

– weil es *Teil einer umfassenderen Lernaufgabe* ist, die natürlich ihrerseits wieder zu rechtfertigen ist (Kürzen von Brüchen und Lösen von Gleichungen, unregelmäßige Verben und fremdsprachliche Lektüre);

– weil es in *ganz spezifischen Verwertungssituationen* lebenspraktische Bedeutung hat (Verkehrsregeln, fremdsprachliche Umgangsfloskeln);

– weil es zum *Kennen und Verstehen der Welt und zur Entfaltung der Person* beiträgt (das Argument der Allgemeinbildung);

– weil es zu *verantwortlicher Haltung* beitragen kann.

Darüber wird auf der Lehrplanebene noch einmal zu reden sein (5.4). Hier interessiert das Grundsätzliche: Alle Antworten auf solche Fragen weisen auf ein *übergeordnetes Ziel*, ein »*Leitziel*« oder »*Bildungsideal*« hin, auf ein Bild des Menschen, wie man ihn wünscht als Endergebnis des Bildungs- bzw. Ausbildungsvorganges. Solche Bilder haben wir kennengelernt: der tüchtige und verständige, aber nicht kritisch fragende Untertan, der mündige Bürger, der urteilsfähige Betrachter, der mitverantwortlich Schaffende, der wertempfängliche Ästhet, der kreativ Gestaltende ...

Ohne die nähere oder fernere, offene oder versteckte Zielsetzung ist Unterricht in seiner Planung und seinem Verlauf weder zu begründen noch zu beurteilen, und sie ist das eigentliche Kriterium des Unterrichtserfolges. Sie enthält Sollens-Aussagen, normative Sätze, die dem jeweiligen Wertkonsens bzw. der Wertauseinandersetzung der Epoche entstammen. Sie müssen *normentheoretisch bzw. normenkritisch* geprüft werden und erfordern letztlich persönliche Stellungnahme.

Und doch sind die Ziele nicht nur aus Sollens-Normen abgeleitet. Auch in sie sind *Erfahrungen* über das Erreichbare eingegangen, sie sind nicht nur von Wünschen, sondern auch von *Fakten* bestimmt – und sie sollten von Überlegungen bestimmt sein, was man mit den Gegenständen machen darf, wenn man sie nicht verfälschen will.

## 3.3.2 Die Verschränkung der Bedingungsbereiche

Schüler, Sache und Ziel sind die drei Bedingungsbereiche von Unterricht. Wir heißen sie die *konstitutiven Bedingungsbereiche*, weil sie zusammen Unterricht erst möglich machen. Wie wir sahen, sind sie von gänzlich heterogener Art. Empirische Fakten, fachlich-erkenntnistheoretische Erwägungen, normative Setzungen stehen neben- und gegeneinander, und aus jedem ergeben sich Konsequenzen bis in unterrichtspraktische Einzelmaßnahmen. Zugleich sind sie engstens miteinander verflochten und verschränkt. Hatten wir doch wiederholt den Eindruck, wie wenn die Argumente eines Bereichs auf die eines anderen »abgefärbt« hätten (Glöckel 1971; 1990).

### Ziel und Sache

Was ein Gegenstand für die Bildung des Schülers bedeuten soll, ist nicht ohne Kenntnis seiner Eigenart zu beurteilen. Wozu soll er Mathematik oder Latein lernen, wozu den Hamlet oder das Kommunistische Manifest lesen? Man muß diese Dinge wohl sachlich kennen, um sie als Inhalte für den Unterricht fordern zu können. Umgekehrt wird ein fachlicher Sachverhalt erst durch eine pädagogische Zielsetzung zum *Unterrichts-Thema*.

Soll er als »Stoff« bloßes Material zum Training geistiger Vollzüge sein? Ist er wertvolles »Kulturgut«, das nicht verlorengehen darf, oder kritisch zu hinterfragende Überlieferung? Ist er Gegenstand theoretischer Erkenntnis, gemeinsam zu bewältigende gesellschaftliche Aufgabe oder Objekt freien gedanklichen Spiels?
Das gilt auch für ganze Fächer. Ist Mathematik Brauchkunst für die Geschäfte des Alltags oder geistvoller Denksport? Ist Schreiben Geheimkunst einer privilegierten Kaste, Vollzug vorgeschriebener Normen, individueller Bewegungsausdruck, gestaltete persönliche Darstellung, rationell zu erwerbende Kulturtechnik? Ist das Ziel der Kunsterziehung die Fähigkeit zur naturgetreuen Wiedergabe, spontaner Ausdruck des Inneren, kultivierter ästhetischer Genuß, Enthemmungstherapie für psychische Spannungen, Ausgleich für den kalten Intellekt, kritisch reflektierte visuelle Kommunikation? Dient Geschichtsunterricht mehr der allgemeinen »Menschenkunde« oder der spezifisch persönlichen »Standortherstellung«? Ist Sprache Mittel zweckmäßiger Kommunikation, hochkomplizierte geistige Struktur, historisch gewordener objektiver Geist? Der Gegenstand *ist jeweils ein anderer* und fordert andere Methoden seiner Behandlung (vgl. Meyer 1987, I, 80 ff.; Domke 1991, 54 ff.)

Wieder aber: Der Gegenstand läßt zwar unterschiedliche Betrachtungsweisen und Deutungen zu, aber nicht alle, wenn er nicht verfälscht werden soll. Er dient nur dann einem guten Zweck, wenn man ihm dient. Immer gab und gibt es die Versuche einer Vergewaltigung der Sache mit – meist gut gemeinten – pädagogischen oder – nicht immer so gut gemeinten – politischen Absichten.

Um der »Gesinnungsbildung« willen vermoralisierten die Zillerianer ihre Stoffe in oft unerträglicher Weise; um des »Erlebnisses« willen unterwarf Scharrelmann fast alles seinem Erzählerdrang, um der »Objektivierung« willen wurden im Programmierten Unterricht und in standardisierten Tests höchst subtile, frag-würdige Probleme zu grobem Faktenwissen. Die Biologie sollte unter Hitler die Bestimmtheit des Menschen durch Vererbung und Rasse, unter Stalin seine völlige Milieuabhängigkeit beweisen, und was man dem Geschichts- und dem Deutschunterricht alles zugemutet hat, ist nur allzu bekannt.

Wo aber ist die Grenze? Der Verweis auf den historisch-gesellschaftlichen Konsens in seiner Relativität kann nicht genügen. Letztes Kriterium kann nur die Frage nach der *Wahrheit* sein, nicht als Besitz, wohl aber als Richtmaß.

## Sache und Schüler

Fähigkeiten und Interessen kann man nur für »etwas« haben, sie treten erst in der Auseinandersetzung mit der Sache in Erscheinung. Deswegen mag spontanes Interesse der Schüler für eine Sache erfreulich sein, aber der Unterricht soll vor allem neue Interessen begründen, den Schüler an Sachverhalte heranführen, für die er sich erst interessieren kann, wenn er sich gründlich mit ihnen beschäftigt hat.

Andererseits bestimmen die Voraussetzungen bei den Schülern, was überhaupt Gegenstand der Auseinandersetzung und damit möglicher Fertigkeiten und Interessen werden kann. Sicherlich kann man auch ungeeignete Gegenstände präsentieren, aber das bekommt weder den Schülern noch den Gegenständen.

## Schüler und Ziel

Die Voraussetzungen bei den Schülern werden durch die Zielsetzung erst gefragt, durch die Methode erst provoziert und mitbedingt. Erst der Anspruch führt den Schüler über seinen Ist-Stand hinaus und verändert damit die Voraussetzungen. Umgekehrt ist nur vom Ist-Stand aus zu beurteilen, welche Ziele möglich und sinnvoll sind. Man kann vieles aus dem Menschen herausholen, aber nicht alles aus ihm machen, und man kann ihm mit zu hoch gesteckten Erwartungen auch schaden. So gehen in die Zielsetzung neben Wünschen, Hoffnungen und Wertungen auch empirische Daten, Erfahrungen ein. Ziel und Methode sind nur legitim, wenn sie menschenmöglich, dem Menschen zuträglich sind. Faktum und Norm bedingen sich gegenseitig, Sollen impliziert Können.

## Didaktische Ausgewogenheit

So vollzieht sich Unterricht in der Spannung zwischen den drei Polen (vgl. 6.2). Jeder hat sein Recht, keiner darf allein dominieren. Jede Einseitigkeit führt in die Irre,
– das Überwiegen der Sache zum didaktischen »Logizismus« bzw. »Szientismus«,
– der bloße Blick auf den Schüler zum »Psychologismus«,
– die Vorherrschaft des Ziels zum »Teleologismus«.
Diese »Ismen« sind leider keine Abstraktionen, sondern sehr reale, immer von neuem drohende Gefahren. Nur die Ausgewogenheit der Aspekte kann Unterricht zureichend begründen (Scheibner 1962, 269).
Wie wir sehen, bewährt sich das »didaktische Dreieck« auch auf dieser grundsätz-

licheren Ebene. Statt des »Lehrers« steht allerdings nun die Zielsetzung; denn der Lehrer handelt ja in einem Auftrag, er vertritt in seiner Lehrerfunktion das Ziel.

Nun erhebt sich die Frage, ob der Lehrer wirklich nur »Agent«, »Funktionär«, ob er nicht auch als Individuum in seiner Eigenart, als Person in der verantwortlichen Entscheidung ein »Bedingungsbereich« von Unterricht sei. Wo ist sein Platz im System?

### 3.3.3 Weitere Bedingungen

*Die Lehrerpersönlichkeit*

Zweifellos ist die Lehrerpersönlichkeit – als Inbegriff dessen, was der Lehrer als Person aus seinen individuellen Anlagen und Umständen macht – ein ganz wesentlicher Faktor des Unterrichtserfolgs. Ob und wie er sorgsam den Voraussetzungen bei den Schülern nachspürt und feinfühlig auf sie eingeht, ob und wie er seine Sache nicht nur versteht, sondern sich echt für sie interessiert und damit Verständnis und Interesse bei den Schülern bewirkt, ob und wie er seinen Auftrag bejaht und die darin enthaltene Zielstellung überzeugend vertritt – das alles wirkt sich, oft entscheidend, auf das Lernen der Schüler aus. Er handelt so aufgrund seines Selbstverständnisses: als untergeordneter Handwerker, Sozialisationsagent oder souveräner Menschenbildner, als Fachwissenschaftler, freischaffender Künstler oder Meisterlehrer, als charismatischer Führer, geduldig hegender »Gärtner« oder psychotherapeutischer Helfer.

Daß Lehrer sich in all dem unterscheiden, ist Alltagserfahrung. Haben sie nicht ein Recht auf diese Eigenart? Ja und nein. Gewiß sind kraftvolle Originale wünschenswerter als blasse, normierte Funktionäre. Aber nicht alle Originale sind kraftvoll, und nicht jede Marotte ist wünschenswert. Die persönliche Eigenart muß zu dem generell zu Fordernden hinzukommen, sie darf nicht darunter bleiben – weil der Unterricht um der Schüler, nicht um des Lehrers willen geschieht, weil dieser *im Dienst ist*. So gehören die berechtigten Eigenarten, die speziellen Fähigkeiten und Neigungen nicht zu den konstitutiven Bedingungen. Ihr Platz ist auf der Ebene der konkreten Umsetzung. Dort haben sie ihr Recht. Ein weitergehender Anspruch wäre »didaktischer Subjektivismus«. Was sich allgemein begründen läßt, darf nicht persönlicher Willkür unterliegen.

*Die situativen Voraussetzungen*

Endlich gibt es noch den weiten Bereich der aktuellen Umstände: Zahl und Zusammensetzung der Schüler, räumliche Bedingungen und verfügbare Mittel, äußere Ereignisse und innere Stimmung, Tageszeit und Wetter usw. Auch sie sind in Planung und Vollzug zu beachten, auch sie können über den Erfolg entscheiden. Aber auch sie sind nur modifizierende, nicht konstitutive Bedingungen. Wer sich vorrangig von ihnen leiten ließe, verfiele einem »didaktischen Aktualismus«. Auch für ihn haben wir schon Beispiele kennengelernt. (Vgl. 6.3.7)

### 3.3.4 Von abstrakter zu konkreter Artikulation

Die Hilfen der Theorie zur Begründung des Unterrichtsaufbaues liegen auf verschiedenen Abstraktionsebenen. Hat man das einmal begriffen, dann erledigt sich mancher Streit um Methodenfragen von selbst.

#### a) Artikulation als Leitidee

Auf allgemeinster Ebene gilt die unüberholbare Herbartsche Entdeckung (die auch durch die neueste Lernforschung bestätigt wird): *daß beim Lernen qualitativ unterschiedliche geistige Akte vollzogen werden müssen.* Diese Akte können sich überlagern, unterschiedlich lange dauern, in ihrer Abfolge vielfältig, wenn auch nicht willkürlich wechseln. Es darf aber keiner fehlen, wenn der Lernprozeß zu einem (immer nur relativen) Abschluß geführt werden soll.

Ein allgemein gültiges Schema der Artikulation kann es aber nicht geben, weil es verschiedene Lernwege gibt, abhängig vom zu lernenden Sachverhalt, den Voraussetzungen im Schüler, dem angestrebten Ziel, modifiziert durch die situativen Voraussetzungen und die Persönlichkeit des Lehrers. Sehr wohl aber kann – und muß – die Didaktik auch auf dieser Ebene »Indikationen« für die gezielte und begründete Verwendung der unterschiedlichen Stufungsmodelle geben, die bis heute gefunden worden sind. (Lit. Prange 1995)

#### b) Methodische Grundstrukturen (Artikulationstypen, Stufenkonzepte)

*Systematisierungsversuche*

Auf der nächsten Ebene der Konkretisierung kann man eine begrenzte Zahl von »Lehreinheitstypen« (Dolch), »Stufenkonzepten« (H. Meyer), »methodischen Grundstrukturen« (R. Rabenstein) unterscheiden. Sie entsprechen jeweils einem Typ von Lernaufgaben, einer »Lernzielklasse«. Sie möglichst klar herauszuarbeiten, ist ein zentrales Anliegen der Allgemeinen Didaktik. Es dürfen nicht zu wenige solcher Grundstrukturen sein, weil sie sonst zu allgemein und »abgehoben« sind, aber auch nicht zu viele, damit man sie noch handhaben kann.

*Kl. Prange* nennt z.B. drei solcher »Grundmodelle«
– Unterricht als Arbeitsprozeß: das pragmatische Modell der Arbeitsschule;

– Unterricht als Lektion: das hermeneutisch-humanistische Modell der Begegnung mit geordneten und gedeuteten Sachverhalten;
– Unterricht als Appell: das Erlebnismodell der Stellungnahme aus persönlicher Betroffenheit (1983, 107ff.).
A. *Roth* unterscheidet die »Stufungsmodelle« des Kenntniserwerbs, der Erkenntnisgewinnung, der Erlebnisvermittlung, der Ausdrucksgestaltung und der Fertigkeitsschulung (1967, 90ff.).
*Th. Schulze* zieht den Kreis über die engere Unterrichtssituation hinaus und kommt zu neun »Familien von Lehrmodellen«:
Wissensvermittlung – Verhaltenskontrolle – Untersuchung und Entdeckung – Entwicklung – rationaler Diskurs – soziale Interaktion – Selbsterfahrung und Selbstorganisation – Urteilsfindung und Entscheidung – Simulation (1978; vgl. auch Weil/Joyce 1978).

## Eigener Versuch

Wir haben in Zusammenarbeit von Allgemein- und Fachdidaktikern ebenfalls versucht, »*methodische Grundstrukturen*« zu unterscheiden (den Begriff »Modell« möchten wir für eine konkretere Ebene reservieren). Unser Verfahren war ein gegenläufiges. Wie schon bei der Frage der »Lernziele« erwähnt, gingen wir nicht von vorgegebenen psychologischen Kategorien aus, sondern von der Fülle der Lernaufgaben bzw. Unterrichtsthemen, die in der Schule und über sie hinaus vorkommen, und versuchten, diese bestimmten Lehrzielarten zuzuordnen, die sich ausdrücklich nicht als »Taxonomie« verstehen, sondern als *offene Liste*, die Ergänzung und Variation erlaubt und mit inneren Überschneidungen rechnet. Andererseits kamen wir von den Artikulationsschemata her, wie wir sie aus der historischen Genese kennen. Beide Listen wuchsen aufeinander zu, und wir waren überrascht, wie gut sie sich schließlich ineinander gefügt haben. Die folgende Übersicht zeigt den gegenwärtigen Stand unserer Überlegungen. Zwölf solcher Grundstrukturen sind wohl eine vertretbare Zahl, differenziert genug, um hilfreich zu sein, und eben noch überschaubar.
Die Liste ist sehr kompakt und bedarf zu ihrem Verständnis einiger Anmerkungen:
1. Die Stufungsschemata sind in erster Linie noch von lernpsychologischen Aspekten bestimmt, es spielen aber auch schon sachlogische Momente mit hinein. So zeigen sie unterschiedliche Nähe zu einzelnen Fächern. Nicht jedes von ihnen eignet sich für jedes Fach; in manchen Fächern finden fast alle Anwendung, in anderen herrscht eines von ihnen vor und wird nur gelegentlich durch andere ergänzt.
2. Klar sollte inzwischen sein, daß es sich bei den Stufen um zu vollziehende Akte mit unterschiedlicher Sinnhaltung gegenüber dem Gegenstand handelt, die nicht notwendig im einmaligen Ablauf nacheinander durchmessen werden müssen, die auch wechseln, sich wiederholen können, wenn der Lernprozeß es erfordert.
3. Die Anordnung erfolgt zwischen den Polen der »Geschlossenheit« bzw. der »Offenheit« der Planung, also ebenfalls nach einem didaktischen Kriterium, das zu unmittelbaren praktischen Folgen führt. Es gibt Themen, die eine streng geführte Abfolge verlangen, und andere, die sie auf keinen Fall vertragen. »Offenheit« ist kein

absoluter Wert, sondern eine Frage der Zweckmäßigkeit bzw. der sachlichen Konsequenz.

4. Noch einmal sei betont, daß die Unterrichtseinheit nicht mit der Zeiteinheit einer Unterrichtsstunde zusammenfallen muß. Oft wird eine solche nur einem »Stufenschwerpunkt« gewidmet sein. So gibt es Vorbereitungs-, Problemfaltungs-, Erarbeitungs-, Übungs-, Aufarbeitungs-, Anwendungs-, Systematisierungs-, Wiederholungs-, Kontrollstunden. Auch sie brauchen eine klare Untergliederung in einzelne »Schritte«, aber eben nicht in Stufen.

5. Die Darstellung erfolgt in knappster Form. Nach der Benennung des Lehrzielbereichs wird die typische Stufenfolge beschrieben. Die Stufenbezeichnungen sind dabei nicht normiert; es wird aber versucht, ihre didaktische Funktion möglichst genau zu bezeichnen. Kurzen Hinweisen auf die theoretischen Grundlagen folgen einige Beispiele aus den Fächern.

6. Dem allem zugrunde liegt die Einsicht: *Unterschiedlichen Qualitäten angestrebter Lernprozesse (= nach Art und Niveauhöhe unterschiedlichen Lehrzielen) entsprechen unterschiedliche Grundstrukturen des Unterrichtsverfahrens.*

---

**Zwölf methodische Grundstrukturen von Unterrichtseinheiten**

**1. Einschulung von Fertigkeiten und isolierbaren Arbeitstechniken:**

Aufgabenstellung – (oft förderlich, aber nicht notwendig: eigenes Probieren) – vorbildliches Vormachen und Erklären – Eigenversuche und ihre Korrektur bis zum ersten Gelingen – Einüben unter strenger Normkontrolle mit Beachtung der Übungsgesetze bis zur Automatisierung – Gebrauch und Überlernen in der Praxis – vorsichtige Generalisierung

*Grundlage:*

Assoziationspsychologie, behavioristische Lernpsychologie, handwerkliche und künstlerische Meisterlehre

*Beispiele:*

Automatisierung des Einmaleins, Umgang mit Zeichengeräten und Werkzeugen, Instrumentalspiel, Handschreiben, Maschinenschreiben, Turnübungen...

**2. Lernen von Einzelkenntnissen, Informationen, Daten:**

Zielangabe – Vermittlung und gegebenenfalls Klärung der Informationen – Einprägung durch mehrfache Wiederholung gemäß den Regeln für das Memorieren – Wiedergabe auf Abruf

*Grundlage:*

Assoziationstheoretische Gedächtnispsychologie, Gestaltpsychologie, Informationstheorie

*Beispiele:*

Lernen von Tier-, Pflanzen-, Personennamen, Symbolen, Verkehrszeichen, topographischem Wissen, Vokabeln, Geschichtszahlen, Auswendiglernen von Liederversen, Gedichten, Prosatexten...

3. **Erwerb von begrifflich geordnetem Wissen, Regeln u. ä. in verständnisvoller Übernahme:**

Stellung und Begründung des Zieles, möglichst unter einem strukturierenden Leitgedanken (»advance organizer«) – Zusammentragen, Betrachten und Erklären des konkreten Materials – gedankliche Durchdringung durch Vergleich, Abgrenzung, Einordnung, Abstraktion, Systematisierung – Einprägen und Festigung – Anwenden in auf- und absteigender Denkbewegung

*Grundlage:*

Herbart-Zillersche Schule, Ausubels »kognitive« Psychologie des sinnhaften, darlegend-rezeptiven Lernens

*Beispiele:*

Rechtschreibregeln, grammatikalische Begriffe, Literaturgattungen, Ordnung geschichtlicher Epochen, physikalische Gesetze und ihre Anwendungen, Klassifikation der Lebewesen, Zusammenhang von Körperbau und Lebensweise, Spielregeln, Maßnahmen zur Unfallverhütung, Verkehrsregeln...

4. **Lernen eines vorgegebenen Handlungsvollzuges, Erstellung eines eindeutig definierten Werkes:**

Stellung und Begründung der Aufgabe – Klärung des Weges, Vermittlung nötiger Informationen – Ausführung der Arbeit gemäß den vorgegebenen Schritten mit Zwischenkontrollen – Prüfung des Werkes – Rückschau auf den Handlungsweg – Formulierung gewonnener Einsichten und Erfahrungen

*Grundlage:*

Didaktik der technischen Fächer, Teilansätze der Arbeitsschulbewegung, Psychologie der Handlung (Aebli u. a.), Handlungstheorie

*Beispiele:*

Nachbilden von Urerfindungen, Mikroskopieren, Zubereiten einer Speise, Aufbau einer technischen Konstruktion, Fertigen einer technischen Zeichnung, Einüben eines Formationstanzes...

5. **Vermittlung von Erlebniseindrücken bzw. Betroffenheit, Förderung der Wertempfänglichkeit:**

Einstimmung als sachliche Vorwegnahme verständnisfördernder Informationen und emotionale Vorbereitung – Begegnung mit dem Gegenstand als Ganzem in eindrucksvoller Darbietung – Besinnung auf Sinngehalt und Wertbezug – Klärung einzelner Momente – Ausdruck des Erlebten im Handeln und Gestalten

*Grundlage:*
Erlebnispädagogik, Psychologie des emotionalen Erlebens
*Beispiele:*
Erstbegegnung mit einem Lied, einem Musikwerk, einem Gedicht, einer geschichtlichen Person, einer biblischen Geschichte, einer Landschaft, Schaffung von Betroffenheit zum Eingang einer größeren Unterrichtseinheit in Sozialkunde...

### 6. Einübung gedanklicher Vollzüge, »denkendes Üben«:

Aufgabenstellung – Vollzug der Operation im konkreten Handeln, in anschaulicher Darstellung, in sprachlicher Fassung – schrittweise abstrahierende Herausarbeitung der operativen Kernstruktur (in variablem Wechsel der »Stufen«) – Übertragung und Anwendung auf immer neu variierte Aufgaben (Umkehrung, Ergänzung, andere sachliche Einbettung, Vermehrung der Elemente, Komplizierung der gedanklichen Struktur...) unter Vermeidung routinehafter, gedankenloser Einschleifungen – operatives Durcharbeiten bis zur Sicherheit – dabei immer knappe Bewußtmachung und sprachliche Fassung der vollzogenen Gedankenschritte und Zusammenhänge, »Vernetzung der Begriffe«
*Grundlage:*
Psychologie des operativen Übens (Piaget/Aebli u. a.)
*Beispiele:*
der »Alltag« des Unterrichts in Mathematik, Grammatik, fremdsprachlichen Übungen, Rechtschreiben in dem durch Regeln erfaßbaren Bereich, Einschulung komplexerer Arbeitstechniken, z. B. Einübung in die Kartenarbeit...

### 7. Gewinnung selbst vollzogener Einsichten, Problemlösungsverfahren u. ä. in produktivem Denken (»gedankliche Kreativität«):

»Einstieg« mit einem konkreten, problematischen Phänomen – ausführliche Entfaltung des Problems – ausgedehnte Phase eigener Lösungsversuche in selbständiger Auseinandersetzung – Akt der Einsicht (unverfügbar) – Überprüfung des Ergebnisses, seine Rückführung aus dem verwickelten »Entdeckungszusammenhang« auf den klarlinigen »Begründungszusammenhang« – Anwendung auf neue Fälle und Probleme
*Grundlage:*
Gaudig, Kerschensteiner, Dewey und andere Vertreter der Arbeitsschule; Copei, Wagenschein, Wertheimer, Metzger und andere Vertreter der Denk- bzw. Gestaltpsychologie; Bruners »entdeckendes Lernen«
*Beispiele:*
Erarbeitung einer Problemlösung in Algebra, eines geometrischen Beweises, Nachentdecken eines physikalischen, biologischen, geographischen, historischen Zusammenhanges...

8. **Erfassen von Sinngebungen, Interpretation:**
(Oft hilfreich, nicht immer nötig: Einstimmung) – Begegnung mit dem Sachverhalt als Ganzem – Deutungsversuche in selbständiger Auseinandersetzung, Klärung von Einzelheiten und Zusammenhängen, Besinnung auf die Zentralaussage in offener Reihenfolge – persönliche Stellungnahme, Wertung, Kritik – Fassung des Ergebnisses, Ausdruck
*Grundlage:*
Hermeneutik, geisteswissenschaftliche Theorie des »Verstehens«, Psychologie des Textverständnisses
*Beispiele:*
Werkbetrachtung in Musik oder Kunst, Lesen von Literatur; Interpretieren historischer Quellen oder geographischer Karten; Auslegung des Glaubensbekenntnisses; Analyse und Kritik von Aufsätzen ...

9. **Auseinandersetzung mit konkurrierenden Sinndeutungen und Wertkonflikten, begründete Stellungnahme:**
Darlegung oder Einarbeitung der kontroversen Positionen – erste Stellungnahme, erste Auseinandersetzung mit Gegenpositionen – gründliche Erarbeitung der notwendigen Informationen und Argumente – tiefer dringende Auseinandersetzung in offener Diskussion oder formaler Debatte – neue, begründete Stellungnahme in persönlicher Entscheidung – Aufarbeitung: Fassung und Darstellung des Ergebnisses
*Grundlage:*
Theorie des rationalen Diskurses, dialogische oder kommunikative Pädagogik; Didaktik des Politikunterrichts
*Beispiele:*
Durchdenken öffentlicher Kontroversen (z. B. Kernkraft, Todesstrafe, Abrüstung), mündliche und schriftliche Erörterung in Deutsch; Stellungnahme zu historischen Ereignissen oder Personen; Auseinandersetzung mit ethischen, religiösen Fragen ...

10. **Gestaltungsaufgaben mit offener Zielsetzung (»gestaltende Kreativität«):**
Weckung des Ausdrucksbedürfnisses, Entfaltung der Aufgabe als sachliche und emotionale »Einstimmung« – erste unbeeinflußte Gestaltungsversuche – Vergleich, Kritik, Reflexion, gezielte Übungen technischer Art – verbesserter eigener Gestaltungsversuch – abschließende Betrachtung und Beurteilung
*Grundlage:*
Kunsterziehungsbewegung, Kreativitätspädagogik u. ä.
*Beispiele:*
bildliches und plastisches Gestalten, Umsetzung von Musik in rhythmische Bewe-

gung; Lied-, Tanz-, Gymnastikgestaltung; schriftlicher Ausdruck in gebundener und freier Form; Umdichtung, konkrete Poesie, personales Schreiben; Aufarbeitung und Darstellung des Gelernten in vielen Fächern ...

11. **Bewegliches Handeln im festgelegten Rahmen, Lernen im Spiel:**
Stellung der Aufgabe – Festlegung der Teilaufgaben bzw. Rollen – Klärung der Spielregeln – »Anspielen« – Verbesserungsvorschläge – gesonderte Einübung von Teilfunktionen – Durchführung mit Korrektur- und Reflexionsphasen – u.U. nochmalige, verbesserte Durchführung – Rückschau, Kritik, Fassung der Ergebnisse – Anwendung bzw. Übertragung
*Grundlage:*
Pädagogik und Didaktik des Spiels, Spieltheorie
*Beispiele:*
Sportspiele, Rollenspiele, Planspiele ...

12. **Bewältigung komplexer Handlungsprobleme, Vorhaben, Projekte:**
Begegnung mit einem praktischen Problem, einer zu lösenden Aufgabe – Zielsetzung in freier Entscheidung – Sichtung der Aufgabe, Planung und Verteilung der Arbeit, Bereitstellung der Mittel – Ausführung in Teilschritten, Auseinandersetzung mit unvorhergesehenen Problemen, wenn nötig Änderung des Plans, Gewinnung notwendiger Informationen oder Fertigkeiten, dabei Phasen der Arbeitsteilung und Arbeitseinung, Fassung von Zwischenergebnissen – Fassung des Ergebnisses, Prüfung, Fixierung, Auswertung, Rückblick auf den Arbeitsweg, Selbstkritik – Einordnung in den größeren Zusammenhang, Ausblick auf weitere Aufgaben
*Grundlage:*
J. Dewey als Vertreter des philosophischen Pragmatismus und demokratischer Bürger-Mitverantwortung
*Beispiele:*
Planung, Durchführung und Auswertung einer Fahrt; Gestalten einer Ausstellung, eines Gottesdienstes, einer Theateraufführung, eines Schul- oder Sportfestes; Nachforschungen in Ortsgeschichte, Fallstudie in Sozialkunde; Nachhilfe für Ausländerkinder, Mithilfe beim Naturschutz ...

## c) Facheigene Stufenschemata

Die allgemeinen Stufenkonzepte konkretisieren sich weiter durch Einbezug facheigener Aspekte. Diese sind Gegenstand der Fachdidaktiken und sollen nur an wenigen Beispielen verdeutlicht werden.

Da ist z. B. die bewährte Abfolge für den *Sprachlehreunterricht:*
Sprachbegegnung – Sprachbesinnung – Sprachgebrauch.
Geschichtsunterricht verläuft grundsätzlich nach:
Vergegenwärtigung – Besinnung – Aufarbeitung.
Für das *»künstlerisch schaffende Erfassen eines Gedichts«* gilt nach E. Drach, dem Altmeister der
Sprecherziehung:
kurze Einstimmung – Vortrag des Lehrers – Besprechung – Einlesen der Schüler – Schlußvortrag. »Der vierte Teil ist der entscheidende« (1922, 151).
Für einen auf Mitverantwortung zielenden *Politikunterricht* empfiehlt E. Spannraft:
Problemfindung – Lageanalyse – Zielvorstellungen – Beurteilung / Entscheidung – Was tun?
(Maßnahmen, Anwendung) – Erfolgskontrolle (Analyse), (persönliche Mitteilung).
E. Gruber spricht lieber von »Elementen der Katechese einer Unterrichtseinheit« im *Religionsunterricht* als von »Stufen«, weil letztere das lineare Nacheinander zu stark betonten, während
in der Praxis die Elemente vielfach aufeinander bezogen seien:
Induktion (Lebensbezug, Problemsituation) – Verkündigung (Hineinsprechen der Glaubenswahrheit in die Fragesituation) – Meditation (Hineinnehmen der Botschaft ins Leben) –
Realisierung (Stellungnahme, Bewegung des Willens) – Information (immer dann, wenn
mangelndes Sachwissen sie erfordert) (1969, 8ff.).
H. F. Bauer kennt als Stufen eines auf Methodenbewußtsein zielenden *naturwissenschaftlichen
Unterrichts:*
Erhellung – Meinungsbildung – Konstruktion (einer funktionstüchtigen Experimentalanordnung) – Laborieren und Beobachten – Schlußfolgerung – Abstraktion – Anwendung (1975,
147ff.).
Im *Sachrechnen,* das so häufig nur ein eingekleidetes Zahlenrechnen bleibt, sollte die Abfolge
auch den Schülern in Fleisch und Blut übergehen:
Sorgfältiges Lesen und Auslegen des Textes, sprachliche und sachliche Klärung – Überlegen
von Lösungswegen – Überschlagen des Ergebnisses – Ausrechnen – Überprüfen durch
Vergleich mit dem Überschlagsergebnis und Frage nach der sachlichen Plausibilität – Schlußüberlegungen zur Sache.

Solche Schemata sind variabel zu handhaben. Sie decken nicht alle Notwendigkeiten
eines Faches ab, ersparen aber manche Einzelüberlegung. Aber auch sie sind noch
relativ allgemein.


## d) Methodische Modelle

Der Begriff des »Modells« ist in der Didaktik beliebt geworden. Salzmann (1975) und
Popp (1970) haben seine Merkmale und Funktionen differenziert herausgearbeitet,
dabei die möglichen Bedeutungen aber sehr weit gezogen (vgl. a. Stachowiak 1980).
Hier wird er in dem präzisen Sinne verwendet, den ihm Rabenstein gegeben hat:
»Von einem methodischen Modell sprechen wir, wenn die methodische Struktur
verwandter Unterrichtsabläufe erfaßt, beschrieben und an Beispielen dargestellt
wird« (1970, 9). Ein Modell ist also zunächst ein konkret ausgeführtes Unterrichtsbeispiel; aber nicht jedes Beispiel ist ein Modell. Es muß theoretisch begründet sein
und als »Typus« dienen, nicht zur geistlosen Nachahmung, sondern zur freien
Übertragung auf einen definierten Anwendungsbereich.

Modelle sind anschaulich, haben Gestaltcharakter, an ihnen kann die methodische Phantasie geschult werden, kann gezeigt werden, wie abstrakte Schemata zu konkreten Unterrichtsverläufen werden; sie stellen die eigentliche Verbindungsstelle von Theorie und Praxis dar.

Rabensteins »Handlungseinheiten« (1969) und »Darstellungseinheiten« (1970), die »Fachgemäßen Arbeitsweisen« der Nürnberger Didaktiker (Bauer 1975) für den Sachunterricht der Grundschule gehören hierher, Wagenscheins Beispiele für ein genetisches Lehren in Mathematik und Physik und viele andere.

Ich selbst habe versucht, Hunderte von Geschichtsstunden auf eine begrenzte Zahl solcher Modelle zu reduzieren und an Beispielen zu illustrieren:

Einstieg mit einem konkreten Teilzeugnis – Ausgang vom Sammeln und Ordnen von Teilzeugnissen – Darstellung umfangreicher Geschehenseinheiten in Szenenfolgen – Anstoßen der Besinnung durch Verunsicherung – Ausgang vom gegenwärtigen Geschehen – Nachvollzug der Entscheidungssituation – Nachvollzug in zeitlicher Abfolge – Quellenauszüge belegen einen systematischen Gedankengang – Ausgang vom Leitfadentext – vom allgemeinen Problem zur Konkretisierung – Fallstudie – Vorhaben (Glöckel 1979, 240 ff.).

An solchen Modellen wird erst deutlich, in wie vielfältigen *Gedankengängen* die »Sachlogik« sich ausprägen kann:

– vom Einfachen zum Komplexen oder vom Ganzen zu den Teilen
– analytisch zerlegend oder synthetisch aufbauend
– vom Bekannten zum Unbekannten oder vom Überraschenden, Widersprüchlichen, Ungewissen zur Klarheit
– vom Abstrakten zum Konkreten oder von den Einzelheiten zum Allgemeinen
– induktiv verallgemeinernd oder deduktiv ableitend
– genetisch dem Werden folgend oder dialektisch im Wechsel von Für und Wider argumentierend
– das Ergebnis vorgebend oder es heuristisch finden lassend ... (vgl. Meyer 1987 II, 110).

Hier erst wird die Sachlogik konkret, und hier zeigt sich, wie abgehoben mancher theoretische Streit um sie war (vgl. 3.2.9).

Über didaktische Modelle führt der Königsweg einer »Kunstlehre des Unterrichts«, die in enger Verbindung mit der Theorie zu einer vollständigen Didaktik gehört.

### e) Der gestaltete Unterrichtsentwurf

*Teilmomente*

Hier erfolgt erst die entscheidende Konkretion, hier kommt die Lehrerpersönlichkeit zu ihrem vollen Recht. Nach sorgfältiger Klärung des Sachverhalts, der Zielsetzung, der Individuallage, der Situation einschließlich der verfügbaren Mittel, nach dem »Zusammendenken« dieser Voraussetzungen zu spezifischen Lehrzielen kommt es zum methodischen Entwurf. Drei Gedankenstränge fließen in ihm zusammen:

– die Wahl der dem Ziel angemessenen *methodischen Grundstruktur*,
– ihr inhaltlicher Ausbau unter *sachlogischem Aspekt*, u. U. durch Wahl eines facheigenen Stufenschemas oder eines methodischen Modells,

– die Verschmelzung beider zu einer *gestalteten Unterrichtseinheit*, wenn möglich unter einem tragenden Leitgedanken.

Diese Gedankenstränge überlagern sich in den Stufen der konkreten Unterrichtseinheit. Wie diese in kleinere Schritte aufgeteilt wird, wie ihnen die Unterrichtsformen und Medien zugeordnet werden, was organisatorisch zu bedenken ist, wie man den Plan der Durchführung zweckmäßig notiert (bei geschlossener Planung anders als bei offener), dies alles wird in den gängigen Anleitungen zur Unterrichtsvorbereitung ausgeführt. Nur auf einige wenige, besonders praxisorientierte unter ihnen kann hier hingewiesen werden (H. Roth 1957; Klafki 1962; Heimann/Otto/Schulz 1965; Bach 1971; H. Meyer 1980; Peterßen 1994; Glöckel u. a. 1992; 1993 b; zur mehr grundsätzlichen Auseinandersetzung König u. a. 1980).

*Gestaltender Gedanke*

Die Forderung nach einem gestaltenden Gedanken in der Unterrichtsvorbereitung meint im allgemeinen Sinne, daß der Lehrer der zu planenden Unterrichtseinheit eine klar ausgeprägte und stimmige, möglichst von ihm selbst gewonnene Form geben soll. Sie ist eine Frucht der Schulreformbewegung und wendet sich
– gegen starren Methodenschematismus einerseits und
– gegen methodische Formlosigkeit andererseits.
Sie bedeutet insgesamt einen höheren Anspruch der Lehrerschaft an sich selbst, die Setzung höherer Normen für den Unterricht.
Dieser Anspruch wurde insbesondere im deutschsprachigen Raum aufgenommen. Er hat zu hohen Leistungen unterrichtlicher Gestaltungskunst geführt, freilich auch manche Mißverständnisse und Übertreibungen hervorgebracht. Was ist damit eigentlich gemeint?
Der gestaltende Gedanke soll gewährleisten,
– daß der Unterricht *einen Leitgedanken* hat, einen »roten Faden« als Bezugspunkt aller Einzelheiten, einen geistigen Spannungsbogen, der die Unterrichtseinheit vom Anfang bis zum Ende zusammenhält,
– daß eine wohl überlegte, sachlich zwingende und motivierende *Ausgangssituation*, eine zielintensive Problemstellung gefunden wird, aus der sich die weiteren Schritte mit Folgerichtigkeit ergeben,
– daß der *gedankliche Fortgang* für den Schüler überschaubar, folgerichtig, ohne Lücken, Sprünge und Brüche ist,
– daß *jeder Teilschritt den nächsten* »motiviert«, d. h. sinnvoll und notwendig macht und erst so verständnisvolle Mitarbeit ermöglicht,
– daß auch die *»Folgerichtigkeit der Gefühle«*, der Rhythmus seelischen Lebens, der Wechsel von Eindruck, Verarbeitung und Ausdruck gewahrt wird,
– daß ein *wohlüberlegter Schluß* den Unterricht einprägsam abrunde.
Gute Gestaltungsmöglichkeiten gibt es viele (schlechte noch mehr):

Man kann für fernliegende Dinge einen persönlichen Bezug finden, Statisches in sein Werden, Verträge in Verhandlungen, Lösungen in Aufgaben, Gegenstände in Erfindungen verwandeln, eine zwingende Situation für eine Sprachform oder einen Rechenweg finden, Gegenstände, Sachverhalte, Situationen vergleichen lassen, den Standpunkt wechseln, allgemeine Geschehnisse am Einzelschicksal darstellen, etwas Falsches richtigstellen lassen (nur nicht gerade im Rechtschreiben) usw.

Die Forderung der Unterrichtsgestaltung wird oft *mißverstanden*. Es geht *nicht* um vordergründige »Motivation« durch billige Anfangseffekte, nicht um äußere Betriebsamkeit, all die Formen der Übermethodisierung, die den Schüler verwirren und manchmal sogar täuschen, ihm den Zugang zur Sache verbauen, seine Konsumhaltung fördern und wertvolle Zeit kosten. Es geht vielmehr um

– klarere Auffassung durch Abhebung der »Figur« vom »Grund« des trüben Informationsgemenges,

– besseres Verständnis durch einen gedanklichen Aufbau, der auch für die Schüler mitvollziehbar ist,

– aktivere Mitarbeit durch klare Zielorientierung,

– tieferen Eindruck durch sensible Rücksichtnahme auf das emotionale Geschehen,

– besseres Einprägen und sichereres Behalten durch Strukturierung und Schwerpunktsetzung,

– und mit all dem freilich auch um »Motivation« in einem umfassenden Sinne (vgl. 6.3.3).

Es müssen keine dramatischen Effekte, es muß nicht um jeden Preis etwas Neues und Eigenes sein, aber der Unterricht sollte immer einheitlich, klar, durchschaubar sein, wobei die gedankliche Folgerichtigkeit in Richtung auf ein klares Ziel wohl das wichtigste Moment darstellt (Dietz 1969; Dahms 1979).

Nicht jede Unterrichtsstunde muß so durchgestaltet sein. Man kann Schüler auch verwöhnen und Lehrer überfordern. Aber immer wieder einmal sollte der Lehrer den Schülern und sich selbst die Freude einer ganz »runden« Unterrichtseinheit gönnen. Das Interesse, das sie bewirkt, strahlt aus, und sie setzt Maßstäbe. Anregungen findet der Lehrer in Unterrichtsbesuchen und eigenem Probieren, selbstverständlich auch in guter Literatur. Historische Meisterleistungen guten Lehrens, wieder entdeckt, der Zeit angepaßt und neu erprobt, können als klassische »Lehrstücke« zum Vorbild werden (Berg/Schulze 1985). Auch unter den unzähligen Stundenbildern in Lehrerzeitschriften und Praxishandbüchern findet sich neben viel Routine ab und zu etwas Originales und Gutes. (Lit. E. Weber 1925; 1925a; H. Roth 1957; Stöcker 1960; R. Engelhardt 1962; Jeziorsky 1968; 1972; Stritzke 1974; Breslauer 1976; Kozdon 1984)

### f) Der tatsächliche Unterrichtsverlauf

Hier wird die Sache endgültig konkret. Abhängig von den aktuellen Bedingungen, der Verfassung des Lehrers und der Schüler, sich zeigenden Verständnisschwierigkeiten und Störmomenten verläuft der Unterricht oft anders als geplant, und manchmal kann man die Artikulationsstufen kaum mehr erkennen. Eine sorgfältige Analyse des Unterrichtsprotokolls wird sie aber doch zu Tage fördern; denn sonst hätte dem Unterricht etwas gefehlt: die Abfolge unterschiedlicher didaktischer Funktionen, die erst zusammen ein Ganzes ausmachen.

### g) Nachbereitung

Eine *Nachbesinnung* über das Geschehene ist immer angebracht und, zur Gewohnheit geworden, sehr hilfreich für die Weiterentwicklung des Lehrgeschicks. Meist wird sie sich in einem kurzen Vergleich von Wollen und Vollbringen und der Frage nach möglichen Gründen für ein Abweichen erschöpfen. Tiefer dringt eine systematische *Unterrichtsanalyse*, die notwendig zur Lehrerausbildung gehört, aber auch in der späteren Praxis gelegentlich aufschlußreich sein kann. Ihre Schritte sind: Erfassung des Gegenstandes aus Protokoll oder Bandaufnahme, Erhellung der – ausdrücklichen oder unausgesprochenen – Begründungen für Ziele und Maßnahmen, immanente Kritik der Übereinstimmung von Maßnahmen mit Zielen, Außenkritik nach der Richtigkeit der Ziele überhaupt. (Vgl. Casper u. a. 1973)

## 3.4 Beschluß: Grenzen methodisch geplanten Lernens

Unterricht kann und muß geplant werden. Das folgt aus seinem Begriff, und es wird bestätigt durch die Praxis. Gute Planung erhöht die Wahrscheinlichkeit des Erfolges, sie gehört zu den Pflichten des Lehrers. Nicht alles aber ist planbar.

1. Der *Verlauf* ist um so weniger zu planen, je offener die methodische Grundstruktur ist. Viele der wirkenden Faktoren sind nicht beliebig zu ändern, z. T. nicht einmal vorherzusehen. Das gilt für manche äußeren Bedingungen, erst recht für den Hauptfaktor, den bzw. die Schüler. Sie sind nicht Objekte, die auf unsere Reize reagieren, sondern Personen, die auf unser Angebot antworten, und nicht nur das, sondern ihrerseits handeln und so über Verlauf und Ergebnis mitbestimmen, ob uns das gefällt oder nicht.
*Das Ergebnis* ist in keinem Falle vorherzusehen und daher auch nicht zu garantieren, oft nicht einmal eindeutig festzustellen. Einigermaßen meßbare kurzfristige Ergeb-

nisse beweisen wenig über die eigentlich erwünschte langfristige Wirkung. Nebenergebnisse treten auf und müssen, falls unerwünscht, als »Kosten« vom »Ertrag« abgebucht werden. Unterricht bleibt immer ein Handeln auf Hoffnung hin. (Lit. Oblinger 1977; Glöckel 1977)

2. Längst nicht alles Lernen geschieht im gestuften Unterricht, dem alle Überlegungen dieser Ebene gewidmet waren. Es gibt *»natürliche« Formen des Lernens* im Mitmachen, Nachahmen, Probieren, Mithelfen usw. in der Praxis des Lebens, auch des »Schullebens«, die oft weit wirksamer sind. So werden weite Bereiche des Sozialverhaltens, Einstellungen, Gütemaßstäbe, Werthaltungen usw. von unseren methodischen Überlegungen kaum erfaßt. Auch sie werden »gelernt«, aber auf andere Weise. Auch für dieses Lernen kann man viel tun, aber nicht durch Unterricht nach Regeln der Artikulation. Beide Arten des Lernens müssen einander ergänzen.

»Auf harte Arbeitsstunden, die stärkste Konzentration aller intellektuellen Kräfte fordern, folgen Stunden gemütvollen Einlebens, behaglichen Genießens, phantasiereichen Träumens oder Stunden lebendiger Geschäftigkeit, der fromme Ernst wechselt mit heiterem Humor, ... die Erregung mit der Beruhigung ..., der Flut folgt die Ebbe, der Ebbe die Flut, dem Sturm die Stille, dem Sonnenschein der Regen ... denn die Strukturen und ihre Beziehungen sind vielgestaltig und wechselreich wie das Leben selbst und lassen sich nicht ohne naturwidrigen Zwang in Schablonen pressen« (E. Weber 1925, 172).
»Die Klasse ist also bald vergleichbar einem Chor, der sich lesend, singend, zur Andacht oder im Fest oder gymnastischen Spielen vereinigt; bald einer Gesellschaft, die sich unterredet; bald ist sie eine Arbeitsgemeinschaft wie in einer gemeinsamen Werkstatt, bald die Zuhörerschaft eines Belehrenden, der berichtet und anderen vordenkt. (W. Flitner 1954, 136 ff.)

Ein Letztes: Ob im gestuften Unterricht oder im freien Lernen, *der Schüler lernt nur, wenn er lernen will, und wenn er es will, ist Wesentliches schon getan.* Ihn zum Wollen zu bringen, ist oft die schwierigere Aufgabe. Guter Unterricht, der ihm Freude und Erfolg vermittelt, ist ein Weg, seine Lernbereitschaft zu fördern, aber nicht der einzige. Das lenkt unseren Blick wieder zu den Aufgaben der erziehlichen Führung, diesem wichtigen und schwierigen Bereich der Lehrertätigkeit, der in diesem Buche nicht ausführlich behandelt wird (vgl. 6.4).

# 4. DER LEHRGANG

Wenn wir Unterricht über längere Zeit hin verfolgen, so wird uns ein Weiteres deutlich: Die Unterrichtseinheiten sind nicht nur in sich ein zielstrebiges, gestuftes Fortschreiten von einem Ausgangspunkt zu einem gesetzten Ziel. Sie schließen sich selbst wieder zu größeren Einheiten zusammen, folgen einander in überlegter Reihenfolge auf ein umfassenderes Ziel hin.

Wir stellen weiter fest, daß Lehrer sich auch darüber Gedanken machen, diese Frage der längerfristigen Abfolge oft sogar ernster nehmen als die Stufung der einzelnen Unterrichtseinheit. Gerade auf dieser Ebene werden die heftigsten Methodenkämpfe ausgefochten. Für manche Lehrer scheint zwar die Frage durch Richtlinien, Lehrpläne, Lehrbücher vorentschieden. Deren Verfasser haben sich allerdings Gedanken machen müssen, so daß die Entscheidung nur an eine andere Instanz abgegeben ist, und auch dann muß der Lehrer um die Begründung der Lehrplanvorgaben wissen, weil er sie sonst nicht richtig umsetzen, gegebenenfalls nicht zutreffend kritisieren kann.

Außerdem hat er in vielen Fällen noch einen beachtlichen Spielraum auch der längerfristigen Planung. Wie sie anzulegen sei, ist eine Frage des *Lehrgangs*.

## 4.1 Allgemeines

*Begriff*
*Unter Lehrgang versteht man die planmäßige Aufeinanderfolge der Unterrichtseinheiten innerhalb eines Unterrichtsfaches bzw. einer umfassenderen, relativ abgeschlossenen Teilaufgabe eines Unterrichtsfaches.*

Ein solches längeres »Stück Unterricht« mit deutlich abgegrenztem Inhalt und klar gestecktem Ziel, das auch von den Schülern so empfunden wird, ist Grundlage allen planmäßigen Lehrens und Lernens, vor allem des Unterrichts in der Schule.

Der *Gegenbegriff* ist »Gelegenheitsunterricht«, ein Aufgreifen von Themen aus aktuellem Anlaß. Auch er hat sein Recht, fällt aber wesensgemäß aus der gegenwärtigen Fragestellung heraus.

*Abzusetzen* ist unser Lehrgangsbegriff zum einen vom »Lehrgang« als dem befristeten Zusammenkommen an einem Ort zur Erledigung einer bestimmten Lehraufgabe (Fortbildungslehrgang u. a.), zum anderen vom »Unterrichtsgang«, dem Lehrausflug oder der Exkursion. Sprachlogisch ist diese unterschiedliche Bedeutung nicht zu erklären, sie hat sich aber eingebürgert.

Mehr oder weniger gleichbedeutend mit »Lehrgang« sind Bezeichnungen wie »Vertikale Strukturierung«, »Diachrone Koordination« (= Ordnung entlang der Zeitlinie) o. ä. Man spricht auch von »Methode« im weiteren bzw. von »Curriculum« in einem sehr engen Sinne, doch das ist wenig prägnant und führt leicht zu Mißverständnissen. Die Bezeichnung »Lernorganisation« ist kaum brauchbar, da zu unspezifisch. Überflüssig ist, wie schon begründet, die hochstapelnde »Lehrstrategie«.

Für eine Gruppe zusammengehörender, aufeinanderfolgender Unterrichtseinheiten ist der Begriff *Unterrichtssequenz* üblich. Eine Unterrichtssequenz ist also ein größerer Teil des Lehrgangs, sie kann aber auch lehrgangsunabhängig sein.

*Fragestellung*

Wieder geht es, wie schon bei der Unterrichtseinheit, um eine Längsschnittbetrachtung des Unterrichts, die sachlogisch-psychologische Folgerichtigkeit, nur in einer anderen Größenordnung. In der Fortführung des dortigen Bildes (3.1.1) könnte man das schematisch so darstellen:

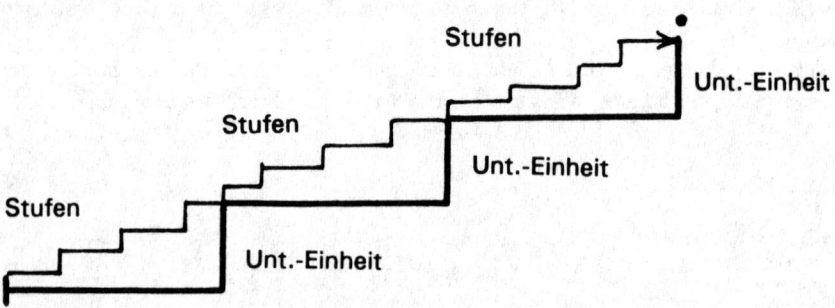

Auch die Überlegungen zum Lehrgang dienen dem Zweck, Lernen planmäßig zu leiten, bei den Voraussetzungen des Schülers anzuknüpfen und ihn so weiterzuführen, daß sein Lernerfolg so weit wie überhaupt möglich gesichert ist.

Wie aber soll das geschehen? Die Antwort ist im Grunde uralt: Der Lehrgang soll »vom Leichten zum Schweren« führen. Für Comenius hieß das »vom Nahen zum Fernen, vom Einfachen zum Zusammengesetzten, vom Bekannten zum Unbekannten ...« Aber wir werden sehen, daß keine dieser Regeln unumstritten blieb. Das Problem ist ja, was das »Leichtere« bzw. »Nähere« sei, ob wirklich immer das Einfache leichter sei als das Zusammengesetzte, das Nahe als das Ferne. All das ist nicht so selbstverständlich, wie didaktische Laien (zu denen nicht selten auch Fachwissenschaftler zählen) zuweilen meinen. Sonst brauchte man sich nicht so heftig zu streiten, wie es gerade bei diesem Problemkreis immer wieder geschieht.

*Beispiele*

Ist es beim *Erstlesen* nicht eigentlich selbstverständlich, daß man erst bei den »einfachen« Buchstaben beginnt und sie dann zu den »schwierigeren« Silben, Wörtern, Sätzen zusammenfügt? So hat man es denn auch Jahrtausende lang gemacht – bis man endlich erkannte, daß nicht Buchstaben, sondern Laute die eigentlichen Elemente sind, und heute fängt man mit ganzen Wörtern oder kleinen Sätzen an – und die Kinder lernen das Lesen unvergleichlich leichter und rascher!

Soll man beim *Erstschreiben* von Einzelbuchstaben zu den Ganzwörtern oder von diesen zu den Einzelbuchstaben gehen, soll man von der Druckschrift zur verbundenen Schrift überleiten oder gleich mit dieser beginnen? Geht man vielleicht noch besser von rhythmischen Schwungübungen aus, oder gar von einer vereinfachten Kurzschrift, der »Sprechspur«?

Fängt das *Erstrechnen* mit dem Zählen von der Eins an, weil diese doch das »Einfachste« zu sein scheint – oder ist sie es gar nicht? Beginnt man also besser mit dem Zuordnen von Mengen, ohne überhaupt von Zahlen zu reden?

Soll die Abfolge der *Fremdsprachen* vom Latein zu den neueren Sprachen oder umgekehrt gehen? Lehrt man eine Sprache besser »direkt« vom mündlichen Gebrauch in Lebenssituationen aus oder »konstruktiv« im systematischem Aufbau entlang der Grammatik?

Soll man in der *Geschichte* »chronologisch« von den Anfängen bis in die Jetztzeit oder »regressiv« von der Gegenwart rückwärts gehen, soll man »Längsschnitte« unter thematischer Fragestellung legen oder einzelne »Inseln« querschnittartig betrachten? Ist ein »mehrfacher Durchgang« unter immer umfassenderer Fragestellung (erst die Heimat-, dann die Volks-, dann die Weltgeschichte) ratsam? Soll man einen »Vorkurs« mit historischen Sagen voranschicken, oder wäre das eine ganz ungeeignete Hinführung zur Geschichte?

Geht man in der *Erdkunde* vom Globus über die Erdteile und Länder bis zur engeren Heimat, oder liegt nicht der umgekehrte Weg den Schülern viel näher? Soll man »dreimal um die Erde« gehen oder von Anfang an die ganze Erde unter bestimmten Fragestellungen, z. B. nach den »Daseinsgrundfunktionen« durchstreifen?

Lernt man *Schwimmen* am besten vom Üben der Einzelbewegungen und ihrer schrittweisen Koordination im Trockenkurs, ehe man ins Wasser gelassen wird, oder gewöhnt man sich besser durch fröhliches Planschen ans Wasser, um von hier aus die reinen Schwimmstile auszudifferenzieren?

Besteht beim *Zeichnen* das Einfache in einzelnen Strichen, die man erst säuberlich senkrecht und schräg, gerade und gebogen beherrschen muß, dann einfache und schwierigere Gegenstände, ehe man sich an das Allerschwerste, den menschlichen Körper wagen darf – oder beginnt man mit der kindlich-naiven Menschendarstellung, die sich mit zunehmender Reife immer weiter ausgliedert und verfeinert?

Alle diese Ansätze wurden, oft über Jahrhunderte hinweg, verfolgt; jeder erschien seinen Vertretern sinnvoll, keiner darf ungeprüft hingenommen, keiner vorurteilshaft abgetan werden. Andererseits gibt es Lernbereiche, in denen wenig Alternativen diskutiert werden. Stenographieren und Maschinenschreiben wurden immer über den sorgfältigen Erwerb der Einzelelemente und ihre Zusammenfügung und Einübung bis zur geläufigen Beherrschung erlernt. Schon beim Tanzen ist es aber wieder fraglich, ob die übliche Methode der Tanzschulen, von den Einzelschritten zu ihrer allmählichen Integration und Rhythmisierung zu führen, wirklich die beste ist, und wenn, ob für jeden Schüler ...

Die Fragen des Lehrgangsaufbaus machen somit einen wichtigen, vielleicht den zentralen Problembereich der Didaktik aus. In diesem Bereich kann sie auch auf die größten Erfolge verweisen. Wenn das Lesenlernen noch vor 200 Jahren durchschnittlich zwei bis vier Jahre dauerte und viele es nie richtig lernten, während es heute in wenigen Monaten bewältigt wird, so ist das ein Erfolg verbesserter Unterrichtsmethoden. Ähnliches, wenn auch nicht immer so Eindrucksvolles kann man in anderen Fächern feststellen. (Lit. Kriss-Rettenbeck / Liedtke 1986.)

Der Allgemeinen Didaktik ist es aufgegeben, in der Vielfalt der fachlichen Lehrgänge das allen gemeinsame Grundanliegen zu erkennen, sie nach ihren unterschiedlichen Aufbauprinzipien auf eine überschaubare Zahl von »Lehrgangstypen« zu reduzieren und ihre Eignung für bestimmte Lehrzwecke zu klären. Auch hier geht es also wieder um »Indikationen«, nur auf allgemeinerer Ebene. (Lit. W. Flitner 1960; Schwager o. J.; Glöckel 1971; 1977; Engelhardt / Glöckel 1977; Oblinger 1985; Künzli 1986)

## 4.2 Arten von Lehrgängen

Auch die Lehrgangsprinzipien kann man in eine Reihenfolge bringen, die vom Pol der »Geschlossenheit« zu dem der »Offenheit« reicht. Diese Anordnung ist zunächst eine systematische. Zugleich spiegelt sie aber auch in gewissem Maße eine Entwicklung wider. Denn die geschlossenen Formen sind zumeist die älteren, die offeneren eher die jüngeren. Das bedeutet nicht, daß die ersteren in jedem Falle überholt wären, sondern daß sich das methodische Repertoire auch auf der Lehrgangsebene erweitert hat.

### 4.2.1 Der synthetisch-lineare Lehrgang

*Begründung*

*Sein Prinzip ist die Gewinnung der Elemente mittels logischer Analyse des zu lernenden Gesamtsachverhalts (= des End-Lehrziels) und ihre Vermittlung in systematischer, lückenloser Abfolge.*

Der Fachmann kennt seine Sache in ihren Einzelheiten und Zusammenhängen, der Lernende kann sie nicht auf einmal erfassen. Also muß der Kenner sie gedanklich in möglichst kleine Teilstücke zerlegen und diese eines nach dem anderen darbieten und an die vorherigen anfügen, gewissermaßen Stein auf Stein legen, so daß immer größere Einheiten entstehen, bis das Gesamtgebäude errichtet ist.

Diese Annahme liegt nahe, zumal es zwingende Analogien aus dem technischen Bereich für sie gibt. So ist dieses Lehrgangsprinzip auch schon sehr alt.

*Beispiele*

Schon die alten Griechen begannen mit dem Alphabet, das nach den Buchstabennamen (nicht den Lautwerten), oft in Versform, eingeprägt wurde. »Dann hatte der Schüler, beginnend mit dem Beta, alle Kombinationen mit den sieben Vokalen, also die Reihe ba be bē bi bo by bō, zu lernen, niederzuschreiben und aufzusagen. Es folgte die Reihe ga ge gē gi go gy gō, und so ging es fort bis zum letzten Konsonanten, der Reihe psa pse psē psi pso psy pso ... Dann folgten Übungen mit Ny am Schluß, und zwar nach der Reihe an en ēn in on yn ōn Übungen mit drei Buchstaben, von der Reihe ban ben ben bin bon byn bon bis psan psen psēn psin pson psyn pson, und dann durfte der Schüler zum Schreiben einsilbiger Wörter, mehrsilbiger Wörter, und schließlich zum Schreiben von Sätzen übergehen« (Pöhlmann 1986, 55).

Dieses Lehrgangsprinzip herrschte während der Antike und durch das ganze Mittelalter hindurch, und es bestimmte noch den Lehrgang im *Schreiben* aus dem Jahr 1840:

## I. Erste Stufe.
### Erstes Halbjahr.
#### A. Formzeichenlehre.

In den ersten 4 Wochen bleiben die Vorübungen noch ausgesetzt. Unterredung über das Schreiben und die Schreibmaterialien.

Woche 5. Der Punkt — Stellung mehrer Punkte gegeneinander.

" 6. Verbindung zweier Punkte durch Linien — theils gerade, theils krumme.
Die gerade Linie — die schräge — abwechselnd schwach und stark zu ziehen.

" 7. Die senkrechte, die wasserrechte.

" 8. Zwei gerade Linien gegen-, neben- und übereinander — gleichlaufend und nicht gleichlaufend.

" 9. Sich durchschneidende gerade Linien.

" 10. Winkel — spitze, stumpfe, rechte.

" 11. Das Dreieck in seinen verschiedenen Formen.

" 12. Das Viereck in seinen verschiedenen Formen.

" 13. Andere aus geraden Linien bestehende Figuren.

" 14. Fortsetzung dieser Übung mit Anwendung auf Geräthschaften, Häuser u. dergl.

" 15. Die krumme Linie. Der Kreisbogen — verschieden gewölbt und mit verschiedener Schattirung des Starken und Schwachen.

In gleicher Weise geht es weiter mit Schleife, Schlangenlinie, Kreis, Schneckenlinie, Anwendung auf Figuren, Zifferschreiben bis zur 24. Woche. Im 2. Halbjahr werden von der 25. bis zur 36. Woche die Kleinbuchstaben einzeln eingeführt und zu leichten Silben verbunden, dann bis zur 48. Woche die Großbuchstaben. Auf der zweiten Stufe werden, jetzt mit der Feder, die Klein-, dann die Großbuchstaben systematisch wiederholt, dann ein-, zwei-, dreisilbige Wörter und endlich Sätze geschrieben. (Nach Kirsch 1840, 33)

Analoges gilt für den *Zeichenunterricht* jener Zeit: Von den vermeintlich leichtesten geraden Strichen über gebogene Linien schritt man zu zusammengesetzten Formen und immer schwierigeren Objekten fort.

Ebenso verfuhr man beim *Schwimmen:* Zuerst waren die exakten Bewegungen der einzelnen Arme, dann der Beine, dann beider zusammen zu üben, ehe man an der Angel ins Wasser gehalten wurde – und sich oft nie so recht wohl in ihm fühlte.

Das ist inzwischen nicht mehr üblich. Aber noch heute lehrt man Maschinenschreiben nach diesem Prinzip. Es gibt zwar allerlei verfeinernde Hilfen, aber keine wirkliche Alternative. Wo hat das Prinzip also seinen Platz, wo seine Grenze?

## Beurteilung

Dieser Lehrgang hat Vorzüge: Der Aufbau ist *durchsichtig, konsequent und zielstrebig*, nichts wird übersehen, alles hat seinen Platz. Er überzeugt auch den Laien, ist einfach zu handhaben und daher von weniger gut ausgebildeten Lehrern anzuwenden. (Dies ist eine wichtige Bedingung z. B. für Alphabetisierungsmaßnahmen in Entwicklungsländern).

Aber seine »Selbstverständlichkeit« ist nur eine scheinbare. Die Einzelelemente als das vermeintlich »Leichte« sind ja Denkergebnisse dessen, der das Ganze schon beherrscht. Für ihn haben sie ihre Bedeutung im Rahmen des Ganzen. Aber der *Schüler*, der dieses noch nicht kennt, kann ihre Funktion als Elemente eines Ganzen noch nicht verstehen. Was bleibt ihm übrig, als am Gängelband des Lehrers Un- oder Halbverstandenes »auf Vorrat« anzuhäufen, ehe er später einmal einsehen darf, wozu das alles gut ist? Im Bild Wagenscheins: Der Lernende gleicht einem Wanderer, der sich im dichten Nebel von einer Telegraphenstange zur nächsten weitertastet und so schon an ein Ziel kommt, dabei aber die Gegend nicht sieht, durch die er sich bewegt. Solches Lehren hält den Schüler passiv und erlaubt ihm wenig Sinnerlebnisse. Er muß eine lange Durststrecke durchstehen, ehe er wirklich verstehen und anwenden kann. Also muß man seiner Lernmotivation mit allerlei sachfremden Mitteln nachhelfen. So werden Buchstaben personifiziert, Laute in Geschichten eingekleidet, rhythmische Schreibübungen mit Versen verbunden u. ä. Sie sind gut gemeint, belasten aber den Lehrgang, weil sie Gedankenverbindungen schaffen, die später wieder vergessen werden sollen. Der logische Aufbau ist also nicht notwendig auch der psychologisch richtige, der gedankliche Zusammenhang muß nicht eine lineare Abfolge in der Zeit bedeuten.

*Anwendungsbereiche*

So ist dieser Lehrgang dort angebracht, wo es auf Lückenlosigkeit bei der sorgfältigen Zusammenfügung von Einzelelementen ankommt. Das gilt insbesondere für das Lernen komplizierter Bewegungsformen wie Maschinenschreiben, Stenographieren, Instrumentalspiel, praktisch-technische Fertigkeiten der handwerklichen Berufsausbildung, bestimmte spezialisierte Techniken der Leibesübungen. Lesen kann, muß aber nicht auf diesem Wege gelehrt werden, wie wir noch sehen werden.

In weniger strenger Form finden wir dieses Lehrgangsprinzip dort, wo der Sachverhalt aus einer Menge von Elementen besteht, die in weniger engem Zusammenhang stehen und immer neue Verbindungen eingehen. Dies gilt insbesondere für den Erwerb des Grundwortschatzes in den Fremdsprachen. Reihenfolge und Einbettung in sprachliche Zusammenhänge sind hier weitgehend offen, aber jede Vokabel muß irgendwann gelernt und daher eingeplant werden.

## 4.2.2 Der sachlogisch-systematische Lehrgang

*Begründung*

*Prinzip ist die Vermittlung eines klar abgegrenzten Gesamtrahmens in systematisch-planmäßigem Aufbau mit einer gewissen Offenheit in der Auswahl der Einzelsachverhalte.*

Es gibt Fächer, die eine relativ strenge innere Ordnung und einen klar abgegrenzten Rahmen haben bzw. in einen solchen gefaßt werden können, dazu eine beachtliche Zahl von Grundbegriffen und -einsichten, innerhalb dieses Grundgerüstes aber noch eine Fülle von Einzelsachverhalten aufweisen, die nicht alle behandelt werden können und müssen. Die Grundbegriffe können in strenger Folgerichtigkeit aufeinander aufbauen, sie können die Abfolge auch relativ freilassen.

*Beispiele*

So hat Geschichte ihren Anfang in der Urzeit und ihr Ende in der Gegenwart, und auch über ihre innere Gliederung nach Epochen, einschneidenden Ereignissen, Zeitenwenden wie auch nach Erdräumen, Völkern, Gruppen herrscht relativer Konsens. Was aber an Einzelpersonen, -gruppen, -geschehnissen aus ihr geboten wird, kann immer nur eine verschwindende Auswahl aus dem Meer des Vergangenen sein.

Ähnlich hat Erdkunde ihren Rahmen in der begrenzten und in sich deutlich gegliederten Erdoberfläche, über die sie eine grobe Orientierung vermitteln muß und kann. Über Einzelerscheinungen, Landschaften, Länder, Aspekte entscheidet sie nach dem Stand der fachlichen Diskussion.

Vergleichbares gilt für die Stämme und Klassen, die Lebensfunktionen und Verflechtungen der Biologie wie für die Teilgebiete der Physik, die in den Hauptzügen angesprochen werden sollen, ohne daß alle Gattungen und Arten bzw. Phänomene und Gesetze gelehrt werden könnten.

In solchen Fächern ist ein solides und umfassendes Gerüst unerläßlich, seine Ausfüllung im einzelnen mehr oder weniger freigegeben. Beispiele für solche Lehrgänge hat der Leser zur Genüge in der Schule kennengelernt, so daß hier keines abgedruckt zu werden braucht.

### Beurteilung

Die Hauptargumente sind mit der obigen Beschreibung schon geliefert: Ein solcher Lehrgang vermittelt wichtige Grundbegriffe und Zusammenhänge und gibt eine Hilfe zur *Strukturierung der Wirklichkeit,* zur Einordnung der jetzt und künftig zu lernenden Einzelheiten. Angesichts der verwirrenden Fülle von Bildern und Informationen, die heute auf den Menschen eindringen, der kaum mehr durchschaubaren Verflechtung der Erscheinungen sind solche Ordnungshilfen lebenswichtig. Deswegen dürfte dieses Lehrgangsprinzip, wenn es auch als typisch »schulmäßig« immer wieder angegriffen wird, kaum an Bedeutung verlieren.

Es bedarf allerdings der Ergänzung durch andere Prinzipien, denn es hat auch Nachteile. Da das Aufbauprinzip allein aus der *Sache* gewonnen wird, kann es nicht immer Rücksicht auf den Lernenden nehmen, weder auf sein entwicklungsbedingtes Interesse und Verständnis noch auf aktuelle Anlässe, die oft ein besonders fruchtbares Lernen auslösen.

Noch größere Schwierigkeiten ergeben sich aus den *individuellen Unterschieden,* und das gilt sowohl für den synthetisch-linearen wie für den sachlogisch-systematischen Lehrgang: Wenn immer es auf Lückenlosigkeit oder Folgerichtigkeit ankommt, darf der Lernende keinen Schritt versäumen; Lücken im Fundament machen sich später schmerzlich bemerkbar. Bei gemeinsamer Instruktion läßt sich das aber kaum vermeiden. Je strenger das Vorgehen inhaltlich und sequenziell vorgegeben ist, desto mehr treten die individuellen Unterschiede im *Tempo des Lernfortschritts* hervor. Zwar gibt es durchschnittliche Erfahrungswerte für die Planung, das Vorangehen im Einzelfall kann sich aber nur nach dem tatsächlichen Lernfortschritt des Einzelnen bzw. der Klasse richten, wenn die Solidität des Lernens nicht gefährdet werden soll. Gerade wo die Planung am strengsten ist, muß also ein Moment besonders variabel gehalten werden: die Zeit. Deswegen entstehen gerade bei diesen »strengen« Fächern die größten Differenzierungsprobleme, die, wie wir schon wissen, nicht voll lösbar sind.

### Geltungsbereiche

Lehrgänge solcher Art finden wir vor allem in den Sachfächern ab der Sekundarstufe, und hier wieder in den »klassischen« Fächern Geschichte, Erdkunde, Biologie, Physik, Chemie eher als in neueren Fächern wie Sozialkunde, Erziehungskunde, Arbeitslehre. Sie beherrschen, vielleicht zu einseitig, die Berufsausbildung und das Hochschulstudium. Hierher gehört aber auch ein an der Grammatik orientierter

Sprachunterricht, der auf höherem Niveau, mit weiter gestecktem Ziel reflektierter Sprachbeherrschung, als die geeignete Methode angezeigt ist.

Wie steht es mit der Mathematik? Auch sie braucht ein klares Ordnungsgefüge, auch sie kann und muß nicht alle Einzelheiten lehren. Doch muß sie auf eine weit strengere Abfolge im gedanklichen Aufbau achten, weil ein Begriff in der Regel den anderen voraussetzt. Zwar lassen sich fachlich und lernpsychologisch durchaus verschiedene mathematische Lehrgänge begründen; jeder einzelne verbindet aber notwendigerweise das synthetisch-lineare mit dem sachlogisch-systematischen Prinzip.

## 4.2.3 Der konzentrisch erweiternde oder spiralige Lehrgang

*Begründung*

*Prinzip: Mehrmaliger Durchgang durch die Gegenstandsbereiche, Ergänzung und Vertiefung des bereits Bekannten gemäß der jeweiligen Fassungskraft bei Wiederkehr des gleichen Sachverhalts auf höherem Verständnisniveau in möglichst weitgehender Annäherung an das Lernen im Leben.*

Während die beiden ersten Lehrgangsarten von der Sache ausgehen, setzt der konzentrisch erweiternde beim Schüler an. Dieser begegnet von Anfang an den verschiedensten Kulturbereichen, und er kann von jedem schon etwas erfassen, eben das, was seinem Erfahrungs- und Entwicklungsstand entspricht. Begegnet er ihm wieder, so verknüpft er das Neue mit dem schon Bekannten, erweitert und ergänzt es, differenziert und verbindet es und versteht es tiefer. Sein Lernen gleicht nicht einem systematischen Bau aus Einzelteilen, sondern eher dem Wachstum der Bäume, die immer neue Jahresringe ansetzen und ihre Wurzeln und Kronen immer reicher entfalten. Hier braucht nichts auf Vorrat gelernt zu werden, der Lehrstoff steht immer im Lebenszusammenhang, das Lernen entspricht dem »natürlichen« im Leben.

Solche Gedanken lagen den Pädagogen nahe, die in der Nachfolge Rousseaus sich um ein natur- und entwicklungsgemäßes, von den nächsten Verhältnissen des Schülers ausgehendes Lernen bemühten. So fand dieses Prinzip vor allem im 19. Jahrhundert breite Zustimmung. Man veranschaulichte es am Bild der »konzentrischen Kreise«, die sich im Laufe der Zeit umeinanderlegen, aber immer an allen Sektoren der Sachgebiete Anteil haben.

Heute zieht man das dreidimensionale Bild der aufsteigenden und sich erweiternden »Spirale« vor. Zum Vergleich eignet sich auch die Wendeltreppe: Beim Hinaufsteigen blickt man nach jeder vollen Umdrehung wieder in die gleiche Richtung, aber von einem höheren Standpunkt aus und mit besserer Übersicht.

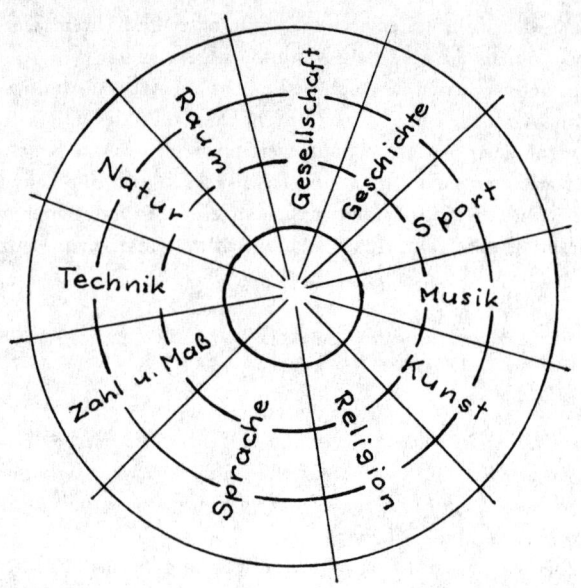

*Beispiele*

Wie man dieses Prinzip zu verwirklichen suchte, zeigt das folgende Beispiel:

*Geschichte* nach dem Lehrplan für die bayerischen Volksschulen von 1898 führte viermal – natürlich in großen Sprüngen – von der Römerherrschaft in Germanien zu den bayerischen Regenten der jüngsten Zeit. Das Thema »Karl der Große« erschien dabei in jedem Jahr:

4. Kurs: Karl der Große in der Schule
5. Kurs: Karls des Großen Verdienste um die geistige Kultur
6. Kurs: Karl der Große (Charakterschilderung)
7. Kurs: Karls des Großen Nachfolger

In der *Erdkunde* behandelt man z. B. die Geographie Deutschlands in drei konzentrischen Kreisen:

5. Jahr: Die Hauptgebirge, Flüsse, Länder, Städte
6. Jahr: Die Landschaften nach Flußgebieten
7. Jahr: Die politischen und Verkehrsverhältnisse Deutschlands

Kommt ein solcher Unterricht wirklich den Schülern entgegen, wenn er ihnen jedes Jahr ein bißchen von allem bietet und dabei die Sachzusammenhänge zerreißt? Eher überzeugt da schon der früher übliche »doppelte Durchgang« durch die Geschichte auf der Mittel- und Oberstufe des Gymnasiums, vielleicht auch ein Gang »Dreimal um die Erde« unter immer anspruchsvolleren Gesichtspunkten in der Erdkunde oder die mehrfache Behandlung des Alten und Neuen Testaments im Religionsunterricht.

Ist in diesen Fällen noch eine recht genaue Planung möglich, so wird diese immer vager dort, wo die konzentrische Ausweitung in »Wachstumsringen« den Charakter einer »Entwicklung« annimmt, wie beim Hineinwachsen in die Muttersprache, aus der unser nächstes Beispiel stammt.

*Stoffplan für die mündliche und schriftliche Sprachgestaltung* (aus dem Bayerischen Lehrplan für die Grundschule 1971)
*Arbeitsvorschläge für die 1. Jahrgangsstufe:*
*Erlebnisdarstellung* (Erzählen): Mündliches Erzählen persönlicher Erlebnisse, Erzählen zu eigenen Zeichnungen, Erzählen zu Bildern, Erzählen zu Bildfolgen, Nacherzählen in natürlichen Situationen, Gesprächsspiele in Dialogform, Schreiben eines Satzes über ein Erlebnis.
*Sachdarstellung (Berichten, Beschreiben):* Mündliches Berichten zu persönlichen Beobachtungen (Beobachtungsaufträge oder freie Beobachtungen), Schreiben eines Satzes über eine Beobachtung, z. B. in das Klassentagebuch. Erste mündliche Versuche im Beschreiben von einzelnen Dingen, auch als Beschreibungsrätsel, Schreiben eines Satzes über einen Gegenstand, ein Bild oder einen Vorgang.
*Briefe schreiben:* Schreiben erster »Briefchen« ohne Eingehen auf die Briefformen.
(...)
*Arbeitsvorschläge für die 3. Jahrgangsstufe:*
*Erlebnisdarstellung:* Mündliches und schriftliches Erzählen, vom Erzählen bis zur Erzählung, von der Bilderreihe zur Erzählung, Ergänzen von Erzählteilen (Erdichten von Anfang, Ende oder Mittelteil einer Geschichte), Reizwortgeschichten, Phantasieerzählung (Wunscherzählungen, Personifizierung)
*Sachdarstellung:* Übungen im schriftlichen Berichten, Schreiben kurzer Texte zu eigenen Beobachtungen, Notieren von Stichpunkten, Sätzen oder Texten zum Sachunterricht, gezieltes Beschreiben von Gegenständen (Form, Farbe, Material, Beschaffenheit), Beschreibungsrätsel.
*Briefe schreiben:* Schreiben von Briefen, Hinweise auf äußere Formen.
(...)

Ein sehr allgemeines »konzentrisches« Prinzip gilt auch für Literatur und Kunst, die Fortführung der Fremdsprache nach Absolvierung des systematischen Grundkurses, die Zunahme körperlicher Fertigkeiten in den Leibesübungen und die wachsende Sicherheit im Verkehr, also für solche Bereiche, die nach »vorne offen« sind und bei denen das Bild eines geradlinig geplanten Voranschreitens sich immer mehr verflüchtigt zugunsten der Vorstellung eines wachstumsähnlichen Ausweitens in verschiedene Richtungen.

## Beurteilung

Damit ist schon Wesentliches über Recht und Grenzen dieses Prinzips gesagt: Man hat tatsächlich *vom Schüler her gedacht*, kommt dem Lernen im Leben am nächsten, knüpft Neues an Bekanntes an, bewirkt damit dessen immanente Überholung und Sicherung. Wo freilich alles schon einmal irgendwie da war, gibt es wenig ganz Neues mehr, zu häufige Wiederholung kann langweilig werden. Man denke nur an Karl den Großen im ersten Beispiel.

Das *Ziel* liegt – jedenfalls für den Schüler – im Ungewissen, es fehlt an klaren Auswahlkriterien, und es besteht die Gefahr der Uferlosigkeit. Vieles wird angefangen, nichts richtig erledigt, das meiste bleibt unfertig stehen. Auch zerreißt dieser Lehrgang den sachlogischen Aufbau in Gegenstandsgebieten, die einen solchen notwendig brauchen. Der Schüler hört von diesem und jenem, ordnet es aber nur in seinen subjektiven Bedeutsamkeitshorizont ein und lernt nicht die objektiven Ordnungskriterien der Sachgebiete.

Alle diese Kritikpunkte lassen sich auf einen grundsätzlichen Einwand zurückführen: *Wenn das Lernen »wie im Leben« genügte, bedürfte es der Schule nicht.* Sie ist nun einmal eine »künstliche«, d. h. für bestimmte Lernzwecke eigens geschaffene Einrichtung. Ihre Aufgabe besteht darin, jenes »natürliche« Lernen zu ergänzen, zu verbessern, zu überhöhen durch Lehrgänge, die anderen Prinzipien gehorchen. Es ist dies ein zentrales Argument der Schultheorie, das uns noch in anderen Zusammenhängen begegnen wird.

*Anwendung*

Der konzentrische bzw. spiralige Lehrgang ist angebracht,

– wo bei längerer Ausbildungszeit nach mehreren Jahren ein nochmaliger Durchgang auf wirklich höherer Verständnisebene unter anderen, anspruchsvolleren Aspekten wünschenswert und möglich ist, wie beim Geschichtsunterricht des Gymnasiums oder dem Bibelunterricht auf den verschiedenen Schulstufen.

– Wo man ständig »in der Sache steht« und das Lernen einem schier unmerklichen »Wachsen« gleicht, wenn auch keineswegs mit ihm identisch ist.

Das Fortschreiten hängt dabei zunehmend von der Individualität der Schüler und ihren Lebensumständen ab; das zu Lernende ist nach vorne unbegrenzt, fast beliebig erweiterbar und verbesserungsfähig. Der Lehrgang löst sich in das »Lernen im Leben« auf oder wird durch andere Lehrgangsprinzipien ersetzt.

## 4.2.4 Der Lehrgang der fachlichen Grundkategorien (Basiskonzepte)

*Begründung*

*Prinzip: Frühzeitige Vermittlung weniger grundlegender Kategorien (Grundprinzipien, Basiskonzepte o. ä.), die aus der logischen Analyse des Faches gewonnen sind und ihre aufschließende Funktion bei der Behandlung von Einzelsachverhalten zunehmender Komplexität erweisen.*

Im Gegensatz zum synthetischen Lehrgang geht man nicht von Einzelelementen, sondern von fundamentalen Begriffen bzw. Konzepten aus, die aus der Analyse der »Struktur« des Faches gewonnen sind und dessen grundlegende Fragestellung bzw. Erklärungsweisen repräsentieren. Sie erscheinen besonders geeignet, als Leitlinie für den gesamten Fachlehrgang zu dienen; denn sie sind, wenn richtig erkannt, ebenso so einfach wie mächtig, um als »Schlüsselbegriffe« dem Lernenden die Erscheinungen der Welt in fachgerechter Weise zu erschließen. Damit sie das können, müssen sie frühzeitig vermittelt und dann immer von neuem auf die Einzelsachverhalte angewandt werden, bis sie zum selbstverständlichen Besitz geworden sind. Der Lehrgang orientiert sich zugleich am Spiralprinzip: die Konzepte sollen sich an immer komplexeren Sachverhalten bewähren.

*Beispiele*

Als eines der ersten ist *Spreckelsens* (1970) Lehrgang für den naturwissenschaftlichen Unterricht der Grundschule bekannt geworden. Die von ihm erkannten Konzepte »Teilchenstruktur«, »Wechselwirkung«, »Erhaltung« als allgemeinste Kategorien naturwissenschaftlichen Erklärens werden im mehrmaligen, streng geplanten Durchgang an allmählich schwieriger werdenden Sachverhalten eingeübt. Spreckelsens Entwurf wurde aber, abgesehen von den fachlichen Einwänden, schon deswegen kaum verwirklicht, weil er die zeitlichen Möglichkeiten der Grundschule weit übersteigt. Auch die – wenig erfolgreichen – Versuche, den Mathematikunterricht von Anfang an auf die sehr allgemeinen Begriffe der »Mengenlehre« zu gründen, können hier eingeordnet werden. Ein praktikables Beispiel ist die Anordnung des Erdkundestoffes der Grundschule nach gewissen »Daseinsgrundfunktionen«. Es zeigt zugleich die spiralige Ausweitung, dem Fach Erdkunde gemäß sowohl in räumlicher Hinsicht als auch in der Komplexität der Themen.

*Lehraufgabe 1: Menschen müssen wohnen*
*2. Jahrgangsstufe:* Menschen wohnen in verschiedenartigen Häusern (z. B. Miethaus, Einfamilienhaus, Reihenhaus, Hochhaus), Lage der Wohnung zur Schule.
*3. Jahrgangsstufe:* Verschiedene Wohnanlagen. Die Familienmitglieder urteilen verschieden darüber. Ein neues Wohnviertel wird geplant.
*4. Jahrgangsstufe:* Neue Ortsteile entstehen, alte werden verändert, – Planungen. Die Lage des Wohnortes im regionalen Bezugsraum.
*Lehraufgabe 2: Menschen müssen arbeiten*
*2. Jahrgangsstufe:* Verschiedene Arbeitsplätze, Wohnung und Arbeitsplatz liegen räumlich beieinander (Bauernhof, Werkstätten – je nach örtlichen Gegebenheiten)
*3. Jahrgangsstufe:* Wohnung und Arbeitsplatz liegen am Wohnort räumlich getrennt voneinander, Dienstleistungs- und Produktionsbetriebe im Ort – Begründung der Lage (z. B. Tankstelle, Gastwirtschaft, Mühle, örtliche Fabrik), Rohstoffe und Energiequellen.
*4. Jahrgangsstufe:* Verschiedene Arbeitsplätze liegen außerhalb des Wohnortes. Die Industrie bietet Arbeitsplätze und sucht Arbeitskräfte. Industrieller Schwerpunkt in der Region. Die Landwirtschaft arbeitet und erzeugt standortgebunden.
(...)
usw. mit den Lehraufgaben »Menschen brauchen Erholung« – »Verkehrswege« – »Das Zusammenleben erfordert Verwaltung« – »Der Mensch muß sich im Raum orientieren« – »Der Mensch fragt nach dem Wetter« – (Nach dem Lehrplan für die Grundschule in Bayern 1971)

*Kritik*

Basiskonzepte solcher Art können hilfreich sein. Sie sind dem, der sie begriffen hat, tatsächlich Schlüssel für das Verständnis der Welt und die Ordnung ihrer Erscheinungen.

Aber solche Grundbegriffe sind Ergebnis der Analyse dessen, der die Sache beherrscht, hoch abstrahierte Endpunkte seines eigenen, langen Erkenntnisweges. Hier werden sie *Kindern fertig vorgegeben*, nicht von ihnen gewonnen im Verlauf eines Erkenntnisprozesses, der von ihren Fragen ausgeht, ihr Staunen und Zweifeln, Suchen und Probieren einschließt. Ihr Denken wird kanalisiert; sie lernen, Fragen, die sie noch gar nicht gestellt haben und gar nicht stellen konnten, vorschnell mit wenigen fertigen Fundamentalsätzen zu beantworten. Sie glauben, etwas zu wissen und wissen doch nichts; denn je allgemeiner ein solcher Satz ist, desto besser paßt er auf alles und desto weniger erklärt er das einzelne. Sie lernen reden, wie sie reden sollen, ob aber auch denken?

Selbst da, wo die Grundkategorien konkreter sind, wie im obigen Erdkundebeispiel, bleibt die Frage, ob sie den Interessen der Kinder entsprechen oder ihnen aus fachlicher Erwachsenenperspektive übergestülpt werden. Auch hier werden gedankliche Schnitte in die lebendige Wirklichkeit gelegt, werden »Zusammenhänge« gesucht, ehe lebensvolle Bilder vermittelt wurden.

Auch *fachlich* sind die Basiskonzepte umstritten. Die »Struktur« der Fachwissenschaften ist nicht so eindeutig, wie vorausgesetzt wird, und die Fachvertreter sind sich da keineswegs einig. Jede Liste solcher Begriffe enthält eine bestimmte Auffassung von der Struktur und der Aufgabe eines Faches. Mit ihrer Anwendung wird diese Deutung verbindlich erklärt, und auch dadurch kann Denken eher kanalisiert als freigesetzt werden. (Zur Kritik vgl. Bauer 1975, 136; Oblinger 1985).

Es bleibt ein interessanter Ansatz, der aber fachlich und psychologisch noch weit gründlicher durchdacht werden müßte und als alleiniges Prinzip wohl nicht für die Begründung von Lehrgängen ausreicht.

## 4.2.5 Der genetische Lehrgang

*Grundprinzip: Nachvollzug des Entwicklungsganges im Lehrgangsaufbau*

Dieser Lehrgang will weder mit abstrahierten Elementen oder Grundkonzepten beginnen, die dem Kinde noch nichts bedeuten können, noch bloß an dessen Entwicklungsstand anknüpfen und ihn konzentrisch erweitern. Er will »genetisch«, d. h. entwicklungsgemäß vorgehen. Sollte dieses Prinzip nicht gerade dem Pädagogen gut anstehen, der es mit Menschen in der Entwicklung zu tun hat und diese Entwicklung nach Kräften fördern soll? Im Prinzip wohl schon, aber zunächst ist zu klären, was »entwicklungsgemäß« überhaupt bedeutet. Es gibt unterschiedliche Deutungen der »Genese«, die für den Lehrgang bestimmend sein soll.

## a) Realgenetische Deutung

»Genetisch« kann heißen, daß man *dem tatsächlichen Werden des Gegenstandes* folgen, es in verkürzter Form im Lehrgang abbilden solle.

So fängt *Geschichte* bei den Urmenschen an und hört in der Gegenwart auf. Kunstgeschichte führt von den Höhlenmalereien bis zur Pop Art, und die Heilsgeschichte vom Bunde Gottes mit Abraham über die Erlösungstat Christi zum Warten auf seine Wiederkehr.
*Biologie* würde nach diesem Prinzip beim Einzeller beginnen und über die Stadien der Evolution bis zum Menschen weiterführen.
*Fremdsprachenunterricht* hätte auf jeden Fall mit Latein als der Mutter der romanischen und Ziehmutter aller modernen europäischen Sprachen zu beginnen, ehe diese sinnvoll gelehrt werden können.

Ein solcher Lehrgang ist sachlogisch fundiert und will das Spätere aus dem Früheren, das *Jetzige aus seinem Werden* verstehen lehren. Er eignet sich daher im Prinzip für alles, was Geschichte hat; weil er aus dem Unterrichtsfach Geschichte jedem bekannt ist, erübrigt sich der Abdruck eines Beispiels.
Die *Nachteile* sind freilich nicht zu übersehen. Der *Werdegang der Sache ist oft sehr lang* und nicht immer geradlinig. Will man ihn zusammenhängend behandeln, so gerät man in die Gefahr stofflicher Überfrachtung, und im Bemühen um Kontinuität bleibt man leicht irgendwo stecken und kommt nicht mehr zur Gegenwart, deren Verständnis doch das eigentliche Ziel ist. Auch liegen die Anfangspunkte weit von allen Erfahrungen des Kindes entfernt und müssen ihm daher erst mühevoll vermittelt werden.
Freilich hat es mit Ferne und Nähe seine eigene Bewandtnis. Amöbe und Pantoffeltierchen liegen dem Kinde gewiß ferner als Hund und Katze. Aber gilt das auch für das einfache Leben der Urmenschen im Vergleich zur komplizierten Gegenwart? Es gibt wohl einen Unterschied zwischen räumlich-zeitlicher und seelischer Nähe. Das führt uns zu einem anderen Verständnis des Genetischen.

## b) Problemgenetische Deutung

Hier soll der Lehrgang nicht der tatsächlichen Geschichte des Gegenstands folgen, sondern *dem Werdegang, den die menschliche Erkenntnis des Gegenstands genommen hat.* »Wenn wir verstanden haben, wie das Menschengeschlecht sich die Kenntnis gewisser Tatsachen und Begriffe angeeignet hat, sind wir in einer besseren Lage, auch zu beurteilen, wie dem jungen Menschen eine solche Kenntnis vermittelt werden soll«, sagt der Mathematiker Pólya, und viele Didaktiker, auch Fachwissenschaftler geben ihm recht (1967, 202). Wenn der Mensch in geraffter Form den Erkenntnisweg nachvollziehe, der zu unserem heutigen Wissen geführt hat, auch über Irrtümer und Teileinsichten hinweg, könne er den jetzigen Stand unserer Erkenntnisse erst richtig begreifen, weil sie ihm nicht als fertige Ergebnisse übergestülpt werden, sondern als Lösungen früherer Probleme verständlich gemacht werden. Erst dann könne er auch abschätzen, welche Leistung in ihnen jeweils steckt, welche Schwierigkeiten überwunden werden mußten, um zu ihnen zu gelangen.

*Martin Wagenschein* hat diesen Gedanken in immer neuen Ansätzen durchgespielt, so in seiner Einführung in die Himmelskunde, die etwa dem folgenden, hier knapp zusammengefaßten Gange folgt:

Die Beobachtung von Mondphasen und Mondfinsternissen führt zur Kugelgestalt der Erde. Die Sternbilder haben noch ihren festen Platz am »Himmelsgewölbe«, mit ihnen die Sonne. Genauere Beobachtung zeigt, daß der Mond jeden Tag ein Stück zurückbleibt, daß er selbst eine Kugel ist und von der viel größeren und weiter entfernten Sonne angeschienen wird. Diese ist so ungeheuer groß, daß sie sich nicht um die Erde bewegen kann, sondern diese sich um ihre eigene Achse drehen muß. Auch die Bewegungen der Planeten spielen sich »vor« dem Himmelsgewölbe ab. Sie werden von der Sonne verschieden beleuchtet, laufen um diese – und mit ihnen die Erde. Damit erklärt sich die weitere Beobachtung, daß die Sonne im Laufe eines Jahres durch die Sternbilder wandert. Die (mitgeteilte, da nicht selbst zu vollziehende) Beobachtung über die Lageveränderungen der Fixsterne bewirkt, daß sich das »Himmelsgewölbe« in den unendlichen, von Myriaden von Sternhaufen erfüllten und gleichwohl so leeren Raum auflöst. (Nach Wagenschein 1965b)

Eine weitere Beobachtung spricht für diesen Lehrgang: Wenn man Kinder oder erwachsene Laien genauer nach ihrem Verständnis von Erscheinungen der Wirklichkeit befragt, so zeigen sich immer wieder erstaunliche Übereinstimmungen zwischen ihren subjektiven Deutungen und den Theorien früherer Epochen. Solche früheren Stadien der Erkenntnis scheinen also psychologisch näher zu liegen und leichter zugänglich zu sein, und es empfiehlt sich, bei ihnen anzusetzen. Wenn man es nicht tut, sondern sogleich den heutigen Stand des Wissens vermittelt, dann sind die genetisch ursprünglicheren Vorstellungen doch nicht überwunden. Sie leben weiter und bestimmen die Welt des Alltags. Das schulisch Vermittelte bleibt ein Fremdkörper, es kann sich nicht einwurzeln, wird bald wieder abgestoßen, oder der Mensch lebt mit zwei unvereinbaren Weltbildern, ohne sich dieser Diskrepanz bewußt zu sein, was nicht im Sinne einer Bildungsarbeit sein kann, der es um geistige Redlichkeit geht.

Auch hierfür hat Wagenschein schöne Beispiele geliefert, so z. B. dieses:

*»Will« der Stein oder »muß« er fallen?*
*Vorbemerkung:* Die folgende Betrachtung möchte andeuten, wie die Geschichte der Physik in den Unterricht sich hineinfügen kann, nicht als historisches Anhängsel, sondern so, daß die alten Forscher gleichsam mit ins Gespräch gezogen werden und die Gedankengänge der Kinder aufnehmen, begleiten und ermutigen.
Dieses Gespräch fand in einer sehr »jungen« und zutraulichen Obersekunda statt. Ich bin aber

überzeugt, daß es unter jüngeren wie unter älteren Schülern, ja auch Erwachsenen nicht viel anders vor sich ginge:

Ehe von Gravitation die Rede war, während der Überlegungen, die das Fallgesetz anregt, erhoben sich folgende Fragen:

*Warum* fällt der Stein eigentlich?

*Will* er fallen oder *muß* er fallen?

Zwei Fragen, die wir leicht als »unwissenschaftlich« abzutun geneigt sind. Aber sie sind uns nur ungewohnt. Ungewohnt gründlich und ungewohnt wenig in der Sprache unserer fertigen Naturwissenschaft formuliert.

*Wie ernst wir sie nehmen müssen, zeigt ein Satz von Aristoteles: »Alles, was sich bewegt, bewegt sich entweder von Natur oder durch eine äußere Kraft oder vermöge seines freien Willens.«*

*Und eine Stelle in Leonhard Eulers, des großen Mathematikers aus dem 18. Jahrhundert, »Briefe an eine deutsche Prinzessin über verschiedene Gegenstände aus der Physik und Philosophie«:*

*»Die Philosophen streiten sehr darüber, ob es wirklich eine solche Kraft gebe, die unsichtbar auf alle Körper wirkt und sie nach unten treibt; oder ob es vielmehr eine innere, in dem Wesen aller Körper liegende Eigenschaft, und gleichsam eine Art von Instinkt sei, die sie treibt, sich gegen die Erde zu bewegen. Diese Frage läßt sich auf eine andere bringen: ob die Ursache der Schwere in der Natur jedes Körpers selbst, oder ob sie außer ihm existiert ...«*

Es ließ sich bald spüren, daß die Kinder (es waren noch Kinder) mit dem, was sie sagten, folgendes meinten:

Die Dinge fallen alle nach dem Mittelpunkt der Erde. Was ist dort eigentlich los? Sitzt da was? Dort in jenem Punkt denken sie sich nämlich ein Kraftzentrum, eine Art Erdgeist, um es gerade herauszusagen. So etwas sagt zwar heute keiner mehr. Schon Kinder fürchten, mit einem solchen Wort ausgelacht zu werden, zum mindesten in der Physikstunde. Aber tatsächlich denken sie »so etwas«. Warum auch nicht? Man mache die Probe, und man wird finden, daß nicht wenige Erwachsene es auch so empfinden.

Und zu der anderen Frage, ob der Körper fallen will oder muß: Wie könnte man das prüfen? Sie fanden keine Entscheidungsmöglichkeit. Ich half ihnen: Das Pendel von hier nach Tibet gebracht, schwingt dort ein bißchen langsamer! – Zu diesem Befund sagten sie etwa folgendes: Ja, dann *muß* er, der fallende Stein. Dann muß nämlich *auch* die Erdkugel dran schuld sein! Dann »will« er nicht von sich aus, dann *muß* er mindestens *auch*, und zwar von *ihr* aus. – Es könnte ja auch sein, daß die Steine von *außen* wie von einer Kraft gegen den Erdboden getrieben würden. Aber *so*, wo das Gewicht in den tieferen Lagen zunimmt, wo es der Erde *näher* ist, muß die Erde mitschuldig sein. Säße die Ursache *außen*, so müßte man in Tibet ja dieser Ursache näher sein, also mehr zu Boden gedrückt werden.

Dies bestärkt die Mittelpunktsanhänger begreiflicherweise in ihrer Vorstellung. Um sie zu erschüttern, erzählte ich nun, daß ein Pendel (ein ruhig hängendes diesmal, kein schwingendes) in die Nähe eines steil ansteigenden Gebirges gebracht, nicht mehr ganz lotrecht zum Erdmittelpunkt hinzeigt, sondern ein wenig zum Gebirge hin schräg hängt.

*Euler: »Ich habe schon Ew. H. gezeigt, daß man in der Tat beobachtet haben will, daß ein großer Berg in Amerika eine kleine Attraktion hervorgebracht hätte.«*

Verwunderung, Nachdenken und dann eine Auskunft, die von einer starken Unabhängigkeit und Ursprünglichkeit des Denkens zeugt: Nein, das *muß nicht* bedeuten, daß der Berg selber zieht (das Erdreich in ihm, nicht der Erdmittelpunkt), sondern das kann auch daher kommen, daß eben einfach der Berg die aus dem Zentrum quellende Kraft besser »leitet« – da stehen wir mit unserer Gelehrsamkeit. – Ich mußte eine Weile nachdenken, bis mir schließlich das entscheidende Experiment einfiel: Das im Bergwerkschacht, tief schon innerhalb des Erdreichs, schwingende Pendel. Was haltet ihr von dem? Sie meinten alle, es werde, dem Kraftzentrum näher, *schneller* schwingen als hier oben bei uns. Nein, berichte ich, es schwingt wieder langsamer, wieder so wie in Tibet!

*Euler:* »*Wir sehen also nun ein, daß die Schwere ... auf der Oberfläche der Erde am stärksten wirkt; und daß sie sich vermindert, wenn man sich von dieser Oberfläche entfernt, es mag dies nun geschehen, indem man in die Erde hinein gegen den Mittelpunkt zugeht, oder indem man von ihr weg in die Höhe steigt.*«

Dies erstaunte sie sehr. Nun versuchte noch einer einen kuriosen Ausweg: Dann sei es also leider nichts mit dem zentralen Sitz der Kraft, dann müsse eben die Zone der Kraft in der Erd*rinde* wohnen! Dieser (sehr elektrostatisch anmutende) Gedanke verblüffte ebenfalls, löste sich aber bald in einem Gelächter: Dann müßte ja im Bergwerk das Pendel Kopf stehen oder doch direktionslos werden!

Damit war die Frage geklärt. Und zwar, so wie ein großer Naturforscher schon 100 Jahre vor Newtons Gravitation die Antwort gab, in einer Sprache, die allen (kleinen und großen) Kindern eingeht wie Milch:

*Johannes Kepler:* »*Das alle sachen nach dem saiger under sich fallen, ... das macht die anziehende gewalt der Erden, die steckht nit im Centro sondern im gantzen leib, und ziehen diejenigen stuckh am maisten, die dem auffgeworffenen stain am nechsten seind ...*«

*Und an anderer Stelle (er redet von den fallenden Dingen):* »*... sie begehren nit des orts, wie Aristoteles will, sondern des leibes.*«

(Anm.: saiger = seiger = senkrecht)

(Wagenschein 1965a, 282)

Im gleichen Sinne verläuft eine Einführung in das Kartenverständnis, die mit den naiven Darstellungsweisen früherer Zeiten beginnt, in denen Berge oder Häuser im Aufriß gezeichnet sind, ehe sie zur leistungsfähigeren, aber auch abstrakteren senkrechten Projektion weiterführt. Es ist dies auch das Prinzip jeglicher problemgeschichtlichen Darstellung eines Faches oder Teilbereiches einer Wissenschaft, wie sie z. B. ausschnittsweise in Kapitel 3.2 dieses Buches versucht wurde.

Es soll also keineswegs der gesamte historische Prozeß durchlaufen werden. »Nicht um die *Geschichte* handelt es sich, sondern um die *Genesis der Probleme*, der Tatsachen und Beweise, um die entscheidenden Wendepunkte in dieser Genesis« (Toeplitz nach Wittmann 1974, 101). Der Erkenntnisweg wird für den Schüler so verkürzt, daß er die wesentlichen Denkschritte nachvollziehen kann. Das setzt profunde Kenntnis des Faches und seiner Geschichte wie auch der Schüler voraus und ist, wenn es gelingt, eine hohe didaktische Leistung.

Zweifellos handelt es sich hier um eine höchst fruchtbare pädagogische Idee, die, der Solidität des Lernens verpflichtet, sowohl der Sache als auch dem Schüler gerecht zu werden sucht. (Lit. Wagenschein 1965a; 1975; Pólya 1967; Köhnlein 1973; Wittmann 1974; Wagenschein u.a. 1973; Oblinger 1985; Berg/Schulze 1995, 349ff.)

Es gibt auch *Gegenargumente*: Die Kinder leben nun einmal in dieser Zeit, sie sehen Satellitenaufnahmen der Erde im Fernsehen, aber vor lauter Großstadtlichtern kaum je einmal den Sternenhimmel – hat es Sinn, sie erst künstlich »naiv« zu machen? Können sie andererseits die Flut der Sekundärinformationen wirklich verstehen, muß der Unterricht nicht versuchen, diese besser zu unterbauen?

Sicherlich eignet sich der problemgenetische Lehrgang nicht für alle Lehraufgaben, oft nur für Teilbereiche von Fächern bzw. in Kombination mit anderen Prinzipien, und man kann auch diesen Gedanken übertreiben, wie der nächste Abschnitt zeigt.

### c) Deutung im Sinne genetischer Parallelen

Von der Beobachtung, daß Kinder Erklärungen versuchen, die denen früherer Epochen ähnlich sind, ist kein allzu weiter Schritt zu der Annahme, daß dies so sein müsse, *daß das Einzelwesen in seiner Ontogenese notwendig die stammesgeschichtliche Entwicklung, die Phylogenese, wiederhole.* Schon seit der Aufklärung lag dieser Gedanke in der Luft; bei so unterschiedlichen Denkern, wie F. A. Wolf, Hegel, Fröbel, Comte, Spencer und noch bei Steiner ist er zu finden. Mit dem Siegeszug der Evolutionslehre wurde er zeitweise übermächtig. In Analogie zu Haeckels »Biogenetischem Grundgesetz« der Embryonalentwicklung postulierte St. Hall ein »psychogenetisches Grundgesetz« auch für die geistige Entwicklung des Menschen. Von den zahlreichen Versuchen seiner Anwendung interessieren hier nur die schulischen.
Schon Herbart hatte angemerkt, daß man eigentlich das Griechische vor dem Lateinischen lehren müsse, weil die Texte der Odyssee und Ilias dem Knabenalter viel besser entsprächen als die nüchternen politischen Schriften der Römer. Der uns schon bekannte Ziller (1884) machte daraus mit der ihm eigenen pedantischen Konsequenz eine »Theorie der Kulturstufen« und legte sie, zusammen mit dem noch zu besprechenden Konzentrationsprinzip, dem gesamten Lehrplan zugrunde.

Die vorrangigen »Gesinnungsfächer« (Religion, Geschichte und Literatur) finden in jedem Schuljahr ihren »konzentrierenden Mittelpunkt« in einem bestimmten Themenkreis. In der Abfolge dieser Schwerpunktthemen spiegelt sich der »Fortschritt in der Entwicklung der Geschichte der Menschheit«.
Im Kindergarten steht die *Fabel* im Mittelpunkt, im ersten Schuljahr das *Märchen*, im zweiten die *Robinsongeschichte*, im dritten die biblischen *Patriarchen*. Dann laufen Heils- und profane Geschichte (hier für die höhere Schule) nebeneinander her: Der *Richterzeit* entspricht die *Odyssee*, dem davidischem *Königtum Herodot* und *Anabasis*, dem *Leben Jesu* die *Livius-Lektüre*.

Die Gewaltsamkeit solcher Konstruktion springt ins Auge. Die Zuordnung von Kultur- und Entwicklungsstufen ist höchst willkürlich, angebliche Gesetzmäßigkeiten weichen praktischen Zwecken. Fragwürdig sind vor allem die Annahmen, daß die Alten wirklich wie heutige Kinder gedacht und empfunden hätten, daß historische Entwicklung als Reifungsfortschritt zu werten sei. So bleibt eine geistvolle Hypothese, die heuristisch da und dort hilfreich sein mag, keinesfalls aber einen Lehrgang tragen kann. (Lit. Hierdeis 1990)

## d) Rein ontogenetische Deutung

Man kann ohne allen Rekurs auf historische Parallelen den Lehrgang allein an der *Entwicklung des Kindes* orientieren wollen, sei es in der Annahme eines allgemeingültigen Stufenganges der Entwicklung, sei es in ganz individuellem Eingehen auf das sich entfaltende Einzelkind, das kraft seines inneren Entwicklungsgesetzes das ihm Gemäße aus der Umwelt suche und sich assimiliere.

So begründet sich z. B. der Zeichenunterricht in der Nachfolge von Gustav Britsch (1926) von der Entwicklung der freien Kinderzeichnung her, die einen nahezu gesetzmäßigen Gang zu immer differenzierteren Richtungs- und Formunterscheidungen erkennen lasse – um freilich gegen Ende des Kindesalters zu stagnieren.

Auch die uns schon bekannte Maria Montessori rechnet mit dem spontanen Zugriff des reifenden Kindes, stellt ihm aber ein bis ins kleinste durchdachtes Angebot an Materialien gegenüber, die den Entwicklungspotenzen die inhaltliche Füllung geben.

Theoretisch anspruchsloser sind die vielfarbigen Vertreter einer »Pädagogik vom Kinde aus«, die alles Lernen an den aktuell sich äußernden »Bedürfnissen« der Kinder orientieren wollen.

Das geht natürlich nicht. Geistige Reifung erfolgt nicht auf organischem Wege, sie ist abhängig vom Angebot der Kultur, und in diesem wirkt ein anderer Faktor des Lehrgangs, der Anspruch der Sache. Deswegen ist die Frage nach den entwicklungsbedingten Lernmöglichkeiten des Kindes ein wichtiger Teilaspekt aller Lehrgangsentscheidungen, sie liefert aber keine zureichenden Begründungen für diese.

## e) Abschließendes zum genetischen Lehrgang

Zum besseren Verständnis seien die unterschiedlichen Deutungen noch einmal an einem Beispiel, der Vermittlung eines angemessenen »Weltbildes« aufgezeigt:

*Realgenetisch* begänne man mit dem »Urknall«, ließe die auseinanderstrebenden Materiemassen sich zu Urnebeln, Galaxien, Sternen zusammenballen, sich nach den Gesetzen der Gravitation bewegen und ordnen, die Erde als glühenden Ball allmählich erkalten, Leben auf ihr entstehen …

*Problemgenetisch* ginge man vom Weltbild der Alten und seiner schrittweisen Korrektur aus, etwa wie im obigen Beispiel Wagenscheins.

*Parallel-genetisch* käme man von der Genesis der Bibel oder anderen Schöpfungsmythen zu den wissenschaftlichen Erklärungsversuchen der Griechen, müßte dann aber den »Rückfall« des Mittelalters in Kauf nehmen, ehe man zur heutigen Sichtweise gelangte.

*Ontogenetisch* würde man auf die Fragen des Kindes warten und sie seinem Verständnis gemäß beantworten (eines Kindes freilich, das fernsieht, Bücher liest, Erwachsenen zuhört …).

Wir kommen zum Schluß: Genetisches, entwicklungsgemäßes Denken ist dem Pädagogen aufgegeben. Als Teilaspekt wird es immer zu berücksichtigen sein. Tragendes Prinzip kann es nur in einzelnen Fächern bzw. Teilbereichen von solchen sein, die auch von der Sache her sich dafür eignen.

## 4.2.6 Der ganzheitlich-analytische Lehrgang

*Begründung*

*Prinzip: Gewinnung der Elemente aus subjektiv sinnvollen und daher notwendig ganzheitlichen Teilsachverhalten in möglichst spontaner Aktivität der Lernenden, ihre Synthese zu neuen, nunmehr besser verstandenen Ganzheiten.*

Dies ist nun der Gegenpol zum synthetisch-linearen Lehrgangsaufbau. Er will dessen Fehler, das Auf-Vorrat-Lernen zunächst unverstandener Elemente, vermeiden und beginnt daher mit schülergemäßen Ganzen, die als solche und in deren Rahmen die Elemente von Anfang an Sinn tragen. Ein Paradebeispiel ist der ganzheitliche, besser ganzheitlich-analytisch-synthetische *Leselehrgang*.

»... Bei diesen Lehrgängen wird von Sätzen und (oder) Wörtern ausgegangen. Man zielt aber nicht sofort auf den Erwerb von Buchstaben und Lauten ab, sondern auf Wiedererkennen und Einprägen der Wortschriftbilder – ähnlich dem Lesen einer »Begriffsschrift«. Mehrere Wochen lang verweilt man bei »naiv-ganzheitlichem« Lesen, das Verfahren der Buchstabenschrift bleibt zunächst außer acht. Durch neuartige Zusammenstellung bekannter Wörter können bald neue Texte selbst »erlesen« werden ... Dabei wird der Lernvorgang vereinfacht, weil zunächst nur die optische Erfassung der Schriftbilder und das Zuordnen der Bedeutung, nicht aber die Übersetzung von Buchstaben in Laute verlangt wird. Je mehr Schriftbilder die Kinder kennenlernen, desto differenzierter müssen sie optisch unterscheiden, wobei auch das Durchgliedern von Sätzen und Texten immer wieder geübt wird (1. Lehrgangsstufe).

Nach mehrwöchigem naiv-ganzheitlichem Lesen stoßen die Schulanfänger von selbst oder vom Lehrer provoziert auf die Tatsache, daß den Schriftzeichen (Buchstaben bzw. Buchstabengruppen) bestimmte Lautwerte entsprechen. Damit setzt die Erschließung der Lautschrift ein, die eine neue Ebene des entdeckenden Lernens an der Schrift im ganzheitlichen Lehrgang darstellt. Der Ausgliederung der Buchstaben (optische Analyse) und Laute (akustische und sprechmotorische Analyse) folgt die volle optisch-akustisch-sprechmotorische Durchgliederung der bereits bekannten Wortschriftbilder. Da diese Übungen immer im Zusammenhang mit dem Lesen von Texten stehen, erkennen die Kinder, daß die Beachtung der »Lautung« eine Hilfe für die Entschlüsselung der Bedeutung darstellt (2. Lehrgangsstufe).

Begabte Kinder versuchen bald, das erworbene Lautschriftverständnis auf fremde Schriftbilder anzuwenden und Schilder, Zeitungsüberschriften u. a. zu entziffern. Der auf entdeckendes Lernen zielende Lehrgang fördert ihre Initiative. Für die Leistungsschwächeren sucht der Lehrer besonders geeignete Beispiele und läßt fördernde Übungstechniken (z. B. Abbauen bekannter Wörter – Aufbauen neuer Wörter durch Verändern eines Buchstabens) anwenden. Damit ist ein drittes Lernplateau erreicht. Die Kinder erkennen, daß sie auch fremde Wortschriftbilder selbständig lesen können. Dies wird nun geübt, wobei die Hilfen der teilweisen Inhaltsvorgabe durch Wort oder Bild immer mehr zurücktreten und die Anforderungen hinsichtlich Umfang und Inhalt der Texte schrittweise gesteigert werden. Ferner müssen die Schwierigkeiten, die in der Schreibweise der deutschen Sprache liegen, (verschiedene Zeichen für den gleichen Laut, Doppellaute, Dehnung, Schärfung usw.) sowie zusätzliche Schwierigkeiten, die sich aus dem örtlichen Mundart und Sprachmängeln der einzelnen Kinder ergeben, systematisch bearbeitet werden (3. Lehrgangsstufe).

Varianten des ganzheitlichen Verfahrens z. B. nach dem Ansatzpunkt (Ganztext-, Ganzsatz-, Ganzwortverfahren) oder dem Grad der Durchgliederung (teilweises oder volles Aufgliedern der Schriftbilder im 1. Schuljahr) sind für das Verständnis des Ganzheitsverfahrens sekundär. Sie haben ihren Ursprung in Auffassungsunterschieden über sachlogische und lernpsychologische Detailfragen, stimmen aber in der Zielsetzung des Lesenlernens weitgehend überein ...« (Rabenstein 1979, 59).

Der gleiche Gedanke bestimmt einen Lehrgang des Kartenlesens, der den Schülern gleich einfache Karten zur Orientierung im Gelände in die Hand gibt, oder ein Schwimmenlehren, das von der Wassergewöhnung mit ungeformten Bewegungen in diesem Element ausgeht. Immer ist der Sinn der Tätigkeit im Kern dem der Endform gleich. Jedes Teilelement, sei es Kartenzeichen oder Einzelbewegung, hat seinen verstandenen Ort im Ganzen.

*Beurteilung*

Die *Sinnhaftigkeit des Tuns* und die größere Chance zum *selbsttätigen »Entdecken« der Elemente* sind die großen Vorzüge dieses Lehrgangs. Er verlangt freilich auch mehr spontanen Zugriff, den nicht jedes Kind erbringt, und fordert weit mehr Beweglichkeit und Anpassungsfähigkeit und damit ein höheres Ausbildungsniveau vom Lehrer.

Methodische Kernfrage ist, *was das jeweilige Sinnganze sei*. Es darf nicht zu klein sein, damit der Sinn nicht verloren geht, aber auch nicht zu groß, damit es noch überschaubar ist. Ist es beim Lesenlernen der Text, der Satz oder das Wort? Beim Schreibenlernen wäre Letzteres schon zu groß. Ist es beim Kartenlesen die käufliche Karte in ihrer verwirrenden Fülle oder eine vereinfachte Skizze? Wie ist es aber bei einer Biologie, die von »Lebensgemeinschaften« ausgehen will, einer Erdkunde, für die das Ganze letztlich der Globus ist? Hier greift unser Prinzip offensichtlich nicht mehr. Es hat seinen Platz eher im Anfangsunterricht, in dem es um die Gewinnung von Elementen im Sinnrahmen geht. Die zuletzt genannten Beispiele folgen einem anderen Prinzip.


## 4.2.7 Der thematische Lehrgang

*Prinzip: Gewinnung fach- bzw. fachbereichsspezifischer Einsichten, Fragestellungen und Begründungsweisen aus gründlicher Vertiefung in einzelne, aus dem Fach oder der Lebenswirklichkeit gewählte, problemhaltige Themen.*

Man kann eine Menge geordneten Einzelwissens in einem Fache anhäufen, ohne dessen Eigenart, die Besonderheit seiner Fragestellung, die Aspekthaftigkeit und Begrenztheit seines Zugriffs auf die Wirklichkeit überhaupt verstanden zu haben. Das gelingt besser bei der Behandlung gut ausgewählter »Themen«, die zu ihrer Bewältigung eben die Vielfalt facheigener Kategorien und Arbeitsweisen erfordern:
An einzelnen Epochen, Ereignissen, Personen der Geschichte oder auch Beispielen

ihrer Erforschung kann man unter Umständen weit mehr darüber lernen, »wie es in der Geschichte zugeht« und wie man in ihr fragen muß, um zu richtigen Einsichten zu gelangen. Gleiches gilt für politische Streitfragen in der Sozialkunde, die Erkundung eines Betriebs in der Arbeitslehre, die Untersuchung eines Biotops in der Biologie. Auch umfänglichere Projekte und Planspiele sind hierher zu rechnen. Ein breites Anwendungsgebiet ist die »Fallmethode« in Psychologie und Sozialarbeit, Jurisprudenz und Medizin, Pädagogik und Didaktik.

Immer geht es um einen komplexen Sachverhalt, an dem die Verwobenheit der Bedingungsfaktoren erkannt, das fachgerechte Denken und Arbeiten gelernt, die selbständige Übertragung angebahnt werden kann. Die »Makrostruktur« des Faches soll sich in der »Mikrostruktur« des ausgewählten Teilbereiches spiegeln:

Am einzelnen Krankheitsfall erkennt der Mediziner, am Beratungsfall der Psychologe, an der konkreten Unterrichtsvorbereitung der Lehrer, wie man als Fachmann vorzugehen, was man alles zu bedenken hat, um der jeweiligen Aufgabe gerecht zu werden. Zu Ausbildungszwecken geschieht das aufwendiger und umständlicher als in der späteren Praxis.

Jeder muß aber während seiner Ausbildung eine ganze Reihe solcher Fälle in beispielhafter Gründlichkeit durchgearbeitet haben, damit ihm die notwendigen Kategorien in Fleisch und Blut übergehen und er sie in der Routine des Alltags sicher handhaben kann (Lit. Kaiser 1983).

So sind »Themen« solcher Art notwendige Teilstücke jeglichen Lehrgangs auf höherem Anspruchsniveau. Allein können aber auch sie nicht genügen:

Zum einen müssen gewisse Teilsachverhalte, z. B. Arbeitstechniken, Informationspakete, aus dem komplexen Ganzen herausgelöst und *isoliert gelehrt werden*, wenn es zur wirklichen Beherrschung kommen soll.

Zum anderen eigenen sich *nicht alle Themen* gleich gut für diesen Zweck. Ihre Auswahl setzt gute Fachkenntnis voraus.

Endlich erhält man auf diesem Wege *kein System*, in dem die Einzelheiten ihren Platz fänden, keine Orientierung über das Gesamtgebiet. Zur »exemplarischen« Vertiefung gehört die »orientierende« Überschau, zur Übung am Fall die Systematik der Vorlesung oder des Lehrbuches (vgl. 5.4.6).

## 4.2.8 Kombinationen von Lehrgangsprinzipien

Alle bisher »idealtypisch« behandelten Lehrgangsarten haben sich als sinnvoll, aber auch als einseitig erwiesen. So finden wir in der Praxis oft Mischformen, in denen sich Vor- und Nachteile ausgleichen.

Im modernen Erstleseunterricht praktiziert man erfolgreich einen analytisch-synthetischen Lehrgang mit früherer und stärker gelenkter Analyse in enger Verbindung mit baldiger

Synthese. In Geschichte verzichtet man auf die nicht zu erreichende Kontinuität und beschränkt sich auf »Höhepunkte«, wahrt aber deren zeitliche Abfolge und kombiniert somit realgenetisches und thematisches Prinzip. In Leibes- oder Kunsterziehung mischt man genetische, konzentrische und systematische Gesichtspunkte.

Eine besonders glückliche Verbindung mehrerer Prinzipien findet sich im *»exemplarischen« Verfahren* M. Wagenscheins: thematisch in der Auswahl geeigneter Probleme als »Einstieg«, genetisch im ständigen Rückfragen nach dem Werden und den Gründen der Erkenntnis, sokratisch in der zurückhaltenden, das Denken freisetzenden Führung, auf fachliche Grundkategorien, »Basiskonzepte« zielend, wenn auch keineswegs von ihnen ausgehend, den Sinn des Tuns immer bedenkend, stellen seine Beispiele bisher kaum übertroffene Hochleistungen didaktischen Denkens dar (s. a. 5.4.6c) (Wagenschein 1965a; 1975; Köhnlein 1973)

## 4.3 Zusammenschau

### 4.3.1 Das gemeinsame Anliegen: die Suche nach dem »Elementaren«

Zwei Denkbewegungen laufen in den Begründungen der Lehrgänge zusammen, die eine »von oben«, von der Analyse der Sache in ihre Teilsachverhalte her, die andere »von unten«, den Voraussetzungen beim Schüler aus. Sie vereinen sich in der Suche nach dem *»Elementaren«*, das sowohl von der Sache her notwendiger, jedenfalls möglicher Anfangsbestandteil ist, als auch vom Schüler her notwendiger, jedenfalls möglicher Anfangsgrund seines Lernens. Die Suche nach diesem »Elementaren« ist ein zentrales Anliegen aller Didaktik. Sie war es immer, aber mit voller Bewußtheit und Konsequenz, ja mit Besessenheit wurde sie erstmals verfolgt von *Johann Heinrich Pestalozzi.* Sie ist sein eigentlicher, schöpferischer Beitrag zur Theorie des Unterrichts – neben seiner grundlegenden Bedeutung für Sozialpädagogik und Soziologie. (Lit. Liedtke 1968)
Pestalozzi wollte »den Anfang zur höchsten Einfachheit bringen ...«, »mit großer Sorgfalt in jedem Erkenntnisfach zunächst solche Gegenstände vor Augen stellen, welche die wesentlichen Kennzeichen des Faches ... sichtbar ausgezeichnet an sich tragen«; denn »auch die verwickeltste Anschauung besteht aus einfachen Grundteilen, wenn du diese in der Hand hast, so wird das Verwickelte einfach ...« (1877, 61, 127). Am weitesten baute er die »Elementarmethode« im Bereich der intellektuellen Bildung aus. Er fächerte sie in Formen-, Zahlen- und Sprachlehre auf und führte diese drei Bereiche jeweils auf ihre Grundelemente zurück, nämlich auf das Quadrat, die Zahl 1 und den Schall. Die Fragen hat er klar gestellt, die Antworten nicht immer gefunden, weil er in der Zerlegung der Sachbereiche zu weit, zu nicht mehr sinnvollen Teilen ging.

Wir glauben es besser zu wissen: Das Elementare muß den *Sinn des Ganzen noch keimhaft in sich tragen* und deutlich machen. So wird es als Einzelnes verstanden und schließt zugleich das Ganze auf. Seine Auffindung ist, das beweist die Geschichte der Didaktik eindringlich, alles andere als selbstverständlich; sie bedeutet in jedem Falle eine *didaktische Entdeckung.* Wo sie gelungen ist, erlaubt sie leichteres, rascheres und sichereres Lernen (vgl. 5.4.6; 6.3.4).

Bei der Erstellung von Lehrgängen muß weiterhin geklärt werden, wie das Elementare in der Psycho-Logik der Fortführung fruchtbar und aufschließend für das Spätere werden kann. Dabei sind noch viele Einzelprobleme zu lösen. Das Elementare macht den Kern, aber nicht den ganzen Lehrgang aus. Auch ist es nicht ein Elementares »an sich«, sondern ein Elementares »wofür« und »für wen«, abhängig von den Bestimmungsfaktoren des Lehrgangs. Diese – Sache, Ziel, Lernender, Situation in ihrer wechselseitigen Verflechtung – haben wir schon auf der vorigen Ebene ausführlich erörtert und begnügen uns daher hier mit ihrer Erwähnung (s. 3.3.1; 3.3.2).

Die bisher systematisch begründete Relativierung findet eine Stütze in der kontrollierten Erfahrung.

### 4.3.2 Empirische Untersuchungen zur Lehrgangsfrage

Die methodologischen und technischen Schwierigkeiten sind hier noch größer als auf den tieferen Ebenen: Je länger eine Untersuchung läuft, desto schwieriger wird es, das Geschehen kontinuierlich zu verfolgen, das zu prüfende Lehrverfahren und seine Ergebnisse zu operationalisieren, die gefragten Variablen von den Störfaktoren zu trennen, schulische Einflüsse von Reifungs- und Milieufaktoren zu scheiden, die Probanden – Lehrer und Schüler – bei der Stange zu halten. Gleichwohl gibt es interessante Forschungsansätze, interessant gerade deswegen, weil ihre Ergebnisse nicht eindeutig sind.

*Beispiele*

*Schmalohr* (1970) stellte eigene und fremde Vergleiche von ganzheitlichen und synthetischen Leselehrmethoden an vielen hundert Kindern zusammen. Sie erbrachten keine eindeutigen Resultate, immerhin einige Tendenzen: Ganzheitlich unterrichtete Kinder waren teilweise, wenn auch nicht immer etwas besser im sinnerfassenden Lesen, synthetisch geführte im Rechtschreiben. Bei schwächeren Schülern war die synthetische Methode überlegen. Ab dem 4. Schuljahr waren keine Unterschiede mehr nachzuweisen.

*Weinert u. a.* (1966) überprüften die – damals heftig umstrittenen – Teilmomente des Erstschreibunterrichts (Methode, Anfangsschrift, Material) an über 900 Kindern 2./3. Klassen. Sie maßen den Schreibdruck mittels der Schreibdruckwaage, ließen die Qualität der Schriften durch Teams aus Lehrern und Psychologen beurteilen und fanden heraus:

Ganzheitlicher Beginn in Schreibschrift auf der Schiefertafel führte zu geringerem Schreibdruck,
synthetischer Beginn in Druckschrift auf Schiefertafel oder Heft zu schnellerem Tempo,
Schreibschriftbeginn ohne Rücksicht auf Material oder Methode zu langsamerem Tempo,
Druckschrift zu geringeren Hemmungen im Schreibverlauf.
Insgesamt waren die Ergebnisse für die Bewegung besser bei Tafel und Druckschriftbeginn, für die Schriftqualität besser bei Beginn mit dem Heft.
Der individuelle Spielraum innerhalb der Gruppen war viel größer als der durchschnittliche Abstand zwischen diesen. Ab der 4. Klasse waren überhaupt keine Effekte mehr festzustellen.
Diese Ergebnisse erregten insofern Aufsehen, als sie nahezu in jedem Punkte den Behauptungen der Schreibmethodiker von den Vorzügen der eigenen und den Nachteilen der gegnerischen Methode widersprachen, und sie bewirkten eine beachtliche Versachlichung des Streites.

*Einsiedler* (1981) stellte eine Fülle von Ergebnissen zum Vergleich von mehr »geschlossenen«, hochstrukturierten und mehr »offenen«, niedrigstrukturierten Unterrichtsverfahren zusammen:
Für den Erwerb grundlegender Fähigkeiten in Lesen und Mathematik war ein hochstrukturierter Unterricht günstiger, für sprachlichen Ausdruck, Kreativität und Neugier, Selbständigkeit und Einstellung zum Lernen eher ein niedrigstrukturierter.
Diese generellen Ergebnisse sind aber schülerspezifisch zu differenzieren: leistungsschwache, ängstliche und unsichere, auch aus soziokulturell niedrigeren Schichten stammende Schüler lernten besser im höherstrukturierten Unterricht bei stärkerer Lehrerführung. Leistungsstärkere Schüler mit Selbstvertrauen und Selbstverantwortung kamen auch im niedrigstrukturierten Unterricht gut zurecht.

*Treiber/Weinert* (1985) überprüften die Behauptung, ein bewußt »zielerreichender«, d. h. stärker binnendifferenzierter und individualisierter Unterricht fördere die Schüler insgesamt besser, führe zur Verringerung der Leistungsstreuung innerhalb der Klasse und bewirke somit mehr Chancengleichheit. Sie verfolgten den Unterricht in 77 fünften Hauptschulklassen mit insgesamt 2200 Schülern über ein Vierteljahr hinweg, erhoben in 12 Teiluntersuchungen Eingangs- und Ausgangsleistungen und führten sie mittels gründlicher statistischer Verfahren auf mögliche Wirkfaktoren zurück. Dies ist die Haupttendenz ihrer sehr differenzierten Ergebnisse:
Die Klassen unterschieden sich erheblich in ihrer Leistungsentwicklung; es gab leistungsdivergente, in denen die Streuung sich vergrößerte, und leistungskonvergente, in denen sie abnahm.
Wenn Klassen sich in Richtung auf Leistungsegalisierung entwickelten, so deswegen, weil die besseren Schüler weniger gefördert wurden, ohne daß die Schwachen einen höheren Gewinn hatten. Gut begabte Schüler wurden in leistungsdivergenten Klassen besser gefördert, ohne daß die schwächeren deswegen zurückfallen würden.
Ein wichtiger Faktor des Lernerfolgs war die tatsächliche aktive Lernzeit, besonders für die schwächeren Schüler. Sie war höher bei häufigem Frontalunterricht, zielsicherer Kontrolle, straffer Unterrichtsführung, beweglichem Eingehen auf unterschiedliche Leistungsfähigkeiten, diagnostischer Sensibilität, ablenkungsarmer Umgebung und hohem Aufmerksamkeitsgrad. Das bloße Lernangebot genügt insbesondere für die schwächeren Schüler nicht; man muß ihnen helfen, es auch aktiv zu nützen.
Quantität und Qualität des Unterrichts – objektiv und in der Wahrnehmung der Schüler – waren in den leistungsdivergenten Klassen besser als in den leistungskonvergenten. Guter Unterricht, der alle Schüler bestmöglich fördert, führt also zu größerer Leistungsstreuung. Es besteht ein Zielkonflikt zwischen Leistungsegalisierung und allgemein bestmöglicher Leistungssteigerung.

Auch dieses Ergebnis entspricht nicht den Erwartungen mancher Pädagogen, die gleichzeitig um Verbesserung der Chancengleichheit und um »fortschrittliche« Methoden besorgt sind.

Tendenziell ähnliche Ergebnisse erbrachte die Studie von *Baumert u. a.* in Berliner Gymnasial-klassen, wenn auch die Unterschiede geringer waren, und es gab auch Klassen, in denen alle Schülergruppen bestmöglich gefördert wurden, offenbar abhängig von der Qualität des Unterrichts. (Baumert u. a. 1986)

*Folgerungen*

Folgende Einsichten drängen sich auf:
1. Zum Erfolg einer Methode tragen viele, nur teilweise faßbare *Einflüsse* bei: Art und Geschick der Durchführung im einzelnen, der Lehrer mit seinen Fähigkeiten und Neigungen, insbesondere seine Überzeugung vom Wert der Methode und sein Fleiß, die Erwartungen der Umwelt, die Zusammensetzung der Klasse usw.
2. Ergebnisse müssen an der *Zielsetzung* gemessen werden. Wenn z. B. der ganzheitliche Leselehrgang mit besserem Sinnverständnis und größerer Selbständigkeit der Schüler begründet wird, darf man nicht technische Lesefertigkeit allein als Kriterium für seinen Erfolg nehmen. Andererseits müssen dann seine spezifischen Erfolge nachgewiesen und nicht nur behauptet werden.
3. Hinzu kommen die *Nebenwirkungen* jedes Verfahrens. Mit dem »Stoff« werden auch Interesse, Aufmerksamkeit, Ausdauer, Gedächtnisleistung, Lebendigkeit des Denkens usw. oder ihr Gegenteil »gelernt«. All das müßte man messen können, um Gültiges über den Effekt einer Lehrmethode aussagen zu können. (Spranger 1962; Geißler 1973)
4. Nicht jedes Verfahren wirkt bei allen Kindern in der gleichen Weise, nicht jedes Kind beantwortet das gleiche Lehrangebot mit den gleichen Lernleistungen. Es gibt so etwas wie *individuelle Affinitäten* zu bestimmten Methoden. Also müßte der Lehrer Stärken und Schwächen der verschiedenen Ansätze kennen, sich in der Grundanlage für einen entscheiden, ihn aber durch gezielte Maßnahmen kompensieren und überhaupt seine Aufgabe weniger im Exekutieren eines vorgeplanten Lehrgangs als in der individuellen Lernhilfe sehen.
5. *Das Methodenproblem ist verwickelt.* Deswegen sind aber weder die subtilen theoretischen Analysen noch die aufwendigen empirischen Untersuchungen wertlos. Ohne die einen besäßen wir keine Klarheit über unser Wollen und Handeln in seinen Zusammenhängen, ohne die anderen blieben wir in Spekulationen bzw. ungeprüften »praktischen Erfahrungen« befangen. Zusammengedacht lassen beide Erkenntnisansätze die Dinge nüchterner sehen. Sie machen die Komplexität der Fragen bewußt, rechtfertigen aber nicht Gleichgültigkeit oder Beliebigkeit. Sie helfen, noch genauer das zu erkennen und zu beachten, worauf es tatsächlich ankommt. (Lit. Beck 1987; Borich/Klinzing 1987; Kramis 1991; Ingenkamp 1992)

### 4.3.3 Ergebnis

Den einzig richtigen Lehrgang gibt es nicht. Er kann immer nur richtig sein für einen bestimmten Gegenstand, eine bestimmte Zielsetzung, einen Kreis von Lernenden.

Jedes der behandelten Lehrgangsprinzipien hat seinen Leistungsbereich und seine Grenzen, keines leistet alles, sie müssen sich gegenseitig ergänzen.

Lehrgänge sind in unterschiedlichem Grade planbar. Es gibt »geschlossenere« und »offenere« Lehrgänge mit spezifischen Anwendungsbereichen und keineswegs garantierten Ergebnissen.

*Lehren und Lernen nach Lehrgängen stößt überhaupt an seine Grenzen:*
- im unterschiedlichen Ansprechen der Individuen auf Methoden,
- im Eingehen auf individuelle Fähigkeiten, Schwierigkeiten, Interessen,
- im Recht des Gelegenheitsunterrichts und des freien Gesprächs,
- im Lernen in den vielfältigen Betätigungsmöglichkeiten eines vielseitig anregenden, jugendgemäßen Schullebens,
- im freien Bildungserwerb vor, neben und nach der Schule.

Erst in freier Eigentätigkeit gewinnt der Mensch ein engeres Verhältnis zu Gegenstandsgebieten (vgl. 2.3.5). So ist lehrgangsmäßiges Lernen nur Teilstück – Anfang, Fortführung, Ergänzung – des persönlichen *Bildungsganges*, zu dem es Wichtiges beiträgt, für den der Mensch letztlich aber selbst verantwortlich ist.

## 4.4 Beschluß: Recht und Grenzen der Methodenfreiheit des Lehrers

Es geht die Rede, der Lehrer sei unfrei in der Auswahl der Unterrichtsinhalte, frei in der Wahl seiner Methode. Beides ist nur halb richtig.

Zum einen: Gewiß ist er an Lehrpläne gebunden. Diese lassen ihm aber, jedenfalls hierzulande, einen *Spielraum* der Auswahl, Schwerpunktsetzung und Ergänzung nach eigenem und Schülerinteresse. Dieser Spielraum ist geringer, wenn er auf Prüfungen mit zentraler, überörtlicher Themenstellung hinarbeiten muß. Er ist beachtlich groß in allen anderen Fällen. Die außerordentlichen Unterschiede der Lehrerarbeit, die man alltäglich beobachten kann, liefern den besten Beweis dafür.

Zum anderen: Der Lehrer ist *teilweise frei* in der Wahl des Lehrgangs. Sein Freiraum ist weit größer in der Gestaltung der einzelnen Unterrichtseinheit, im Eingehen auf die Individuallage und die Situation. Über diese Dinge entscheidet er als Fachmann in eigener Verantwortung, und keine Behörde sollte ihm einengende Vorschriften in

Fragen geben, die in seiner Berufswissenschaft, der Didaktik, noch mit guten Gründen umstritten sind.

Aber er ist *nicht frei* gegenüber den Ansprüchen eben dieser Wissenschaft. Er darf ihren Erkenntnisstand nicht ignorieren, nicht eindeutig Überholtes bieten, wo er Besseres leisten könnte. Wollte er z. B. das Lesen noch nach der Buchstabiermethode lehren, so müßte man ihm das strikt verbieten, weil es nicht mehr umstritten, sondern mit guten Gründen widerlegt ist. Er ist verpflichtet, so viel über die Didaktik seines Lehrgebietes zu wissen, wie man heute wissen kann, und das Bestmögliche in seiner Verantwortung gegenüber den Schülern daraus zu machen. O. Meßmer hat es schon gesagt: »Der Lehrer soll nicht *eine* Methode haben, aber er soll *Methode* haben« (1905, 236).

# 5. DER LEHRPLAN

Wenn wir Unterricht über die Dauer ganzer Lehrgänge verfolgen, so stoßen wir darauf, daß diese selbst wieder Teil eines größeren Zusammenhanges sind, daß sie neben anderen Lehrgängen einherlaufen, mit denen sie sich mehr oder weniger gut vertragen, die aber alle dem gemeinsamen Ziel dienen. Wir sehen die Lehrgänge in Jahrespaketen auf die ganze Schul- oder Ausbildungszeit verteilt, erfahren vom Ringen der Fächer um ihren Anteil an dem Ganzen, hören Klagen über den »Stoffdruck«, der solider Arbeit entgegenstehe – und wir ahnen schon, daß die bisherigen Überlegungen, so wichtig sie schienen, relativ einfacher zu lösen und weniger folgenreich waren als das, worum es nun geht.

Das Problem des Lehrgangs, seines logisch-psychologisch stimmigen Aufbaus, war zunächst unabhängig von der Frage nach der verfügbaren *Zeit*. Jetzt aber, durch die Zusammenordnung der Lehrgänge und ihre Verteilung auf einen festgelegten, nicht beliebig zu vermehrenden Anteil am Leben des Schülers, wird die Zeit zu einem konstitutiven Faktor und zum zentralen Problem dieser neuen, umfassenderen Besinnungsebene. Es ist die Ebene des *Lehrplans*.

## 5.1. Begriff und Problem

*Begriffliche Unterscheidungen*

*Der Begriff »Lehrplan« bezeichnet die Zusammenstellung der Lehraufgaben (Lehrinhalte, Lehrziele) für einen umfassenderen Lehrzweck und ihre Verteilung auf einen verfügbaren Zeitraum.*

Im Englischen spricht man von »syllabus« oder »curriculum«. Diese letztere Bezeichnung dient, wie wir noch sehen werden, inzwischen auch hierzulande als Kennwort für eine besondere Form des Lehrplans (vgl. 5.2.3).

*Gegenbegriffe* sind »planfreier Unterricht«, »Gelegenheitsunterricht«, extracurricular activities«, »Schulleben« (im engeren Sinne als Inbegriff aller schulischen Aktivitäten neben dem planmäßigen Unterricht).

Das Wort »Lehrplan« kann Sachverhalte von unterschiedlicher Weite und Geltung meinen,

– sowohl die von einer übergeordneten Instanz (bei uns in der Regel dem Kultusministerium des Bundeslandes) offiziell vorgeschriebenen *Richtlinien* für alle Klassen einer bestimmten Schulart

– als auch den »*Klassenlehrplan*«, den Stoffverteilungsplan für die Jahresarbeit, der vom einzelnen Lehrer ausgearbeitet wird, u. U. in Zusammenarbeit mit den Kollegen oder nach Vorgaben eines örtlichen Gremiums (»Ortslehrplan«).

Schon hier sei daran erinnert, daß sich zwischen beide Ebenen des Lehrplans noch die *Schulbücher* schieben. Sie orientieren sich, schon um genehmigungsfähig zu sein, weitgehend an den offiziellen Lehrplänen, konkretisieren diese nach der Auffassung ihrer Autoren und sind somit handliche und wirksame Planungsvorgaben, die von manchen Lehrern zu unkritisch befolgt, von anderen zu wenig genützt werden.

*Lehrplanfragen*

Die allgemeinen Fragen auf dieser Ebene sind:

Welche *Inhalte* sollen ausgewählt bzw. welche Ziele sollen gesetzt werden?

Nach welchen *Kriterien* soll die Auswahl vorgenommen und im Zweifelsfall über den Vorrang bestimmter Inhalte vor anderen entschieden werden?

Welchen größeren *Einheiten* (»Fächern« o. ä.) lassen sich diese Inhalte zuordnen (wobei das Fragen auch von den Fächern zu den Inhalten gehen kann)?

Wie sollen die Inhalte *nacheinander angeordnet* werden, um Kontinuität und Folgerichtigkeit zu wahren? Damit ist die Lehrgangsfrage impliziert.

Wie sollen sie *nebeneinander angeordnet* werden, damit sie sich gegenseitig unterstützen, ergänzen, zu einem sinnvollen Ganzen runden?

Wie werden sie unter den letzten beiden Aspekten am besten den *Altersstufen* zugeordnet?

Auf welche *Zeitabschnitte* sollen sie verteilt, wie in die gesamte verfügbare Zeit eingeordnet werden?

Bereits hier stoßen wir auf schwierige, bisher nicht befriedigend gelöste Probleme der Didaktik. Es geht aber noch weiter:

Wie sollen die Lehrpläne *aussehen*, damit sie ihre Funktion am besten erfüllen?

Was ist überhaupt ihre *Funktion* bzw. sollte sie sein? Braucht man sie überhaupt, geht es nicht auch ohne sie?

Wie *verbindlich* sollen ihre Vorgaben sein? Was aus ihnen soll pflichtmäßig, was fakultativ nach Entscheidung des Lehrers oder der Schüler betrieben werden?

Mittels welcher *Verfahren* sollen die Lehrpläne erstellt werden?

*Wer* soll darüber bestimmen, mit welcher Legitimation, welchem Anteil an der Entscheidung?

Wir werden sehen, daß gerade solche Fragen besondere Anliegen der letzten Jahrzehnte waren.

Aber auch wenn die Lehrpläne fertig vorliegen, hören die Fragen nicht auf:

Wie werden sie tatsächlich in die *Praxis* umgesetzt, in welchem Grade, mit welcher Überzeugung von ihrer Richtigkeit?

In welchem Maße sind sie überhaupt *zu erfüllen* und werden sie erfüllt?
Welche Lehrplaninhalte kommen tatsächlich *bei den Schülern an*? Gibt es etwaige unerwünschte *Nebenwirkungen*?
Wie soll man die *Ergebnisse* feststellen, wie an die Lehrplanmacher zurückmelden?
Wie lange sollen Lehrpläne *gelten*, wie oft sollen sie geändert werden, um den Rückmeldungen und den immer neuen Ansprüchen der Zeit zu entsprechen?

Das ist eine Fülle von Fragen, und wir ahnen schon, daß die Didaktik nicht die alleinige Instanz ist, über sie zu entscheiden. Nicht alle können in diesem Buche ausführlich behandelt werden. Wir konzentrieren uns auf die eigentlich didaktischen Probleme, ohne die anderen ganz aus dem Auge zu verlieren. Um überhaupt zu verstehen und zu beurteilen, müssen wir aber, auf dieser Ebene noch mehr als auf den anderen, um das geschichtliche Werden wenigstens in groben Zügen wissen. Dieser Frage wenden wir uns zunächst zu, um anschließend die wichtigsten Probleme systematisch zu erörtern. (Lit. Dörpfeld 1873; Paulsen 1896; Kerschensteiner 1899; Weniger 1952; W. Flitner 1954, 1965; Klafki 1970; Dolch 1971; Dietrich/Klink 1972; Tyler 1973; Kaiser 1975; Rülcker 1976; Hettwer 1976; Brent 1978; Mannzmann 1983; Glöckel 1988; Künzli 1986; Jeismann/Lundgren 1987; Sandfuchs 1987; Peterßen 1988; Hopmann 1988; Neuner 1989; Duncker 1994; Seibert/Serve 1994)

## 5.2 Zur Geschichte der Lehrpläne und des Lehrplanproblems

### 5.2.1 *Die Entstehung des Lehrplanproblems*

Die Inhalte der *mittelalterlichen Allgemeinbildung* (der höheren, eine niedere gab es noch nicht) bestanden, seit der hellenistischen Zeit über ein Jahrtausend hinweg tradiert, in den (lateinisch-)sprachlichen Fächern des »Triviums«, Grammatik, Rhetorik und Dialektik, und den mathematischen Fächern des »Quadriviums«, Arithmetik, Geometrie, Musiktheorie und Astronomie. Diese »artes liberales«, die »freien Künste« des gebildeten Mannes, waren die Grundlage für das Studium der Theologie, der Jurisprudenz oder der Medizin. Die Fächer wurden nacheinander durchlaufen. Jede »Klasse« hatte ihr Pensum. Wer es erledigt hatte, rückte in die nächste auf. Der Schüler war jeweils nur mit einem Lehrgegenstand beschäftigt und konnte sich ihm schon der Ermüdung wegen immer nur wenige Stunden am Tage widmen. Lehrgang und Lehrplan wurden noch nicht unterschieden, die Frage der verfügbaren Zeit blieb Sorge des einzelnen.
Mit der beginnenden *Neuzeit* nahm das Interesse an Bildung in weiteren Kreisen zu. Noch beherrschte der Humanismus mit seiner Bevorzugung der alten Sprachen das

Feld; erst mit der Reformation wurde die Religion zum ausdrücklichen Lehrfach der Schulen, und ganz langsam gewann auch die Muttersprache schulische Wertschätzung und Pflege. Hinzu kam die Neigung des neuen, rationalen Geistes nach Ordnung, Regelung, Planung. Die genauere Einteilung der Schüler in »Klassen« mit festgelegten »Pensen« sollte den Lernfortschritt besser kontrollierbar machen. In Begriffen wie »ratio studiorum, ratio institutionis, ordo discendi, formula, tabulae scholasticae, series lectionum« u. ä. spiegelte sich dieses Ordnungsstreben (Dolch 1971, 219).

Es erschien nun immer weniger zweckmäßig, die Fülle der Inhalte nacheinander zu behandeln. So begann man, sie *nebeneinander* zu lehren. Neuerer versprachen sich davon mehr Abwechslung, regeres Interesse, geringere Ermüdung und eine bessere Nutzung des Schultages. Traditionalisten befürchteten, das Nebeneinander der Fächer werde den Geist verwirren und der Konzentration schaden. Damit war ein Problem aufgeworfen, das die Lehrplanfrage seither durchzieht und heute aktueller ist denn je.

Praktisch galt das vorerst nur für die »lateinische« Schule. Die »deutschen« Schulmeister in den Städten vermittelten den Kindern der Kaufleute und Handwerker Lesen, Schreiben und, wenn es hoch kam ein wenig Rechnen. Sie hatten noch kein Lehrplanproblem. Aber mit der Idee, daß alle Menschen des Volkes nicht nur schulischen Religionsunterricht erhalten, sondern auch die Bibel selbst lesen können sollten, begann es auch für die »niedere Schule« bedeutsam zu werden.

In der Vision des *Comenius* um die Mitte des 17. Jahrhunderts wurde diese Idee zum ausgearbeiteten, wenn auch damals noch utopischen Programm: »omnes omnia omnino«, alle sollen alles lernen, im wohl überlegten Nebeneinander einer Vielzahl von Fächern, im systematischen Aufbau vom Einfachen zum Schwierigen, im gleichmäßigen Voranschreiten der Schüler von einer Jahrgangsklasse zur anderen, gewährleistet durch die rationelle, das Lernen erleichternde »naturgemäße« Methode. Es war der Lehrplan einer »Gesamtschule«, wie er in unseren Tagen mehr und mehr Wirklichkeit geworden ist – mit seinen Vorzügen und seinen Schwächen.


## 5.2.2 Das Werden der öffentlichen Schulen und ihrer Lehrpläne

### a) Volksschule

Die wohlwollenden unter den absoluten *Fürsten*, die sich brauchbare und gottesfürchtige Untertanen wünschten, die Schulpflicht verkündeten, wenn auch nur äußerst langsam durchsetzten, nahmen auch Einfluß auf die Lehrpläne. Der berühmte »Schulmethodus« des Herzogs Ernst von Gotha aus dem Jahre 1642, eine der frühesten und umfassendsten Schulordnungen, war neben dem Lesen, Schreiben und

Rechnen ganz von der Religionslehre – Katechismus, Evangelien, Episteln, Psalmen, Sprüche, Kirchenlieder, Sonntagspredigt – beherrscht. Immerhin hatten schon »natürliche und andere nützliche Wissenschaften« einen bescheidenen Platz, ein wenig Meßkunst, Himmel-, Erd-, Natur-, Bürger-, Wirtschaftskunde und Historie. Die Kinder der Unter-, Mittel- und Oberklasse, in der Regel im gleichen Raum von einem Lehrer unterrichtet, erhielten unterschiedliche Inhalte zugewiesen. Bis ins kleinste gehende Anweisungen sagten den – jämmerlich vorgebildeten – Lehrern, was im einzelnen zu tun sei.

Es ging nur langsam voran, und weit bis ins 18. Jahrhundert bestand der Lehrplan in nicht viel mehr als Lesen und Schreiben, ein wenig Rechnen und sehr viel Religion. Einen enormen Schub bewirkte die *Aufklärung*, zunächst in den besseren städtischen Schulen. Gemeinnützige Realien, praktische Künste und auch die Muttersprache zogen, wenn auch zunächst nur bescheiden, nun wirklich in die Schulen ein. Getragen wurde die Bewegung vom aufstrebenden Bürgertum, befördert und oft angestoßen durch die Fürsten, freilich meist mit unzureichenden Mitteln.

Die Entwicklung im 19. *Jahrhundert* führte, wenn auch nicht geradlinig, aufwärts. Im Geiste Pestalozzis bemühte man sich um eine methodisch aufbauende, allseitige Grundbildung. Mit dem nationalen Gedanken drängten Heimatkunde, vaterländische Geschichte, deutsches Schrifttum und Volkslied in die Lehrpläne. Einen Rückschlag gab es nach der gescheiterten Revolution von 1848. Die Obrigkeit suchte die Schuld am unruhigen Geist des Volkes in einer zu weit getriebenen Volksbildung und wollte durch Beschränkung auf Lesen, Schreiben, Rechnen und Religion die Bindung an Thron und Altar wieder festigen, am drastischsten wohl in den berühmt-berüchtigten Stiehlschen Regulativen aus dem Jahre 1854 für die Volksschulen und die Lehrerbildung in Preußen, mehr oder weniger stark auch in anderen deutschen Ländern.

Nicht lange ließ sich diese reaktionäre Politik durchhalten. In den »Allgemeinen Bestimmungen über Einrichtung, Aufgabe und Ziel der Preußischen Volksschule« aus dem Jahre 1872 erhielten die Realienfächer Geschichte, Geographie, Naturbeschreibung und Naturlehre, dazu auch Zeichnen, Singen, Turnen und weibliche Handarbeit einen festen Platz. Damit war der Weg für einen raschen Ausbau der Volksschule bis in die Mitte unseres Jahrhunderts vorgezeichnet. Schon aber zeigte sich wieder die Gefahr der stofflichen Überladung. Die »Normallehrpläne« jener Zeit enthielten detaillierte Stoffangaben, die aus heutiger Sicht oft überzogen wirken.

Den Schulreformern zu Beginn *unseres Jahrhunderts* gefielen solche Lehrpläne nicht. Sie beklagten die heillose Zersplitterung der Stoffe und das Fehlen einer inneren Mitte, sie wollten stärker auf kindliche Interessen ein- bzw. von ihnen ausgehen und empfanden die detaillierten Vorschriften als unwürdige Einengung ihrer pädagogischen Freiheit.

Die »Rahmenlehrpläne« der zwanziger Jahre kamen dem neuen Geiste entgegen. Sie enthielten eine ausführliche pädagogische Begründung der schulischen Bildungsaufgabe nebst Empfehlungen für die Methodik der einzelnen Fächer, aber nur relativ allgemeine Angaben über die zu behandelnden Stoffgebiete zur Auslegung nach dem Ermessen der Lehrer. Dieser Lehrplantyp bestimmte noch bis in die sechziger Jahre als »Bildungspläne« oder »Richtlinien« die Arbeit in den Schulen. Tüchtige Lehrer freuten sich der zugestandenen Entscheidung und arbeiteten um so selbständiger und besser, andere nützten die Freiheit aber auch zur Pflege persönlicher Vorlieben – oder überließen sich der Führung durch methodische Handliteratur und Schulbücher. (Lit. Dörpfeld 1873; Kerschensteiner 1899; W. Flitner 1941; Dietrich / Klink 1972)

## b) Gymnasium

Das Gymnasium, über Jahrhunderte hinweg der altsprachlichen Bildungstradition verpflichtet, gewann ein neues, vertieftes Selbstverständnis mit dem Neuhumanismus. Unter dem Einfluß der deutschen Klassik, Wilhelm v. Humboldts und anderer setzte es sich vom Nützlichkeitsdenken der Aufklärung ab. Zuerst gelte es, »Menschen zu bilden«, ehe man sie in das bürgerliche Leben mit seinen einengenden Ansprüchen entlasse. Allgemeinbildung dürfe nicht durch das Streben nach späterer Zweckmäßigkeit verunreinigt werden. »An wenigen würdigen Stoffen bildet den Knaben mir, euer Beruf ist erfüllt, wenn er zu lernen gelernt« mahnte Geibel die Lehrer. Diese »wenigen würdigen Stoffe« glaubte man immer noch und wieder neu in den klassischen Sprachen, der Mathematik, der Philosophie und der Geschichte zu finden. Sie waren Inhalt und Maßstab höherer Bildung, Voraussetzung für die Zulassung zur Universität, und sie wurden mehr und mehr zum Kennzeichen eines sich von den unteren Schichten absetzenden Bildungsbürgertums. Die Konzentration auf wenige Fächer verhinderte nicht, daß schon früh heftige Klagen über die Überbürdung der Schüler einsetzten und nie voll verstummten (vgl. 2.3.5).
Naturwissenschaft und Technik, politische Ausweitung und Welthandel ließen diesen Kanon immer fragwürdiger werden. Realien und moderne Sprachen forderten ihr Recht und erhielten es vorerst nur in den Real- und später Oberrealschulen. Zäh verteidigte das humanistische Gymnasium sein Privileg, erst ab 1900 durften auch die Oberrealschule und das Realgymnasium die allgemeine Hochschulreife verleihen. Nur zögernd wurden die Lehrpläne der höheren Mädchenschulen denen für die Knaben angeglichen.
Die Ansprüche weiterer Fächer bzw. Kulturgebiete konnten durch die Einrichtung immer neuer gymnasialer Zweige – neusprachlich, musisch, sozialwissenschaftlich ... – einigermaßen befriedigt werden. Diese bemühten sich, ihren jeweiligen Fächerkanon mit einer eigenen Bildungsidee zu begründen, bis die Einführung der Kollegstufe

solche Begründungen mehr oder weniger fragwürdig machte (vgl. 5.4.2 b; Lit. Paulsen 1896; Blättner 1960; Scheuerl 1970; Dolch 1971)

## c) Realschule

Nach Ansätzen in der Aufklärungszeit wuchs während des 19. Jahrhunderts das Bedürfnis nach einer »mittleren Bildung«, die über das dürftige Angebot der Volksschule hinausging, aber stärker auf lebenspraktische Bedürfnisse gerichtet war als das Gymnasium. Soziologisch gesehen war es die Schule des »Bürgertums«, der mittleren Verwaltungsbeamten, Kaufleute, Handwerksmeister, mittleren Führungskräfte in der Industrie. Inhaltlich bot sie statt des Lateins eine moderne Fremdsprache (früher Französisch, jetzt Englisch) als Pflichtfach, dazu eine weitere zur Wahl, und eine auf Anwendung zielende Mathematik. Sie betonte die Realien, insbesondere die Naturwissenschaften, und die praktischen Fächer. Anfänglich stark berufsbezogen und daher lokal unterschiedlich im Angebot, wandelte sie sich immer stärker zur allgemeinbildenden Schule mit dem Abschluß der »Mittleren Reife« und seinen Berechtigungen. Je mehr sie in unserer Zeit den Charakter einer Schule des »Mittelstandes« verliert, desto deutlicher treten zwei bestimmende Merkmale hervor: ein zwischen den beiden anderen Schulen liegender Schwierigkeitsgrad ihrer Anforderungen und eine mittlere Schuldauer, länger als die der Pflichtschule, kürzer als die des Gymnasiums. (Lit. Maskus 1966; Scheuerl 1970; Wollenweber 1979)

## 5.2.3 Die Jahre des »Curriculum«

### a) Programm

Die während der sechziger Jahre einsetzende, weltweite Bewegung der Bildungsreform erfaßte auch die Lehrpläne. In Deutschland gab den Anstoß dazu S. B. Robinsohns Schrift »Bildungsreform als Revision des Curriculum« (1967). Mit dem Titel wurde auch das Wort im deutschen Sprachraum wieder bekannt, und es avancierte in kürzester Zeit zum Merkwort einer radikalen Kritik an den bestehenden Lehrplänen und einer umfassenden Suche nach neuen Wegen. Der »Strukturplan« des Deutschen Bildungsrats beförderte diese Bewegung (1970).

Man kann Kritik und Forderungen unter diese Stichworte ordnen:

*Legitimierung des Verfahrens:* Man bemängelte, daß die Lehrpläne bisher hinter verschlossenen Türen erstellt worden seien, die Berufung der Berater wie auch die Kriterien der Stoffauswahl undurchsichtig blieben, die Lehrplanarbeit nicht dem Reflexionsstand der Wissenschaft entspreche. Zu fordern sei die Beteiligung möglichst vieler gesellschaftlicher Gruppen, Offenlegung der Entscheidungsprozesse, wissenschaftliche Begründung der Verfahrensweisen und Kriterien. Nur durch Demokratisierung und Objektivierung des Verfahrens könnten heutzutage Lehrplanforderungen legitimiert werden.

*Aktualisierung der Inhalte:* Die Lehrpläne entsprächen nicht den Forderungen der Zeit. Sie müßten von ungeprüft tradierten Stoffen befreit und auf einen zeitgemäßen Stand gebracht werden.

*Präzisierung der Aussagen:* Die Lehrpläne arbeiteten mit Leerformeln und pauschalen Aussagen und gäben so zu wenig Hilfe für ihre Umsetzung. Notwendig sei eine genaue Angabe der »Lernziele«, ihre »Operationalisierung« und »Hierarchisierung« mit Hilfe von »Taxonomien«. Auch sollten sie Angaben über Lehrmethoden, Medien, Lernerfolgskontrollen machen, um eine gleichmäßige Umsetzung durch alle Lehrer zu erreichen. Manche sahen das Ideal in ausgearbeiteten »Curriculum-Paketen«, die den Unterrichtserfolg unabhängig von den persönlichen Fähigkeiten und Schwächen der Lehrer garantieren könnten.

*Evaluation der Ergebnisse:* Lehrpläne würden zu wenig auf ihre tatsächliche Tauglichkeit überprüft, und wenn, dann auf unsystematische Weise. Notwendig sei eine regel- und planmäßige Bewährungskontrolle mit wissenschaftlichen Methoden. Die Rückmeldung der Ergebnisse müsse dann möglichst rasch zu einer Änderung führen. Überhaupt fordere der rasche Wandel der Zeit eine »permanente Revision« der Lehrpläne, ihre laufende Neuanpassung an die sich verändernden Bedingungen. (Lit. Robinsohn 1967; Blankertz 1969; Klafki 1970; Hacker 1979; Raschert 1974; 1977; Kaiser 1977; Rülcker 1976; Westphalen 1985; Hopmann 1988; Apel 1991)

## b) Verwirklichung

Das Programm löste ein außerordentlich breites und vielfältiges Bemühen aus. Wissenschaftler reflektierten über Methoden der Lehrplanerstellung, der Gewinnung von Lehrzielen, der Entscheidungsfindung; Kommissionen machten sich an die Revision der Lehrpläne, einige Bundesländer richteten eigene Institute zur Entwicklung von Lehrplänen und zur Fortbildung der Lehrer in diesen Fragen ein. Lehrerkollegien, insbesondere an den neugegründeten Gesamtschulen, wandten viel Zeit und Mühe bei dem Versuch auf, schulart- und ortseigene Pläne zu erstellen.

Die *Inhalte* änderten sich. Neue Fächer wie Arbeits- oder Wirtschaftslehre, Verkehrserziehung, Sexualkunde, Erziehungskunde, in jüngster Zeit Informatik kamen hinzu. Wenigstens eine Fremdsprache wurde für alle Schularten verpflichtend. Weit mehr neue Stoffe wurden allerdings aufgenommen als ausgeschieden, begründet mit der Notwendigkeit einer allgemeinen Hebung des Bildungsniveaus und der Förderung von Chancengleichheit für bisher benachteiligte Gruppen. Die lange Zeit gültige Idee, daß die Volksschule eine eigenständige »volkstümliche Bildung« von anderer

Art, aber gleichem Rang wie die »wissenschaftliche« Bildung der Gymnasien zu vermitteln habe, wurde verworfen (5.4.2 a). Der Unterricht aller Schularten habe sich in Inhalt und Methode an den Wissenschaften zu orientieren. Das alles führte zu einer Vermehrung, oft auch Erschwerung der Inhalte, zum Teil auch zu ihrer Vorverlegung auf frühere Jahrgänge (vgl. 5.4.1).

Am auffälligsten änderte sich die *Form der Lehrpläne*. Statt grober Angaben von Themengebieten gab es nun lange Listen von Lehrzielen, mehr oder weniger operationalisiert, nach Dimensionen unterschieden, nach dem Allgemeinheitsgrad hierarchisiert, durch Empfehlungen für Methoden und Erfolgskontrollen ergänzt.

Zwei Beispiele zum gleichen Thema sollen für diesen Typ von Lehrplänen stehen und den Unterschied gegenüber früher verdeutlichen. Es geht um das Thema »Winkel« in der Raumlehre. In der »Lehrordnung für die Bayerischen Volksschulen« aus dem Jahre 1926, die von einem gemäßigt reformpädagogischen Denken geprägt war, lautete das für den 8. Schülerjahrgang Knaben so:

4. Flächen- und Körperbetrachtungen. Berechnungen hierzu:
   a) Winkel, Kreis, Kreisbogen, Kreisausschnitt, Kreisring. Das regelmäßige Drei-, Vier- und Sechseck.
   b) Prisma, Zylinder; Pyramide, Kegel; Kugel.

Die »Rahmenrichtlinien« des hessischen Kultusministers für die Sekundarstufe I aus dem Jahre 1973 bemühten sich demgegenüber um konsequente Operationalisierung.

## 9.1 Winkel und Winkelmessung

(1) Wissen, daß zwei von einem Punkt ausgehende Halbgeraden die Ebene in zwei Gebiete zerlegen
    *Siehe Anmerkung zu Abschnitt 3.1*

**(2) Einen Winkel als (abgeschlossenes) Gebiet auffassen, das durch zwei Halbgeraden mit demselben Anfangspunkt begrenzt wird**

*(3) Wissen, daß ein Winkel eine achsensymmetrische Figur ist

(4) Wissen, daß ein Winkel eine Punktmenge ist

**(5) Erkennen, daß jeder Winkel Schnittmenge bzw. Vereinigungsmenge von zwei Halbebenen ist

**(6) Die Begriffe »Scheitelpunkt" und „Schenkel" kennen und gebrauchen können**

(7) Wissen, daß zwei Halbgeraden mit demselben Anfangspunkt zwei Winkel festlegen

**(8) Einen Winkel kennzeichnen können**
    *Möglichkeiten der Kennzeichnung:*
    *Kreisbogen, griechischer Buchstabe, Schraffur, Färbung*

*(9) Für vorgegebene Halbgeraden mit demselben Anfangspunkt sämtliche Winkel angeben können

(10) **Den Zusammenhang kennen zwischen einem Winkel und einer entsprechenden Drehung einer Halbgeraden um den Anfangspunkt**

(11) Angeben können, in welchem Zusammenhang in der Umwelt Winkel vorkommen

(12) Winkel hinsichtlich ihrer Größe vergleichen können
  *Möglichkeit einer Klasseneinteilung*

(usw. bis Ziff. 23)

So schwoll auch der äußere Umfang der Lehrpläne an. Wo früher eine schmale
Broschüre ausgereicht hatte, bedurfte es nun dickleibiger Bände.

Curriculumrevision als Teil einer allgemeinen Bildungsreform war ein *weltweites
Anliegen*. Erwähnt sei hier nur die DDR. Auch dort überarbeitete man die – vorher
maßlos stofforientierten – Lehrpläne und gab ihnen eine zweckmäßigere Form. Man
vermied allerdings den Modeausdruck »Curriculum« und sprach von »präzisierten
Lehrplänen«. Dieser Ausdruck war recht glücklich gewählt. Er besagt genau das, was
mit der ganzen Bewegung angestrebt war, und so sollten wir das Wort Curriculum
heute verstehen: als Merkwort für einen bestimmten Typ von Lehrplänen insbesondere der siebziger Jahre, die einem bestimmten »Rationalitätsstandard der Produkte
und der zu ihnen führenden Prozesse« genügen (Rülcker 1976, 58).

## c) Probleme

Die hoch gesteckten Hoffnungen erfüllten sich nicht, nach wenigen Jahren kehrte
Ernüchterung ein. *Theoretische Überlegungen* bewegten sich im Elfenbeinturm der
Gelehrsamkeit, fern von den gesellschaftlichen und schulischen Problemen; Theorieansätze standen unkoordiniert nebeneinander und verloren so bald an Beachtung und
Wirkung. *Politischer Handlungsdruck* erforderte rasche Lösungen, und so kehrten
die Schulbehörden bald zu rationelleren Verfahren zurück, die den hohen Ansprüchen an Transparenz und Rationalität nicht voll entsprachen.

Die neuen Lehrpläne wurden nicht von allen *Lehrern* mit Begeisterung aufgenommen. Man empfand sie als von oben auferlegt, verstand ihre Anliegen nicht immer und
führte sie dementsprechend mit wenig Überzeugung aus – oder kümmerte sich
überhaupt wenig um sie.

Die *Menge neuer Inhalte* in oft schwieriger, »wissenschaftlich« gemeinter Formulierung führte zu Klagen über Stofffülle, Überforderung der Schüler, mangelnde Lernbereitschaft. Man hatte die Steigerbarkeit menschlichen Lernvermögens zu hoch eingeschätzt.

Die *umfänglichen Lehrpläne* waren kaum mehr zu überblicken. Lange Lernziellisten,
dilettantische Verwendung der Taxonomien, sprachlich gequälte, stereotype Lern-
zielformulierungen machten sie unerfreulich zu lesen.

Die *allzu präzisen Vorgaben* nahmen keine Rücksicht auf örtliche Besonderheiten, ließen sich daher oft nicht durchführen und wurden mehr als Fessel denn als Hilfe empfunden.

Auch fragte man sich, warum die nun endlich akademisch gebildeten Lehrer so viel genauere Vorschriften nötig haben sollten als frühere Lehrergenerationen mit Seminarausbildung.

### d) »Offene Curricula«

Die wachsende Unzufriedenheit mit den starren Curricula »von oben« führte um die Mitte der siebziger Jahre zum Ruf nach »praxisnaher Curriculumentwicklung«, die vor Ort durch die Betroffenen geschehen sollte, und »offenen Curricula« mit weitem Freiraum für Lehrer und Schüler. (Lit. Deutscher Bildungsrat 1974; Warwick/ Winkel 1975; Brinkmann 1975; Schmack 1978)

Man versprach sich bessere Anpassung an die Situation, verstärkte Zusammenarbeit in den Lehrerkollegien, erhöhte Bereitschaft zur Verwirklichung der gemeinsam erarbeiteten Ziele.

Vielerorts, insbesondere an den neu gegründeten Gesamtschulen, machte man sich an die Arbeit. Viel Mühe wurde investiert, eine Reihe von Verbesserungen erreicht, aber auch hier waren die Erfahrungen nicht nur positiv:

Die Arbeit erwies sich als starke Belastung, wenn nicht Überforderung der Kollegien. Manche Grundsatzfragen blieben undurchdacht, die pädagogisch-didaktische Qualität der Pläne war oft gering. Die Ergebnisse blieben von lokaler Bedeutung, die Einheitlichkeit des Bildungsangebots drohte verloren zu gehen, eine längerfristige Planung für größere Regionen wurde erschwert.

Eigentlich stellte die Bezeichnung »offene Curricula« einen Widerspruch in sich selbst dar, wenn man unserer obigen Bestimmung des Curriculums als eines »präzisierten Lehrplans« zustimmt. Aber auch bei geringerer begrifflicher Strenge erwies sich der Begriff der »Offenheit« als ein sehr unterschiedlich gebrauchtes, wertbesetztes Schlagwort für eine allgemeine Tendenz des Widerstands gegen enge Festlegung der Unterrichtsarbeit – eine Tendenz, die aus der damaligen Situation verständlich, vielleicht sogar notwendig war, die aber selbst wieder einseitig zu werden drohte. (Lit. Lenzen 1976; Brügelmann 1976; Nehles 1981; vgl. 3.2.7. g. u. h.)

Im Gegensatz zu den Bestrebungen um Offenheit gab es um die gleiche Zeit vor allem bei Verfassungsjuristen die Auffassung, die »wesentlichen« Entscheidungen über Lehrplanfragen dürften nicht von den Kultusverwaltungen, sondern nur auf dem Gesetzeswege durch die Parlamente getroffen werden. Dies würde freilich zu einer noch stärkeren Politisierung des Streits um die Inhalte führen und eine Revision der Lehrpläne erschweren. Bisher hat sich diese Auffassung auch kaum durchgesetzt. (Lit. Nevermann 1977)

## e) Stand der Diskussion

Nachdem Überschwang und Einseitigkeiten überwunden sind, läßt sich als *bleibendes Ergebnis der Curriculumbewegung* festhalten:
- Sie hat zwar in vielem zu viel versprochen, aber doch ein starkes Interesse der Öffentlichkeit an der Lehrplanfrage geweckt.
- Sie hat bewirkt, daß Teilfragen der Lehrplanerstellung – Legitimierung, Partizipation, Institutionalisierung, Objektivierung, Darstellungsform – gründlicher durchdacht und vielfältig erprobt und daß Maßstäbe gewonnen wurden, hinter die man nicht mehr zurückfallen sollte.
- Sie hat die Revision der Inhalte beschleunigt, wenn auch insgesamt zu ihrer Ausweitung geführt.

Im wesentlichen beschränkte sie sich aber auf *Verfahrensfragen.* Grundsätzliche und wichtigere Probleme der Lehrplantheorie, wie sie oben (5.1) aufgezählt wurden, blieben außerhalb des Blickfeldes. Erst in den achtziger Jahren hat hier eine Neubesinnung eingesetzt, die sich wieder stärker der Frage zuwendet, was »Bildung« überhaupt sei, wie sie in unserer Zeit aussehen solle und welche Rolle die Inhalte in ihr zu spielen hätten. (Lit. Lütgert 1985; Zimmermann 1986; Menze 1970; Klafki 1985; Tenorth 1986; Heid/Herrlitz 1987; Schorch 1988; Klafki 1993; Glöckel 1993a).

Die *neueren Lehrpläne* für die öffentlichen Schulen spiegeln diesen Diskussionsstand wider. Der Prozeß ihres Zustandekommens entspricht nicht allen Forderungen der Partizipation, er erfolgt aber doch unter Einbezug einer breiteren Öffentlichkeit, mit mehr Transparenz und unter stärkerer Bewußtheit der Verfahrensprobleme. Die Lehrziellisten erscheinen weniger detailliert in schlichteren Formulierungen. Es gibt verbindliche Vorgaben, aber Freiräume sind ausdrücklich vorgesehen. So geben die Pläne mehr Anweisungen, aber auch mehr Hilfen als früher, ohne die Lehrer allzu sehr zu gängeln. Freilich leiden sie allesamt unter den ungelösten Grundfragen der Lehrplantheorie und -praxis, der scheinbar willkürlichen Zusammenstellung der Fächer, ihrem mangelnden Zusammenhang, einer nicht zu bewältigenden und noch weiter wachsenden Stoffülle. Den wichtigsten dieser ungelösten Fragen wenden wir uns nun in systematischer Betrachtung zu – um vielleicht zu entdecken, daß sie unlösbar sind, aber doch besser zu verstehen, warum das so ist.

## 5.3 Für und wider die Schulfächer

Unterricht in der Schule und auch anderswo findet in *Fächern* statt. So selbstverständlich scheint dieses Ordnungsprinzip, daß es von Laien kaum in Frage gestellt wird. Die Fächer geben ja nicht nur den Inhalten ihren Ort, sie ordnen die Lernzeit mittels des Stundenplans, den Raum durch die Einrichtung von Fachräumen, die Produktion von Schulbüchern und anderen Lernmitteln, die Zusammensetzung von Lehrerkollegien, die Ausbildung und Einstellung der Lehrer, die Etablierung von Fachdidaktiken in den Universitäten, nicht zuletzt die Prüfungen und Berechtigungen auf allen Ebenen. Über sie definieren sich »Fachleute«, denen man Kompetenz zuschreibt und abfordert, gegenüber »Laien«, die ihr Unvermögen zugeben oder harmlos dilettieren dürfen, nach ihnen formieren sich Interessengruppen im Ringen um Gewicht und Prestige des Faches gegenüber konkurrierenden Ansprüchen, in der Sorge für den Nachwuchs, der das Fach am Leben erhält ... Nicht zuletzt deswegen sind Fächer etwas sehr Dauerhaftes (Konrad 1976, 72 ff.; Künzli 1981, 25 ff.).
So notwendig eine solche Ordnungsfunktion sein mag, sie ist auch *bedenklich*. Der wohlgeordnete Schrank mit seinen sauber beschrifteten Schubfächern kann auch darüber hinwegtäuschen, daß die Wirklichkeit gar nicht so schön geordnet ist. Neue Fächer finden nur schwer einen Platz. Dinge, für die es keine eindeutigen Schubladen gibt, bleiben draußen, obwohl sie vielleicht wichtig sind. So haben wir Anlaß, auch die Fächerung als Ordnungsprinzip des Unterrichts kritisch zu prüfen.

### 5.3.1 Das Ungenügen am Fächerkanon

#### Lückenhaftigkeit

Wenn man von einem »Kanon« spricht, so denkt man an etwas in sich Ausgewogenes, Gültiges, Gesichertes. Auch die Schulen haben ihren *Fächerkanon*, weithin anerkannt und wohl auch bewährt in dem, was er enthält. Aber er enthält vieles nicht. So lebenswichtige Bereiche wie Medizin oder Recht fehlen fast ganz, Wirtschaft und Technik, Psychologie und Erziehung stehen allenfalls am Rande. Im Zeitalter der Raumfahrt fehlt (hierzulande, nicht früher in der DDR) die Astronomie. Alte und westliche neue Sprachen dominieren, das Russische spielt kaum eine Rolle, obwohl schlimmste Fehler deutscher Politik durch die Unkenntnis der slawischen Völker und ihrer Sprachen begünstigt wurden, usf. Wie erklären sich solche Unausgewogenheiten?

## Historische Bedingtheit

Sie lassen sich nur aus ihrem Werden verstehen. Jedes der Fächer ist in einer bestimmten *geschichtlichen Situation* aufgenommen worden, als Antwort auf einen empfundenen Mangel, vertreten durch Gruppen von Befürwortern, meist in hartem Ringen mit den Verteidigern des Hergebrachten. Diese historische Bedingtheit des Fächerkanons ist ein Faktum. Läßt er sich aber damit auch rechtfertigen? Ist die Tatsache, daß etwas historisch geworden ist, schon ausreichender Grund dafür, daß es weiter so bleiben soll? Deswegen muß dem historischen Werdegang die *systematisch-theoretische Frage* entgegengesetzt werden, wie ein Lehrplan aussehen müsse, der den Interessen aller Beteiligten, sowohl des jungen Menschen wie auch der Gesellschaft, am besten gerecht wird. Es gab und gibt viele Versuche, die Lehrfächer systematisch zu ordnen, sei es, um die Stimmigkeit des »Kanons« zu belegen, sei es, um seine Fragwürdigkeit darzutun.

## Schulfächer und Wissenschaften

Allzu einfach machen es sich diejenigen, die in den Schulfächern nur eine Ableitung der Universitätsfächer sehen, in Geistes- Natur- und Gesellschaftswissenschaften gegliedert. Daran stimmt vieles nicht (s. a. 3.2.9 d).

Zunächst ist eine solche Einteilung der Wissenschaften angesichts der kaum überschaubaren Vielfalt und des ständigen Wandels von Fächern und Methoden viel zu grob. Auch haben wir schon gesehen, daß ganze Fakultäten der Universität unberücksichtigt bleiben. Aber auch bei den bestehenden Schulfächern ist die Zuordnung zu oder gar die Ableitung von einzelnen Wissenschaften höchst fragwürdig.

Religionsunterricht dient gewiß nicht der Vorbereitung auf das Studium der Theologie. Alte Sprachen wurden in den Schulen gelehrt, längst ehe es eine Philologie an der Universität gab, und wo sie dieser zugeordnet wurden, war das eine Notlösung angesichts des Funktionsverlustes dieser Sprachen. Gerechnet wurde in den Schulen zu praktisch-ökonomischen Zwecken, als man noch nicht daran dachte, dies von der Wissenschaft der Mathematik her begründen zu müssen. Was der Deutschunterricht zu leisten hat, wird von der Germanistik als Wissenschaft nur teilweise getroffen. Geographie gab es an der Schule früher als an der Universität, und Geschichte kam herein, um Vaterlandsliebe und Fürstenverehrung zu befördern. In Musik-, Kunst- und Leibeserziehung geht es primär um ein Erleben und Können, das erst sekundär einige Klärung von den entsprechenden Wissenschaften erfahren kann. Diese Fächer würden ihr Eigenstes aufgeben, wenn sie sich als »Wissenschaften« verstünden, und sie sollten daher den Namen »musische Fächer« mit Überzeugung tragen. Sozialkunde geht nicht in Soziologie und Politologie auf, dem Schulfach Biologie entspricht eine ganze Reihe von Einzelwissenschaften, und die Arbeitslehre sucht heute noch nach ihrer Bezugswissenschaft an der Universität.

Wer das weiß, gewinnt die nötige Unbefangenheit gegenüber einem unreflektierten Herrschaftsanspruch der Einzelwissenschaften, der freilich durch die Ausbildungs- und Prüfungsordnungen gestärkt wird. Er verfällt auch nicht dem Irrtum einer »Abbild-Didaktik«, die das Schulfach nur als Propädeutik auf das Studium der jeweiligen Wissenschaft mißversteht und ihre Aufgabe allein in der Herabtransformierung des jeweiligen Wissensstandes der Universitätsfächer auf die Fassungskraft von Schülern sieht. (Lit. Blättner 1960, 391 ff.; Kramp 1963; Weniger 1952, 24 ff.; Flitner 1965; Schmitz 1977; Reble 1979; Beckmann 1978, 1981; Beckmann/Fischer 1990)

## Versuche pädagogischer Sinngebung

Solcher historisch und didaktisch naiven Auffassung gegenüber gab es immer wieder Versuche, den Fächerkanon pädagogisch zu begründen.

Die *Herbartianer* unterschieden »Idealien« (Religion, Geschichte, Literatur), »Realien« (Erd- und Naturkunde) und »Formalien« (Sprach-, Meß- und Formenkunde). Die ersteren erhielten als erziehlich bedeutsame »Gesinnungsfächer« das Übergewicht – ganz im Gegensatz zu Herbart, der die Interessen der »Erkenntnis« und der »Teilnahme« noch in Ausgewogenheit sehen wollte.

*Dörpfeld* (1873) teilte ein in »Sachunterricht« (Naturkunde, Menschenkunde in Gegenwart und Vergangenheit, Religion), »Sprachunterricht« (Reden, Lesen, Schreiben) und »Formunterricht« (Rechnen, Zeichnen, Gesang). Er vermied die einseitige Gesinnungsbetonung, aber seine letzte Kategorie sieht sehr heterogen aus.

*Kopp* stellt den Unterricht unter fünf »Sinnprinzipien«: das lebenspraktische – das theoretische – das ästhetische – das sittliche – das religiöse (1974, 20 ff.). Diese liegen quer zu den Unterrichtsfächern und bewahren vor ihrer kurzschlüssigen Zuordnung zu einem einzigen Zweck. Aber gerade deswegen eignen sie sich kaum als Einteilungsprinzipien.

*Haarmann* weist den Sprachen und der Mathematik als den »Symbolsystemen« einen besonderen Rang gegenüber den »Wissenssystemen« und den »künstlerisch-technischen Fertigkeiten« zu (1971). Darauf werden wir noch zurückkommen (5.4.2 d).

Keine dieser Einteilungen geht glatt auf, jede hat ihre Lücken oder Gewaltsamkeiten. Das kann nicht anders sein, weil die Fächer historisch, im »Ringen der geistigen Mächte« (Weniger 1930) bzw. der gesellschaftlichen Gruppen entstanden sind und auch weiter entstehen oder verschwinden werden. Damit sind solche Systematisierungsversuche nicht nutzlos. Sie stellen scheinbar Selbstverständliches in Frage, machen Defizite deutlich und können so selbst zu Faktoren des Wandels werden. Sie schärfen das pädagogische Gewissen dafür, daß kein Bereich der Kultur und keine Seite der Person ganz vernachlässigt, daß eine vielseitige und harmonische Entfaltung des Menschen in »anthropologischer Vollständigkeit« angestrebt werde.

## Kritik an der Fächerung

Bisher ist immer vorausgesetzt worden, daß die Fächer überhaupt notwendig seien. Die große Revolte gegen sie kam mit der Schulreformbewegung, zwar nicht bei allen ihren Vertretern, aber doch bei vielen mit unterschiedlichen Begründungen und Vorschlägen. In einer Zeit, die nach Zusammenschau und philosophischer Gesamtdeutung suchte, erhielten solche Bestrebungen oft einen weltanschaulichen Akzent.

Dies waren die Hauptvorwürfe gegen die Fächerung:

– Sie sei nicht *kindgemäß*; das Kind fasse »ganzheitlich« nach Lebensbedeutsamkeiten auf, künstlich gezogene Fächergrenzen könnten ihm nichts bedeuten.
– Sie sei *lebensfern*, zerteile gewaltsam das »organische« Leben, isoliere die Sachverhalte aus der immer »ganzheitlichen« Situation.
– Sie fördere das fachbezogene und -egoistische Denken und trage die Hauptschuld an der *Stoffüberfülle*.
– Sie bewirke die *Zersplitterung des Geistes*, statt seiner Sammlung zu dienen.

Ehe wir auf diese Vorwürfe eingehen, wollen wir zunächst die Versuche einer Überwindung der Fächer oder ihrer besseren Verknüpfung betrachten. Die dabei gemachten Erfahrungen werden uns zu einem gerechteren Urteil verhelfen.

### 5.3.2 Das Bemühen um Konzentration der Lehrinhalte

Mit der Zunahme der Fächer und Stoffe verstärkte sich die Sorge, daß die Vielfalt der Gegenstände in ihrem unverbundenen Nebeneinander der Vertiefung in das Wesentliche und der Einheit der Bildung schaden könne. O. Willmann klagte (1888): »Für den Schüler ist allermeist der Bücherriemen das einzige Band, welches für ihn die Lehrfächer zusammenhält. Es zeigt sich darin der Atomismus, der im Lehrbetrieb Platz gegriffen hat, welcher vermeint, durch bloßes Zusammenlegen und Anhäufen so zu bilden, durch mechanisches Nebeneinander ein lebendiges Ganzes herstellen zu können« (1957, 423). Etwa seit der Mitte des vorigen Jahrhunderts war die Überwindung dieser Zersplitterung unter dem Leitwort »Konzentration der Lehrinhalte« ein Daueranliegen der Pädagogen. Seitdem hat das Wort eine doppelte Bedeutung: Als *didaktische Konzentration* meint es die Suche nach dem inneren Zusammenhang der Inhalte auf der Lehrplanebene. Diese soll die *Konzentration des Lernenden* im psychologischen Sinne fördern, aber über den unmittelbaren Lernvollzug hinaus auch seine geistige Sammlung und die innere Einheit des Gelernten fördern. In jüngster Zeit spricht man auch, von ökologischen Denkweisen beeinflußt, gern von »Vernetzung«. (Lit. Richter 1865; Ziller 1884; Willmann 1888; Eggersdorfer 1928; Haarmann 1970; Schwenk 1974; Aebli 1983)

Die Vielfalt von Ansätzen läßt sich unter eine Reihe von Merkworten ordnen, die zum größeren Teil nicht von den Urhebern der Vorschläge, sondern nachträglich geprägt wurden.

## a) »Längen-Konzentration« in Zeitblöcken

*Begründung*

Die Fächer bleiben bestehen, aber abwechselnd tritt jeweils eines von ihnen für eine »Epoche« oder Periode von einigen Tagen oder Wochen in den Mittelpunkt, und zwar so, daß ihm wenigstens eine, besser noch mehrere Stunden pro Tag gewidmet werden, um nach Ablauf dieser Periode einem anderen Platz zu machen. Man kann so konzentrierter und rationeller planen, eine größere Vielfalt anspruchsvollerer Methoden und Formen einsetzen, bei der Sache bleiben, sich gründlich in sie vertiefen, etwas Begonnenes auch wirklich fertig machen.

Die Idee ist alles andere als neu. Schon Ratke und Comenius wollten »immer nur eines auf einmal« lehren. Herbart meinte (1841): »Zwei Stunden in der Woche für dieses, und zwei Stunden für jenes, jede durch zwei oder drei Tage getrennt, ist eine alte eingewurzelte Verkehrtheit, bei der kein Zusammenhang des Vortrags gedeihen kann.« – »Man sollte doch wissen, daß unter allen äußeren Bedingungen eines eindringlichen Unterrichts diese die erste und unerläßlichste ist: dem nämlichen Studium täglich eine Lehrstunde zu widmen! Aber freilich, die Masse will Platz haben ...« (1965 III, 215; II, 95) Weitere führende Pädagogen, vor allem der Volksschule, vertraten die gleiche Auffassung. (Lit. Bentzien 1964; Odenbach 1966)

*Verwirklichung*

»Epochenunterricht« bestimmt die Arbeit an den Waldorfschulen. An Berufsschulen gibt es den »Blockunterricht«, die Zusammenfassung der Berufsschultage auf mehrere Perioden im Wechsel mit der betrieblichen Ausbildung, hier vorwiegend aus organisatorischen Gründen, aber auch mit didaktischen Folgen. Einen festen Platz hat der »Epochalunterricht« vor allem in den Volksschulen, und hier insbesondere für den Sachunterricht. Aber auch im Deutschunterricht empfiehlt es sich, den Teilgebieten wie Lektüre, schriftlicher Ausdruck, Rechtschreiben usw. jeweils mehrere Stunden nacheinander zu widmen, und gleiches gilt für die Disziplinen des Sportunterrichts. Man schlägt mehrmals in die gleiche Kerbe und erreicht einen Lernfortschritt, der auch gesichert werden kann. Für thematisches Arbeiten, Projekte, exemplarische Vertiefung ist zeitliche Konzentration unerläßlich.

*Für und Wider*

Wenn die Epochen *zu lange dauern*, kann das Interesse erlahmen. Sie sollten, in Abhängigkeit vom Alter der Schüler und vom Thema, nicht mehr als zwei, höchstens drei Wochen umfassen. Vordergründig ist hingegen das Argument, die *»Kontinuität«* gehe verloren, und die Schüler würden »zu viel vergessen«. Auch im herkömmlichen Betrieb nach dem kleingestückelten Stundenplan ist die Kontinuität oft nur eine scheinbare, und was das Vergessen anlangt, so ist doch eher zu erwarten, daß gründlichere Vertiefung ein besseres Behalten bewirkt als oberflächliches Antippen. Auch ist es kein wirkliches Vergessen.

Darauf setzt die Waldorfschule bewußt: »Dieses Vorgehen, das mit Entwicklungsprozessen rechnet, setzt die Zeit als helfenden, nicht als drängenden Faktor ein. Dabei spielen Rechenepochen, die für den Schreib-Lese-Unterricht Vergessenszeiten sind, eine nicht geringe Rolle. Der Wechsel zwischen Gegenwärtighaben und Vergessen ist ebenso gesund wie der von Tag und Nacht, von Wachen und Schlafen. Nach jedem Vergessen ist das Erlernte bald in herangereifter, neuer Form verfügbar und kann weiter entwickelt werden« (Dühnfort/Kranich 1971, 78).

Ernster ist der Einwand zu nehmen, das *Fachlehrerwesen* mache epochalen Unterricht unmöglich. Tatsächlich hat er sich am ehesten bei Schulen mit Klassenlehrerprinzip durchgesetzt. Teamarbeit könnte hier einiges verbessern. Sie müßte aber sehr eng sein und würde bald auf organisatorische Grenzen stoßen. Noch nicht ausgeschöpft sind aber die Möglichkeiten der *»Jahresepochen«*. Daß die Fremdsprachen einen massierten Beginn mit höherer Stundenzahl erhalten müssen, um dann in »verdünnter« Weiterführung anderen Dingen, auch anderen Sprachen, Platz zu machen, wird zwar in der Regel berücksichtigt, wenn auch nicht energisch genug. Noch immer aber scheut man sich davor, Sachunterrichtsfächer in bestimmten Jahren ganz auszusetzen und sie in anderen um so mehr zu konzentrieren. Damit ließen sich insbesondere die Ein-Stunden-Fächer vermeiden, die aus lehrplantechnischen Gründen notwendig scheinen, in der Durchführung aber höchst unerfreulich sind. In anderen Ländern, z. B. in den USA, ist es ganz selbstverständlich, daß ein Fach für ein Jahr jeden Tag eine Stunde erhält, um im nächsten Jahr einem anderen Platz zu machen. Hierzulande hält man noch an der Fiktion der »Kontinuität« fest, deren Untauglichkeit jeden Tag erfahren werden kann. (Das obige Bedenken über zu lange Epochen trifft hier weniger zu, weil ja innerhalb des Faches die Themen wechseln).

So bietet die zeitliche Konzentration wertvolle Möglichkeiten der Sammlung und Vertiefung. Sie den widrigen Bedingungen ein Stück weit abzuringen, bleibt ein pädagogisches Anliegen. Unmittelbar fördert sie freilich nur die Vertiefung innerhalb der Fächer, nicht notwendig auch die Verbindung zwischen ihnen. Eine solche wird auf andere Weise angestrebt.

## b) »Breitenkonzentration« durch inhaltliche Querverbindungen

*Ursprung*

Daß man von einem Fach in das andere hinüberschauen, inhaltliche Bezüge herstellen, von dort Bekanntes zum Verständnis des Neuen nützen und es dabei immanent wiederholen solle, das wurde von führenden Pädagogen immer gefordert und von guten Lehrern auch getan. Zu einem zentralen Programmpunkt wurde diese Praxis bei den Herbartianern in der Nachfolge Zillers. Unter dem Gedanken der *»ethischen*

*Konzentration*« richtete man möglichst alle Inhalte auf das zentrale Anliegen der Gesinnungsbildung.

»Die werdende Person des Zöglings ist also das Zentrum, worauf das Viele der Interessen immer zurückbezogen werden muß, die Konzentration aber die Vereinigung des Vielen, was der Unterricht darbietet, in der werdenden Person des Zöglings ... Diese Einheit aber suchen wir darin, daß wir jeder Stufe, jeder Klasse, einen einheitlichen und zusammenhängenden Stoff darbieten, der an sich bedeutend mit solcher Wucht auftrifft, daß er die Seele des Kindes ganz erfüllt, daß er Anregung gibt, das menschliche Streben auf seinen verschiedenen Gebieten zum Gegenstand der Betrachtung zu machen. Es wird daher mit diesem Stoff verknüpft alles, was der Unterricht aus den mannigfachen Wissensgebieten, insbesondere auch, was er aus dem Kreise der Heimat zur Anschauung und zur Belehrung bringt. Auf solche Weise soll auf jeder Stufe und in jedem Jahre ein zusammenhängender, ein einheitlicher Gedankenkreis in der Seele der Kinder geschaffen werden, der die Kraft besitzt, das Ungünstige der Umgebung zu überwiegen und das Günstige derselben in sich aufzulösen und mit sich zu vereinigen ... Hierdurch wird in erster Linie einer Zersplitterung des Gedankenkreises vorgebeugt.« (Rein u. a. 1885, 16).

Das ist die uns schon bekannte Idee der »Kulturstufen«. Innerhalb ihrer wurden nicht nur die »Gesinnungsfächer« Religion, Geschichte und Literatur engstens miteinander verbunden, man suchte auch in anderen Fächern nach »Anschlußstoffen«, wo man sie nur fand oder zu finden glaubte (vgl. 4.2.5 c).

### Mißbrauch

Bei den Epigonen trug diese »Anschlußmanie« kuriose Blüten.

Dem religiösen Gesinnungsstoff »Leben Jesu« werden in der Profangeschichte die Entdeckungsreisen zugeordnet, (weil Jesus die nationale Beschränktheit des Reiches Gottes der Juden durchbrochen habe), dazu das Leben Luthers (weil sich darin viele Parallelen zum Leben Jesu ergäben). Bei den spanischen Entdeckern wird der Kontrast ihres Verhaltens zur Lehre Jesu hervorgehoben, und sie werden mit den neueren Kolonialbestrebungen des deutschen Reiches verglichen. An passenden Stellen schließen sich Katechismussätze, Liederverse, Sprüche, Sentenzen an. Seumes Gedicht »Der Wilde«, das ein eher zu positives Bild des Eingeborenen bietet, wird im Geographieunterricht ergänzt und berichtigt. Freiligraths »Auswanderer« kommen hinzu. Weil Kolumbus das Meer befuhr, werden Schillers »Taucher« und – wegen der ähnlichen Idee – auch noch sein »Handschuh« und Goethes »Meeresstille« gelesen. Aufsatz, Grammatik, Literaturgeschichte, Sprachkunde geben eine Fülle weiterer Anschlußmöglichkeiten (Ufer nach Schwenk 1974, 35).

Wenn gar an Abraham und die Patriarchen die Behandlung der Lüneburger Heide und des dortigen Hirtenlebens angeschlossen wurde, an Goethes »Reineke Fuchs« die Biologie der Füchse, so ist es verständlich, daß diese Art der »Klebekonzentration« einen Horror auslöste, der bis heute nachwirkt, vergleichbare Torheiten aber nicht verhindert.

Dabei ist die Schaffung von Querverbindungen nicht falsch, sogar notwendig.

Sachrechnen klärt die Größenverhältnisse in Gegenstandsbereichen und macht sie so erst richtig verständlich; Geographie stellt die Schauplätze als Bedingung geschichtlichen Handelns vor; ein originales Lied oder Gedicht charakterisiert die Zeitatmosphäre oft besser als abstrakte Worte; sprachliche Durchleuchtung von Fachbegriffen hilft diese besser zu verstehen; eigene sprachliche Fassung duldet kein Scheinverstehen; der Dichter kann eine andere Sicht des Sachverhalts eröffnen usw.

Es kommt eben darauf an, die inneren, wesentlichen Bezüge zu treffen.

So gehören C. F. Meyers »Füße im Feuer« nicht in erster Linie zur Geschichte der Hugenottenkriege, sondern zu der Leitidee »Mein ist die Rache, redet Gott«. Fontanes »John Maynard« hat nur äußerlich mit der Geographie der Großen Seen zu tun; denn bei ihm geht es um das Opfer des eigenen Lebens für andere, und die »Brücke am Tay« hat ihren geographischen Ort wohl in Schottland, ihren gedanklichen aber in der Kritik menschlicher Hybris und technischen Macherwahns.

Sachgerecht und vernünftig betrieben, läßt sich vieles sinnvoll verbinden. Es wird allerdings nur schwer gelingen, die Fülle solcher möglicher Bezüge im Lehrplan vorzuschreiben. Das meiste wird dem Lehrer vorbehalten bleiben. Ein Beispiel dafür sind Lehrpläne aus der Epoche der Weimarer Grundschule, die Heimatkunde als »Stammfach«, als »sammelnde und ausstrahlende Mitte« des gesamten Unterrichts herausstellten, ohne den Lehrer inhaltlich festzulegen.

### c) »Höhenkonzentration« durch Niveaudifferenzierung

Diese Form der Konzentration entstand in der Landschule, die mehrere Jahrgänge in einem Raum zu betreuen hatte. Hier war es vernünftig, die Altersabteilungen mit einem Thema in unterschiedlicher Weise zu beschäftigen. Der Lehrer konnte sich konzentriert vorbereiten, er ersparte sich immer neue Hinführungen, die Schüler wurden auf ihrem Verständnisniveau angesprochen und konnten zugleich »mithören« oder einander helfen, der Wechsel der Themen über die Jahre hinweg eröffnete auch unter einfachen Schulverhältnissen einen weiteren Horizont.

Beispiel: Die Waage
Erstkläßler spielen mit ihr Kaufladen, wiegen Gegenstände mit Steinchen ab usw. Viertkläßler nehmen den Gegenstand auseinander, überprüfen seine Funktion, reparieren und ölen ihn, berechnen Gewichte, vergleichen verschiedene Arten von Waagen. Für Schüler der Abschlußstufe wird die Waage in ihren verschiedenen Formen zur Anwendung des Hebelgesetzes, das sie auch in anderen Gegenständen und Geräten wieder finden (Stieger 1953, 32).

Analoges wird auch in Jahrgangsklassen mit breiter Streuung der Fähigkeiten sinnvoll sein. Sehr viel ist aber von dieser Form der Konzentration nicht zu erhoffen.

## d) »Thematische Konzentration« im fächerübergreifenden Unterricht

Es gibt Aufgaben, die von einem Fach allein nicht geleistet werden können. Was liegt näher als Zusammenarbeit? Diese kann verschiedene Formen annehmen.

*Übergreifende Unterrichts- und Erziehungsaufgaben*

Mündliche und schriftliche Sprachförderung, Pflege der Schrift, ästhetische und sittliche Bildung, soziales Lernen und manches andere sind allen Fächern aufgegeben; jedes trägt auf seine Weise bei, keines darf sich entziehen. Man spricht auch davon, daß diese Dinge »nicht Fach, sondern durchgehendes Prinzip« seien. Dabei verwendet man den Begriff »Prinzip« in einer besonderen, inhaltsbezogenen Weise, von der wir uns später (6.1.2) absetzen werden. Die an sich richtige Einsicht wird dort fragwürdig, wo man konkrete Inhalte und Aufgaben wie z. B. Sexualkunde, Umwelt- oder Medienerziehung nicht recht unterbringt und sich dann damit tröstet, daß sie ja »nicht Fach, sondern Prinzip« seien. Das bewirkt leicht, daß keiner sich zuständig fühlt und wenig geschieht – und das sogar mit einem gewissen Recht, weil man wieder einmal neue Stoffe hineinschieben möchte, ohne wirklich Raum für sie zu schaffen, was letztlich auf Selbst- und Fremdbetrug hinausläuft. Wenn diese Aufgaben wichtig sind, muß man sie ernsthafter angehen (vgl. 5.4.1, 5.4.8).

*»Ideenkonzentration« um einen Leitgedanken*

Nicht äußere Assoziation, sondern innerer Bezug soll die Inhalte verschiedener Fächer um eine Leitidee, ein »Thema« zentrieren und die Vielfalt seiner Aspekte in ihrer inneren Einheit deutlich machen. Es handelt sich um eine Art »gestaltenden Gedankens« auf höherer Ebene. Konzentrationstage oder -wochen an höheren Schulen, Ringvorlesungen an Universitäten folgen diesem Prinzip.

»Ein Beispiel aus der Sekundarstufe II: Wahrscheinlichkeit und Determinismus
– *Mathematik:* der statistische Begriff der Wahrscheinlichkeit. Würfelexperimente. Die Gauss-'sche Verteilungskurve.
– *Sprache:* Linguistische Mittel zum Ausdruck von Wahrscheinlichkeit und Determinismus.
– *Geschichte:* Entscheidungen, die aufgrund von Wahrscheinlichkeitserwartungen gefällt werden mußten. Sind geschichtliche Abläufe determiniert?
– *Religionskunde:* Calvins Prädestinationslehre und ihre Kritiker
– *Philosophie:* Das Problem der Freiheit und des Determinismus im Verhalten des Menschen.
– *Physik, Chemie:* Wahrscheinlichkeit und Determinismus in den physikalischen und chemischen Mikroprozessen
– *Biologie:* Wahrscheinlichkeit und Determinismus in den Vererbungsmechanismen« (Aebli 1987, 308).

Das Problem liegt vor allem in der Wahl der Leitthemen. Es gibt ihrer unzählig viele, nicht alle taugen gleich gut, die Gefahr der Beliebigkeit liegt nahe. Offizielle Lehrpläne kann man so nicht aufbauen. So bleibt die gelegentliche Verwirklichung interessierten Kollegien überlassen.

Man müßte ein Prinzip finden, das die Auswahl solcher Leitthemen weniger beliebig, wesentlicher und verbindlicher macht. Davon handeln die nächsten beiden Abschnitte.

*Zusammenarbeit an lebensbedeutsamen Themen*

»Die Welt, in der wir leben, begegnet mit ihren Problemen und Aufgaben dem Kind und jugendlichen Menschen nicht in der Ordnung, wie sie im Fachunterricht dargeboten wird, nicht in ihren Einrichtungen klar gegliedert, nicht in ihren Tendenzen ohne weiteres durchschaubar, sondern komplex und undurchsichtig. Um die durch den Fachunterricht angestrebte geistige Grundbildung wirksam werden zu lassen, sind namentlich im 9. und 10. Schuljahr fachlich übergreifende Unterrichtsaufgaben nötig, an denen die Jugendlichen mit Hilfe des erworbenen Wissens und der gewonnenen Maßstäbe und Methoden sich im Durchschauen und Ordnen des komplex Gegebenen aus konkretem Bedürfnis und aktuellem Anlaß üben können. Aus ihnen werden sich dann auch neue Anstöße ergeben, Fragen im fachlichen Unterricht zu verfolgen. Diese Unterrichtsaufgaben entspringen aus Begegnungen mit den Grundbereichen unserer Lebenswirklichkeit ... Der fachübergreifende Unterricht wird unterbaut und ergänzt durch praktisches Tun in wirklichen Lebenszusammenhängen, das Erlebnis und Erfahrung vermittelt und neue Fragen hervorruft ...« (Deutscher Ausschuß 1964, 28; vgl. a. Schlaak 1973).

Es kehren hier Motive wieder, die unter den Stichworten »thematischer Lehrgang« und »Projektunterricht« schon besprochen wurden, dort unter dem Methodenaspekt, hier unter dem der Fächerkonzentration. Solcher Unterricht kann vom Lehrerteam relativ streng geplant werden, es kann auch einen offenen Weg gemeinsamer Lösungssuche darstellen. Auch er kann wohl nicht die Regel sein. Aber ein Positives bringt fächerübergreifendes Arbeiten in jedem Falle: Es fördert das Gespräch zwischen den Lehrern und bewirkt, daß sie Übereinstimmungen, aber auch Gegensätze erkennen, sich des Problems der Konzentration bewußt und zu verstärkter Teamarbeit bereit werden.

## e) »Existentielle Konzentration« in epochalen Lebensfragen

Erich Weniger, Vertreter einer geisteswissenschaftlichen Lehrplantheorie, sieht in den bisherigen Überlegungen nur ein Vorletztes:

»So ist die Auswahl der Bildungsinhalte und ihre Konzentration niemals ein methodisches Problem. Alle Überlegungen über Quer- und Längsverbindungen, über Ineinandergreifen und Arbeitsteilung der Fächer und Stunden können unterrichtstechnisch vielleicht höchst nützlich sein, sind aber aufs Ganze gesehen sekundärer Natur. In ihnen werden die entscheidenden Fragen gar nicht getroffen, ja man kann sagen, daß die geschäftige Diskussion solcher Konzentrationsprobleme ein Zeichen der Unsicherheit in den Kernfragen ist ... Das Problem der Auswahl und Konzentration der Bildungsinhalte stellen, heißt vielmehr sich besinnen auf die *existentielle Konzentration*, in der uns in unserem Lebenszusammenhang die geistig-geschichtliche Welt gegeben ist, und zwar von den Aufgaben aus, die sich in unserer konkreten Situation jeweils vorfinden. Im Fortgang des Lebens liegen für Volk, Gruppe, Einzelnen immer bestimmte Aufgaben bereit. Diese konzentrieren, indem sie den jeweils erreichten Lebenszusammenhang in ihre Richtung drängen ... Von da aus, in der lebendigen Konzentration der Bildungsgemeinschaften im Zusammenhang des geistigen Lebens, regeln sich dann die methodischen Probleme der Konzentration des Unterrichts wie von selbst. Es kommt dann gar nicht mehr so viel auf die unterrichtstechnische Gleichzeitigkeit oder den ständigen Nachweis der Beziehungen an, und so werden auch manche Fragestellungen verschwinden oder doch sehr zurücktreten ...« (1952, 96)

Worin diese Aufgaben bestehen, sagt er im einzelnen nicht, kann es nicht allgemeingültig sagen, weil gerade die geisteswissenschaftliche Pädagogik die Geschichtlichkeit allen menschlichen Denkens und Handelns betont. Für unsere Zeit bestehen diese existentiellen Aufgaben wohl in der Sicherung des Friedens, der Einigung Europas, einer gerechten Weltordnung, der Verbindung von geistiger Freiheit mit gesellschaftlicher Ordnung, dem Schutz der Umwelt, der Bändigung des technischen Fortschritts. Ob und wie diese Themen tatsächlich zur konzentrierenden Mitte werden, ist nicht mehr Sache des Pädagogen allein, es wird im Ringen der »geistigen Mächte«, der gesellschaftlichen Kräfte und Gruppen entschieden.
Weniger macht aber auch deutlich, daß diese »existentielle Konzentration« gewissermaßen nur die Spitze ist, in der sich die Kräfte der Gegenwart zentrieren. Allein würde sie den Menschen einengen. Unterhalb ihrer gilt es, die »geistigen Grundrichtungen« aufzuschließen, die Fülle und Vielseitigkeit zu sichern, die den Menschen erst reich, sein Leben erst menschenwürdig macht und zugleich die beste Vorbereitung auf künftige, heute noch gar nicht absehbare »existentielle« Aufgaben darstellt. Auch existentielle Konzentration löst also nicht das gesamte Lehrplanproblem (vgl. 5.4.7 d).

### f) »Weltanschauliche Konzentration« in gemeinsamen Glaubensüberzeugungen

Die Suche nach der existentiellen Mitte scheint dort gelöst, wo eine bestimmte Weltanschauung von allen geteilt wird oder doch die Herrschaft beansprucht. Bis in die beginnende Neuzeit hinein war diese Mitte im christlichen Glauben gegeben. Alle Inhalte dienten letztlich dem religiösen Ziel, erhielten von ihm aus Richtung und Sinn. Vielleicht ist das Konzentrationsstreben der Pädagogen nur ein Symptom dafür, daß diese Mitte an Kraft verloren hat. Im 19. Jahrhundert versuchte das Bündnis von Thron und Altar vergeblich, sie mit staatlicher Macht durchzusetzen. Totalitäre Staaten wollen alle Stoffe mit ihrer Ideologie durchtränkt haben, auf die Dauer sichtlich mit wenig Erfolg.
Gesellschaften, in denen geistige Freiheit herrschen soll, tun sich da schwerer. Der Staat darf eine Weltanschauung nicht vorschreiben. Er gibt den Eltern das Recht, ihre Kinder auf eine Bekenntnisschule – hier im weiteren Sinne einer weltanschaulich bestimmten Schule – zu schicken. Soll diese Freiheit aber keine Grenze haben? Muß

die Gemeinschaft nicht die Kinder und sich selbst vor extremen Ideologien schützen? Hat nicht auch die demokratische Gesellschaft ihre Grundprinzipien, auf denen sie bestehen muß, um sich nicht selbst aufzugeben? Wieder andererseits: Ist das nicht auch eine Weltanschauung, wohl eine weitere und humanere, aber doch keine absolut offene? Läuft diese Gesellschaft selbst nicht wieder Gefahr, über den notwendigen Minimalkonsens hinaus ihre Prinzipien, heißen sie »Emanzipation«, »Mitbestimmung«, »Meinungsfreiheit« u. ä. zur Ideologie zu machen? Braucht der Mensch nicht einen festen Standort, um seine Mündigkeit überhaupt leben zu können? Eine Fülle schwerster Fragen, die hier nur gestellt werden können, die aber in der Praxis beantwortet werden müssen und praktisch auch beantwortet werden, wenn auch nicht immer überzeugend. (Lit. Eggersdorfer 1961, 37f., 136)

### g) »Personale Konzentration« im Lehrer

Was nützt alle Konzentration im Lehrplan, wenn der Lehrer sie nicht in seiner täglichen Arbeit verwirklicht? Er bietet die beste Gewähr für das Streben nach Einheit und Mitte, er kennt den Lernstand der Klasse, kann die Querverbindungen ziehen, fächerübergreifende Themen finden, Leitideen wählen, und er kann als geistig offener, weltanschaulich gefestigter Mensch zum Beispiel verwirklichter Konzentration werden, ohne doch die Schüler auf seine Gesinnung zu verpflichten. Als Klassenlehrer hat er hier zweifellos die besseren Möglichkeiten. Aber auch die Fachlehrer einer Klasse, das Kollegium einer Schule sind nicht davon dispensiert, sich um Verbindungen zwischen den Fächern wie auch um eine gemeinsame erzieherische Grundlinie zu bemühen. Wenn auch jede Verwirklichung unbefriedigend bleiben mag, das Streben nach Konzentration ist pädagogisch geboten.

### 5.3.3 Ansätze zur Aufhebung der Fächerung

Bisher wurde vorausgesetzt, daß zwar Verbindungen zwischen den Fächern gesucht werden, diese selbst aber bestehen bleiben. Sollte es nicht möglich sein, ganz auf sie zu verzichten? Versuche in dieser Richtung gab es vor allem in unserem Jahrhundert. Sie liefen zunächst unter dem Namen »Gesamtunterricht«. Der Name bezeichnet allerdings recht unterschiedliche Formen der Verwirklichung.
Bei seinem Urheber B. Otto sollte er als »Freier Gesamtunterricht« die Fächer durch das am kindlichen Fragen orientierte Gespräch ergänzen, sie aber nicht ersetzen. In dieser Bedeutung gehört er an einen anderen systematischen Ort (3.2.3c).

## a) Gesamtunterricht der Unterstufe

*Ursprung und Begründung*

Wieder einmal gab die Schulreformbewegung den entscheidenden Anstoß. Das Aufgehen der Fächer in einem echten »Gesamtunterricht« wurde ab 1911 auf Initiative des Leipziger Lehrervereins in breitem Maße versucht:

»Unter Gesamtunterricht verstehen wir einen Unterricht, der im Gegensatz steht zu der heutigen Spaltung der täglichen Schularbeit in eine Anzahl meist äußerlich und innerlich voneinander geschiedener Fächer. Er stellt sich dar als eine Konzentration um die *Sacheinheit*, die der Natur des Kindes der Unterstufe entsprechend eine konkrete, in der unmittelbaren Anschauung gegebene sein muß. Das, was bisher voneinander abgeschiedenen Systemen folgte, gliedert sich organisch ein, sei es als Hilfsmittel der Sachdurchdringung (Lesen – Rechnen), sei es als Mittel des Ausdrucks (Sprechen, Schreiben, Rechtschreiben, Gesang, Malen und Formen). Dadurch wird ein zielbewußtes, systematisches Aufbauen in den einzelnen Tätigkeitskategorien nicht ausgeschlossen, ja da, wo es in unbedingter Reinheit am ehesten erforderlich ist, wie im Rechnen, soll es im besonderem Maße erfolgen; aber – und das ist der Unterschied – es wird immer seinen Impuls, seinen Ausgangspunkt in der Sacheinheit suchen, wie sie auch in sie zurückmünden wird« (nach Einsiedler 1979, 107)

Gesamtunterricht wird hier vorwiegend psychologisch und unterrichtshygienisch begründet: Kinder der Unterstufe denken noch nicht in Fächern, können sich nicht ganze Stunden auf ein Thema konzentrieren, benötigen häufigeren Tätigkeitswechsel, wollen und sollen aber innerhalb eines Gedankenkreises bleiben, erhalten Zeit und Muße für vielerlei kindgemäße Tätigkeiten, die sonst dem reinen Fachunterricht zum Opfer fielen.

H. Brückl in München arbeitete in ähnlicher Richtung, und gegen Ende der zwanziger Jahre hatte sich die Idee des Gesamtunterrichts für die Unterstufe, jedenfalls für die ersten beiden Schuljahre, auch in den amtlichen Lehrplänen durchgesetzt. Ein frühes Beispiel, hier in stark gekürzter Form, finden wir bei R. Seyfert:

*Herbststurm* – Zwei Tage Gesamtunterricht im 1. Schuljahr. Erster Tag: Seit der Nacht braust ein Herbststurm über das Land. Im freien Unterrichtsgespräch erzählen die Kinder, was sie auf dem Schulweg erlebt haben, zeichnen dann ein Bild vom Herbststurm, schauen es gemeinsam an, ahmen im Zimmerturnen die sturmgepeitschten Bäume nach, lesen eine kurze »Geschichte« mit schon bekannten Buchstaben, setzen sie am Lesekasten, schreiben sie ab, rechnen den Aufbau der Sechs mit Krähen, die vom Sturm abgetrieben werden, und Eicheln, die vom Baume fallen.
Zweiter Tag: Nach dem »Diktat« der Kinder entsteht eine Lehrerzeichnung vom Sturmgeschehen an der Tafel. Die Kinder sprechen über sie und formulieren dabei Sätze und Satzfolgen, sammeln Bezeichnungen für das, was man beim Sturm hören kann, üben schwierigere Aussprachefälle, basteln ein Windrädchen aus Karton, laufen damit im Freien gegen den Wind, lesen einen Text mit neuen Wörtern, bauen das Zahlenbild der Sechs auf verschiedene Art mit verschiedenen Materialien auf, lernen ein Verschen über den Wind (nach Seyfert 1949, 116).

*Kritik und Fortführung*

Lange Zeit galt der Gesamtunterricht als die kindgemäße Form der Unterrichtsgestaltung. In den sechziger Jahren wurde er vehement in Frage gestellt. Er mißachte die Sachgesetzlichkeit der Fächer, leite nicht zur Unterscheidung fachlicher Fragestellungen und Methoden an, halte die Kinder in ihrer geistigen Entwicklung eher zurück, betreibe Kindertümelei. Mit einer konsequenteren Trennung der Fächer machte man aber keine guten Erfahrungen. So gewinnt die Idee des Gesamtunterrichts für die Grundschule, wenn auch in modifizierter Form und oft unter anderem Namen, seit den achtziger Jahren wieder an Boden. Die Tendenz zur »Offenheit« fördert ihn, wenn auch oft einseitig zugunsten momentaner Schülerinteressen (3.2.7g). Im »integrated day« oder »unstructured day« der »open plan school« wird er auch an englischen Schulen gepflegt. (Lit. Muthig 1978, Einsiedler 1979)

## b) Gesamtunterricht der Oberstufe

*Ursprung und Begründung*

Kühne Reformer wagten sich sogar an die Oberstufe der Volksschule, allen voran der Nürnberger Lehrer W. Albert. Ihm war die bloße Konzentration der Stoffe zu wenig. Er forderte eine neue Sinngebung des Unterrichts, die »Tieferlegung der Fundamente« durch Vergeistigung und Verinnerlichung der Stoffe in einer philosophisch überhöhten Zusammenschau, wie sie von der »Tendenz zur Synthese« seiner Zeit gefordert sei. Die schöpferische Leistung des Lehrers bestehe in der Konzeption umfassender thematischer Einheiten, die unter einer »leitenden und führenden Idee« eine Fülle von Inhalten zusammenfassen, wobei Eigenart und Ausgewogenheit fachlicher Aspekte durchaus gewahrt werden könnten. Unter Leitideen wie »Das Meer«, »Die Uhr«, »Das Geld«, »Gewicht« komponierte er ganze »pädagogische Symphonien« für die Dauer von Wochen, ja Monaten.

Die methodische Einheit »Arbeit«
Die Arbeit im Menschenleben wird in religiöser und ethischer Sinndeutung betrachtet. In historischer Sicht werden die Arbeitswelten der Bauern, des Bürgers und des Arbeiters von den Anfängen bis zur Gegenwart behandelt, vertieft durch passende literarische Texte. Aber auch die Arbeit in der Natur, von der Sonne, von Pflanzen und Tieren geleistet, wird einbezogen und die Mitwirkung des Menschen bei der Züchtung von Pflanzen und Tieren. Das erfolgt immer unter dem Aufweis von Querverbindungen, mit dem Versuch der Zusammenschau von naturwissenschaftlichen, technischen, ökonomischen, politisch-soziologischen, künstlerisch-literarischen, religiösen und metaphysischen Aspekten. (Nach Albert 1928; vgl. Schwerdt 1955, 278ff.)

Alberts Ideen fanden zwar manche Nachahmung, aber weit mehr Kritik. Die Gefahr der Stoffwucherung sei größer als zuvor, der Lehrer dränge den Schülern seine persönliche Deutung auf, zustande komme ein »pädagogischer Fleckerlteppich«, geboren aus der »gesamtunterrichtlichen Ideenflucht konstruktionsseliger Lehrplankonstrukteure«, einer »Anschlußmanie, die mit windigem Brückenschlag ein geschlossenes Weltbild zu vermitteln glaubt« u. a.

Gleichwohl gab es nach 1945 wieder Versuche zur Planung ähnlicher »Bildungseinheiten«, nunmehr unter dem Motto eines *»ganzheitlichen Unterrichts«* der Oberstufe. Dieser Begriff war wenig glücklich gewählt. Er ist weltanschaulich-philosophisch belastet und eignet sich auch sonst kaum für die Lehrplanebene. Sinn gibt er bei der Konzeption eines Lehrgangs, der von klar bestimmten, überschaubaren Ganzen analytisch die Elemente gewinnt (vgl. 4.2.6); er kann auch unter psychologischem Aspekt die »Ganzheit« des denkend-fühlend-handelnden Menschen meinen. Wo aber wäre beim Lehrplan jemals ein »Ganzes« auszumachen und abzugrenzen? Der Begriff beinhaltet hier einen Anspruch, der nicht zu erfüllen ist.

Aber auch Bezeichnungen wie »integrierter«, »interdisziplinärer«, »überfachlicher« Unterricht lösen die Probleme nicht. Diese bestehen zum einen im Fehlen eines gültigen Auswahlprinzips für die »Themen«, zum andern in der drohenden Vernachlässigung der Unterrichtsaufgaben, die einen kontinuierlichen Aufbau fordern, insbesondere der Sprachen und der Mathematik. So ist das treffendste Urteil über den Gesamtunterricht wohl bei R. Peter zu finden: »Wo ›Gesamtunterricht‹ (die unglückliche Namengebung ist nun einmal da!) nicht den gesamten Unterricht beherrscht, sondern wo er als Form des Erstunterrichts oder hie und da eingesprengtes Zwischenglied oder als Kerngebilde, das nur verwandte Arbeitsrichtungen berücksichtigt … oder als abschließende »Gesamtschau« auftritt – also überall da, wo er *nicht* das ist, was sein Name besagt, da hat er auf die Unterrichtsarbeit ungemein belebend eingewirkt und hat das eingeengte, um nicht zu sagen beschränkte Fachdenken des Unterrichts gründlich aufgerüttelt …« (1954, 246). Das Wertvolle an dem Gedanken ist in den schon behandelten fächerübergreifenden Themen bzw. Lebensaufgaben aufgehoben, als Ergänzung, nicht in Aufhebung der Fächer. (Lit. Albert 1928; Vilsmeier 1967; Schlaak 1973; Götze 1973; Linde 1984; Oblinger 1985)

### c) Sammelfächer, »Lernbereiche«

Wenn schon die Auflösung der Fächer im Gesamtunterricht nicht überzeugend gelingt, so sollte es doch möglich sein, wenigstens einige, enger zusammengehörige in größeren Einheiten, gewissermaßen »Über-Fächern« zusammenzufassen.

Die Heimatkunde vereinigt schon seit langem erfolgreich die Sachfächer der Grundschule, wogegen sich andere Versuche der Bildung von »Lernbereichen« nur zögernd durchsetzen (z. B.

Burk 1977). Die »Kulturkunde« und »Arbeitskunde« der zwanziger Jahre sollten die mehr historisch-gesellschaftlichen bzw. mehr wissenschaftlich-technischen Fächer übergreifen. In der »Lebenskunde« und der »Arbeitslehre« fanden sie nach dem Kriege ihre Fortsetzung. »Gemeinschaftskunde« sollte an den höheren Schulen zeitweise Geschichte und Sozialkunde zusammenfassen, ähnlich wie seit langem in Amerika die »Social Studies«, zu denen auch die Erdkunde gehört.

Auf dem Papier sieht das recht gut aus. Betrachtet man aber die Sache im Vollzug, so kann man in der Regel genau sagen, welches Teilfach gerade dran ist, und wenn man es nicht sagen kann, werden oft fachliche Aspekte unklar vermengt, d. h. der Unterricht ist nicht gut. Offensichtlich sind diese Aspekte doch unverzichtbar. So bleibt als Vorzug der Sammelfächer die verstärkte Möglichkeit zum epochalen Unterricht in abwechselnder Betonung der Teilfächer – vorausgesetzt, der Lehrer ist in allen von ihnen kompetent, was wieder Konsequenzen für seine Ausbildung hätte, die kaum je gezogen werden. (Lit. Schlaak 1973; Burk 1977; Oblinger 1985)


## 5.3.4 Recht und Grenzen der Fächerung

Wir greifen die unter 5.3.1 erhobenen Vorwürfe wieder auf und prüfen sie im Lichte der berichteten Erfahrungen. Es zeigt sich, daß die dort genannten Gefahren tatsächlich gegeben, aber nicht unausweichlich sind, und daß sie durch Abschaffung der Fächer nicht automatisch wegfallen.


### a) Verteidigung der Fächerung

Fächerung sei *nicht kindgemäß*? Selbst wenn das für das jüngere Kind gelten mag, so soll dieses doch nicht Kind bleiben, und es gewinnt mit dem Älterwerden ein ausgesprochenes Bedürfnis nach Hilfen zur Ordnung seiner Erfahrungen und zur Orientierung in der Welt. Aus lernpsychologischen Gründen bedarf es einer zeitweiligen »Trennung der Systeme«, um ihren internen Aufbau zu sichern und so erst die spätere Öffnung und Übertragung zu ermöglichen (Parreren 1969, 42). Auch innerhalb der Fächer läßt sich der Unterricht altersgemäß gestalten, u. U. besser als in gesamtunterrichtlichen Konstruktionen.

Auch das neue Bemühen um »Vernetzung«, gut gemeint und aus Sachgründen sinnvoll, stößt hier an seine Grenzen: Ein Denken in Netzen und Wechselbeziehungen ist schwierig, um so schwieriger, je mehr Einzelmomente und Relationen gleichzeitig im Arbeitsgedächtnis präsent sein müssen, wenn die Zusammenhänge als solche verstanden werden sollen. In allzu dichten Netzen kann man sich auch verfangen und verwirren. Entwicklungsstand und individuelle Fähigkeiten bestimmen den jeweils erreichbaren Komplexitätsgrad. (Vgl. Glöckel 1996)

Fächerung sei schuld am *Stoffdruck*? Die stofflichen Wucherungen unter dem Konzentrationsgedanken widerlegen auch dieses Argument. Der Hydra der Stoffülle ist nicht so leicht zu begegnen.

So sollten wir *Scheuerls* Feststellung zustimmen, »daß die ›Fächer‹ ihren Schrecken verlieren, sobald man sie aller pseudowissenschaftlichen Ambitionen entkleidet und nicht als lückenlos vollgepackte Schubladen versteht, sondern als grundsätzliche Fragemöglichkeiten an die Wirklichkeit, die uns bei der Sichtung und Ordnung der »res« zu helfen vermögen. Sie alle haben einmal in der Geschichte entdeckt werden müssen und sollten, nachdem sie Allgemeingut unserer Kulturwirklichkeit geworden sind, nicht ohne Not und nicht ohne besseren Ersatz wieder preisgegeben werden« (1958, 129). Ihre Überprüfung, Umordnung und Ergänzung ist eine bleibende Aufgabe, die nicht aus einem Prinzip gelöst werden kann, sondern in der gesellschaftlich-kulturellen Situation im Hinblick auf die Aufgaben der Zeit jeweils neu bestimmt werden muß.

### b) »Tiefenkonzentration« im guten Fachunterricht

Noch bleibt das Argument, die Fächerung zersplittere den Geist und schade der Einheit der Bildung. Hiergegen läßt sich durch vernünftige Maßnahmen der Konzentration in Zusammenarbeit der Fächer manches tun. Die eigentliche Leistung muß aber *innerhalb jedes Faches* erbracht werden. Über die Anhäufung von Stoff und die Einführung in facheigene Methoden hinaus muß jedes Fach weiterfragen nach seinen eigenen Gründen und Bedingungen, seinem Beitrag zur Erkenntnis und Bewältigung der Welt und dessen Grenzen, nach seinem Sinn im Rahmen des Ganzen. Solches »philosophierende Be- und Weiterdenken« – es ist das, was Herbart mit dem Wechsel von Vertiefung und Besinnung meinte – ist Kennzeichen guten Unterrichts. Man könnte – in Analogie zu den obigen Bezeichnungen – »Tiefenkonzentration« dafür sagen. Wo dieses Fragen recht betrieben wird, sind Lehre und Konzentration letztlich identisch, bedarf es keiner eigenen Vorkehrungen im Lehrplan. »Überall da, wo eine Wissenschaft in die Tiefe gehen soll – nicht in die Breite – kann sie der tausendfältigen Befruchtung aus den näher und entfernter verwandten Gebieten nicht entbehren und was sie dann empfängt, zahlt sie vielfach reichlich zurück. So stellen sich gegenseitige Beziehungen ein, und der Unterrichtsplan braucht im ausgewählten Stoff höchstens die Verknüpfungspunkte zu markieren.« (Kerschensteiner 1901, 75) Beim »exemplarischen Prinzip« werden wir diesen Gedanken weiterführen. (5.4.6; Lit. Blättner 1960, 99; Petzelt 1962, 167 ff.; Heitger 1984)

## c) Synthese

Historische Erfahrung und systematische Überlegung konnten das Prinzip der Fächerung nicht widerlegen, immerhin relativieren und als ergänzungsbedürftig erweisen. Die Synthese dürfte in einer dreistufigen Konzeption liegen:

*Vorfachlicher Unterricht* der Grundschule, begründet in der pädagogisch-psychologischen Ausgangslage, geht von kindnahen Sachverhalten aus und bahnt die Unterscheidung von Fachaspekten an, unter sorgfältiger Wahrung des lückenlosen Aufbaues der Lehrgänge insbesondere im Lesen, Schreiben und Rechnen.

*Fachlicher Unterricht* der höheren Jahrgangs- und Schulstufen macht planmäßig mit den Gegenstandsbereichen, Methoden und Aspekten bekannt und versucht dabei, die Ausgewogenheit von notwendiger »Systemtrennung« und wünschenswerter Öffnung nach außen zu erreichen.

*Überfachlicher Unterricht* insbesondere in den Abschlußklassen der Schulen begründet sich vom Ziel künftiger Lebensbewältigung angesichts gesellschaftlicher Aufgaben her. Er ergänzt den Sachunterricht und läßt an lebensbedeutsamen thematischen Einheiten die Grenzen fachlicher Einzelaspekte und die Notwendigkeit ihrer Zusammenschau deutlich werden.

Mehr kann von Seiten des Lehrplans wohl nicht für die Konzentration der Fächer getan werden. Wo dies gelingt, ist viel geleistet.

## d) Praktische Umsetzung der Fächerung

In der Praxis wird die Fächerung am deutlichsten in zweierlei Dokumenten greifbar, der Stundentafel und dem Stundenplan.

### Stundentafel

Die *Stundentafel* listet das Fächerangebot einer Schulart über alle Jahrgänge hinweg auf und gibt den jeweiligen Anteil der Fächer meist in Jahreswochenstunden wieder. Sie erlaubt einen raschen Überblick über Beginn, Dauer und Ende, vor allem aber über das Gewicht der Fächer im Rahmen des Ganzen. Das sah z. B. für die Schulen der ehemaligen DDR so aus: (s. nebenan).

Um die Stundentafel wird am heftigsten gerungen. An ihr kann der Kundige den jeweiligen Stand der Kräfte ersehen. Er muß aber schon genau hinschauen; denn angesichts der kulturellen, sozialen und politischen Unterschiede zwischen den Ländern ist es erstaunlich, wie sehr sich die Stundentafeln der allgemeinbildenden Schulen in der Welt ähneln. Das kann hier im einzelnen nicht nachgewiesen werden, es ergibt sich aus dem internationalen Vergleich, und es ist zugleich ein Beweis dafür, wie sehr der abendländische Begriff von Schule weltweit zum Maßstab geworden ist.

# Stundentafel

für die zehnklassige allgemeinbildende polytechnische Oberschule

| Klassen | 1 | 2 | 3 | 4 | 5 | 6 | 7 | 8 | 9 | 10 |
|---|---|---|---|---|---|---|---|---|---|---|
| Deutsch | 10 | 12 | 14 | 14 | 7 | 6 | 5 | 5 | 3 | 4 |
| Russisch | — | — | — | — | 6 | 5 | 3 | 3 | 3 | 3 |
| Mathematik | 5 | 6 | 6 | 6 | 6 | 6 | 6 | 4 | 5 | 4 |
| Physik | — | — | — | — | — | 3 | 2 | 2 | 3 | 3 |
| Astronomie | — | — | — | — | — | — | — | — | — | 1 |
| Chemie | — | — | — | — | — | — | 2 | 4 | 2 | 2 |
| Biologie | — | — | — | — | 2 | 2 | 1 | 2 | 2 | 2 |
| Geographie | — | — | — | — | 2 | 2 | 2 | 2 | 1 | 2 |
| Werkunterricht | 1 | 1 | 1 | 2 | 2 | 2 | — | — | — | — |
| Schulgartenunterricht | 1 | 1 | 1 | 1 | — | — | — | — | — | — |
| Einführung in die sozialistische Produktion | — | — | — | — | — | — | 1 | 1 | 2 | 2 |
| Technisches Zeichnen | — | — | — | — | — | — | 1 | 1 | — | — |
| Produktive Arbeit | — | — | — | — | — | — | 2 | 2 | 3 | 3 |
| Geschichte | — | — | — | — | 1 | 2 | 2 | 2 | 2 | 2 |
| Staatsbürgerkunde | — | — | — | — | — | — | 1 | 1 | 1 | 2 |
| Zeichnen | 1 | 1 | 1 | 2 | 1 | 1 | 1 | 1 | 1 | — |
| Musik | 1 | 1 | 2 | 1 | 1 | 1 | 1 | 1 | 1 | 1 |
| Sport | 2 | 2 | 2 | 3 | 3 | 3 | 2 | 2 | 2 | 2 |
| Wochenstunden | 21 | 24 | 27 | 29 | 31 | 33 | 32 | 33 | 31 | 33 |
| Fakultativer Unterricht 2. Fremdsprache | — | — | — | — | — | — | 3 | 3 | 3' | 2 |
| Nadelarbeit | — | — | — | 1 | 1 | — | — | — | — | — |

*Stundenplan*

Im *Stundenplan* haben wir die am weitesten gehende Aufgliederung des Unterrichts auf der Lehrplanebene vor uns. Hier kommen neue Gesichtspunkte hinzu.
Um der *Unterrichtshygiene* nicht nur für die Schüler, sondern auch die Lehrer willen

sollten die täglichen und wöchentlichen Leistungs- bzw. Ermüdungskurven berücksichtigt werden, sollten »schwere« Fächer nicht unmittelbar aufeinander folgen und doch etwa gleiche Anteile an »guten« oder »schlechten« Stunden haben. Der Rhythmus von Eindruck und Ausdruck, intellektuellem, musischem und körperlichem Tun sollte gewahrt, kontinuierliche Vertiefung über Zeitblöcke hinweg sollte ermöglicht werden. Sinnvolle Pausengestaltung sollte gefördert, Gelegenheit für klassenübergreifende Aktivitäten des Schullebens gegeben werden. Die Länge der Zeiteinheiten sollte so bestimmt werden, daß sie einerseits Vertiefung, Übung und Aufarbeitung, andererseits Abwechslung erlauben.

Aber da sind die *Sachzwänge*, wirkliche und vermeintliche. So ist die »Kurzstunde« von 45 oder noch weniger Minuten nicht aus pädagogischen Gründen eingeführt worden, sondern als Notlösung angesichts immer neuer Fächer, die ihren Platz im Stundenplan forderten. Der freie Samstag hat das Gedränge an den anderen Tagen vermehrt und insgesamt eher zu einer Be- als einer Entlastung der Schüler geführt. Fachräume müssen genützt, Fachlehrer eingesetzt, differenzierende Einteilungen vorgenommen, Busfahrpläne berücksichtigt werden. Mit der Größe der Schule und dem Anteil der Fachlehrer wachsen die Schwierigkeiten. Ein Blick auf den Gesamtstundenplan im Direktorzimmer einer nur mittelgroßen Schule beweist die Unmöglichkeit, allen Anliegen gerecht zu werden, und am ehesten fallen die pädagogischen unter den Tisch. Wer in die Schule gegangen ist, weiß davon ein Lied zu singen. Der Wegfall der Ein-Stunden-Fächer durch Bildung von Jahresepochen (5.3.2a), die Untergliederung der Schule durch weitgehend autarke Lehrer-Teams, die den Stundenplan unter sich regeln, könnte einiges erleichtern (2.4). Aber im Grunde stellt jeder Stundenplan heute die praktische Notlösung einer letztlich nicht lösbaren Aufgabe dar.

## 5.4 Der Kampf gegen die Stoffülle

### 5.4.1 Das Problem

*Gründe*

Der geschichtliche Abriß (5.2) hat gezeigt, wie die Lehrpläne entstanden sind, wie immer neue Aufgaben bzw. neue Fächer hinzukamen und die Fülle der Stoffe immer mehr zum Problem wurde. Fragt man nach den Gründen, so wird man gern auf die immer steiler wachsende Kumulation des Wissens der Menschheit verwiesen. Das ist aber nur die äußere, gewissermaßen »objektive« Bedingung – denn aus der Wissenskumulation folgt nicht notwendig, daß alle Menschen dieses zunehmende Wissen lernen, und erst recht nicht, daß sie es gerade in der Schule lernen müßten. Der eigentliche Anstoß kommt aus normativen Vorgaben, die wir schon in der Vision »omnes omnia omnino« des Comenius fanden, dem Wunsch, allen Menschen die gleichen Chancen zu geben, nicht nur gleiche Chancen im Wettlauf um gesellschaftliche Positionen, sondern Chancen zur vollen Entfaltung der menschlichen Möglichkeiten und zur vollen Teilhabe an der Kultur.

Das ist gewiß ein edles Ziel, normative Grundlage unseres Menschenbildes und unserer Gesellschaftsordnung. Was dürfte man also dem einzelnen vorenthalten? Gilt hier nicht: je mehr, desto besser? Damit aber läuft man Gefahr, daß man dem »Enzyklopädismus«, der Anhäufung von Lexikonwissen, einem vordergründigen »viel hilft viel« verfällt: »Es ist der Geist des *didaktischen Materialismus*, der auf dem Schulgebiet Oberhand gewonnen hat, d. h. jene oberflächliche pädagogische Ansicht, welche den eingelernten *Stoff*, gleichviel *wie* er gelernt sei, ohne weiteres für geistige *Kraft* hält, und darum das bloße Quantum des absolvierten Materials schlankweg zum Maßstab der intellektuellen und sittlichen Bildung macht« (Dörpfeld 1879, 8, Hervorhebungen im Original; s. a. Paulsen 1896).

Die andere Bedingung liegt in der Annahme, daß die *Schule der beste Ort sei*, um all das Notwendige und Wünschenswerte zu erwerben. Dafür spricht manches, vor allem die immer noch zunehmende Ausweitung schulischen Lernens selbst. Es beweist, daß die Schule nicht ganz erfolglos sein kann. Aber eben deswegen ist man geneigt, ihr immer mehr Aufgaben zuzuschieben, ohne zu fragen, ob sie ihnen allen gewachsen ist. Wann immer ein gesellschaftliches Problem auftaucht, ein öffentliches Defizit sichtbar wird, ruft man nach der Schule: Friedenserziehung und Umwelterziehung, Erziehung zur Kulturbegegnung und zur Bewältigung des wissenschaftlich-technischen Fortschritts, Wirtschafts-, Rechts-, Verbrauchererziehung, Freizeit-, Medien-, Sicherheits- bzw. Verkehrserziehung, Gesundheits-, Bewegungs-, Ernährungs-, Antidrogen-, Sexual-, Familien-, Elternerziehung, solche und noch weitere Aufträge erhält die Schule zusätzlich zu den bleibenden Aufgaben der sozialen und politischen, musischen und kreativitätsfördernden, sittlichen und religiösen Erziehung. Fast alle diese Aufträge scheinen vernünftig, kaum abweisbar, und so übernimmt die Schule sie oft mit Überzeugung. (Vgl. Sandfuchs 1987, 10 ff.; Sauer 1981; Kozdon 1993; Prange 1995)

*Folgen*

Gleichwohl kann an dem Ganzen etwas nicht stimmen; denn wenn jede einzelne Forderung sinnvoll sein mag, die Summe der Forderungen ist es offensichtlich nicht mehr. Sie stehen sich gegenseitig im Wege und gefährden die ursprüngliche und eigentliche Aufgabe der Schule, den jungen Menschen erst in die Breite der kulturellen Tradition einzuführen und ihn so um so besser zu befähigen, als mündiger und verantwortlicher Bürger seine künftigen Aufgaben zu bewältigen. In dem Ansatz der

»Bindestrich-Erziehungs-Aufträge« steckt ein Denkfehler, der später noch aufgedeckt werden muß (5.4.8).

Vorerst aber beschäftigt uns der *Effekt*, die immer weitere Aufblähung der Stoffe. Jeder mutet der Schule neue Aufgaben zu, keiner begründet überzeugend, worauf sie denn verzichten dürfe und wo sie die Zeit hernehmen solle, da doch die Fachstunden selbst schon mit eigenen Themen vollgestopft sind. Diese stoffliche Überladung ist eine schwere Hypothek. Sie verleitet zum oberflächlichen Abhaken kurzfristiger Wissenziele auf Kosten von Lehrzielen höherer Ordnung, beeinträchtigt die für diese Ziele notwendigen, anspruchsvolleren Methoden, führt zu Verbalismus, Fassadenbildung, Hochstapelei, bewirkt Selbsttäuschung über Scheinerfolge, zeitigt Nebenwirkungen wie Lernverdrossenheit, Unredlichkeit, dauernde Abneigung gegen gewisse Fächer oder die Schule überhaupt.

Die schon behandelten Konzentrationsbemühungen haben wenig oder gar keine Erleichterung gebracht. Wie sonst könnte man den Lehrplan entlasten?

## 5.4.2 Entlastung durch Schwerpunktbildung

Wenn niemand alles lernen kann und doch auf nichts verzichtet werden soll, so liegt es nahe, daß die einzelnen *Verschiedenes lernen*. Was dem einen fehlt, gleicht er durch das aus, was er besonders gut versteht, und für die Gesamtheit geht nichs verloren. In einer differenzierten und arbeitsteiligen Kultur scheint daran kein Weg vorbei zu gehen. Die Versuche der Umsetzung sind aber nicht ohne Probleme.

### a) Rangstufung der Schularten

Eine Stoffbeschränkung hinsichtlich Menge und Schwierigkeit gibt es in der Hauptschule gegenüber der Realschule und in dieser gegenüber dem Gymnasium, von der Sonderschule ganz zu schweigen. Über diese Art der »Entlastung« kann sich niemand so recht freuen. Man kann sie aber auch nicht aus der Welt schaffen, und so versucht man immer wieder, sie theoretisch zu rechtfertigen. Das soll am Beispiel der Hauptschule erörtert werden.

### *»Volkstümliche Bildung«*

Volksschulpädagogen in der ersten Hälfte dieses Jahrhunderts, die unter den genannten Folgen überzogener Stoffpläne litten, zugleich aber leidenschaftlich für das Recht ihrer Schüler auf eine umfassende Bildung stritten, sahen die Lösung in einer eigenständigen »volkstümlichen Bildung«. An konkreten, lebensnahen Themen in anschaulich-handelndem Lernen gewonnen, sollte sie eine solide, allseitige Bildung für den »schlichten Menschen« des Volkes sein, andersartig, aber gleichwertig mit der »wissenschaftlichen Bildung« der höheren Schule.

So redlich diese Absichten waren, so fragwürdig waren zum Teil die Begründungen. Man überzeichnete den Gegensatz zwischen dem »volkstümlichen Menschen« und dem »Gebildeten«, glaubte »Wesensunterschiede« feststellen zu können, wo andere nur Gradabstufungen sahen, verharrte in einem statischen, unhistorischen Gesellschaftsbild und, ohne es zu wollen, in einem ständischen Denken. Auch die proklamierte »Gleichwertigkeit trotz Andersartigkeit« verdeckte nicht die faktisch bestehenden Niveauunterschiede in der Schwierigkeit der zu bewältigenden Lernaufgaben, den dadurch erworbenen Fähigkeiten und den daraus folgenden gesellschaftlichen Chancen. So fand die Theorie der »volkstümlichen Bildung« seit den sechziger Jahren entschiedene Kritik. (Lit. Glöckel 1964).

### »Profilierung«

Heute glaubt man, die »Eigenständigkeit und Gleichwertigkeit« der Hauptschule dadurch zu sichern, daß man ihr ein eigenes »Profil« zuschreibt. Wenn aber das Wort »Profil« etwas bedeuten soll, so kann es nur heißen, daß eine Schule etwas hat oder tut, was die anderen nicht auch haben oder tun, worin sie sich kennzeichnend von ihnen unterscheidet. Umgekehrt müssen diese etwas bieten, was man selbst nicht bieten kann oder will. Das aber widerspräche dem Auftrag einer allgemeinbildenden Schule. Sie soll ihren Schülern möglichst viele Seiten der Kultur erschließen und dadurch die vielseitige Entfaltung ihrer Persönlichkeit fördern. Was also sollte man weglassen? Wo immer man versucht, den Gedanken der Profilierung wirklich ernst zu nehmen, erhebt sich lauter Protest. (Lit. Beckmann 1983; Ipfling/Lorenz 1991)

### Fazit

Die Tatsache der unterschiedlichen Lernfähigkeit besteht, und man muß ihr gerecht werden, gleich ob in getrennten Schularten oder in Niveaukursen eines Gesamtschulsystems. Die weniger Lernfähigen haben ein Recht auf ein ihnen gemäßes Bildungsangebot, das ihnen Lernerfolge erlaubt. Sie werden weniger Inhalte auf einfacherem Niveau bewältigen, aber auch ihnen darf keine Entfaltungsmöglichkeit von vornherein verschlossen bleiben. Die Stoffbeschränkungen in ihrem Bildungsgang dürfen letztlich nur von ihnen selbst, nicht von außen her bestimmt werden. Unvermeidbarkeiten müssen hingenommen, sie sollten aber nicht ideologisch harmonisiert werden.

## b) Typisierung der Schularten

Diesen Weg ging man in Realschule und Gymnasium, in letzterem, nachdem der »Utraquismus«, der zugleich an den alten Sprachen festhalten und moderne Sprachen und Naturwissenschaften betreiben wollte, sich als Überbürdung erwiesen hatte. Das Humanistische Gymnasium blieb so bei den alten Sprachen, die Oberrealschule verzichtete auf sie zugunsten einer neuen Sprache und der Naturwissenschaften, das Realgymnasium suchte den Kompromiß. Im Laufe der Zeit trieb das Gymnasium noch mehr »Zweige«, neusprachliche, musische, wirtschafts- und sozialwissenschaftliche, die Kurzform des Deutschen Gymnasiums und andere. Es fiel nicht schwer, für jeden Zweig eine eigene »Bildungsidee« zu ersinnen, um ihn pädagogisch zu legitimieren. Man kam zudem der Eignung und Neigung des Schülers entgegen, plagte ihn nicht mit Dingen, die ihm ewig fremd bleiben würden, und förderte ihn um so mehr in seinen Talenten.

Die Spezialisierung bedeutet freilich auch eine frühe *Einengung*, und irgendwann wird sie fragwürdig, wenn unterschiedliche Bildungsgänge zu gleichen Berechtigungen führen sollen. Der einzelne spürt es, wenn er später im Studium Latein oder ein anderes Fach nachlernen muß, und die Klientel der einzelnen Schulzweige darf sich an der Überzeugung stärken, daß ihr Zweig der edlere oder der nützlichere sei. Letztlich wird die Frage dann politisch entschieden. Pädagogische Bedenken, ob man ohne weiteres ein Fach durch das andere ersetzen dürfe, bleiben hintan.

Die Unterschiede zwischen den Schultypen schrumpfen allerdings zusammen, wenn man die Lehrpläne genauer betrachtet. Die Übereinstimmungen sind größer als die Differenzen, und das rechtfertigt dann doch die gleichen Berechtigungen. Es gibt offensichtlich einen unerläßlichen Grundbestand für alle. Was endlich die spezifischen Bildungsideen der gymnasialen Zweige anlangt, so verlieren diese angesichts der Wahlfreiheit in der Kollegstufe an Überzeugungskraft. (Lit. Blättner 1960; Scheuerl 1970; Zymek in Tenorth 1986).

## c) Spezialisierung in der Berufsausbildung

Am weitesten geht die Spezialisierung in der Berufsausbildung einschließlich der Berufsschulen. Das Wesen des Berufes besteht ja in der Beschränkung auf ein bestimmtes Gebiet im Zusammenwirken und Austausch mit anderen. Aber das scheinbar Selbstverständliche wird auch hier fragwürdig. Immer komplexere und rascher sich wandelnde berufliche Aufgaben erfordern nicht nur immer spezielleres Wissen, sondern auch eine höhere allgemeine Bildung als Grundlage der Flexibilität und des Weiterlernens. Mit dem Begriff der *Schlüsselqualifikationen* sucht man neuerdings dieses anspruchsvolle Ziel zu fassen. Er ist aber noch keineswegs klar, und man hat bisher zwar die Aufgabe erkannt, sie in Theorie und Praxis aber noch nicht bewältigt. (Lit. Reetz-Reitmann 1990; Zabeck 1989; 1994; Hüfner 1992; Schelten 1994)

Sicher ist jedenfalls: Allgemeine Bildung und spezielle Ausbildung wachsen aufeinander zu. Verlängerung der Schulzeit, Berufsgrundschuljahr, Stufenausbildung in übergreifenden Berufsfeldern sind Antworten auf die Entwicklung. Dieser Trend läuft der Spezialisierung entgegen, und er bringt für die Lehrpläne der Berufsschulen mehr Be- als Entlastung (Heid in Tenorth 1986).

### d) Gewichtung durch Haupt- und Nebenfächer

Zur Profil- bzw. Typenbildung gehört notwendig die unterschiedliche Gewichtung von Fächern. Was hier das Hauptgewicht erhält, muß sich dort mit geringerem Anteil bescheiden und umgekehrt. Das trägt sicherlich zur Entlastung bei, aber auch hier stößt man rasch an die Grenze. Es ist nämlich nicht so, daß durch Entscheidung jedes Fach beliebig zum Haupt- oder Nebenfach erklärt werden könne, es gibt eine *objektive Rangordnung der Fächer*.

Haarmann hat sie in den Lehrplänen über zweihundert Jahre hinweg überzeugend nachgewiesen. Muttersprache, Fremdsprache und Mathematik bleiben vorrangig, ihr Auf und Ab bewegt sich innerhalb begrenzter Marken über die Jahrzehnte und die Schulzweige hinweg. So nehmen die Sprachfächer zwischen 49 und 80% der Unterrichtszeit ein; in der Volksschule wird ihr Anteil zeitweise geringer, mit der Aufnahme des Englischen steigt er wieder an. Mathematik hält einen festen Anteil von ca. 15%, die Realien und künstlerisch-praktischen Fächer schwanken demgegenüber stärker. Dies gilt auch für Schulen anderer Länder und Gesellschaftssysteme (Haarmann 1970; 1971).

*Sprache und Zahl* sind offenbar die grundlegenden Fächer der Schule. Sie verlangen eine relative Lückenlosigkeit des Aufbaues, enthalten eine Fülle von Einzelheiten, die ständig präsent gehalten werden müssen. In ihnen Versäumtes läßt sich nur schwer nachholen. Sie zielen nicht nur auf Wissen, sondern auf Können, erfordern langfristiges intensives Lernen, das praktisch nur in der Schule möglich ist. Als »Symbolfächer« liegen sie auf einer anderen Ebene als die Wissens- und die künstlerisch-praktischen Fächer. So haben sie Vorrang vor diesen, jedenfalls im Bereich schulischen Lernens und seiner Ziele. Dagegen helfen keine Deklamationen der »Gleichwertigkeit«, selbst wenn sie amtlich abgesegnet sind. Schüler, Eltern und Öffentlichkeit denken realistischer. Sie werden darin bestätigt durch Stundenanteile und Notendurchschnitte, Vorrückungsbestimmungen und Wahlregelungen, sie werten entsprechend die Zeugnisse und treffen danach ihre Entscheidungen.

Erst *zusätzlich* kann dann in einer Schulart die Arbeitslehre, in einer anderen die Musik oder die Wirtschaftskunde, die Chemie oder der Sport ein weiteres Hauptfach werden. Die grundsätzliche Rangordnung der Fächer bleibt bestehen. (Lit. Konrad 1976)

### e) Wahlfreiheit

*Argumente*

Wäre das nicht die einfachste Lösung des Stoffproblems, wenn man den Schüler selbst entscheiden ließe, was er lernen will? Nur extreme Vertreter einer Pädagogik »vom Kinde aus« haben das in der vollen Konsequenz gefordert. Eine mit dem Alter wachsende Mitbestimmung kann und sollte man dem Schüler aber einräumen:
*Pflichtfächer* sichern den gemeinsamen Grundbestand gesellschaftlicher Kommunikation und Arbeit, den Anspruch auf Berechtigungen, die Vergleichbarkeit mit anderen.
*Wahlpflichtfächer* geben die Entscheidung innerhalb größerer Bereiche frei, die nicht völlig vernachlässigt werden dürfen, und beugen allzu großer Einseitigkeit vor.
*Wahlfächer* erlauben und fördern die Selbsterprobung und auch die produktive Einseitigkeit. Als Arbeitsgemeinschaften, Neigungskurse usw. dauern sie zweckmäßigerweise oft nur ein Halbjahr oder ein Trimester.
Über *Einzelthemen* spricht der Schüler im Rahmen der Klasse mit, wenn es um die Füllung von Freiräumen im Lehrplan geht, und er bestimmt über sie in der *freien Einzelarbeit*, vom selbstgewählten Lernspiel in der Freiarbeit bis zum Thema für die wissenschaftliche Hausarbeit. Unter dem Stichwort »Differenzierung« wurde darüber schon einiges gesagt (2.4).
Differenzierung nach *Neigung* – die sich ja mit der Eignung überschneidet, wenn auch nicht deckt – hat manche Vorzüge. Sie nimmt den Schüler als Person ernst und weckt seine Selbstverantwortung, sie fördert das Interesse und mit ihm den Lernerfolg, der seinerseits die Lernbereitschaft steigert. Sie kann vom Stoffdruck entlasten, kann aber auch zur verfrühten Festlegung und, gerade wegen des gesteigerten Interesses, zur Selbstüberladung und Verzettelung führen. Guter Rat und Erfahrung der Grenzen können manches ausgleichen. Nicht ausschlaggebend ist wohl auch die Sorge, die Wahl könne weniger nach Neigung als nach Berechnung erfolgen, Schüler könnten auf »leichte« Fächer oder bequemere Lehrer ausweichen, um Zehntelnoten feilschen usw. Schwerer aber wiegen die grundsätzlichen Bedenken.

*Gegengründe*

*Erstens:* Wie soll man seine Eignung und Neigung für etwas feststellen, dem man noch nicht begegnet ist? Solches kann eigentlich nur annehmen, wer an die entelechiale Selbstentfaltung des Menschen ohne Einfluß der Umwelt glaubt. Auch Interessen werden gelernt, sicher im Zusammenhang mit Anlagen, aber nicht ohne Begegnung mit Sachverhalten. Der Unterricht soll doch *neue Interessen begründen*, den Schüler an Sachverhalte heranführen, für die er sich erst interessieren kann, wenn er sie gründlich kennengelernt hat. Also muß er sich zunächst für eine Weile pflichtmäßig mit den Gegenständen beschäftigen, damit er überhaupt *wahlfähig werden* kann.

Wenn er es schon wäre, bedürfte er des Unterrichts nicht mehr. Wer bloß auf »spontane« Interessen setzt, liefert den Schüler zufälligen, unkontrollierten Einflüssen aus, beschränkt ihn auf sein gegebenes soziales Umfeld und reproduziert das Bestehende. Er schließt aus dem, was ist, auf das, was sein soll, macht das Faktische zur Norm (Geißler 1981, 36; Brent 1978, 39; Dietrich 1984, 201).

*Zweitens:* Wenn man einen Inhalt für wähl- und abwählbar erklärt, so drückt man damit auch aus, daß er *nicht ganz wichtig* ist. Der Schüler mag sich subjektiv dafür interessieren, aber es fehlt ihm die Bestätigung der objektiven Bedeutsamkeit. Dieser Dialektik ist nicht zu entkommen (Prange 1983, 68).

So ist auch Wahlfreiheit nur eine Teillösung, eine unausweichliche, aber keine voll befriedigende.

## f) Was bleibt?

Vielleicht läßt sich mit Haarmann (1970a; 1971) so etwas wie ein »Strukturgesetz des Lehrplans« erkennen:

Die *quantitative Dominanz der Symbolsysteme* begründet die allgemeine Kulturfähigkeit.

Die *qualitative Vollständigkeit der Wissenssysteme* einschließlich der künstlerisch-technischen Fächer ermöglicht Entfaltung und Selbsterfahrung, verhindert Einseitigkeit und Absonderung, sichert die gesellschaftliche Kommunikation, erlaubt aber eine gewisse Schwerpunktsetzung und fördert somit die Vielseitigkeit der Kultur.

Es gibt also Haupt- und Nebenfächer einmal aus *objektiven* Gründen, und zum anderen hat jedes Fach die Chance, für gewisse Schüler zum *subjektiven* Hauptfach zu werden, das dann mit entsprechendem Nachdruck betrieben wird. In der allgemeinen Stundentafel und dem individuellen Stundenplan sind die Entscheidungen dann dokumentiert. Eine Entlastung bedeutet das freilich nur dann, wenn die für einzelne Fächer gewonnene Zeit nicht wieder intern mit zu viel Stoff belastet wird. Die organisatorische Lösung ist noch keine didaktische.

## 5.4.3 Auswahl nach Brauchbarkeit im Leben

### Motive und Probleme

Vielen scheint die Lösung ganz einfach: Die Schule hat auf das Leben in der gegenwärtigen und zukünftigen Gesellschaft vorzubereiten und demnach überholte, nutzlos tradierte Stoffe auszuscheiden und durch nützliche, gesellschaftlich relevante Themen zu ersetzen. Man zitiert Senecas halb verstandenen Seufzer »Non vitae sed scholae discimus« und fordert von der Schule, den Bedürfnissen des Lebens besser zu dienen. Eine Konsequenz haben wir oben in den »Bindestrich-Erziehungsaufträgen«

kennengelernt. Handelt es sich hier meist um punktuelle, aus einer Notlage stammende Anliegen, so hat Robinsohn (1967) versucht, dieses Kriterium zur systematischen Grundlage der Lehrplanarbeit zu machen. Expertengremien sollten in sorgfältiger Untersuchung der gesellschaftlichen Entwicklung die »Situationen« ermitteln, welchen die Schüler von heute in Zukunft begegnen würden, sie sollten die für die Bewältigung dieser Situationen notwendigen »Qualifikationen« analysieren und im dritten Schritt feststellen, an welchen »Inhalten« diese zu erwerben seien. So stringent diese Ableitung aussieht, sie ist doch voller Fehler.

Das Ganze läßt sich schon praktisch gar nicht durchführen. Es würde nicht nur einen ungeheuren Aufwand und so viel Zeit erfordern, daß die Ergebnisse überholt wären, wenn sie endlich vorliegen. Es setzt weiter voraus, daß man zukünftige Situationen aus der Fortschreibung gegenwärtiger Tendenzen gewinnen könne. Darin steckt der unerfüllbare Anspruch einer Futurologie und zugleich die Resignation vor einer vermeintlich zwangsläufigen Entwicklung. Das, was (angeblich) ist und wird, dient als Kriterium für das, was sein soll. Die Fragwürdigkeit reicht aber noch tiefer.

### Was ist Leben?

Der Verweis auf die Bedürfnisse des »Lebens« ist eine der verführerischsten, aber auch fragwürdigsten Denkfiguren im Bereich der Pädagogik. *Welches Leben ist gemeint?* Das Erwerbs-, das Familien- oder das Freizeitleben, das Leben des Kindes, des tätigen Erwachsenen oder des Greises, das leibliche oder das geistige, das irdische oder das ewige Leben, das Leben wie es ist oder wie es sein soll?

In unserem Zusammenhang wird es meist vordergründig utilitaristisch verstanden: Die Schule soll das lehren, was im späteren Leben *nützlich* ist. Aber schon diese enge Auffassung widerlegt sich selbst. Eine breitere und tiefere Ausbildung läßt auch in praktischen Situationen treffender urteilen und ist damit nützlicher – erst recht in einer so schnell sich wandelnden Zeit wie der unseren. Das gilt schon für die Erwerbsarbeit und erst recht für das Leben in Familie, Geselligkeit und Staat, Kirche und Freizeit. Was könnte hier nicht irgendwo »nützlich« sein?

Und wenn schon nicht nützlich, so doch *sinnvoll!* Es gibt nicht nur praktische Zwecke, es gibt auch das Interessante, Schöne, Faszinierende, das Reich der Phantasie, der Kontemplation und der Betätigung um ihrer selbst willen, lauter Dinge, die das Leben reicher und schöner machen und ihre Rechtfertigung in sich selbst tragen. Die Schule darf sich nicht damit begnügen, das Kind »dem Leben« anzupassen und so dieses bloß zu reproduzieren. Sie muß auch versuchen, ihm Inhalte zu vermitteln, die es ohne die Schule nicht erführe oder doch nicht verstünde, »erwiesene Gehalte«, die dem Geiste die Substanz geben und von denen der Mensch ein Leben lang zehren kann. »Und ein wohl gegründetes, wahrhaft vielseitiges Interesse ... wird selbst zum Lebensplan seine Stimme geben ... was immer der Jüngling bisher dachte, lernte, übte, das trägt bei, ihm den Platz anzuweisen unter Menschen und in sich selber«

(Herbart 1971, 132). Es bestimmt mit, in welche »Situationen« der Mensch künftig einmal gerät. Er hat es nicht gelernt, weil er es brauchen wird, sondern er braucht es, weil er es gelernt hat. Es macht ihn reicher und unabhängiger, verleiht ihm Distanz zu dem Leben, wie es ist, und befähigt ihn zu dessen Beurteilung, Bewältigung, Verbesserung.

Ein Weiteres kommt hinzu: Bei den »Bedürfnissen des Lebens« denken viele nur an die Zeit nach der Schule. Aber auch die *Kinder- und Jugendzeit* ist ein Teil des Lebens, ein gar nicht kleiner, und sie darf nicht allein künftigen Zwecken geopfert werden, sie hat auch als Gegenwart das Recht auf sinnvolle Erfüllung. Nur in der dialektischen Spannung von Anpassung an die Forderungen des Lebens und kritischer Distanz zu ihnen, von erfüllter Gegenwart und eröffneter Zukunft kann die Schule dem Leben als Ganzem gerecht werden.

Es leuchtet ein, daß eine Beschneidung der Inhalte von hier aus nicht leichter, sondern eher schwieriger wird. (Lit. Herbart (1806) 1971, 127ff.; Schleiermacher (1826) 1966, 46; Dewey (1916) 1964, 112, 366; Spranger 1955, 101; 1959; Stöcker 1960, 80ff.; Langeveld 1966, 153ff.; Raschert 1974, 113ff.; 1987, 29; Chott 1988; Kozdon 1993)


### 5.4.4 Auswahl nach dem »Bildungswert«

*Motive*

Auswahl nach Brauchbarkeit im Leben, so gut sie gemeint ist, verliert sich leicht im Alltäglichen und oft Trivialen. Dagegen steht mit aller Schärfe eine »Kulturpädagogik«, begründet schon bei Hegel, ausdrücklich vertreten z. B. durch O. Willmann (1888): Die Menschheit hat im Laufe der Geschichte *Kulturgüter* geschaffen. Diese treten mit eigenem Anspruch auf, *»Bildungsgehalte«* zu werden. Der in ihnen ruhende »Bildungsgehalt« entfaltet im Lernprozeß seinen *Bildungswert* für das Individuum. »Sie sind stofflich gebundener Niederschlag geistigen Lebens, dem geistige Kraft innewohnt und der imstande ist, diese Kraft auf empfängliche Seelen, die mit ihm in Berührung kommen zu übertragen.« (Lehrordnung 1926, 130) Die Inhalte sind nicht nur Mittel der Selbstverwirklichung, sie haben eigenen Rang und Wert, der sich in Generationen erwiesen hat und durch ihre Weitergeltung bestätigt wird. Indem der Mensch sie erlernt, *dient er* ihrer Erhaltung und Weitergabe, und eben dadurch *dienen sie* seiner Bildung.

Am gehalt- und damit am wertvollsten aber ist das »Beste, das Klassische, das Typische, das Charakteristische …« (Willmann 1957, 422), das Große, Bedeutsame, Gültige und Bleibende und deswegen allein oder doch vorrangig Lehrwürdige. Um jede Stunde ist es schade, die man mit Quisquilien vergeudet und der Beschäftigung mit wertvollen Inhalten entzieht. Mit der Beschränkung auf diese wäre das Konzentrationsproblem gelöst. Wer die in ihnen liegenden Bildungswerte erfahren hat, ist auch für die Bewältigung der konkreten Lebensprobleme gerüstet.

## Einschränkungen

Nun hat man sich diese »Bildungswirkung« oft zu einfach vorgestellt, als ob der Bildungsgehalt mit dem Bildungsinhalt aufgenommen würde wie das Vitamin C mit der Zitrone. Welchen »Wert« ein Lehrgut entfaltet, hängt aber auch von *historischen und persönlichen Bedingungen* ab. Was von einer Generation als bildend erlebt wurde, kann für eine andere seine Bedeutung verlieren, und was den einen Menschen »bildet«, läßt den anderen unberührt. Das erspart nicht die Auswahl der Inhalte, die überhaupt die Chance bekommen sollen, ihren Bildungswert zu entfalten. Genau kennt man diesen Wert aber erst hinterher.

Ob und wie der Bildungsgehalt sich erschließt, hängt endlich auch von der Weise des Lernens und damit von der *Methode des Lehrens* ab. Sie kann das Wertvolle im Bildungsinhalt aufdecken, sie kann es auch verschütten. Gutes Lehren kann zwar – aus dem erstgenannten Grund – den »Bildungswert« nicht garantieren, ihn aber doch wahrscheinlicher machen. Darüber später mehr.

## Bleibendes

Die Begriffe »Bildungsinhalt«, »Bildungswert« o. ä. sind eine zeitbedingte, heute vielleicht nicht mehr zeitgemäße Weise, von bleibenden pädagogischen Aufgaben zu reden: von der Frage nach der *inhaltlichen Qualität des zu Lernenden* und der Suche nach den Lehrmethoden, die diese Qualität dem Lernenden erschließen. Was ist nun das Klassische, Bleibende, Gültige? Nur ganz unproduktive Zeiten leben allein von der Substanz des Überlieferten. Jede Generation hat überkommene Inhalte abgestoßen, auch wenn sie den Vorfahren noch so wichtig waren, und neue, eigene an ihre Stelle gesetzt. Das darf aber nicht leichtfertig geschehen, das Neue muß sorgfältig daraufhin geprüft werden, ob es Aussicht hat zu überdauern. Dem Denken in Bildungsgehalten wohnt so zweifellos eine gewisse konservierende oder retardierende Tendenz inne, die zur Gefahr werden kann, aber doch auch notwendig ist.

Vorausgesetzt ist bei allem, daß es überhaupt Qualitätsunterschiede zwischen Stoffen und Kriterien dafür gibt. Ich meine, es gebe sie tatsächlich, und wenn auch niemand die Wahrheit des Urteils über solche Unterschiede für sich allein beanspruchen kann, so kann man doch darüber streiten. Man muß es tun – um der pädagogischen Verantwortung willen. (Lit. Willmann 1888; Weniger (1930), 1965; Klafki 1963; W. Flitner 1965; Sünkel 1981)

### 5.4.5 »Formale« statt »materialer« Bildung

Einer Überschätzung der Inhalte setzt man seit der Zeit der Aufklärung die Idee der »formalen Bildung« entgegen. Sie beruft sich auf die Erfahrung, daß mit dem Lernen einer Sache auch andere Dinge besser gelernt werden bzw. verstanden werden, also auf das Phänomen, das in der Lernpsychologie heute als »Transfer« oder »Übertragung« bezeichnet wird. Die Erklärungen sind unterschiedlich.

#### a) »Kräfteschulung«

*Begründungen*

»... Naturgeschichte soll gelehrt werden, nicht um ihrer selbst willen, sondern um der Jugend Gelegenheit zu schaffen, an der Natur verschiedene Kräfte zu üben ... Zweck des Unterrichts in der Naturgeschichte soll ja bei den Kindern nicht sein die Erlernung derselben, sondern – Übung ihrer Kräfte, wozu die naheliegende Natur hinlänglichen Stoff darbietet...« (Salzmann 1806).

Hier ist die ältere Auffassung klassisch beschrieben: Wie die Turngeräte der Stärkung von Muskeln, so dienen die Lernstoffe der Übung geistiger »Kräfte«. Es kommt gar nicht auf sie selbst an, sie sind nur Mittel für die Bildung des Subjekts.
Solches Denken sollte die radikale Entschärfung des Stoffproblems bringen; es hat aber auch zu anderen Konsequenzen geführt.

Die Pestalozzianer leiteten daraus die Bedeutung der Methode ab und setzten diese Einsicht in lange Beobachtungs-, Denk- und Gedächtnisübungen an nahezu beliebigen Inhalten, dem berühmten »Loch in der Tapete« um.
Das Gymnasium wollte damit die Unverzichtbarkeit der alten Sprachen belegen, an denen man besonders gut »den Geist schulen« könne, womit wieder bestimmte Inhalte gefordert waren. Das Argument ist beliebt, aber stutzig sollte der Zeitpunkt machen, in dem es auftrat: Als die alten Sprachen inhaltlich nicht mehr überzeugten, weil das Vorbild der Antike verloren ging, entdeckte man ihre »formal bildende Wirkung« als Verteidigungswaffe im Rückzugsgefecht.
In Laienkreisen hält man es bis heute für ausgemacht, daß Latein oder Mathematik das »logische Denken« schule, die Leibesübungen den »Willen stärkten« o. ä. Aber auch im pädagogischen Bereich ist die formale Bildungstheorie in immer neuer Form lebendig: in der Rede vom »Vorrang der Lernziele vor den Lerninhalten« und manchen Lernzieltaxonomien; in Robinsohns Ableitung der Inhalte aus Qualifikationen und Situationen und manchen Reformvorschlägen des »Strukturplans« (1970); in einem unzureichenden Verständnis der schon erwähnten »Schlüsselqualifikationen«; in einer Aktivitätspädagogik, der es egal ist, womit die Kinder sich beschäftigen, wenn sie dies nur aktiv und fröhlich tun.

*Gegengründe*

Erstens: In der Rede von »seelischen Kräften« lebt eine veraltete *Vermögenspsychologie* fort, die in Aufmerksamkeit, Gedächtnis, Phantasie, Denken usw. so etwas wie »Organe« der Seele sieht, die einzeln zu trainieren wären. Diese »Kräfte« sind aber Hypostasen, verdinglichte Begriffe, die ohne Bezug auf bestimmte Inhalte (Gedächtnis für Zahlen, für Zusammenhänge usf.) »an sich« nicht nachweisbar sind. So kann man zu jedem Kulturgebiet ein »Vermögen«, eine »Kraft« konstruieren, aber das bleibt ohne Erkenntniswert.

Zweitens: Die vermeintlich geschulten Kräfte sind *nicht allgemein*. Folgerichtiges Denken in Latein sichert noch nicht ein solches in Mathematik oder Physik, und der glänzende Mathematiker kann in Politik oder Psychologie dummes Zeug daherreden. Schon Herbart sagte: »Der Verstand der Grammatik bleibt in der Grammatik, der Verstand der Mathematik bleibt in der Mathematik.« Er und seine Nachfolger setzten auf die inhaltlich gefüllten »Vorstellungskreise« und waren demnach scharfe Gegner der Vermögenspsychologie und der formalen Kräftebildung. Sie werden heute bestätigt durch die Ergebnisse der Lernpsychologie: Der Transfer erfolgt nur innerhalb von Bereichen mit ähnlicher inhaltlicher Struktur.

Damit ist nichts gegen die Bedeutung z. B. des Faches Latein gesagt. Es hat diese aber nicht als Trainingsinstrument eines abstrakten Vermögens, sondern durch seine inhaltlichen Elemente, die es zur Mutter der romanischen und zur Ziehmutter aller abendländischen Sprachen machen, durch die Förderung des Denkens in sprachlogischen, also auch wieder inhaltlich bestimmten Strukturen, und durch Texte mit bedeutsamen Inhalten, die zu den Grundlagen unserer Kultur gehören.

Drittens: Wo die Inhalte »mediatisiert«, als bloße Mittel für subjektive Zwecke betrachtet werden, sieht man allein das *Individuum in seiner Selbstbezogenheit,* dem die Sachen zu dienen hätten, nicht in seiner Verpflichtung, den Sachen als gemeinsamen Anliegen zu dienen, sie zu erhalten, zu verbessern und weiterzugeben. Es ist dies Ausdruck eines modernen Subjektivismus, der am Ende nicht mehr weiß, wofür es sich zu leben lohnt. (Lit. Lehmensick 1926; Martin 1964; Lenné, 120 ff.; Menze 1970; Lohmann 1973; Mayer 1987/I, 76; Weinert 1994; Sünkel 1996, 77 ff.).

### b) Methodische Bildung

Hier werden nicht geheimnisvolle seelische »Kräfte« geübt, hier lernt man, *wie man sich sachgerecht mit Gegenständen auseinandersetzt,* wie man sie zu befragen hat, die Ergebnisse kritisch prüft, festhält und anwendet. Diese Auffassung wurde besonders in der Arbeitsschule vertreten, und sie entspricht den Einsichten der Transferforschung: Übertragen werden einerseits »identische Elemente«, andererseits Lösungsmethoden, Arbeitstechniken, Gesetze und Regeln, Deutungsweisen, Basiskonzepte, Grundbegriffe usw. Dabei hängt das Gelingen von der auf Übertragung zielenden Lehrmethode und von der geistigen Aktivität des Individuums ab.

Solches *»Lernen des Lernens«* ist eine wichtige Aufgabe allen Unterrichts. Aber auch diese Formel liefert keine bequeme Lösung.

Zum einen: Methoden sind *bereichsspezifisch*. Eine Fragestellung, die in Physik eine richtige Antwort ergibt, ist nicht der Mathematik angemessen, und was für die literarische Bewertung eines Textes gilt, reicht nicht für seine historische Analyse. Unangemessene Methoden können mehr Irrtum als Wahrheit bewirken.

Zum anderen: Auch Methoden können nur *an Inhalten* erworben werden, und diese werden mitgelernt, sie bleiben dem Menschen. Damit steht man wieder vor dem Auswahlproblem. Für dieses sollte aber A. Richters Wort gelten: »Ein Unterrichtsgegenstand, der nicht seinen Wert in sich hat, mit dem man beim Unterricht nichts anderes erreichen will, als was sich mit anderem Material schließlich auch erreichen läßt, ist nicht wert, daß er getrieben wird, daß die Schüler mit ihm behelligt werden« (1865a, 27). Ganz ähnlich meinte Hegel, der Stoff, an dem sich der Verstand und das Vermögen der Seele entwickelt, müsse zugleich eine Nahrung sein. Diese Mahnung gilt heute weniger für Lehrplanmacher als für Lehrer, die ihre Gestaltungsfreiheit nicht dazu mißbrauchen sollten, daß sie die Schüler mit Nebensächlichem zusätzlich belasten. Die Frage nach dem Wert der Inhalte bleibt ihnen nicht erspart.

Endlich wird die Bedeutung der Inhalte *und* der Methoden auch von der kognitiven Psychologie unserer Zeit bestätigt. Faktorenanalytische Untersuchungen zur allgemeinen Intelligenz führen auf zwei Hauptfaktoren zurück, auf Operationen und Inhalte. Gute Denkleistungen setzen auch reiches Wissen voraus (Jäger 1982; Weinert/Waldmann 1985; Eigler 1983).

So bleibt Eggersdorfers Lösung, das materiale und formale Bildungsziel dadurch ins Gleichgewicht zu bringen, »daß die Bildungsgüter in ihrer Bedeutung für das letzte Bildungsziel in den Bildungsplan aufgenommen werden, daß sie aber dann von der Bildungsarbeit zu ihrer letzten formalbildenden Wirkung ausgewertet werden« (1961, 48).

### c) Vermittlung: Kategoriale Bildung

Der Streit um »materiale« oder »formale« Bildung kann heute als überholt gelten. Denn es bleibt nicht bei einem unentschiedenen Sowohl – als auch, einem bloßen Nebeneinaner von Inhalten und Methoden. Beide sind enger miteinander verwoben. Die an Inhalten richtig gelernten Methoden sind ja selbst Inhalte, wenn auch von höherem Allgemeinheitsgrad als Einzelinformationen und so ihnen gegenüber »relativ formal«. Wer sie erworben hat, der besitzt *so etwas wie eine neue Kraft*, weitere einzelne Sachverhalte geistig zu bewältigen. In diesem metaphorischen Sinne kann man dann schon von »Kräften« reden als von erworbenen Fähigkeiten zur breiten Anwendung auf Bereiche strukturell ähnlicher Inhalte.

Copei drückt es so aus: Der erste Prozeß einer aus echter Fragehaltung und tiefem Eindringen erwachsenen Aneignung »schafft eine Art Kategorie aller künftigen Auffassungsakte desselben Sinngebietes. Es bleibt eine Vorgeformtheit vom ersten Akt dieser Art zurück, eine erste schmale Bahn zu diesem Sinngebiet ist damit gebrochen, die geistiges Neuland erschließt«, und er zitiert weiter Scheler: »Das ist, wo immer es stattfindet, gleichsam eine Umsetzung von gegenständlichem Wissen in neue lebendige Kraft, immer Neues gemäß einer vom Wissensakt und seinem Gegenstande zurückbleibenden Form und Gestalt der Auffassung und des Auswählens erkennend aufzusuchen und dem Wissen einzuverleiben, eine Umsetzung von Materie des Wissens in Kraft zu wissen – also ein echtes funktionales Wachstum des Geistes selbst im Erkenntnisprozeß« (1969, 71).

Für diese »Form und Gestalt der Auffassung« steht der Begriff der »Kategorie« als der Fähigkeit, weitere Sachverhalte dieser Art sinnvoll zu befragen, verständnisvoll aufzufassen, sachgerecht zu beurteilen. Der Erwerb solcher Kategorien müßte vorrangiges Ziel der Bildungsarbeit sein.

W. Klafki hat dafür den Begriff der *»kategorialen Bildung«* geprägt. »Bildung ist kategoriale Bildung in dem Doppelsinne, daß sich dem Menschen eine Wirklichkeit »kategorial« erschlossen hat und daß eben damit er selbst – dank der selbstvollzogenen »kategorialen« Einsichten, Erfahrungen, Erlebnisse – für diese Wirklichkeit erschlossen worden ist« (1963, 44). Das objektive oder materiale und das subjektive oder formale Prinzip sind darin auf höherer Ebene vereinigt, im dialektischen Sinne »aufgehoben«. (Lit. Klafki 1959, 1963, 1966; Petzelt 1962)

Offen bleibe hier die schwierige, vielleicht unlösbare Frage, ob solche Kategorien allein im Subjektiven begründet sind und so die Gegenstände »konstituieren«, oder ob sie ontische Realität besitzen, d.h. in der Wirklichkeit enthalten sind, ob der Mensch also die Sachverhalte erst schafft, oder ob er sich ihnen erkennend anpaßt. Sie führt auf grundlegende Setzungen zurück, die hier nicht zu erörtern sind. (Lit. Martin 1964)

Wenn Klafki nun weiter meint, »einzig und allein jene Inhalte, die den im Begriff der kategorialen Bildung geeinten Kriterien entsprechen, dürfen im Raum der Bildung einen zentralen Platz beanspruchen ...« (1963, 44), so scheint damit der Weg für »radikale stoffliche Kürzungen« (ebenda) frei. Genau besehen ist aber nur das Ziel bezeichnet. Drei weitere, zentrale didaktische Begriffe sollen den Weg weisen. (5.4.6)


### 5.4.6 Elementares, Fundamentales, Exemplarisches

In diesen drei Begriffen zentriert sich didaktisches Denken in unserer Zeit. Vorübergehend von der Curriculum- und Lernzielwelle zurückgedrängt, erlangen sie wieder neues Gewicht. Denn das Anliegen ist dringlicher denn je: wie in einer immer komplizierteren Welt, vor der verwirrenden Flut sekundärer Informationen, dem Verlust primärer Erfahrungen mit Dingen und Menschen dem Kinde eine grundlegende Orientierung geboten werden könne. Die Namen Spranger, W. Flitner, Wagenschein, Klafki, Scheuerl stehen neben anderen für diesen Denkansatz. Die Autoren setzen verschiedene begriffliche Akzente. Das hat vielleicht mit dem mehrfachen Sinn des Wortes »Element« zu tun, das in unserer Sprache sowohl einen

»Einzelbestandteil« als auch einen »Urstoff« oder eine »Urkraft« bezeichnen kann. Aber das braucht uns hier nicht zu beschäftigen; denn im Wesentlichen, auf das wir uns beschränken müssen, ist man sich einig. (Lit. Spranger 1952; W. Flitner 1965; Klafki 1959; 1963; 1966)

### a) Elementare Grundlegung

»Der menschliche Geist bedarf einfacher Grundverhältnisse, um sich in der Welt zurecht zu finden« (Spranger).
»Die einfachen Urformen des Geisteslebens sind es, die auf unsere Kinder allein klärend und orientierend wirken« (W. Flitner).
»Bildung ereignet sich im Rückgang auf das ›Einfache‹, das der Fülle des Lebens gegenüber ein Allgemeines ist« (Klafki).

Wir wissen es schon aus der Suche nach den Anfangsgründen des Lernens im Lehrgang (4.3.1): Das Elementare ist das von der Sache und vom Schüler her Einfache, das zum Schlüssel für Späteres und Komplexeres werden kann. Es ist immer ein Besonderes, an dem ein Allgemeines gewonnen werden kann, ein prägnantes, in sich sinnvolles »kleines Ganzes«, das zugleich die wesentlichen Sinnmomente des »großen Ganzen« verkörpert. Nicht alle Einzelstoffe eignen sich gleich gut als Elemente eines Faches in diesem Sinne. Ihre Auffindung gleicht einer didaktischen Entdeckung, und sie ist zugleich historisch bedingt und daher nicht notwendig für immer gültig. In den Fächern kann dieses Verhältnis des Besonderen zum Allgemeinen unterschiedlich sein. Es im einzelnen aufzufinden, ist Sache der Fachdidaktiken. Die allgemeine Aufgabe ist die gleiche: Wenn es gelänge, die verwirrende Vielfalt der Inhalte auf solche »Elementaria« zurückzuführen, wäre der *didaktische Schlüssel* zur Lösung des Stoffproblems gefunden.

### b) Fundamentales Bildungserlebnis

Wohl jeder hat schon erlebt, daß ihm ein Buch, ein Bild, eine Theateraufführung oder ein Musikstück, eine Landschaft oder ein politischer Konflikt, ein Werkstück oder eine Mathematikaufgabe nicht nur als solche bedeutsam wurden, sondern daß sie ihm fast schlagartig den Zugang zu einem neuen Bereich der Kultur erschlossen, ihm gewissermaßen ein Fenster aufstießen, durch das er in eine vorher unbekannte, nun aber höchst reizvolle Gegend blicken kann. Ihm ist der *»Bildungssinn«* eines Sachbereiches aufgegangen, der Beitrag eben dieses Kulturgebietes für die eigene Person. Daß jeder Mensch recht viele solcher »fundamentalen« Bildungserlebnisse habe und über sie für möglichst viele Kulturbereiche Verständnis und Interesse gewinne, müßte Ziel der Bildungsarbeit sein.
Nun ist dieses »Fundamentale« in der Schule nur begrenzt zu vermitteln, weil in

ihrem Schonraum die Schüler nicht in den vollen Lebensbezügen stehen, und es ist überhaupt nicht planmäßig zu »machen«, es kann nur individuell erfahren werden (Steindorf 1981, 90). Es ist aber durch guten Unterricht wahrscheinlicher zu machen.

»Wer einmal ein Teilgebiet mit Liebe durchgearbeitet, eine geographische Landschaft, eine Pflanze …, eine Zeitperiode, der hat nicht nur die Lust, sondern auch die Kraft sich erworben, in späteren Zeiten andere geschlossene Gebiete dieser Art mit Erfolg zu durchwandern; wer aber niemals den Segen der Vertiefung an sich erfahren, der wird auch nie danach trachten, sondern oberflächlich bleiben sein Leben lang« (Kerschensteiner 1899, 87).

»Vertiefung« ist die Forderung, auf die wir auch hier stoßen. Sie ist nur in der Beschränkung auf ausgewählte Themen zu erreichen.

### c) Exemplarische Lehre

Der Begriff ist heute eng mit dem Namen M. Wagenscheins verbunden, obgleich – was er selbst betont und belegt hat – die Idee nicht neu ist und auch andere Autoren wesentliche Beiträge geleistet haben. Wagenschein aber hat sie in besonders geistvoller Weise begründet und in die Tat umgesetzt. Die Prinzipien seines Lehrens kennen wir bereits aus früheren Beispielen (3.2.4c, 4.2.8): *gründliche Vertiefung in geeignete Themen, Einstieg* als unmittelbare Begegnung mit dem problemhaltigen Sachverhalt, ausführliche *Entfaltung des Problems,* langes *Verweilen bei den Phänomenen* in engster Sachbegegnung, wenn immer möglich *genetischer Nachvollzug* des Erkenntnisweges, *selbständiges Suchen* der Lösung unter geduldiger sokratischer Führung. (Lit. Wagenschein 1965a; 1975; Scheuerl 1958; Gerner 1966; Köhnlein 1973; Klafki 1985; Oblinger 1985)

*Sach- und Fach-Exemplarisches*

Obwohl – oder weil – Wagenscheins Beispiele so überzeugend sind, wird er in seiner Auffassung des exemplarischen Prinzips nicht selten mißverstanden. Die häufigste Fehldeutung liegt dort vor, wo man den Sinn exemplarischer Lehre darin sieht, daß ein Sachverhalt zum »Exempel« für eine Reihe anderer einzelner »Exemplare« eines Faches werden solle.

Man kann in Geographie nicht alle Wüsten behandeln, braucht es auch nicht zu tun, weil am Beispiel der Sahara oder der Gobi die Eigenart der Wüste und des Lebens in ihr deutlich wird. Das Leben in einer bestimmten mittelalterlichen Stadt steht für städtisches Leben in jener Zeit, das Wirken des Bonifatius für das vieler anderer Missionare, ein klassisches Drama für andere Dramen dieser Epoche, der Bestäubungsmechanismus einer Pflanze für solche Mechanismen überhaupt usf.

Solches ist natürlich möglich, und es geschieht auch allerorten. Aber mit diesem Verständnis – ich nenne es die Ebene des »Sach-Exemplarischen« – ist der eigentliche

Sinn exemplarischer Lehre nicht getroffen. Es ist nicht neu, weil man schon immer so verfahren ist, gar nicht anders verfahren konnte, und es ist wenig hilfreich, weil es die Stoffülle so wenig bannen kann wie die bisherigen Ansätze. Für solche »Beispiele«, »Typen«, »Fälle« gibt es kein System, keine Kriterien der Auswahl und Begrenzung.

Das eigentlich Gemeinte liegt auf einer anderen Ebene. Der zu behandelnde Sachverhalt steht hier nicht beispielhaft für andere Einzelgegenstände, sondern für das *»Wesen« des Faches überhaupt,* für Grundeinsichten, sachgerechte Fragestellungen, Verfahrensweisen, »Kategorien«, für den spezifischen Beitrag des Faches zur Erkenntnis der Welt und seine Grenzen, für das »fundamentale« Erlebnis des persönlichen Bildungssinnes.

Das meint Wagenschein, wenn er nicht »Stoffziele«, sondern ʒFunktionsziele« anstrebt, z. B. »Erfahren, was in der exakten Naturwissenschaft heißt: verstehen, erklären, Ursachen finden«, »Erfahren, wie man ein Experiment ausdenkt, ausführt, auswertet und aus ihm die mathematische Funktion gewinnt«, »Einsicht gewinnen, was in Physik ein ›Modell‹ ist«, »Physik als einen ›Aspekt‹ der Natur erkennen« usw. Es spricht am deutlichsten aus seinen zwei Hauptthesen: »1.: Je tiefer man sich eindringlich und inständig in die Klärung eines geeigneten Einzelproblems eines Faches versenkt, desto mehr gewinnt man von selbst das Ganze des Faches. 2.: Je tiefer man sich in ein Fach versenkt, desto notwendiger lösen sich die Wände des Faches von selber auf und man erreicht die kommunizierende, die humanisierende Tiefe, in welcher wir als ganze Menschen wurzeln, und so berührt, erschüttert, verwandelt und also gebildet werden« (1965a, 229).

Auf dieser Ebene, ich nenne sie das *»Fach-Exemplarische«,* liegt der eigentliche Sinn und Wert exemplarischer Lehre (Glöckel 1979, 146 ff.; vgl. Peterßen 1988, 300).


## Gegenprinzip: Orientierendes Lehren

Kein didaktisches Prinzip kann alles leisten, auch nicht das exemplarische.

So kann man in Geschichte in exemplarischer Vertiefung – und nur in ihr – die historische Fragestellung und Methode erlernen und aus der Erfahrung, »wie es in der Geschichte zugeht«, Menschen- und damit Selbsterkenntnis gewinnen. Geschichte soll aber auch über die gegenwärtige Situation und die in ihr gestellten Aufgaben aufklären, und für diese »Standorterhellung« muß man um den historischen Zusammenhang wissen, die Kontinuität und die Brüche in seiner Entwicklung, um die vielen Fäden, mit denen die Gegenwart an ihn geknüpft ist.

An einem geographischen Exempel kann das Verhältnis von Mensch und Raum deutlich werden. Man braucht aber auch die Orientierung auf der Erdoberfläche, wenn man das heutige Weltgeschehen verstehen soll.

Die Eigenart mathematischen Denkens kann in Wagenscheins Beispielen zum unvergeßlichen Eindruck werden. Dieser ersetzt aber nicht den systematischen Lehrgang, in dem keine wesentlichen Lücken bleiben dürfen, ja er setzt ihn sogar ein gutes Stück voraus (vgl. Lenné 1969, 62 ff.).

Auch Wagenschein weiß, daß exemplarisches Lehren nur »im Rahmen eines Überblicks« möglich ist, daß man über gewisse Dinge einfach »informiert« sein muß, ohne sie im letzten verstanden zu haben, daß exemplarische Tiefenbohrungen nur in eine »zuvor gelegte Grundlandschaft« hinein erfolgen können. Er redet bildlich von »Verdichtungen und Verdünnungen« im Lehrgang, von »Inseln und unterirdisch sie verbindenden Gebirgszügen«. H. Roth hat (1957) dafür den Begriff des *orientierenden Lehrens* geprägt. Es geht bewußt nicht in die Tiefe, sondern in die Breite, sichert Zusammenhang, Überblick und Einordnung, vielseitige Informiertheit und Weite des Horizonts.

Exemplarisches und orientierendes Lehren sind aufeinander bezogen. Nur auf der Grundlage orientierend erworbener Informationen kann man exemplarisch in die Tiefe bohren, und nur wer auf diese Weise Kategorien erworben hat, kann das orientierend Gebotene wirklich verstehen (H. Roth 1983; Klafki 1985, 101 f.).

*Fachliche Besonderheiten*

Exemplarische Lehre taugt nicht gleich gut für alle Fächer.

Hier ist allerdings zunächst eine *Fehlauffassung* abzuwehren, auf die man immer wieder stößt: das exemplarische Prinzip sei wohl den auf Gesetzmäßigkeiten gerichteten Naturwissenschaften, nicht aber den von individuellen Sachverhalten handelnden Geisteswissenschaften angemessen. Daraus spricht ein fundamentales Mißverständnis; denn die Methodenunterschiede zwischen den Wissenschaftsbereichen – die sich keineswegs in ein solch simples Zweierschema pressen lassen – werden von der Frage des Exemplarischen gar nicht getroffen. Auf der Sachebene können Einzelsachverhalte einander sowieso nur begrenzt vertreten, und auf der Fachebene können die spezifischen Erkenntnismethoden und der Bildungssinn des Faches hier wie dort nur in der gründlichen Vertiefung erfahren werden.

Unabhängig davon gibt es natürlich *Unterschiede zwischen den Fächern.* In den Sprachen muß jede Vokabel, jedes Idiom, jede grammatische Regel samt ihren Ausnahmen einzeln gelernt werden, und Ähnliches gilt für die praktischen, musischen und sportlichen Techniken. Mit vertieftem Einzelbeispiel ist hier so wenig getan wie mit orientierender Übersicht. Wohl aber kann im Üben am sprachlichen Text, am Instrument, Werkzeug oder Turngerät der »fundamentale« Sinn solchen Tuns erfahren werden. In den meisten Fächern haben beide Weisen des Lernens ihren Platz, ja sogar ihre Notwendigkeit, wenn auch in unterschiedlicher Gewichtung und Ausführung. Sie zu bestimmen, ist Aufgabe der Fachdidaktiken.

Ausubel weist endlich noch darauf hin, daß beim Verhältnis von »Umfang und Tiefe« auch die *Altersstufen* zu bedenken seien. Kinder der Elementarschule brauchten mehr die Breite als die Tiefe, sie bedürften vielseitiger Anregung und Information, um sich in der Welt zu orientieren und Interessen zu lernen, ihre geistige Kapazität und ihre Aufmerksamkeitsspanne reichten für komplexere Aufgaben noch nicht aus. Auch ein orientierender Unterricht könne klar, solide und valide sein. Ausubel gesteht »gelegentlich« schon der Elementarschule eine »Einführung von atypischer Tiefe« zu, »um den Schülern eine Idee von Wissenschaft und Forschungsmethodik zu vermitteln« (1974, I, 242 ff.; vgl. 3.2.5 b). Er setzt also den Akzent anders, aber auch er weiß um die grundsätzliche Notwendigkeit sowohl des orientierenden wie des exemplarischen Lehrens.

### d) Zusammenschau

Der Leser mag den Eindruck haben, daß sich in den letzten Abschnitten die Argumente wiederholten. Tatsächlich überschneiden sich die behandelten Begriffe, sie setzen nur verschiedene Akzente innerhalb des gleichen Programms:
– Beim »Elementaren« liegt das Schwergewicht auf der Frage nach den einfachen, aufschließenden *Anfangsgründen*,
– beim »Fundamentalen« auf dem *subjektiven Erleben* des Bildungssinnes und dem Offenwerden für Kulturbereiche,
– beim »Exemplarischen« auf der Auswahl geeigneter Themen und ihrer vertiefenden Behandlung, also auf *Verfahrensfragen*,
– beim »Kategorialen« auf dem Erwerb von Fragestellungen und Methoden als dem *Ziel* solcher Arbeit.

*Unterricht muß »die für einen Umkreis zusammenhängender Erscheinungen bestimmenden Inhalte herausheben (= das Exemplarische auswählen), diese Inhalte nicht nur hinsichtlich ihrer Besonderheit, sondern des in ihnen zum Ausdruck kommenden allgemeinen Gehalts durchlichten (= das Elementare aufsuchen), diese Gehalte auf ihren grundlegenden Sinn für das Verhältnis von Mensch und Welt befragen (= zum Fundamentalen vorstoßen), das Ergebnis zu klaren Begriffen und damit zu weiterführenden Denkinstrumenten ausformen (= Kategorien gewinnen)«* (Heinisch 1966, 64 f.).

Besser kann man den Anteil der Begriffe am gemeinsamen Anliegen nicht ausdrükken. Es ist im Grunde das gleiche Anliegen, dem wir in den Überlegungen zu »Bildungsgehalt« und »Bildungswert« in anderer Begrifflichkeit begegnet sind, (5.4.4), das in Herbarts Wechsel von »Vertiefung und Besinnung« angestrebt war (3.2.2 a), das als »Tiefenkonzentration« (5.3.4 b) manche äußeren Konzentrationsbemühungen überflüssig macht: *daß das einzeln Gelernte nicht als solches stehen bleibe, sondern über sich hinaus weise und in den großen Zusammenhang eingeordnet werde – durch geistvollen, den Geist weckenden, guten Unterricht.*

Wieder aber müssen wir feststellen: Wir haben eigentlich nur Kriterien für die Unterrichtsmethode gewonnen, nicht für die Stoffauswahl. Immerhin folgt für diese indirekt,
– daß dabei auch die Eignung des Themas für die exemplarische Behandlung zu berücksichtigen ist, und
– daß Stoffbeschränkung tatsächlich die unabdingbare Voraussetzung für guten Unterricht ist.

Das Ringen um die Auswahl der Stoffe im einzelnen bleibt nicht erspart. Sie sind nicht nur Mittel zum Zweck, sie haben Eigenwert und müssen diesen vor der Aufnahme in den Lehrplan erweisen.

## 5.4.7 Suche nach allgemeinen Auswahlprinzipien

Trotz aller bisherigen Gegenargumente müßte es doch übergeordnete Gesichtspunkte geben, um aus der Uferlosigkeit der Lehrstoffe zu einer begründeten Auswahl zu kommen.
Worin könnten sie bestehen?

### a) Richt- oder Leitziele

Im Zuge der Curriculumreform hatte man zeitweise geglaubt, man könne zu den Einzelinhalten bzw. -zielen kommen, indem man sie aus allgemeinen Richt- oder Leitzielen – Mündigkeit oder gar Emanzipation, Kommunikationsfähigkeit, Kritikfähigkeit u. a. – auf deduktivem Wege »ableitet«. Das erwies sich bald als Irrtum. Einzelziele sind in den übergeordneten nicht enthalten und können nicht ohne logische Erschleichung aus ihnen abgeleitet werden.

Dem Leitziel »Mündigkeit« könnte z. B. das »Nachrechnen von Preisabschlägen« ebenso dienen wie das »Durchschauen von Werbestrategien«, aber auch das Jesuwort Mt. 16,26 »Was hülfe es dem Menschen, wenn er die ganze Welt gewönne und nähme doch Schaden an seiner Seele?« In allen Fällen trägt man zusätzliche Momente hinein, die in der allgemeinen Formulierung des Leitziels nicht enthalten sind und somit einer eigenen Begründung bedürfen.

Hinzu kommt, daß erst die Behandlung darüber entscheidet, ob der jeweilige Inhalt dem höheren Ziele dient. Ob z. B. das Thema »Marxens Lehre vom Mehrwert« politische Mündigkeit oder kritiklose Unterwerfung unter das Dogma fördert, ist nicht im Thema selbst festgelegt. Immerhin dürfen Inhalt und Methode den obersten Zielen nicht widersprechen, und insofern haben diese eine gewisse, wenn auch in der Praxis äußerst vage Kontrollfunktion. Ihr Wert liegt auf einer ganz anderen Ebene, in der immer notwendigen Besinnung auf Sinn und Ziel der Bildungsarbeit. Für die inhaltliche Beschränkung geben sie praktisch nichts her.

### b) Kriterienlisten

Robinsohn empfahl im Zuge der Curriculumrevision »drei Sätze von Kriterien für die Auswahl von Bildungsinhalten«:
»1) Die Bedeutung eines Gegenstandes im Gefüge der Wissenschaft, damit auch als Voraussetzung für weiteres Studium und weitere Ausbildung;

2) Die Leistung eines Gegenstandes für Weltverstehen, d. h. für die Orientierung innerhalb einer Kultur und für die Interpretation ihrer Phänomene;
3) die Funktion eines Gegenstandes in spezifischen Verwendungssituationen des privaten und öffentlichen Lebens« (1967, 47).

Bei den Kriterien 1 und 3 geht es um jeweils spezielle Zwecke, die selbst wieder der Rechtfertigung bedürfen. Mit dem Kriterium 2 ist so etwas wie »Allgemeinbildung« angesprochen – und zugleich der Uferlosigkeit anheim gegeben. Denn was in der Welt könnte der Orientierung in ihr nicht dienen?

Den Robinsohnschen Kriterien ähneln die unter 3.3.1 c aufgeführten Überlegungen zur Begründung von Unterrichtsvorhaben aus übergeordneten Zielen, dort ergänzt durch den Aspekt der Erziehung zur Verantwortung. Sie unterliegen der gleichen Kritik. Sie sind deswegen nicht nutzlos. Aber sie dienen in erster Linie einem besseren Verständnis schon gegebener Inhalte als Grundlage der Unterrichtsvorbereitung, die aus Inhalten erst »Themen« machen muß, wohl auch zur Ausscheidung gänzlich abseitiger Stoffe. Mit ihnen ließen sich immer noch viel, viel mehr Inhalte rechtfertigen, als tatsächlich aufgenommen werden können. Solche Auswahlkriterien »sagen nicht nichts« (Steindorf 1981, 85), aber sie sagen zu wenig für die Frage der Stoffauswahl.

## c) Vollständigkeit der Sinnrichtungen

In der Konsequenz der »kategorialen Bildung« läge es, sich nicht in der Vielfalt der Stoffe zu verlieren, sondern sich auf die wesentlichen Gegenstandsbereiche zu beschränken, für die jeweils bestimmte Kategorien gelten, und so doch in die wesentlichen »Sinnbereiche« einzuführen.

Dieser Ansatz findet sich schon in *Herbarts* (1806) Interessenlehre: Die »gleichschwebende Vielseitigkeit des Interesse« fordert die Berücksichtigung von sechs »Gliedern«: die drei Interessen der *Erkenntnis* des Mannigfaltigen (empirisch), seiner Gesetzmäßigkeit (spekulativ), seiner ästhetischen Verhältnisse (ästhetisch), und die drei Interessen der *Teilnahme* an der Menschheit (sympathetisch), an der Gesellschaft (sozial) und an dem Verhältnis beider zum höchsten Wesen (religiös) (1971, 78).

*W. Flitner* möchte die Hochschulreife an die »Initiation« in fünf Sach- und Fragehorizonte der geistigen Welt binden: die philosophische Fragestellung, die theologische Fragestellung, die dichterische Symbolisierungsweise, die naturwissenschaftlichen Denkformen, die hermeneutischen, philologisch-historischen Denkweisen; denn »die Einheit dieser fünf Verfahrensweisen ist die Einheit des modernen Geistes« (1961, 40 f.).

*v. Hentig* kennt in gleicher Absicht fünf »Funktionsziele« einer allgemeinen wissenschaftlichen Propädeutik, die jeder Schüler erreichen müßte: »Abstraktion und Kommunikation« (Sprache) – »Quantifizierung und Relationierung« (Mathematik) – »Vereinbarung und Entscheidung« (Politik) – »Experiment und Objektivierung« (Naturwissenschaften) – »Kreativität der Wahrnehmung und Gestaltung« (Kunst) (1971, hier nach Lüth 1983, 635; weitere Beispiele s. Kaiser 1975, 95 ff.).

Abgesehen davon, daß der Bildungsauftrag des Gymnasiums nicht nur in wissenschaftlicher Propädeutik besteht, ist auch innerhalb dieses engeren Zieles die Verallgemeinerung wohl zu weit getrieben. Biologie kann nicht die Physik ersetzen, und »Sprache« wird erst dort zum Problem, wo es darum geht, welche Fremdsprachen und wie viele von ihnen tatsächlich zu lernen seien. Die Begründung der Funktionsziele mag geistvoll sein, sie ist nicht zwingend.

Letztlich laufen auch diese Versuche, wie schon die Beispiele unter 5.3.1, auf eine Um- oder Neuordnung des schon Gegebenen hinaus. Sie mögen dieses besser verständlich machen, aber auch von ihnen ist keine Hilfe für unser Anliegen zu erwarten.

### d) Schichten des Lehrplangefüges

Erich Weniger hat in seiner Lehrplantheorie (1930) zu zeigen versucht, daß die Inhalte auf verschiedenen Ebenen der Bedeutsamkeit liegen.

Er unterscheidet drei »Schichten des Lehrplangefüges«:
In der ersten Schicht verkörpert sich das »Bildungsideal« einer Generation, nicht im Sinne einer abstrakten Konstruktion wie die oben genannten »Richtziele«, sondern als Verdichtung all dessen, was als »überhöhende Gemeinsamkeiten« jenseits aller Unterschiede und Wichtigkeiten von allen Gliedern der Gemeinschaft bejaht wird. Es ist im Kern wohl identisch mit der »existentiellen Konzentration« auf die der Generation gestellten Aufgaben, die wir (unter 5.3.2 e) schon kennengelernt haben.
In einer zweiten Schicht liegen die »geistigen Grundrichtungen und die Kunde«. Sie eröffnen die »Fülle und Vielseitigkeit des Lebens«, vermitteln »Grunderlebnisse, in denen der Zusammenhang des Lebens aufgeht«, »Kategorien zur Beherrschung der Welt und des Lebens überhaupt«, sichern die Kontinuität der Überlieferung und bereiten den Menschen auf Aufgaben vor, die in der Gegenwart noch nicht abzusehen sind.
»Kenntnisse und Fertigkeiten« machen die dritte Schicht aus. Sie sind Grundlage sowohl für die Bildungsarbeit in den anderen Schichten wie auch für die Bewältigung des Alltagslebens. Obwohl von niedrigerem Range, nimmt diese Schicht den größten Raum im Lehrplan und in der Unterrichtspraxis ein. Das didaktische Problem besteht hier darin, diese oft mühselige grundlegende Arbeit im Blick auf die eigentlichen Zwecke zu tun und ihr so einen pädagogischen Sinn abzugewinnen (Weniger 1965; Klafki 1970 II, 74 ff.; Blankertz 1969, 116 ff.; Beckmann in Ruprecht 1975, 98 ff.).

Wenigers Lehrplantheorie macht stärker das bewußt, was in den anderen Ansätzen auch vorausgesetzt ist: *die Geschichtlichkeit* allen Ringens um die Lehrpläne und die unterschiedliche Ranghöhe der Inhalte. Zugleich setzt sie, wie jede Theorie, der bloßen Faktizität die systematische Überlegung entgegen, die das Gegebene nicht nur ordnet und nachträglich rechtfertigt, sondern auch immer zur Distanz und damit zur Kritik am Überkommenen verhilft. Insofern sind solche Theorien nicht nur nicht nutzlos, sondern dringend geboten – als immerwährendes Streben nach Vergewisserung über das eigene Denken und Tun. Aber sie setzen die Fülle des historisch Gegebenen schon immer voraus und bewegen sich auf einer so hohen Allgemeinheitsebene, daß sie für die konkrete Entscheidung zwischen konkurrierenden Inhalten kaum etwas leisten können.

Diese Entscheidung kann, das sollte inzwischen klar geworden sein, nur auf der konkreten Ebene erfolgen.

## 5.4.8 Lehrplanwirklichkeit und pädagogischer Auftrag

### a) Ringen um das konkret Machbare

Praktische Lehrplanarbeit geschieht nie erfolgreich in der Weise, daß zuerst die allgemeinen Gesichtspunkte im Sinne des vorigen Kapitels aufgestellt und dann aus ihnen Inhalte abgeleitet würden. Zunächst sind die Stoffe selbst da mit dem Anspruch, in den Lehrplan aufgenommen zu werden, vertreten durch Menschengruppen, die sie für wichtig halten und sich mit aller Macht für sie einsetzen. Erst hinterher dürfen die Pädagogen dann die Inhalte zu Lehrzielen verarbeiten. Das müssen sie dann auch tun, weil, wie wir schon wissen, Inhalte erst durch eine Zielsetzung zu unterrichtlichen Themen werden (3.3.1). Deswegen ist auch die Rede vom »Primat der Ziele vor den Inhalten« nicht richtig. Sie entspricht nicht den tatsächlichen Gegebenheiten in der historischen Situation, sie enthält den logischen Fehler, daß ein Lehrziel ohne inhaltliches Moment vom Begriff her gar keines wäre, und sie birgt endlich noch die Gefahr der Verfälschung des Eigenrechts der Sache zu irgendwelchen Zwecken.

Nicht um allgemeine Prinzipien, sondern um jedes einzelne Fach und jeden Einzelinhalt wird gerungen. An dieser Front kämpft der Pädagoge für seine Schüler darum, daß man sich auf das Machbare beschränke, um solide, redliche Unterrichtsarbeit zu ermöglichen. Selbstverständlich tritt er auch dafür ein, daß ihnen nichts Wichtiges vorenthalten werde, aber in der Praxis ist das seine geringere Sorge. Viel häufiger muß er Ansprüche abwehren, weil sie von Anfang an überzogen oder als einzelne zwar zu rechtfertigen sind, sich aber gegenseitig im Wege stehen. Er muß fortwährend daran erinnern, daß auch auf dieser Ebene das didaktische Dreieck gilt, daß es nicht genügt, Inhalte und Ziele aufzustellen, daß auch die Voraussetzungen bei den Schülern und das Feld der Bedingungen zu berücksichtigen sind. Eben darauf wird bei Lehrplanforderungen gerne vergessen. Lehrpläne werden leicht zu Wunschzetteln, zu deren Erfüllung man auf so etwas wie Wunder hofft.

Also wird der Pädagoge immer von neuem hartnäckig danach fragen,
- was und wieviel Schüler der jeweiligen *Altersstufe* überhaupt erfassen und verstehen können,
- was Schülern unterschiedlicher *Befähigung* zuzumuten ist, welche Richtungen und Grade der Differenzierung sich als notwendig erweisen,

– was in der verfügbaren *Zeit* sinnvollerweise zu schaffen ist,
– was unter den Bedingungen und mit den Mitteln von *Schule* überhaupt erreicht werden kann.

## b) Pädagogische Selbstbescheidung

Oben (5.4.1) sind wir darauf gestoßen, daß eine wesentliche Belastung mit Inhalten aus der Menge spezieller Aufträge zur Behebung aktueller Notlagen folgt, und haben behauptet, daß darin ein Denkfehler stecke. Bei genauer Betrachtung sind es sogar mehrere. Gewiß ist es eine löbliche Absicht, ja eine unausweichliche Pflicht, konkrete Aufgaben der Gegenwart in der Schule anzusprechen, verwirklicht sich doch darin so etwas wie Wenigers »existentielle Konzentration« (5.3.2 e). Gleichwohl darf man die Möglichkeit von Schule zur Bewältigung solcher Aufgaben nicht überschätzen:

1. Was man dem jungen Menschen hier als Aufgabe vorstellt, wird er erst viel später als Erwachsener in verantwortliches Handeln umsetzen können. Kann man im voraus wissen, was das sein wird? Haben wir jetzigen Erwachsenen in der Schule von den Problemen erfahren, die uns heute plagen? Hätten wir davon erfahren können?

2. Wenn wir die nächste Generation auf unsere Probleme und Antworten festlegen wollen, leugnen wir ihr Recht, sich eigene, vielleicht ganz andere Aufgaben zu stellen.

3. Für viele der drängenden Probleme sind die Lösungswege umstritten. Welche sollten wir als die »richtigen« lehren, ohne dogmatisch zu werden?

4. Man kann mit solchem Tun auch das Gegenteil des Erstrebten erreichen, wenn man es zu penetrant oder auf der falschen Altersstufe oder durch Lehrer betreibt, die ihre Lehre selbst nicht leben.

5. Man darf jungen Menschen nicht zu viele Welt- und Gesellschaftsprobleme aufladen. Erst aus einem grundlegenden Vertrauen in Welt und Menschen wächst die Kraft, das Widrige zu ertragen und zu überwinden.

6. Der Auftrag an die Schule wird leicht zum Alibi für die Erwachsenen, die zur eigenen Lösung nicht willens oder fähig sind, notwendige Verzichte nicht leisten mögen und das Problem via Schule an die nächste Generation abschieben.

7. Was kann man in der Schule schon wirklich tun? Gerade weil sie Schonraum ist und sein soll, können die Schüler in ihr gar nicht viel verantwortliches Handeln beweisen. Es bleibt letztlich beim Reden und symbolischen Tun mit den bekannten Grenzen seiner Wirksamkeit.

8. In all dem liegt eine Überschätzung der Möglichkeit von Erziehung überhaupt, die reales, verantwortliches gesellschaftliches Handeln nicht ersetzen kann, sondern von ihm lebt (vgl. Kob 1976).

Die Schule darf sich nicht überladen lassen und nicht selbst überfordern. Sie wird ihren Beitrag zur Orientierung in der Zeit leisten und auch notdürftigen Ersatz anbieten, wo die erwachsene Generation versagt. Sie muß sich aber laut und hartnäckig gegen die ihr angesonnene Alibifunktion wehren und die Verantwortung der Erwachsenen anmahnen. Sie sollte sich nicht anmaßen, unmittelbar die Welt zu verbessern. Sie sollte ihren eigenen Bereich in Ordnung bringen als ihren Beitrag zur Verbesserung der Welt. Er besteht in der Gestaltung des inneren Raumes zu einer Stätte humanen Zusammenlebens und der Erledigung konkreter, den Kräften angemessener Aufgaben. Nicht in der Erziehung »zu . . .«. sondern in der Erziehung »in« konkreten Situationen und »an« konkreten Aufgaben erfüllt sie ihren Erziehungsauftrag (Glöckel 1985a 344ff.). Auch darin steckt ein Stück Bescheidung auf das Machbare – um der Solidität des Erreichbaren und der Redlichkeit willen. (Vgl. 6.4)

### c) Lehrplanevaluation

Woher weiß aber der Pädagoge, was machbar ist und was nicht? Er weiß es letztlich nur aus der gesammelten und systematisch kontrollierten *Erfahrung*. Diese ist nicht absolut gültig; sie beschränkt sich auf das, was man schon getan hat. Wagender Versuch kann sie korrigieren, aber der gute Wille garantiert nicht schon den Erfolg. Gerade im Lehrplanbereich hat man sich immer wieder zu sehr von Wünschen bestimmen lassen und Erfahrungen beiseite geschoben. Unerläßlich ist daher die dauernde *Evaluation* des tatsächlich Erreichten (vgl. 6.3.5).
Auch dann wird es immer wieder zur Kollision zwischen gleichberechtigten Anliegen kommen. Die letzte Entscheidung wird dann politisch fallen, was unausweichlich und daher im Prinzip legitim ist. Damit rückt das *Verfahren* der Lehrplanerstellung wieder in den Blick. Es muß den Grundsätzen eines demokratischen Gemeinwesens entsprechen, und so wird diese »letzte« Entscheidung eine vorletzte sein. Die politische Macht darf nur das unbedingt Notwendige festlegen, sie muß Freiräume für die letzten Entscheidungen durch lokale Gremien, Kollegien, den Lehrer und nicht zuletzt die Klasse und den Schüler lassen. Über den endlichen Erfolg entscheidet dieser sowieso in seinem Lernverhalten.
Es bleibt die Einsicht:
*Qualitative Vollständigkeit der »geistigen Sinnrichtungen« oder »Interessen« bei strenger Sparsamkeit im Quantitativen, Konzentration auf das Wesentliche und Gute statt Zersplitterung in Trivialitäten sind Maßstab und Ziel guter Lehrplanarbeit.* Allgemeine Prinzipien können dabei die Richtung weisen. Sie ersparen nicht das zähe Ringen um jeden Einzelinhalt auf allen Ebenen der Verantwortlichkeit für das, was gelehrt werden soll.

## d) Das Stoffproblem ist unlösbar

Alle Ansätze haben sich als mehr oder weniger sinnvoll erwiesen, keiner kann das Problem der Inhalte lösen. Es scheint tatsächlich unlösbar zu sein. Warum ist das so?

Ein wenig sind wohl auch die *Pädagogen* schuld. Fachegoismen, standespolitische Interessen, Schielen nach der jeweils nächsthöheren Schulart, Streben nach äußerem Prestige sind auch ihnen nicht fremd, und all das trägt zur stofflichen Überladung bei. Daneben gibt es leider auch didaktische Inkompetenz.

Ehrmann hat bei seinen Befragungen zum Politikunterricht häufiger bei »weniger begabten« Lehrern die Aussage gefunden, sie kämen mit dem Lehrstoff gut zurecht. Gute Lehrer klagten am meisten über die Stoffmenge, die nicht zu bewältigen sei (1966, 42).

Wenn demnach Dörpfeld meinte, »Tradition, Unwissenheit und Prahlsucht« schürzten den Knoten der Stoffüberladung, so traf er wohl schwache Punkte. Aber diese sind doch nicht die wesentlichen. Die Schule wird auch, wie wir festgestellt haben, von außen her mit Aufgaben überladen, gegen die sie sich nicht immer wehren kann. Dann läge die Schuld bei der »Gesellschaft«, was oder wer das auch immer sei. Aber auch dieser Vorwurf griffe zu kurz.

Der Grund liegt tiefer: In dem Dilemma spiegelt sich die geistige Situation unserer Zeit: Da ist die Fülle der Kultur, erdacht und erschaffen von der Gattung Mensch, und da ist das begrenzte Individuum Mensch, dem wir wünschen, daß es an dem Reichtum voll teilhabe, und das dies mit seinen begrenzten Fähigkeiten in seiner kurzen Lebenszeit doch nicht kann. Dieser *Widerstreit von Idee und Realität* ist wohl der eigentliche Grund für die vielbeklagte »Bildungskrise« unserer Zeit. Hatten aber andere Zeiten, die eine solche nicht kannten, es wirklich besser, oder waren sie nur ärmer? Mit dem Reichtum zu leben ist nicht immer leicht, aber er hat auch seine Vorzüge.

Pädagogen sollten das Ihre tun, um verantwortbare Unterrichtsarbeit zu ermöglichen. Sie sollten aber auch um ihre Grenzen wissen. Die letzte Entscheidung bleibt dem Schüler auf seinem Lebensweg überlassen. Er hat ein Recht auf seine persönliche Lösung – und er wird sie finden.


## 5.5 Zusammenfassendes zum Lehrplan

*Wesen und Funktion von Lehrplänen*
Lehrpläne sind *Kulturdokumente,* in Inhalt, Form und Sprache Spiegelbild der geistigen bzw. politischen Kräfte einer Gesellschaft in ihrer Epoche. Sie sind Mittel der Selbstvergewisserung dieser Gesellschaft über ihre Situation, ihre Werte und ihre Ziele, sie stiften kulturelle Identität.

Lehrpläne sind immer *umstritten*; denn in ihnen geht es um Wichtiges, um Einfluß-nahme auf das Werden der nachwachsenden Generation.

Lehrpläne sind *historisch bedingt*, auf langem Wege geworden und weiter werdend, daher immer nur gültig auf Zeit.

Lehrpläne haben *bewahrende und verändernde Kraft*. Sie dienen der Erhaltung und Weitergabe der Tradition, folgen den Veränderungen oft mit Verzögerung und können so unzeitgemäß erscheinen. Sie greifen aber auch ihrer Zeit voraus und beschleunigen den gesellschaftlichen Wandel.

Lehrpläne sind *Instrumente staatlicher Bildungspolitik*. Sie fördern Privilegien oder Chancengleichheit, Unterschiede oder Gemeinsamkeiten, Restauration oder Fort-schritt. Sie enthalten aber auch eine Selbstverpflichtung des Staates, ihre Durchfüh-rung zu gewährleisten, machen diese ein Stück weit kontrollierbar und rechtfertigen damit erst den gesetzlichen Schulzwang.

Lehrpläne sind *Handlungsanweisungen und Planungshilfen für den Lehrer*, Mittel der Fremd- und der Selbstkontrolle. Sie binden den Lehrer und machen sein Handeln überprüfbar. Sie entlasten ihn aber auch, ersparen ihm fortwährende Entscheidungen und schützen ihn vor unsachlicher Kritik. Sie wirken so als Puffer zwischen bildungs-politischen Ansprüchen und tatsächlicher Praxis und sichern die notwendige Ruhe für schulisches Lehren und Lernen.

Lehrpläne sind *Vorgaben für den Schüler*, zu bewältigendes »Pensum« mit Forde-rungscharakter, Kriterien für seinen Lernfortschritt und dessen Bewertung, für den Erwerb von Berechtigungen oder deren Versagung. Sie schützen ihn aber auch vor unberechtigten Forderungen und pädagogischen Marotten, vor übereifrigen oder nachlässigen Lehrern, und nicht zuletzt vor sich selbst, dem Übergewicht seiner momentanen Bedürfnisse und Launen. (Lit. Steindorf 1981, 98 ff.; Peterßen 1988; Prange 1983, 52 ff.; Sandfuchs 1987, 20 ff.)

*Der Auftrag des Erziehers*

Der Pädagoge – Lehrer, Schulaufsichtsbeamter, Lehrplanmacher, Erziehungswissen-schaftler – ist nur ein Faktor im Kräftespiel, aber ein wichtiger. Er fragt nach der Rechtfertigung der Ansprüche und muß die Begründungen kennen; denn sonst kann er den Lehrplan weder richtig ausführen noch sinnvoll kritisieren. Angesichts der »Dissonanzen im Lehrgefüge« ist sein Anliegen die innere Ausgewogenheit der Prinzipien. Er tritt ein für

*Universalität* im Hinblick auf Leben und Welt, die Erschließung der wesentlichen Seinsbereiche in ihrer kategorialen Eigenart, und

*Totalität* im Hinblick auf die Person, die Entfaltung ihrer wesentlichen Funktionsbe-reiche in »anthropologischer Vollständigkeit«, die beide begrenzt sind durch

*Individualität,* die Einmaligkeit des Menschen in den Grenzen seiner »Bildsamkeit« wie auch in seinem Recht auf Selbstbestimmung und

*Sozialität,* seine Abhängigkeit von der Gesellschaft mit der Verpflichtung, einen Beitrag für sie zu leisten und die damit notwendige Beschränkung auf sich zu nehmen. Letzter Maßstab muß die

*Humanität* sein, in der sich Rücksicht auf menschliche Begrenztheit vereint mit Achtung vor der Würde der Person.

So vermittelt der Erzieher als »ehrlicher Makler« zwischen der erwachsenen und der nachwachsenden Generation, der Gesellschaft und dem einzelnen. Er ist sowohl Funktionär der Gesellschaft, die ihn bestellt und bezahlt, als auch Anwalt des Kindes in seinem Recht, jetzt Kind sein zu dürfen, wie auch in seinem Anspruch zu werden, was es werden soll und will. Der Idee unserer freiheitlich-demokratischen Gesellschaft dient er am besten, wenn er ihr das Kind nicht fugenlos anpaßt, sondern ihm einen Raum der freien Entfaltung und kritischen Distanzierung sichert und ihm zur Mündigkeit verhilft. Dem Kinde dient er am besten, wenn er ihm nicht vormacht, es könne sich im leeren Raume »selbst verwirklichen«, sondern indem er es auf seinen Platz im Ganzen und seinen Dienst an anderen vorbereitet. Voraussetzung ist, daß er für sich dieses Verhältnis durchdacht und seinen Platz als mündiger Mensch in einer Gesellschaft der Mündigen gefunden hat.

## 5.6 Beschluß: Grenzen des Planens

Es dürfte deutlich geworden sein: Lehrpläne sind wichtig, aber man darf sie nicht überschätzen. Planung des Lehrens und Lernens stößt auch und gerade auf dieser Ebene an Grenzen, wie wir sie schon am Ende des dritten Teiles kurz umrissen haben.

Da ist zunächst der *Lehrer.* Ob und wieweit er den Lehrplan beachtet, ob er ihn versteht oder mißdeutet, ihn im gemeinten Sinne umsetzt oder heimlich sabotiert, ob er als Person die Kinder für den Plan gewinnt oder ihn ihnen verleidet, das alles läßt sich nur schwer absichern und kontrollieren.

Da sind die *Schüler.* Ob sie die Lehrziele zu ihren Lernzielen machen, wie gut sie das Gelernte auffassen, wie lange sie es behalten, das hängt gewiß von der Güte des Lehrplans, aber nicht von ihm allein ab. Auf die Evaluation mit ihrem ernüchternden Effekt wurde schon mit Nachdruck hingewiesen.

Dabei sind die *Nebeneffekte* erwünschter und unerwünschter Art zu registrieren, die auch zu Haupteffekten werden können. So mancher perfekt konstruierte Plan hat als bleibenden Effekt eine lebenslange Abneigung gegen das Fach oder die Schule überhaupt bei vielen Schülern bewirkt.

Hinzu kommen die vielen, nur schwer faßbaren und doch so wichtigen Einflüsse der

*Institution*, ihrer Organisationsformen, der Art und Weise, wie mit dem Lehrplan verfahren wird, der Atmosphäre und des menschlichen Umgangs.

Der (unter 2.1.4) schon erwähnte Begriff des »heimlichen Lehrplans« erinnert daran, daß die nichtcodifizierten, unausgesprochenen Erfahrungen der Schüler oft am stärksten nachwirken: daß der Lehrer immer recht hat; daß Erwachsene Trottel sind, die sich alles gefallen lassen; daß es Menschen gibt, auf die man sich verlassen kann; daß im Konkurrenzkampf die Mißerfolge der anderen eigene Erfolge sind; daß Helfen schön sein kann; daß der Stoff nur um der Noten, nicht um seiner selbst willen interessiert; daß es so viel Faszinierendes zu lernen gibt ... All das steht nicht im Lehrplan, aber es wird gelernt.

Nicht alles geschieht indessen »heimlich«. Es gibt auch die bewußte Einsicht, daß eine Addition von Fächern noch keine Schule ausmacht, daß die Pflege des *Schullebens* eine pädagogische Aufgabe ist, die weit über die Erledigung von Lehrplänen hinausgeht. Auch im Schulleben wird gelernt, sogar mit Absicht, anders als nach Lehrplänen und doch, wenn es gut geht, in enger Verbindung mit diesen. (Lit. Breslauer/ Engelhardt 1979; Dahlke/Flößner 1978; Weber 1979; Keck/Sandfuchs 1979; Wittenbruch 1980; Glöckel 1985 b)

Es mag heilsam sein, sich noch einmal die Grenzen des Lehrplans so konkret vor Augen zu führen, wie wir es bei Hosford lesen:

Er unterscheidet:
»1. die Dinge, die der Lehrplan vorschreibt, die der Unterricht realisiert und die aufgrund dieses Unterrichts vom Lerner gelernt werden.
2. die Dinge, die der Lehrplan nicht vorschreibt, die dennoch unterrichtet werden und auch vom Lerner gelernt werden.
3. die Dinge, die der Lehrplan vorschreibt, die trotzdem nicht unterrichtet werden, aber dennoch anderweitig vom Lerner gelernt werden.
4. die Dinge, die der Lehrplan vorschreibt, die unterrichtet werden, aber nicht bis zum Lerner durchdringen.
5. die Dinge, die der Lehrplan vorschreibt, die jedoch weder unterrichtet noch gelernt werden.
6. die Dinge, die der Lehrplan nicht vorschreibt, die trotzdem unterrichtet werden, die der Lerner aber dennoch nicht lernt.
7. die Dinge, die der Lehrplan nicht vorschreibt, die auch nicht unterrichtet werden, die aber trotzdem gelernt werden.«
(Nach Loser/Terhart 1977, 30)

Wenn man dann 8. noch die Dinge hinzufügt, die weder vom Lehrplan vorgeschrieben noch gelehrt noch gelernt werden, und wenn man überlegt, daß diese weit mehr ausmachen als alle anderen zusammen, dann ist man auf dem Wege zur richtigen Einschätzung der eigenen Bedeutsamkeit.

Schon aber drängen sich weitere Fragen auf: Was kann Schule überhaupt bewirken? Was kann man in ihr lernen, was nicht? Was muß man in ihr lernen, weil man es nur in ihr richtig lernt? Das müßte dann Vorrang vor allem anderen haben, das man notfalls auch anderswo lernen kann. Was ist Schule überhaupt, was soll sie sein? Das aber sind Probleme einer Theorie der Schule, die über das Thema dieses Buches hinausführen (vgl. 7.3).

# 6. UNTERRICHTSGRUNDSÄTZE

Im Laufe unserer langen Unterrichtsbeobachtungen haben wir immer wieder erfahren: Wer einen Lehrer fragt, warum er dieses oder jenes tut, erhält in der Regel eine rasche und sichere Antwort mit einer anscheinend bereitliegenden Begründung.

Filme und Bilder bietet der Lehrer dar, weil der Unterricht »anschaulich« sein müsse. Ergebnisse führt er nicht fertig vor, sondern läßt sie von den Schülern erarbeiten, weil diese »selbsttätig« sein sollen. Zugleich ist er aber besorgt, daß dies zu lange dauere und sein Unterricht nicht mehr »ökonomisch« oder »effizient« wäre. Er läßt sich einen interessanten Stundenanfang einfallen, um die Schüler zu »motivieren«, doch will er den Stoff nicht nur mit Zusatzmotiven anziehend machen, sondern der Stunde eine einheitliche, möglichst originale »Gestaltung« verleihen. Er weiß, daß eine noch so interessante Erstbegegnung nicht genügt, und bemüht sich daher um »Erfolgssicherung«. Er beklagt an dem einen Lehrplanthema, daß es nicht »lebensnah«, und an dem anderen, daß es nicht »kindgemäß« sei. Dann wieder bemängelt er an einer Darstellung im Lehrbuch, sie sei nicht »sachgerecht« oder »wissenschaftsorientiert«. Ein andermal will er über den bloßen Sach- zum Wertgehalt vordringen, weil der Unterricht doch »erziehend« sein müsse. Um der »Konzentration« der Inhalte willen sucht er zu einem Sachthema ein passendes Lesestück oder Rechenbeispiel. Er läßt die Schüler in Gruppen arbeiten, um »soziales Lernen« zu fördern, dann wieder einzeln um ihrer »Selbständigkeit« willen usf.

Immer beruft sich der Lehrer auf allgemeine Forderungen, deren Geltung er unterstellt, ja unterstellen muß; denn ohne solchen Rückbezug wäre sein Tun letztlich sinnlos. Woher nähme er aber die Kriterien für dessen Sinnhaftigkeit, wenn nicht aus dem allgemeinen Erkenntnisstand seines Faches, der in solchen Kurzformeln gefaßt ist? Er braucht »Unterrichtsgrundsätze«, weil er im Drang der Geschäfte für ausführliche Begründungen gar keine Zeit hat.

## 6.1 Allgemeines

### 6.1.1 Die Fragestellung

*Funktion*

Grundsätze sind relativ allgemeine Aussagen, in knappster Form ausgedrückte Handlungsanweisungen, deren tiefere Begründung als bekannt vorausgesetzt wird und die weitreichende, nicht notwendig absolute Geltung für bestimmte Handlungsbereiche beanspruchen. Sie sind »in Gedanken und Sprache gefaßte Forderungen von Gewissen und Vernunft«, Voraussetzung, um in der Gemeinschaft »eine Übereinstimmung der Willensrichtung in wesentlichen Aufgabengebieten zu erzielen« (Hofmeyer 1988, 76).

Prinzipien sind flexibler als Regeln und weniger zwingend als Gesetze, sie fordern ein bewegliches Entscheiden gemäß der Situation. Sie erlauben die begründete Ausnahme, schließen aber die bloße Willkür aus, lassen nicht zu, daß eindeutig Falsches getan werde. Sie sind somit Voraussetzung für professionelles Urteilsvermögen und verantwortliches berufliches Handeln.

Der Lehrer darf sich »prinzipielle« Überlegungen schon deswegen nicht ersparen, weil er auch dann nach allgemeinen Annahmen handeln würde, wenn er diese nicht oder unzureichend reflektiert hätte. Menschliches Handeln ist wesensgemäß von inpliziter oder expliziter »Theorie« geleitet, nur eben häufig von ungeprüfter, halbwahrer, falscher (vgl. 3.1.2; Lit. Calderhead 1987; Dann 1989; 1989a; Glöckel 1991). Auch bekannte Unterrichtsgrundsätze müssen immer wieder auf ihren Sinn und ihre Gültigkeit geprüft werden.

Warum soll der Unterricht anschaulich sein? Das kann das Fernsehen doch viel besser! Inwiefern soll ein Arbeitsblatt »ökonomisch« sein, wenn mit ihm zwar Zeit gespart, aber weniger behalten wird? Warum soll der Lehrer die Schüler »motivieren«, ist das nicht ihre eigene Sache? Und wenn, gilt es für achtjährige Grundschulkinder in gleichem Maße wie für zwanzigjährige Studenten? Warum soll Unterricht »lebensnah« sein, ist das sogenannte Leben etwas so Vorbildliches? Ist »Erziehung« nicht eine eigene Aufgabe neben dem Unterricht? usw.

Solche Fragen muß der Lehrer irgendwann einmal durchdacht haben. Er kann die Kurzformeln nur dann richtig anwenden, wenn er um die »Begründung des Begründenden« weiß, wenn er sie also nicht nur kennt, sondern verstanden hat.


*Systematischer Ort*

Auf »Unterrichtsgrundsätze« oder – für uns hinfort synonym – »Unterrichtsprinzipien« beruft man sich so häufig, daß ihre Behandlung ein zentrales Thema der Didaktik sein müßte, daß diese in einer Prinzipienlehre geradezu ihr Fundament zu suchen hätte. Gleichwohl wird dieses Gebiet in der Unterrichtstheorie eher spärlich behandelt. Zwar verweist man immer wieder auf dieses oder jenes »Prinzip«, aber die systematische Behandlung bleibt oft unzureichend. Auch amtliche Lehrpläne enthalten Angaben über Unterrichtsgrundsätze, die aber oft wenig »grundsätzlich« abgehandelt werden. In den siebziger Jahren wurde das Problem nur selten thematisiert, in jüngeren pädagogischen Lexika kommt das Stichwort kaum vor. Ein bloßes Ausklammern ist aber keine Lösung.

Immerhin gibt es auch in jüngerer Zeit eine Reihe von Veröffentlichungen zum Thema. (Lit. Eggersdorfer 1928; Horney 1960; Stöcker 1960; Wegmann 1964; Oswald 1964; Breslauer 1977; Beckmann/Biller 1978; Wöhler 1979; Winter 1984; Seibert/Serve 1992).

So gehört ein Kapitel über Unterrichtsgrundsätze sehr wohl in eine Allgemeine Didaktik. Systematisch stellt es freilich nicht nur eine Ergänzung, sondern auch eine

Art Gegenstück zum bisherigen Aufbau dar. Es liegt gewissermaßen »quer« zur Topik unterrichtlicher Begriffe und Probleme in den Ebenen 1 bis 5, reicht unterschiedlich weit in diese hinein und verbindet sie in neuer Weise. Im Schaubild am Ende dieses Kapitels (S. 318) wird versucht, dieses Verhältnis – stark schematisiert – darzustellen. Der Folgende enthält notwendigerweise manche Wiederholungen, gibt aber auch Gelegenheit, neue Punkte anzusprechen, die in der bisherigen Systematik keinen rechten Platz finden wollten.

Wir haben versucht, möglichst viele der in Vergangenheit und Gegenwart je genannten Unterrichtsgrundsätze zu sammeln. Die Liste umfaßt weit über hundert Begriffe mit solchem Anspruch und ist sicherlich nicht vollständig. Es scheint, wie wenn man alles, was einem wichtig erscheint, zum Prinzip erheben könne. Bei genauerem Hinsehen findet man aber unterschiedliche Bezeichnungen für gleiche oder ähnliche Anliegen, und wenn man diese zusammenfaßt, so läßt sich die Liste auf einen »harten Kern« reduzieren, der nicht nur persönliche Vorlieben widerspiegelt, sondern didaktisch Anerkanntes enthält und somit wenn nicht »wissenschaftlich«, so doch wissenschaftsfähig ist. An dieser Liste werden wir uns im folgenden grob orientieren.

## 6.1.2 Begriffliche Abgrenzung

Bei der Zusammenstellung sind gewisse Anliegen ausgeschieden, die gelegentlich ebenfalls als »Prinzipien« bezeichnet werden, jedoch auf einer *anderen Ebene* liegen. Wenn man z. B. davon spricht, daß Sprachpflege, Schriftpflege, Rechtschreiben, Sexualkunde, Umwelt- und Medienerziehung »nicht Fach sondern Prinzip« im Schulunterricht sein sollen, dann meint man Inhaltliches, das in allen Fächern zu vermitteln sei, etwa im Sinne einer Konzentration auf fächerübergreifende Aufgaben. Sinn und Grenzen eines solchen Anliegens wurden oben schon diskutiert (vgl. 5.3.2 d).

Unberücksichtigt bleiben auch *facheigene Unterrichtsprinzipien* wie z. B. »Einsprachigkeit« in der Fremdsprachendidaktik, »Operatives Üben« in der Mathematik, »Aktive Formung und intentionale Rhythmisierung« in der Gymnastik, »Arbeit vor Ort« in der Geographie, »Perspektivenwechsel« in Geschichte, »Bibelorientierung« versus »Problemorientierung« in der Religionslehre o. a. Sie sind konkreter als die allgemeindidaktischen Prinzipien, gehören aber in diesen Zusammenhang. Eine Umschau in den Fachdidaktiken zeigt, daß dort in unterschiedlichem Maße von »Prinzipien« geredet wird. Während die einen ganze Listen facheigener Grundsätze aufstellen, behandeln andere das Thema unter »Zielen« oder »Methoden«. Die Namen mögen wechseln, die Frage ist notwendigerweise überall gestellt, weil man ihr nicht entkommt. (Lit. z. B. Seybold 1972)

Im folgenden werden zunächst wichtige Grundsätze einzeln behandelt, einige um des Beispiels willen gründlicher, andere des Umfangs halber knapper. Dann wird in einer systematischen Zusammenschau versucht, ihr Wesen und ihre Funktion im allgemeinen herauszuarbeiten. Wir unterscheiden dabei zwischen »fundierenden« und »regulierenden« Grundsätzen. Ihr Verhältnis zueinander soll später erörtert werden.

## 6.2 Die fundierenden Unterrichtsprinzipien

Als konstitutive Bedingungsbereiche des Unterrichts erkannten wir oben (3.3.1) die Sache, den Schüler und die Zielsetzung in ihrer wechselseitigen Verflechtung (3.3.2), und wir fanden sie auch auf den anderen Ebenen immer wieder bestätigt. Wenn zu jedem der drei Bereiche ein eigener Unterrichtsgrundsatz proklamiert wird, so, um sein Recht gegenüber den anderen zu wahren und das dreipolige Gleichgewicht zu erhalten. Vieles ist darüber schon gesagt, so daß hier eine knappe Zusammenfassung genügt (vgl. a. Glöckel 1990).

### 6.2.1 Sachgemäßheit

*Anlässe*

Dieses Prinzip wendet sich zum einen gegen die Überbetonung des *psychologischen Aspekts*, das Aufgeben des Sachanspruchs zugunsten von Schülerbedürfnissen, zum anderen gegen die Vereinnahmung der Sache durch *sachfremde Tendenzen* auf Kosten der Richtigkeit und Wahrheit in einem »Gesinnungsunterricht«. Es bewahrt auch vor Mißbrauch des Gegenstands durch methodische Steckenpferde, krampfhafte Konzentration der Inhalte, subjektiven Gestaltungsüberschwang. »Sachgerechtheit« (nicht »Sachgerechtigkeit«), »Objektivität«, »Wissenschaftsorientierung« sind andere Namen für dieses Anliegen.
Eine besondere Wertschätzung fand und findet dieses Prinzip in der Hochschullehre und der Gymnasialpädagogik, wie sie zuerst durch den Neuhumanismus, dann durch die Naturwissenschaften geprägt wurde. Von den Arbeitsschulpädagogen focht vor allem Kerschensteiner für strenge Selbstprüfung am Anspruch der Sache. Als »Wissenschaftsorientierung« rückte das Prinzip in den sechziger und siebziger Jahren in den Vordergrund (5.2.3). Es bestimmt alle Bemühungen um die sachlogische Begründung der Unterrichtsmethode (3.2.9). Der Sachanspruch kann dabei verschieden tief begründet sein (3.3.1 b).

*Verständnisebenen*

Das Gelehrte muß *richtig* sein, es darf nichts enthalten, was nach dem jeweiligen Wissensstand des Faches fehlerhaft wäre. Das ist freilich nur die schlichteste, im Grunde selbstverständliche Erwartung, gegen die doch oft verstoßen wird.

Anspruchsvoller ist die Forderung, daß auch der *Weg,* auf dem die Schüler zu den Ergebnissen gelangen, in seiner Fragestellung und seinen Methoden ein sachgerechter sein solle. Aus der Analyse der »Sachstruktur« gewinnt der Lehrer Klarheit über das angemessene Vorgehen (3.2.9.e).

*Sachinteresse, Hingabe an die Sache* um ihrer selbst willen, ist ein erwünschtes Ergebnis solchen Unterrichts. Sein eigentliches Ziel hat er erst erreicht in der *Haltung der Sachlichkeit,* dem selbstlosen Streben nach der Wahrheit. »Wissenschaftsorientierung« als spezifische Wendung der Sachgemäßheit schließt, recht verstanden, alle diese Ebenen ein (vgl. 3.2.9d, 5.3.1).

*Gefahren und Grenzen*

*Grundsätzlich* steht der Sachgemäßheit die Rücksicht auf den Entwicklungs- und Lernstand der *Schüler* gegenüber, und ebenso die *Zielsetzung,* die der Sache erst ihren Sinn und ihren Stellenwert im Bildungsgeschehen verleiht, damit es nicht zum »Objektivismus, Logizismus, Szientismus« kommt.

Auf *faktische Grenzen* stößt die Umsetzung des Prinzips
– in der personalen Repräsentation der Sache durch den Lehrer, die um so unerläßlicher ist, je jünger die Schüler sind, und um so eindrucksvoller, je mehr der Lehrer von der Sache gepackt ist,
– in dem Erlebnis des einzelnen, der das Gelernte in seinen persönlichen Bedeutsamkeitshorizont einordnet und ihm darin einen zentralen oder peripheren Ort einräumt, so daß dieselbe Sache in jedem Kopf eine andere sein kann.

(Lit. Natorp 1905; Wichmann 1930; Peter 1954; Petzelt 1962; Mühlmeyer 1966; Deutscher Bildungsrat 1970; Ballauff 1970; 1978; Schmitz 1977; Messner 1978; Beckmann 1978; 1981; Reble 1979; Beckmann/Fischer 1990)

## 6.2.2 Schülergemäßheit

*Bedeutung*

Dieses Prinzip erinnert an das Recht des Schülers, in seinem *So-Sein* ernst genommen zu werden. Es wendet sich gegen *Überbetonung des Sachanspruchs,* Stoffhuberei, überzogene Wissenschaftsorientierung ebenso wie gegen die *Überwertigkeit der Zukunfts- und Verwertungsinteressen,* die Vereinnahmung durch Ideologien, den Glauben an die beliebige Machbarkeit von Lernerfolgen.

Es gehörte zu den leitenden Motiven in der Begründung der Didaktik durch Ratke und Comenius, es erhielt eine zuweilen mythische Übersteigerung bei Rousseau und seinen Epigonen bis in unsere Tage, es bewegte Pestalozzi in seinem Ringen um redliche Bildungsarbeit. Besonderes Gewicht erlangte es in der Schulreformbewegung, unterstützt durch die sich entfaltende Entwicklungspsychologie, und neu in unseren Tagen in der Überwindung gewisser Überspitzungen der Bildungsreform. Neben diesen großen historischen »Bewegungen« zieht sich durch das generationenlange Mühen unzähliger Methodiker und Lehrer um die Verbesserung der Techniken, Medien, Formen, Methoden, Lehrpläne das Streben, den Schülern immer besser gerecht zu werden. »Schülerorientierung, Angemessenheit, Faßlichkeit, Passung« stehen für das gleiche Anliegen.

Daneben sind noch andere Begriffe in Gebrauch, die jeweils nur einen bestimmten Aspekt herausheben.

*Teilaspekte der Gemäßheit*

Im Sinne von »*Der menschlichen Natur gemäß*« erinnert das Prinzip an die physischen und psychischen Bedürfnisse, lernpsychologischen Gesetzmäßigkeiten, Forderungen der Hygiene usw., denen Menschen unterliegen.

Als »*Kindgemäßheit*« betont es die besondere Eigenart, das Eigenrecht und den Eigenwert des Kindseins.

»*Entwicklungsgemäßheit*« differenziert nach den jeweiligen Altersstufen, ihren besonderen Erlebnisweisen, Lernmöglichkeiten und -grenzen, Höhepunkten der Lernbereitschaft (»sensiblen Phasen«). Es erinnert an die Gesetzmäßigkeiten menschlicher Entwicklung, die zeitweilig zu starr interpretiert, dann wieder leichtfertig ignoriert wurden. Durchschnittswerte sind für den Lehrer zur Groborientierung unentbehrlich. Der »sachstrukturelle Entwicklungsstand« kann allerdings in verschiedenen Inhaltsbereichen von ihnen abweichen.

Die Entwicklungsstufen des Menschenkindes werden überformt und inhaltlich gefüllt durch die Bedingungen der jeweiligen Epoche und Gesellschaft. Unterricht muß also auch »*den Kindern unserer Zeit gemäß*« sein.

Auch diese Bestimmung ist in mancher Hinsicht noch zu pauschal. »*Der Bezugsgruppe gemäß*« könnte man sagen, wenn man an die Unterschiede der Geschlechter, Schichten, Landsmannschaften, Konfessionen usw. denkt, wie sie uns heute unter dem – noch klärungsbedürftigen – Schlagwort einer »multikulturellen Gesellschaft« wieder besonders bewußt werden. Sie fordern Berücksichtigung durch differenzierende Maßnahmen, deren Dialektik nicht voll aufzulösen ist (vgl. 2.4).

»*Dem Individuum gemäß*« soll der Unterricht sein, weil jeder Mensch ein eigener ist, wie er sich im Wechselspiel von genetischer Ausstattung, Lebensbedingungen und Eigenbestimmung entfaltet hat. Dem entsprechen Phasen individuellen Lernens im Rahmen gemeinsamer Unterrichtung und persönliche Lernhilfe. Diese reicht über den Unterricht im engen Sinne hinaus; Hilfe in tieferliegenden Nöten und Problemen ist oft der Weg zur Überwindung von Lernbarrieren, und umgekehrt kann erfolgreiches Lernen die beste Lebenshilfe sein.

Der Schüler spricht selbst mit als Subjekt seines Lernens. »*Der Person gemäß*« könnte man diesen Aspekt nennen. Er verwirklicht sich in der selbst verantworteten und ernst genommenen Mitsprache des einzelnen wie auch der Gruppe als eines kollektiven Subjekts.

*Gegenprinzipien und Grenzen*

Aus systematischen Gründen findet Schülergemäßheit ihre Gegenpole in der *Sach-* und der *Zielgemäßheit*. Bei ihren speziellen Aspekten ist an folgende Einschränkungen zu denken:
Gegen die Berücksichtigung allgemein menschlicher Bedürfnisse läßt sich wenig sagen, allenfalls, daß sie nicht zur Verwöhnung werden darf, weil der Mensch sich an *Belastungen* gewöhnen kann und soll.
Die »Kindgemäßheit« wird zur Ideologie, wenn Erzieher sich und den Kindern vorgaukeln, diese müßten nie *erwachsen werden* und könnten ewig im seligen Stande der Kindheit bleiben – und mit ihnen, von manchen unangenehmen Pflichten entlastet, der Pädagoge selbst.
»Entwicklungs- oder Altersgemäßheit« findet ihren Gegenpart in den notwendigen *Entwicklungsreizen*, die sich aus »Vorwegnahme, Mehrdarbietung, produktiver Mehrforderung« ergeben, wobei freilich der Vorgriff nur in die »Zone der nächsten Entwicklung« (Wygotski) reichen darf.
»Zeitgemäßheit« bedeutet nicht nur Anpassung an die Trends der jeweiligen Epoche, sondern auch *Widerstand* gegen ihre Gefahren, Ausgleich ihrer Defizite.
Berücksichtigung von Gruppenunterschieden kann diese verfestigen, und wirklich konsequente Differenzierung kann Gruppenprivilegien verstärken und somit Zielen der sozialen Integration und der *Gleichheit* von Chancen, Rechten und Pflichten entgegenstehen. (Vgl. 2.4)
Auch die Rücksicht auf das Individuum findet ihre Grenze darin, daß es zum *gemeinsamen Leben* beitragen und das dazu Nötige mit den anderen gemeinsam lernen soll. Vielseitige Lernzumutungen geben ihm auch erst die Möglichkeit, seine Fähigkeiten zu entdecken und sich neue Interessenbereiche zu erschließen.
Die Respektierung der Person im Schüler fordert, daß er auch in seiner *Erziehungsbedürftigkeit*, seinem Angewiesensein auf Hilfe und Wegweisung ernstgenommen wird. Sie erlaubt es dem Erzieher nicht, sich mit dem Verweis auf momentane »Bedürfnisse« oder die »Selbstbestimmung« des Kindes aus der Verantwortung zu stehlen.
(Lit. Zur psychologisch-anthropologischen Grundlegung: Schenk-Danzinger 1969; Rang 1973; Nickel 1974; Bäumler 1974; Ausubel/Sullivan 1974; Ausubel 1979; Baacke 1976; Bock 1984; Olbrich u. a. 1984; Oerter/Montada 1987; Hornstein 1988; zum pädagogisch-didaktischen Aspekt: Singer 1973; Wagner 1976; Böhm 1977; Weinert 1977; Krüger 1978; Glöckel 1982; 1983; zur Hilfe für den Einzelschüler: Simon 1950; Zulliger 1962, 1967; Höhn 1967; Haug 1970; Lempp 1971; Dreikurs 1976; Redl 1987; Petillon 1987)

### 6.2.3 Zielgemäßheit

*Bedeutung*

Unterricht ist vom Begriff her ein sinnhaftes und damit zielstrebiges Tun. Er fände nicht statt, wenn er nicht einem Zweck diente, und dieser wird in der Regel von einem Auftraggeber bestimmt, der Gesellschaft, den Eltern, dem Lernenden selbst. Er besteht letztlich in einem »Leitziel« oder »Bildungsideal«, einer erwünschten Verfassung des Menschen, einem »Menschenbild«. Daß dieses Ziel reflektiert und begründet und bei allen Maßnahmen beachtet werde, ist der positive Sinn dieses Prinzips (3.3.1 c).

Es wendet sich gegen das *Versäumen der Zukunft* zugunsten gegenwärtiger Bedürfnisse, gegen oberflächlichen Aktualismus, auch gegen den Glauben an das organische Reifen von Fähigkeiten und Interessen, also gegen eine überzogene Schülerorientierung. Es wendet sich ebenso gegen den *Anspruch einer angeblich »objektiven« Sache*, hinter dem nur zu leicht Herrschaftsansprüche ihrer Vertreter stehen, gegen ein Überschütten mit Stoff, das kein Maß der Lebensbedeutsamkeit kennt und zum Selbstzweck wird.

*Geltungsbereiche*

Zielgemäßheit ist Kriterium bei der Erstellung des *Lehrplans*. Ein »Primat« kommt ihr dabei insofern nicht zu, als erst mit der Entscheidung über inhaltliche Ansprüche auch das Ziel definiert werden kann (vgl. 5.4.8 a). Die Unlösbarkeit des Stoffproblems folgt aus letztlich unvereinbaren Zielsetzungen (5.4.8 d).

Entscheidungen über *Lehrgänge* und *methodische Grundstrukturen* werden von der Zielsetzung mitbestimmt (4.3.3, 3.3.4). Leitziele werden hier in Grob- und Feinziele umgesetzt, an denen sich auch die Ergebniskontrolle ausrichtet. Zielklarheit bewahrt den Lehrer vor der Wahl von Methoden und Formen, die dem eigentlichen Ziel zuwiderlaufen – einem gar nicht seltenen Selbstmißverständnis – und erinnert ihn an Nebenwirkungen, die den eigentlichen Zweck beeinträchtigen können.

Auf allen Ebenen des Unterrichts ist Zielgemäßheit Regulativ unterrichtlichen Handelns und Kriterium des Unterrichtserfolgs.

*Gegenprinzipien und Grenzen*

Daß der *Erfolg nicht gewiß* ist, das Leitziel in weiter Ferne zu liegen scheint, bedeutet zwar eine praktische, aber keine grundsätzliche Einschränkung. Wenn die Richtung stimmt, ist jeder Schritt eine Vorwegnahme des Ziels im Weg und ein Stück seiner Verwirklichung.

Faszination durch ein Ziel hat häufig dazu geführt, daß die *Sache verfälscht* wurde, daß die Wahrheitssuche vor weltanschaulichen oder politischen Herrschaftsansprüchen kapitulierte.

Einseitige Zielbetonung kann bewirken, daß die Gegenwart einer ungewissen, u. U. utopischen Zukunft aufgeopfert wird, daß die Realbedingungen übersehen und die *Schüler überfordert werden.* Konkret äußert sie sich vor allem in überzogenen oder einseitigen Leistungsforderungen, die aus mangelnder Klarheit über Recht und Grenzen des Leistungsanspruchs, Bedingungen und Gefährdungen menschlichen Leistens resultieren. Leistungsfähigkeit und -bereitschaft als Erziehungsziele sind nur in pädagogischer Verantwortung zu legitimieren.

Ihre letzte Grenze findet die Zielbetonung im *Recht des Schülers*, über die Ziele seines Lernens und Lebens zunächst mit- und endlich selbst zu entscheiden – was ja das eigentliche Ziel der Erziehung ist. (Lit. Litt 1927; Weniger 1952; Spranger 1962; Brezinka 1969, 1972; Menze 1970; Glöckel 1973; Rülcker 1976; Benden 1982; Heitger 1984; zum Problem der Schulleistung: Furck 1961; Lichtenstein-Rother 1971; Heckhausen 1975; Kozdon 1976; Beckmann 1978, 1983; Glöckel 1981)

## 6.3 Regulierende Unterrichtsprinzipien

Die nun folgenden Grundsätze sind von anderer Art als die bisher behandelten, und ihr systematischer Ort ist schwieriger auszumachen. Deshalb sollen sie erst im einzelnen dargestellt und dann einer vergleichenden Betrachtung unterzogen werden (vgl. 6.5).

### 6.3.1 Anschauung

Es ist dies einer der ältesten Unterrichtsgrundsätze und einer der wenigen, die in keiner Prinzipienliste fehlen.

#### Geschichtlicher Aufriß

Der Grundsatz hat seine Wurzel schon in der Erkenntnislehre des Aristoteles, der gegenüber Platons Ideenlehre die Bedeutung der Sinneswahrnehmung betonte. Im Mittelalter unter der Autorität des geschriebenen Wortes zurückgedrängt, gewann er neues Gewicht mit dem Aufblühen der empirischen Forschung zu Beginn der Neuzeit. In der Didaktik waren es vor allem Ratke und Comenius, die im Gegensatz zur herkömmlichen Praxis von der Anschauung zu den Worten gehen wollten,
– weil nichts im Verstande sei, das nicht vorher in den Sinnen gewesen wäre,
– weil Wahrheit und Sicherheit der Wissenschaft auf das Sinneszeugnis angewiesen seien,

– weil das sinnlich Wahrgenommene besser behalten werde. (Comenius 1657, 1970, 135 f.)

So wurde der »Orbis pictus« des Comenius für Jahrhunderte eines der erfolgreichsten Kinder- und Schulbücher. Starke Förderung erfuhr der Grundsatz durch die Empiristen wie Locke, Hume u. a. im 18. Jahrhundert, in wieder anderer Begründung durch Rousseau, in praktischer Umsetzung durch die Philanthropen wie Salzmann, Campe, Basedow, dessen »Elementarwerk« das allgemeine Weltwissen in Bildern darzustellen versuchte. Ein neues, vertieftes Verständnis gewann Pestalozzi in seinem Kampf für eine solide Grundlegung der Bildung in einer systematisch geleiteten, auf das Wesentliche der Dinge zielenden Anschauungslehre gemäß dem Grundsatz, daß »Anschauung das absolute Fundament aller Erkenntnis« sei. Herbart und noch mehr seine Anhänger förderten die konkrete Anschauung durch Erzählung, Bild, Modell, Unterrichtsgang als Grundlage sauberer Begriffsbildung. Die Arbeitsschule intensivierte das Anschauen durch selbständige Auseinandersetzung mit dem Gegenstand, praktische Erfahrung, verantwortliches Handeln in der Lebenssituation.

Ein ungeheurer Impuls kam mit den modernen Medien. Radio, Farbdruck, Dia, Film, Fernsehen vermitteln eine Flut von »Anschauungen« in früher nicht vorstellbarer Perfektion und Fülle. Damit wächst aber auch die Gefahr der Überfütterung, des Lebens aus zweiter Hand, des passiven Sich-manipulieren-Lassens, und so werden wir heute deutlicher als je zuvor auch auf die Grenzen des Anschauungsprinzips hingestoßen.

### Recht verstandene Anschauung

Schon umgangssprachlich kann das Wort sowohl den *Vorgang* als auch das *Ergebnis* des »Anschauens« bedeuten. Zunächst denkt man an den wörtlichen Sinn, die optische Erfassung der sichtbaren Wirklichkeit durch Realgegenstände, Bilder, Modelle usw. Aber es bedarf keiner längeren Überlegung, um das »Anschauen« auf ein Erfassen mit allen Sinnen, mit Auge und Ohr, Zunge und Nase, Tast- und Bewegungssinn auszuweiten, und von hier auf die Realerfahrung aus der aktiven Auseinandersetzung mit Sachen und Menschen – vom Legen der Zählsteinchen über physikalische Schülerversuche bis zum sozialkundlichen Projekt.

Das Ergebnis solchen unmittelbaren Zugangs zur Wirklichkeit ist die »innere Anschauung«: präzise, detailreiche Vorstellungen, lebendige, durch die Realität gezügelte Phantasie, seelische Nähe, Erlebnistiefe – notwendige Grundlagen für wirkliches Verstehen und eigenschöpferisches Tun, aber auch Inhalte von eigenem Recht und Wert.

Solches Anschauen ist nicht ein passives Abbilden der Wirklichkeit, gewissermaßen auf der Fotoplatte unserer Seele, sondern ein *aktives Auswählen* aus der Fülle der Sinneseindrücke, ein strukturierendes Wahrnehmen, eine »Konstruktion« der Wirklichkeit. Damit kommt aber ein gegenläufiges Prinzip herein. Denn woher kämen die

Kategorien für Auswahl und Ordnung, wenn nicht aus dem *Begriff*? Allgemeine Begriffe sind nicht nur Ergebnis der Anschauung, nachträglich aus ihr abstrahiert, sondern auch Bedingung der Möglichkeit des Anschauens als eines gezielten Wahrnehmens. Begriffe unterschiedlichsten Allgemeinheitsgrades bilden den Horizont des Vorverständnisses, den »apperzipierenden Hintergrund«, der die Überfülle der Sinneseindrücke erst durchschaubar, das Unbekannte erst befragbar macht. »Man sieht nur, was man weiß«, in jedem Anschauen steckt schon ein Stück *Theorie,* eine »Weltanschauung«. Eine zentrale Rolle spielt dabei die *Sprache.* Sie geht der Sinneswahrnehmung voraus und macht diese erst möglich, sie begleitet sie, indem sie Wahrgenommenes bezeichnet, sie folgt ihr nach, indem sie dieses festhält, und sie ist das Mittel ihrer geistigen Verarbeitung in Symbolen unterschiedlicher Abstraktionshöhe. (Vgl. 1.3.7)

Es handelt sich also um ein polares Verhältnis sich wechselseitig ergänzender Erkenntnisfunktionen:

Die *Anschaulichkeit* – als der eine Pol – bringt »Wirklichkeitsnähe, Erlebnistiefe, Vorstellungsklarheit« (Eggersdorfer), inhaltliche Fülle, Material der Erkenntnis – aber sie führt auch zum Hängenbleiben am Detail, zum Sich-Verlieren im Unwesentlichen.

Die *Abstraktion* – als Gegenpol – hebt das Wesentliche heraus, faßt es in Begriffe, schafft Ordnung, klärt Zusammenhänge und Strukturen – aber sie verführt auch zu Wortemacherei, Gegenstandsferne, geistiger Hochstapelei.

»Gedanken ohne Inhalte sind leer, Anschauungen ohne Begriffe sind blind«, in diesem berühmten Satz aus der Erkenntnistheorie Kants sind Recht und Grenzen des Anschauungsprinzips gültig gefaßt (1781). »Daher ist es ebenso notwendig, seine Begriffe sinnlich zu machen (d. i. ihnen den Gegenstand in Anschauung beizufügen), als seine Anschauungen sich verständlich zu machen (d. i. sie unter Begriffe zu bringen) . . .« (Kant 1952, 95)

In die gleiche Richtung zielt Herbarts Wechsel von »Vertiefung« ins Einzelne und »Besinnung« auf den Zusammenhang, wenn auch hier noch stärker die Frage des »tieferen Sinnes« und damit der Bewertung anklingt.

Nur im Wechsel von Sinneswahrnehmung und geistiger Verarbeitung, von Konkretion und Abstraktion wächst Erkenntnis. Das gilt für alle Altersstufen. Sobald das Kind sprechen lernt, nimmt dieser wechselseitige Prozeß einen stürmischen Aufschwung, und er führt nicht etwa »von der Anschauung zum Begriff«, sondern von einfachen zu immer komplexeren Anschauungen *und* Begriffen.

### Zweckfreies Schauen

Wenn oben von Inhalten mit eigenem Recht und Wert die Rede war, so ist damit zum einen die *»ästhetische Einstellung«* gemeint, das »interesselose Wohlgefallen«, das zweckfreie Sichfreuen an der Vielfalt und Schönheit dieser Welt, eine *Offenheit für*

*Phänomene*, die gar nicht alles »durchschauen« will, sondern einfach schaut und hört. Sie ist nur dem Menschen eigen, Ausdruck seiner Freiheit, Quelle vielfältiger lebenserweiternder und -bereichernder Erfahrungen.

Zum andern ist es die *Phantasie*, die »Vorstellungskraft« nach Kant, diese ebenfalls spezifisch menschliche Fähigkeit, die ihn unabhängig von Zeit und Raum macht, die erworbenen Anschauungen in vielfältiger, produktiver Weise kombiniert und so eine zweite, innere Welt, einen unverlierbaren Reichtum an Bildern eröffnet. Diese Bilder haben Macht über das Wollen und Handeln, sie können zu Leitbildern, zu Trug- und Schreckbildern werden, und es ist somit nicht gleichgültig, welche Bilder der Mensch in sich aufnimmt. (Vgl. Rumpf 1981; Flügge 1986; Memmert 1968; Glöckel 1996a)

*Verwirklichung im Unterricht*

Das Anschauungsprinzip ist uns, ohne ausdrücklich genannt zu werden, schon mehrfach begegnet. Bei der Behandlung der *Medien* (1.3.2) begründete es die Notwendigkeit der Realbegegnung bzw. des stellvertretenden Einsatzes von Bild, Film, Muster, Modell bei dinglichen Sachverhalten, des lebendigen Beispiels, des konkreten Falls in den soziokulturellen Bereichen. Mit der Einsicht, daß Medien immer »didaktisch präpariert« sind, stießen wir auch schon auf das Gegenprinzip der Abstraktion. Umgekehrt fanden wir, daß die »Veranschaulichung« abstrakter Beziehungen durch Strukturbilder, klar gegliederte Tafelanschriften usw. eine wichtige Denkstütze sein kann. Auch Symbole, Analogien u. a. dienen solcher Veranschaulichung, sind aber weit voraussetzungsvoller und bedürfen eingehender Klärung, wenn sie keine falschen Vorstellungen wecken sollen.

In den *Lehrtechniken* (1.2) des Erzählens, der Präsentation von Medien stießen wir auf die handwerklichen Momente der Anschauungsvermittlung, in den *Lerntechniken* auf die Voraussetzungen sachgerechter Arbeit am Gegenstand. Das hatte wieder Konsequenzen für die *Unterrichtsformen* und die angemessenen räumlichen Ordnungen (2.).

Bei der *Artikulation der Unterrichtseinheit* (3.3) erkannten wir in der Vielfalt methodischer Grundstrukturen einen Wechsel von gegenstandsnaher Vertiefung, distanzierender Besinnung und wieder konkretisierender Auf- und Verarbeitung. Die Einsicht in das Wechselspiel von Konkretion und Abstraktion bewahrte uns davor, die notwendige Stufung als einen einlinig-starren Ablauf zu verstehen.

Der Gedankengang wird häufig, aber keineswegs immer vom Konkreten zum Abstrakten führen. Analyse und Synthese, Induktion und Deduktion, genetischer Aufbau und systematische Ordnung ergänzen sich zur vollen Integration von Sinneswahrnehmung und Begriff. Eine Zielangabe, ein »advance organizer«, eine Problemstellung richtet die Aufmerksamkeit auf das Wesentliche unter den Sinneseindrücken. Ein gestaltender Gedanke gibt dem konturlosen Stoff die einprägsame Form, die ein besseres Erfassen und Behalten ermöglicht.

Auf der Ebene des *Lehrgangs* (4.3) fanden wir das zentrale Problem in der Auffindung des Elementaren, d. h. in der Darstellung des Allgemeinen am Konkreten. Auf der *Lehrplanebene* (5.4) leitete uns die Sorge, daß die Überfülle der Stoffe der wirklichen Begegnung mit den Gegenständen schaden könne.

Angesichts der Verwüstungen der Bilderwelt in der Gegenwart muß der Unterricht zum Aufbau eines reichhaltigen, wertvollen, humanen Vorstellungsschatzes in den Schülern beitragen. Es bedarf dazu eines Kanons sinnträchtiger Bilder, die jeder in sich aufgenommen hat als Grundlage seines persönlichen wie auch des gemeinsamen geistigen Lebens. Endlich muß auch Zeit bleiben für die Kontemplation, für Empfangen, Schauen, Träumen, weil auch es zum Menschen gehört und einen Teil seiner allseitigen Bildung ausmacht.

Ein recht verstandenes Anschauungsprinzip kann so auf verschiedenen Ebenen didaktischer Überlegung eine Hilfe sein.

*Zusammenfassung*

Das Anschauungsprinzip, im Satz formuliert, mahnt den Lehrer:
»Bedenke, daß bloßes Reden über entfernte Sachverhalte deinen Schülern nicht zu klaren Vorstellungen, echten Bedeutungserlebnissen und wirklichem Verständnis verhilft. Bedenke auch, daß sie mit deinen Worten noch nicht die Vorstellungen und Erfahrungen verknüpfen können, die du besitzt. Versuche also, sie möglichst nahe an den Gegenstand heranzuführen, ihn mit allen Sinnen und wo immer möglich im handelnden Umgang in seiner vollen Wirklichkeit erfassen zu lassen. Wo das nicht möglich ist, verwende geeignete Medien als Ersatz bzw. Ergänzung der Wirklichkeit oder als Denkstütze zur Veranschaulichung gedanklicher Beziehungen. Lenke die Anschauung aber so, daß sie auf das Wesentliche des Gegenstandes zielt und dessen Verstehen fördert, daß sie sowohl Gegenstandsnähe als auch Distanz zum Gegenstand bewirkt.«

Das Prinzip hat also eine »Tendenz«. Es wendet sich
- gegen leeren *Wortunterricht*, Verbalismus, bloßes »Maulbrauchen« (Pestalozzi), zu frühe Abstraktion, intellektualistische Einseitigkeit, falsch verstandene »Wissenschaftlichkeit« – zugunsten von Sinnesnähe, unmittelbarer Erfahrung, Erfassung mit »Kopf, Herz und Hand«; damit auch
- gegen die *Bequemlichkeit des Lehrers*, der sich nicht mit – stets zuhandenen – Worten begnügen darf, sondern die Mühe auf sich nehmen muß, Anschauungsmittel, Beispiele, Fälle aufzusuchen, auszuwählen, herzustellen, vorzuführen, zur Arbeit an ihnen anzuleiten, diese Arbeit auszuwerten usw.; aber auch
- gegen die *Bequemlichkeit der Schüler*, die ihrerseits die Neigung haben, sich mit Bildern oberflächlich berieseln zu lassen, mit Wortmarken zufrieden zu geben – zugunsten gründlicher Auseinandersetzung mit der Sache in ihrer Eigengesetzlichkeit.

Synonyme bzw. verwandte Bezeichnungen sind Gegenstandsnähe – Konkretheit – Unmittelbarkeit des Sachbezugs – Primärbegegnung – Erfahrung.

Berührungen und Überschneidungen ergeben sich mit Unterrichtsgrundsätzen wie Selbsttätigkeit – Motivation – Elementarisierung – Lebensnähe – Schüler-, Sach- und Zielgemäßheit.

Die Gegenprinzipien heißen zum einen Abstraktion – Verallgemeinerung – gedankliche Verarbeitung – Ordnung – Versprachlichung – Sprachpflege, zum anderen Besinnung – Sinngebung – Wertentscheidung. (Lit. Stöcker 1960; Flügge 1962; Memmert 1968; Martin 1964; Buck 1969; Krüger 1965; Ebeling 1966; Grzesik 1976; Rumpf 1981; Michael 1983; Aebli 1983; Willows/Houghton 1987; Glöckel 1995).

## 6.3.2 Selbsttätigkeit

Auch dieses Prinzip ist schon lange bekannt; es ist aber nicht so alt wie das der Anschauung.

### Historische Wurzeln

Selbertun, -denken, -finden wird erst im 18. Jahrhundert ausdrücklich gefordert. Rousseau wollte seinen Emile durch eigenes Beobachten und Denken klug werden lassen, Philanthropen wie Salzmann förderten die Eigentätigkeit zur Übung der formalen seelischen und körperlichen Kräfte, Pestalozzi setzte auf die planmäßig geführte Entfaltung der »Selbstkraft«. Unter Berufung auf ihn sahen führende Schulmänner wie Diesterweg selbständiges Lernen begründet in der naturgegebenen Aktivität des jungen Menschen wie auch im Erziehungsziel der Selbstbestimmung. Herbart setzte mehr auf die Wirkung des wohlgeordneten Gedankenkreises, aber auch bei ihm war »Handeln das Prinzip des Charakters«. Bei seinen Epigonen trat die Selbsttätigkeit zurück, weil sie die sorgfältige Lenkung der »Assoziationen« beim Aufbau des Gedankenkreises stören könnte.

Daran entzündete sich die Kritik der Reformpädagogen. Die Vertreter einer Pädagogik »vom Kinde aus« bauten auf die sich entfaltende Natur des Kindes und seinen spontanen Griff nach dem jeweils Gemäßen. Kunsterzieher und Erlebnispädagogen förderten das »Schöpferische im Kinde«. Arbeitsschulpädagogen wollten durch aktives Lernen im Sinne von Dewey den demokratischen Gemeindebürger, von Kerschensteiner den verantwortlichen Staatsbürger, von Gaudig die autonome Persönlichkeit erziehen. Sozialistische Pädagogen wollten in der »Produktionsschule« Lernen und produktive Arbeit vereinen und so den Marxschen »allseitig disponiblen Menschen« heranbilden. Moralpädagogen wie F. W. Foerster, anders wieder P. Petersen, sahen die Grundlage sittlich-sozialer Erziehung nicht im redenden Moralisieren, sondern im sozialen Tathandeln. Der Aktivismus des NS-Staates sollte ein ausschließlich gelenkter sein.

Nach dem Kriege lebten die Ideen der Reformpädagogik wieder auf, und sie erhielten neue Kraft im Bemühen um »Kreativitätsförderung«, den verschiedenen Formen eines offeneren Unterrichts, wie sie unter 3.2.7 vorgestellt wurden, bis zur Proklamierung einer völligen Selbstbestimmung des Kindes in der Wiederaufnahme rousseauscher Einsichten und Irrtümer. Offensichtlich entspricht das Prinzip bestimmten gesellschaftlicher Bedingungen und Werten, einem »Zeitgeist«, in dem mancherlei Motive zusammenlaufen.

### Motive

Warum sollen Schüler selbsttätig sein? Begründungen kommen aus Annahmen, wie der Mensch *sei*, wie er *werden solle*, und aus den besonderen *Bedingungen schulischen Lernens*.

Aus breiter Erfahrung wissen wir, daß der Mensch, insbesondere der junge Mensch *lieber lernt*, wenn die Freude an selbst gefundener Einsicht oder am selbst gestalteten Werk ihn beflügelt. »Alle selbsterrungene Kenntnis auf intellektuellem wie ästhetischem Gebiet erfreut die Seele« (Kerschensteiner 1899, 127).

Der Mensch lernt aber nicht nur lieber, er *versteht* auch besser und *behält* dauerhafter, was er selbst untersuchen, anwenden, »begreifen« durfte. Hier gibt es Überschneidungen mit dem Anschauungsprinzip. Umgekehrt wissen wir um Lernhemmungen und -sperren, oft im Unbewußten, die aus der Unterdrückung von Aktivität und Spontaneität folgen und durch erfolgreich gelingende Tätigkeit überwunden werden können (Singer 1973).

Insbesondere *Kinder* müssen mit den Dingen umgehen, um sie zu verstehen. Jean Paul (1806) bezog seinen berühmten Spruch »Heiterkeit ist der Himmel, unter dem alles gedeiht, Gift ausgenommen« ausdrücklich nicht auf den Genuß, sondern auf die Lust an der Tätigkeit (1910, 76).

Eine gewisse *Anthropologie* nimmt an, der Mensch an sich sei ein primär handelndes, erst sekundär erkennendes Wesen, er schaffe seine Welt und mit ihr sich selbst im Handeln.

Ist er es wirklich? Spätestens hier gehen nicht nur empirische Daten, sondern auch Vorstellungen von dem ein, *wie er sein solle*. Der Mensch ist nicht nur von Natur aus aktiv, er soll es auch durch Erziehung werden, nicht nur gehorsam tätig und fleißig, sondern selbständig, initiativereich, selbst- und mitverantwortlich. »Motive der Eigenständigkeit können nicht anders als durch eigenständige Motivation erworben werden. Der Handelnde muß sich als Ursache seines Handelns erfahren können, soll er dessen Sinn erfassen lernen. Deshalb kann Lernen nicht erzwungen werden, wenn es der Mündigkeit dienen soll« (Schiefele 1972, 116).

Hinter all dem steht das Bild der geistig und sittlich autonomen Persönlichkeit, des selbst- und mitverantwortlich handelnden Bürgers in einem freien Gemeinwesen. Dieses Ideal galt und gilt nicht in allen Zeiten und Gesellschaften, und so wird verständlich, warum das Aktivitätsprinzip erst seit der Aufklärung und vor allem in den von ihr erfaßten Ländern Bedeutung erlangen konnte.

Empirische und normative Sätze stützen also das Prinzip der Selbsttätigkeit. Sie stehen in *Spannung* zueinander; denn wenn der Mensch von Natur aus schon so aktiv wäre, bedürfte es des Zieles nicht. Wünsche, wie der Mensch sein solle, färben ab auf die Annahme, wie er sei. Aber sie setzen damit auch Kräfte frei, die ihn in Wirklichkeit diesem Ziel annähern – freilich nur ein Stück weit. Die Alltagserfahrung zeigt uns nicht nur immerfort fröhlich-aktive Schüler. Woran mag es liegen?

Es liegt sicherlich auch an den *schulischen Bedingungen*. Wo oft recht schwierige Dinge auf Vorrat gelernt werden sollen, wo es mehr auf begriffliche Klarheit und theoretisches Verständnis als auf praktische Umsetzung ankommt, wo stoffliche Überfütterung kein wirkliches Verdauen ermöglicht, wo die Vielzahl von Lernenden in räumlich und zeitlich eng beschränkten Verhältnissen nur schwer den Zugang zu Sachen und Menschen finden, da tendiert die *Situation* dazu, die Schüler passiv zu halten. Diese Situation ist auch bei bestem Willen und reichster Ausstattung nicht völlig zu überwinden. Schon im Wesen der Schule als einem Schonraum liegt diese Beschränkung. Sie verwehrt dem jungen Menschen die volle Teilhabe am Leben, die doch so wichtig wäre für den Gewinn von Selbstwertgefühl und Selbsterkenntnis, Realitätssinn und Handlungskompetenz, Sachlichkeit und Verantwortlichkeit. Schule bleibt, trotz mancher erfreulicher Vorhaben und Projekte, in vielem doch »Spielwiese« vorläufigen, im letzten unverbindlichen Tuns. Das wird in unserer Zeit um so mehr zum drängenden Problem, je länger nicht nur Kinder, sondern Jugendliche und junge Erwachsene auf Schul- und Hörsaalbänken sitzend für ein Handeln lernen müssen, das erst in der Zukunft liegt, und es erklärt manchen Unmut unter ihnen. Aber um diese Gefahr wenigstens teilweise zu bannen, ja sie überhaupt erst zu erkennen, ist das Prinzip der Selbsttätigkeit heute wichtiger denn je.

*Praktische Umsetzung*

Um der Selbsttätigkeit willen schätzen wir die zusammenwirkende und die aufgebende *Unterrichtsform* (2.2.2–3), den Gruppen-, Partner- und Einzelunterricht (2.3.4–6); sie bestimmt die Formen der *Gesprächsführung* von den unbeholfenen Versuchen der Katechisierer bis zum freien Unterrichtsgespräch und der formalen Debatte (1.2.2b und 2.2.2) ebenso wie die Einschulung von *Lern- und Arbeitstechniken* (1.2.2d) und die Schaffung von *Arbeitsmitteln* (1.3.4).

Auf der *Methodenebene* sahen wir die Auswirkungen insbesondere bei den Reformpädagogen (3.2.3), den Psychologen des einsichtigen und produktiven Denkens (3.2.4–5), den vielfarbigen Ansätzen zu einem entdeckenden, problemlösenden, kreativitätsfördernden, handlungsorientierten, spielenden, diskursiven Lernen (3.2.7) wie auch bei den offeneren Lehrgangsformen (4.2.6, 4.2.7).

Auf der *Lehrplanebene* war es wieder die Bändigung der Stofffülle, die erst die Voraussetzungen für selbsttätiges Lernen schafft (5.4). Die nicht lehrplangebundenen Aktivitäten des *Schullebens* bieten reichlich Gelegenheit für Mitwirkung und Mitsprache, die in der Regel gerne ergriffen werden und von denen viel Freude auf das gesamte Lernen ausstrahlt.

Dabei sollte man nicht zu viel erwarten und verlangen. Selbsttätigkeit bewegt sich zwischen den Polen der Fremd- und der Selbststeuerung. Im Unterricht wird es häufig um ein *reaktives Tun*, ein Ausführen, Hantieren, Wiederholen, Üben, Antworten gehen. Wir sollten das nicht unterschätzen; denn es ist immer noch besser als das bloße Zuschauen und Zuhören, und die aktiv genützte Lernzeit hat sich als eine wichtige Determinante des Lernerfolgs erwiesen (vgl. 3.2.8).

Lieber sehen wir noch das *spontane Tun*, den selbständigen Zugriff, den produktiven, vielleicht sogar kreativen Akt – vorausgesetzt er bringt etwas Richtiges und Gutes. Begriffe wie Spontaneität und Kreativität dürfen nicht überdehnt werden, wenn sie ihren Wert behalten sollen. Darüber wurde unter 3.2.7 b schon das Nötige gesagt.

*Grenzen und Gegenprinzipien*

Die Grenzen in den Bedingungen des Schonraums Schule wurden schon genannt. Es kommen aber weitere hinzu.

Nicht alle *Gegenstände* verlangen bzw. vertragen das selbsttätige Erarbeiten, und wenn, sieht dieses sehr unterschiedlich aus. Gerade die Arbeitsschule neigte zur Überschätzung von Methoden oder bloßen Techniken, zur Geringachtung der Inhalte in ihrem Eigenrecht, zu einer äußerlichen Betriebsamkeit.

Der Mensch will und soll nicht nur handelnd in die Welt eingreifen, sondern auch Abstand zu ihrem Getriebe gewinnen, sich *besinnen*. Es gibt das *empfangende Lernen* der erlebnisoffenen Seele, die Kontemplation, das Hinhören auf den Anruf des höheren geistigen Lebens, das Bedürfnis und die Notwendigkeit, sich etwas sagen zu lassen. Die rezeptive Haltung gehört zur aktiven wie das Einatmen zum Ausatmen, und sie gibt dem späteren Handeln erst den Grund und die Substanz (vgl. 3.2.7.d; 6.3.1).

Selbstständiges Lernen fordert in der Regel mehr Zeit und Kraft, es wäre in vielen Fällen *nicht ökonomisch*. Der Mensch kann nicht alles selbständig erarbeiten oder gar »entdecken«. Das allermeiste übernimmt er aus der Tradition, um es weiterzugeben und vielleicht ein wenig hinzuzufügen. Darauf hat Ausubel in der Kontroverse mit Bruner besonderes Gewicht gelegt (vgl. 3.2.5 b).

Zielstrebige *Unterrichtsplanung* ist notwendig um des sicheren Verlaufs und des soliden Lernerfolgs willen. Sie schränkt den Raum spontaner Handlung und Mitsprache des Schülers ein. Andererseits kann sie ihm Räume erfolgreicher Selbsttätigkeit eröffnen und zu ihr anregen – in der Regel weit besser als ein total offener, der Laune und dem Zufall ausgesetzter Unterricht.

Auch Selbständigkeit muß erlernt werden, und dazu bedarf es der *Führung* durch den Lehrer. Wäre der Schüler schon ganz selbständig, so bedürfte er des Lehrers nicht mehr. Sich führen zu lassen gehört zum Begriff des Schülerseins. Verstärkt wird das durch die Situation des gemeinsamen Lernens, in der Führung unabdingbar ist, (wobei der Stil dieses Führens wichtig, hier aber nicht zu erörtern ist). Es ist nun einmal die Dialektik aller Erziehung, daß sie durch Fremdbestimmung zur Selbstbestimmung führen soll. Darin liegt kein Widerspruch, weil sie mit dem Bedürfnis nach wachsender Selbstbestimmung im jungen Menschen rechnen kann.

Diese Voraussetzung ist in der *Person des Schülers* gegeben. Seine äußere Tätigkeit läßt sich in der Regel – nicht immer – anordnen und erreichen. Seine innere Selbsttätigkeit, das Lernenwollen, kann man nicht befehlen, und noch weniger die echte Spontaneität und Kreativität. In der Respektierung der Person findet das Aktivitätsprinzip seine letzte Grenze.

*Zusammenfassung*

Im Satz formuliert, könnte der Grundsatz der Selbsttätigkeit etwa so lauten: »Bedenke, daß Schüler lieber lernen, besser verstehen und dauerhafter behalten, wenn sie tätig sind, und daß sie aktive, selbständig und verantwortlich denkende und handelnde Menschen werden sollen, daß die übliche Schulsituation sie aber immer wieder zur Passivität verleitet. Setze also alles daran, sie zu echter, sinnvoller Tätigkeit, zu sachgerechter Auseinandersetzung mit den Unterrichtsgegenständen, zu selbstverantwortlichem Handeln anzuregen und anzuleiten, ohne daß sie dabei in bloß äußere Geschäftigkeit und Betriebsamkeit verfallen.«

Synonyme bzw. verwandte Begriffe sind Aktivierung, Arbeit, Handlungsorientierung – Spontaneität, Kreativität – Verbindung von Theorie und Praxis, Verbindung von Lernen und produktiver Arbeit o. ä.

Berührungen und Überschneidungen ergeben sich mit Unterrichtsgrundsätzen wie Anschauung – Motivationshilfe – Lebensnähe – Kooperation – Schüler-, Sach- und Zielgemäßheit.

Gegenprinzipien lassen sich in Begriffe fassen wie Rezeptivität, empfangendes Lernen, Kontemplation, Besinnung – Ökonomie des Lernens – Planmäßigkeit, Gestaltung, führende Rolle des Lehrers. (Lit. Stöcker 1960, 64; Eggersdorfer 1961; Scheibner 1962; Wenzel 1969; Ullmann 1973; Neber 1978; Aebli 1983)

### 6.3.3 Motivationshilfe

Dieser Grundsatz wird oft im Zusammenhang mit anderen Prinzipien bzw. Teilthemen abgehandelt. Die Aufgabe, die mit ihm bezeichnet ist, wird aber in Praxis und Theorie für außerordentlich wichtig gehalten, freilich oft so vordergründig verstanden, daß eine eigene Besinnung nötig erscheint.

#### Begriff und Bedeutung

»Motivation« ist die Bezeichnung für ein psychologisches Konstrukt, *Sammelbegriff* für Beweggründe menschlichen Handelns, inzwischen als Modewort in die Alltagssprache abgesunken und dementsprechend unscharf gebraucht. Einzelne Beweggründe heißen *Motive* (nicht »Motivationen«). Wenn sie sich auf Sachverhalte beziehen, spricht man von »*Interessen*«; sie sind für den Pädagogen von besonderer Bedeutung.

Man kann »motiviert« sein, d. h. Lust, Freude, Interesse an etwas haben. Man kann aber eigentlich nicht jemanden »motivieren«, sondern ihm nur Motive anbieten, sie bei ihm auslösen und so auch ihre Verstärkung und Differenzierung oder ihre Schwächung und Verflachung fördern. Das Verb erlaubt eigentlich keinen transitiven Gebrauch. Deswegen steht auch das Substantiv »Motivation«, genau genommen, nicht als Bezeichnung für ein Handeln des Lehrers, sondern für das, woran er immer denken, was er stets berücksichtigen soll. Die Handlungsanweisung sollte also »Motivationshilfe«, »Förderung der Lernbereitschaft« o. ä. heißen.

Der junge Mensch kann nur lernen, wenn er Motive dafür hat bzw. erwerben kann. Dabei geht es einmal um eine *allgemeine Lernbereitschaft*, zum anderen um *spezielle Interessen* für einzelne Sachverhalte. Beide sind *Voraussetzungen* für das Lernen und gehen, wie die Erfahrung zeigt, nicht immer konform. Sie sind aber auch *Ergebnis* von Unterricht und somit Lehrziele von eigener Art und besonderem Rang. »Es war bis jetzt ein oft gehörter Satz: ›Mache deinen Unterricht interessant, damit die Schüler leichter und lieber lernen!‹ ... Man könnte den Satz gerade umkehren und sagen: ›Lasse lernen, um ein nachhaltiges Interesse der Schüler zu erwecken!‹« (Richter 1873, 90) Es geht also nicht nur um »Lernmotivation«, sondern auch um »Motivlernen« (Schiefele 1974).

Motive *entstehen* »interaktional« in der Wechselwirkung von Anlage bzw. Reifung, Anregung durch die Umwelt und Eigenbestimmung des Menschen. Sie differenzieren sich gemäß dem »Gesetz der Interessenverzweigung« (Kerschensteiner) bzw. der »funktionalen Autonomie der Motive« (Allport). Sie haben ihre Schicksale im Leben des Menschen und sind Teil seiner Identität.

Das Fernziel der Unterrichtsarbeit ist ein doppeltes:

– eine *Dauergestimmtheit der Lernbereitschaft*, erwachsen aus der immer neuen Erfahrung, daß Lernen Freude macht und Bereicherung bringt,
– *bleibende Interessen* an möglichst vielen Sachgebieten über die Schulzeit hinaus. Dieses Fernziel ist nur auf einem langen Wege zu erreichen. Auf ihm soll der junge Mensch in kurzer Zeit sehr viel lernen, dessen Sinn er nicht immer überschauen, für das er nicht von sich aus das volle Interesse aufbringen kann. Er bedarf der *Motivationshilfen*. Diese dürfen aber nicht Selbstzweck werden, sie sollen sich im Laufe der Zeit selbst überflüssig machen.

## Lernmotive

Nur eine *anthropologisch vollständige Theorie der Lernmotivation* kann genügen, die den ganzen Menschen sieht und die Vielfalt menschlicher Motivbereiche einbezieht.
Dazu gehören
– biologische Grundlagen (Vitalität, Gesundheit, Nahrung, Schlaf, Hygiene, Pausen...)
– Gewöhnungen (entlastende Routine, Ordnungen des Alltags und der Arbeit, selbstverständlich gewordene Erwartungen...)
– Funktionslust (Selbertun, Handeln, Spielen, Tätigkeitswechsel...)
– Schaffensfreude (Herstellen und Bewirken, Urheber sein...)
– Erfolg (Erlebnis des Gelingens und Könnens, des Wachsens über Teilerfolge hinweg als ein zentrales Motiv junger Menschen)
– Bestätigung (Anerkennung durch andere, Lob, Selbstbestätigung...)
– sozialer Bezug (Nachahmung, Zusammenarbeit, Helfen, Wetteifer, Übernahme von Verantwortung, Gruppenzug und -druck...)
– Gesamtatmosphäre (Geborgenheit, Sicherheit, heiter-geordnete Grundstimmung, sachliche und menschliche Anregung...)
– Zweckeinsicht (Wissen um Nutzen und Notwendigkeit des Lernens, Einbezug in die Lebensplanung, Vermeidung von Nachteilen oder Sanktionen...)
– Selbstwertgefühl (Ernstgenommen-Werden, Mitsprache, Freiwilligkeit, Selbstanspruch, Verantwortung, Pflichtgefühl...)
– Sachinteresse (Neugier, Abwechslung, Überraschung, persönliche Nähe, Betroffenheit, Erlebnis des Verstehens, der Horizonterweiterung, der geistig-seelischen Bereicherung...)

## Praktische Folgerungen

Die knappe Zusammenstellung macht deutlich, aus wie vielen Gründen Lernfreude gewonnen und auch verloren werden kann, wie einseitig manche Motivationstheorien sind, wie vordergründig Lernmotivation oft verstanden wird. Zu viel erhoffen sich die einen, bestärkt durch den unglücklichen Begriff einer »Motivationsstufe«, von der *Anfangsmotivation,* dem Verzuckern vermeintlich bitterer Pillen, dem Anheizen zu Stundenbeginn, auf das nicht selten die kalte Dusche folgt. Zu bequem verlassen sich die anderen auf das Austeilen von *Noten,* das zwar die Erfolgreichen weiter anspornen kann, aber die Erfolglosen auf die Dauer entmutigen muß. Motivationshilfe bedarf eines weiteren Blicks und längeren Atems, sie muß sich als *Daueraufgabe* verstehen.

Das bedeutet auf der Ebene der *Unterrichtseinheit* (3.3.4)

– gewiß einen interessanten Unterrichtsbeginn, der die Schüler zügig an die Sache heranführt,
– noch wichtiger aber kleine Hilfen zur Erhaltung und Steigerung des Interesses auf den späteren, von sich aus »trockeneren« und schwierigeren Stufen,
– durchtragenden Leitgedanken, folgerichtigen Stundenaufbau, klare Gliederung,
– gründliche, aber nicht langatmige Arbeit an der Sache, Festhalten der Teilergebnisse, Bestätigung von Teilerfolgen,
– ein rechtes Maß an neuem Stoff, das weder langweilt noch überfordert,
– einen positiv gestimmten Abschluß mit Rückblick auf das Gelernte, Bestätigung des guten Verlaufs und Erfolgs, Ausblick auf das Kommende.

Beim *Lehrgang* kommt es noch mehr darauf an, den Schülern einerseits das Lernziel und den Weg dorthin vorzustellen, sie möglichst auch an der Planung teilhaben zu lassen, ihnen aber andererseits durch Bestätigung von Teilerfolgen das Durchhalten zu erleichtern.

Auch über den *Lehrplan,* seinen Zweck und seinen Aufbau, über den gegenwärtigen Stand ihres Lernens im Rahmen des Ganzen sollten sie Bescheid wissen und in angemessenem Grade mitentscheiden (vgl. 5.4.2e). Voraussetzung ist freilich, daß er im Angebot überzeugend und im Schwierigkeitsgrad angemessen ist. Die Sorge um die Lernbereitschaft beginnt also schon in den Lehrplankommissionen – und in der Schulwahl der Eltern.

Recht verstandene Motivationshilfe bedeutet also nicht ein »Verstecken« der Lernaufgabe, sondern ein *Ernstnehmen der Schüler,* die bewußte Förderung der *Einstellung auf Lernenwollen* und das Erlebenlassen von *Lernerfolgen.*

Das sind die im engeren Sinne didaktischen Maßnahmen. Die obige Liste von Lernmotiven zeigt, daß Lernbereitschaft noch tiefer fundiert werden muß in einer guten Gesamtatmosphäre, erfreulichen Gruppenbeziehungen und persönlichem Vertrauen. Das führt in das so wichtige Gebiet der Erziehung und Führung, das unter dem Prinzip des »Erziehenden Unterrichts« angesprochen wird (6.4), ansonsten aber nicht Gegenstand dieses Buches ist.

*Gegenprinzipien, Gefahren, Grenzen*

Aus der Einsicht, daß Förderung der Lernbereitschaft nicht nur eine Unterrichts-, sondern eine Erziehungsaufgabe ist, ergeben sich auch ihre Gegenprinzipien.

Dauernde Über-Stimulation kann zerstreuen statt sammeln, die Gewöhnung an den Lehrer als »Animator« kann zur Verwöhnung führen, anspruchsvoll und abhängig statt selbständig und belastbar machen. Das eigentliche Gegenprinzip liegt somit in der *Selbstverantwortung* des Schülers, seiner potentiellen Mündigkeit. Je älter er wird, desto mehr ist er selbst für seine Lernmotive verantwortlich. Auch Einsicht und Pflichtbewußtsein, Selbstachtung und Selbstbeherrschung sind legitime Lernmotive. Sie dem Schüler nach dem Maß seiner Kräfte abzuringen, ihm ohne ängstliche Rücksicht auf momentane Stimmungen Lernen zuzumuten, heißt, ihn ernst zu nehmen – und wird von ihm dann als hilfreich empfunden, wenn er Erfolg erlebt. Förderung der Lernmotivation ist demnach Hilfe zur Selbsthilfe, zum Mündig-werden.

*Zusammenfassung*

Im Satz formuliert, will der Grundsatz der Motivationshilfe den Lehrer erinnern: »Bedenke, daß deine Schüler sehr viel in dichter Fülle und in kurzer Zeit lernen sollen, für das sie nicht immer von sich aus das volle Interesse aufbringen können. Versuche also, mit geeigneten Mitteln und Maßnahmen ihre Lernbereitschaft zu steigern, Lernunlust zu vermindern, Lernmotive verschiedenster Art in ihnen zu nützen und zu wecken, ohne sie auf Dauer von dir abhängig zu machen. Sieh es als deine Aufgabe, eine Dauergestimmtheit der Lernbereitschaft zu fördern und bleibende Sachinteressen, die sich selber tragen können, zu erschließen.« Mit Begriffen wie »Förderung der Lernhaltung, Weckung von Interessen, Schaffung von Bedeutsamkeit, Sinngebung« u. ä. ist das gleiche Anliegen umschrieben.

Berührungen und Überschneidungen ergeben sich insbesondere mit Anschauung, Selbsttätigkeit, Gestaltung, Erfolgssicherung, Lebensnähe, Erziehendem Unterricht, Schüler-, aber auch Sach- und Zielgemäßheit, im Grunde mit allen Prinzipien guten Unterrichts.

Die Gegenprinzipien könnten heißen Vermeidung von Überfütterung – Gewöhnung an eine reife Arbeitshaltung – Erziehung zur Selbstverantwortung. (Lit. Jeziorsky 1968; Dinkmeyer / Dreikurs 1970; Singer 1973; Glöckel 1976, 1981; Schiefele 1974, 1979, 1986; Maskus 1975; Katzenberger 1976; Weinert 1980; Heckhausen / Rheinberg 1980; Joerger 1980; Grell 1981; Gerner 1982; Aebli 1987; Sprenger 1991; Sünkel 1996, 88).

Auf ähnliche Weise wie die letzten drei Grundsätze – und noch viel gründlicher – müßte man auch die anderen durchdenken. Aber das würde ein eigenes Buch ergeben, und deswegen werden die folgenden Prinzipien kürzer abgehandelt.

## 6.3.4 Elementarisierung

Unterrichtliches Handeln bewegt sich in der Spannung zwischen dem Anspruch der Sache, dem pädagogischen Auftrag und den Voraussetzungen der Schüler (3.3.1–2). Der Lehrer erfährt diese Spannung täglich und stündlich, wenn er einen schwierigen Sachverhalt so vereinfachen muß, daß er für die Schüler faßbar wird, ohne ihn doch zu verfälschen. Bietet er zu viel, so bleiben ihm die Schüler, bietet er zu wenig, so bleibt die Wahrheit auf der Strecke. Seine Aufgabe ist »Elementarisierung«, »die Veränderung des Unterrichtsgegenstandes in der Absicht, ihn dem Lernenden leichter zugänglich oder überhaupt erst zugänglich zu machen« (Becker 1974, 110).
Synonyme bzw. verwandte Begriffe sind didaktische Reduktion – didaktische Transformation – Gegenstandsaufbereitung – Isolierung der Schwierigkeiten – Faßlichkeit.
Berührungen und Überschneidungen ergeben sich mit Prinzipien wie Anschauung – Gestaltung – Motivation – Erfolgssicherung – Sach-, Schüler- und Zielgemäßheit.

### Bedeutung

Elementarisierung findet sich nicht nur im Unterricht, sondern überall, wo Laien über fachliche Anliegen informiert, Anfänger in ein Fachgebiet eingeführt werden sollen. Auch hier ist sie nur ein Sonderfall der allgemeinen Fähigkeit zur *Reduktion von Komplexität*, die allen Lebewesen eigen ist, die sie brauchen, um sich im Chaos der Sinneseindrücke zurechtzufinden. Sie ist auch zentrales Moment der menschlichen Kommunikation, Notwendigkeit und zugleich Gefahr, wenn sie inkompetent oder unverantwortlich geschieht.
Sie verlangt die Unterscheidung von Wesentlichem und Unwesentlichem, die Reduktion auf das unabdingbar Notwendige, also eine *Abstraktionsleistung*. Diese kann nur bei fundierter Sachkenntnis gelingen – im Hinblick auf den jeweiligen Zweck. Sie darf jedoch dieses Abstrakte dem Schüler nicht in allgemeiner Form, sie muß es ihm *am Konkreten* darbieten, aber doch so, daß das Allgemeine daran aufscheint. Sie muß den Gegenstand aus der Sicht des Schülers betrachten und setzt daher ebenso gute Kenntnis seiner Eigenart voraus. Diese Vermittlung stellt, wenn sie gelingt, eine hohe, die eigentliche Leistung des Lehrers dar; sie ist die Mitte seiner unterrichtlichen Arbeit.

### Geltungsbereiche

Die in den *Medien* vorgeleistete didaktische Präparation (1.3.2) ist nichts anderes als eine solche Elementarisierung.
Bei der Vorbereitung der *Unterrichtseinheit* (3.3.4e) ist aus der Analyse der Sachstruktur ein Zugang zum Gegenstand zu gewinnen, der ihn für die Lernenden sinnvoll und faßbar und damit auch interessant macht.

Der gute Lehrer verfügt über ein Repertoire von Möglichkeiten in fachgerechter Anwendung, z. B.

– Beginn mit dem prägnanten Beispiel, wenn er den Blütenbau zunächst an der Tulpe erklärt,
– Weglassen von Details, wenn er an einer vereinfachten Karte in deren Gebrauch einführt,
– Darstellung am konkreten Fall, wenn er die Leiden des Krieges am Schicksal einer Familie nacherleben läßt,
– vorläufige Beschränkung auf eine Schicht des Sachverhalts, wenn er in Physik bei den Phänomenen bleibt und die Mathematisierung hinausschiebt,
– Strukturierung und Schematisierung, wenn er den Blutkreislauf an einem Schaubild erklärt,
– Rückführung auf die Ursprungssituation (»originale Begegnung«), wenn eine Maschine nacherfunden, eine politische Entscheidung nachvollzogen werden soll,
– sprachliche Vereinfachung, wenn er zunächst die Umgangssprache verwendet und die fachsprachlichen Bezeichnungen erst schrittweise einführt,
   u. a. m.

Als zentrales Problem der *Lehrgangsebene* erkannten wir die Suche nach dem »Elementaren«, den richtigen Anfangsgründen des Lernens, die erst den Zugang ermöglichen und zugleich wie Schlüssel für alles Spätere wirken, und stießen damit erstmals auf das Wort selbst (4.3.1).

Durch die Überlegungen zum *Lehrplan* zog sich die Frage, was die unabdingbaren Elemente einer grundlegenden Bildung sein müßten, auf der die weiterführende Allgemein- oder Spezialbildung aufbauen kann. Um sie ging es in der Kontroverse, ob diese Elemente vor allem in »materialen« Inhalten oder mehr in »formalen« Fragestellungen und Arbeitsweisen zu bestehen hätten (5.4.5) und bei der Suche nach den geeigneten »Exempla«, an denen das »Elementare« gewonnen, vielleicht sogar »fundamentale« Bildungserlebnisse ausgelöst werden können (5.4.6). Angesichts der uferlosen Fülle des Lehr- und Lernbaren stellt jeder Lehrplan eine mehr oder minder gelungene Elementarisierung dar.

### Grenzen und Gegenprinzipien

Elementarisierung hebt bestimmte Aspekte hervor und vernachlässigt andere, vermittelt also nicht das ganze Bild der Sache:

– Sie gibt nur begrenzte Hilfen für die Anwendung in der immer komplexen Ernstsituation.
– Sie kann dem Interesse schaden, wenn sie die Sache so weit vereinfacht, daß diese den Reiz des Neuen und Herausfordernden verliert.
– Sie kann mißlingen und das Verständnis blockieren, wenn sie der Sache oder dem Schüler nicht gerecht wird.

Sie soll daher

– so einfach wie möglich, aber so komplex wie nötig sein,
– nie ein späteres Umlernen, immer nur ein Differenzieren und Ergänzen nötig machen und ermöglichen,
– den Schülern als Vereinfachung bewußt gemacht werden.

Elementarisierung steht also in Spannung zu Prinzipien wie Lebensnähe, Wirklichkeitsnähe, Wissenschaftsorientierung.

Das eigentliche Gegenprinzip ist aber die *didaktische »Restitution«*. In gegenläufiger Denkbewegung ist die Sache in ihrer ganzen Wahrheit sichtbar zu machen durch
– Ausweitung auf schwierige Fälle,
– Hinzufügung weggelassener Elemente,
– Füllung des Schemas mit lebendigen Details,
– Verallgemeinerung des konkreten Beispiels,
– Überführung in die anspruchsvollere Sprache.
Diese »Wiederherstellung« kann in derselben Stunde oder in Zusammenschau mehrerer Einheiten erfolgen, sie kann sich erst auf einer späteren Jahrgangsstufe ergeben oder Ergebnis eigener Weiterbildung und Lebenserfahrung sein – und sie kann ganz ausbleiben. Daß das in elementarisierter Form Gelernte später zum »lebendigen Wissen« werde, das sich im Leben bewährt, bleibt die Hoffnung. Gelungene Elementarisierung macht ihre Erfüllung wahrscheinlicher. (Lit. Spranger 1952; Grüner 1967; Salzmann 1970, 1982; Rumpf 1971; Bauer u. a. 1975; Kahlke 1984; Metz 1985; Einsiedler 1989; Glöckel 1990)

## 6.3.5 Erfolgssicherung

*Notwendigkeit*

Die Obsorge für den Lernerfolg gehört zum *Begriff* des Unterrichts, durch sie unterscheidet er sich von bloßer »Lehre«, »Instruktion«, »Information«. Sie folgt aus dem *Ziel* soliden Wissens und Könnens, sie entspricht den *Bedingungen* menschlichen Lernens, wie die Lernpsychologie sie uns lehrt, sie wird bestätigt durch alle *Erfahrung,* und sie erhält ihren immer neuen Impuls aus dem *Mißverhältnis von Ziel und Ergebnis,* kurzfristigem Schein- und bleibendem echtem Erfolg.
Erfolgssicherung berührt oder überschneidet sich mit Prinzipien wie Planmäßigkeit, Ökonomie, Konzentration, Anschauung, Selbsttätigkeit, Motivation, Sach-, Schüler- und Zielgemäßheit, eigentlich mit allen Grundsätzen guten Unterrichts, weil er eben nur gut sein kann, wenn er sich um den Erfolg bemüht.

*Anlässe*

Zwar war der Wiederholungs- und Übungsdrill der alten Schule auch nicht immer erfolgreich, aber zur Vernachlässigung speziell erfolgsichernder Maßnahmen kam es erst in jüngerer Zeit. Vielerlei trug dazu bei:
– die zunehmende Überfüllung der Lehrpläne, noch einmal verstärkt durch die Curriculumreform (5.2.3) und die sich aufdrängenden speziellen Erziehungsaufträge (5.4.1, 5.4.8),

- die Überschätzung der eindrucksvollen Erstbegegnung und selbständigen Erarbeitung in manchen Zweigen der Reformpädagogik,
- eine Überbetonung der »Offenheit«, des »natürlichen« Lernens durch lustvolle Beschäftigung ohne bewußte Einstellung auf Lernenwollen,
- eine einseitige »Schülerorientierung«, die nur den momentanen Bedürfnissen der Kinder folgen, den Unterricht »auflockern« will und somit vielerlei anfangen, aber wenig vollenden läßt,
- das Überangebot an didaktisch zu wenig präparierten technischen Medien,
- ein Übermaß an sog. »Arbeitsblättern«, die faktisch oft mehr der Arbeitsvermeidung dienen,
- die Durchsetzung der Jahrgangsklasse, mit ihr die Vermehrung des Frontalunterrichts und das Zurücktreten der übenden Stillarbeit,
- organisatorische Bedingungen wie Kurzstunde, zerstückelter Stundenplan, Fachlehrereinsatz, äußere und innere Ablenkungen,
- ein unzureichendes Verständnis der Artikulationsschemata, in denen die Stufen der Verarbeitung und Festigung immer am Schluß stehen, daher in der Praxis häufig unter Zeitbedrängnis geraten – als ob die Übung dem Verständnis immer nachfolge und ihm nicht auch vorausgehen könne, ja oft sogar müsse.

## Maßnahmen

Sie liegen vor allem auf der Ebene der *Unterrichtseinheit*, die alle Stufen in ihrer jeweiligen didaktischen Funktion (3.3.4) umfassen muß.

Wichtig ist zweifellos die *Erstbegegnung*: Zielklarheit, Folgerichtigkeit der Gedankenführung, Fixierung der Zwischenergebnisse, begriffliche Durcharbeitung und Verknüpfung, Herausarbeitung des Kernwissens, präzise Fassung des Ergebnisses, betonte Erstwiederholung, einprägsamer Schluß.

Sie allein genügt aber nicht. Hinzu müssen kommen

- *Aufarbeitung* des Gelernten: eigene Umsetzung und Darstellung, Ausdruck des Erlebten, Rückschau, Selbstprüfung;
- *Wiederholung und Übung:* automatisierend und operativ, immanent und planmäßig, verteilt und konzentriert, reproduktiv und reorganisierend;
- *Anwendung*, Übertragung, Ausübung.

*Lernerfolgskontrolle* gibt unerläßliche Rückmeldung für Lehrer und Schüler und ist wichtige Vorgabe für den weiteren Unterricht. Operationalisierte Lehrziele, wo am Platze, präzisieren die Feststellung des Ergebnisses. Grundsätzliche Klärungen zur Rechtfertigung der geforderten Leistung, über Sinn und Grenzen der Leistungsbeurteilung und des Leistungsprinzips überhaupt sind dabei vorausgesetzt (vgl. 6.2.3). Denn Lernerfolgskontrolle schließt immer eine *Leistungsbeurteilung* ein, den Vergleich erbrachten Lernleistung mit den eigenen Möglichkeiten, den gesteckten Zielen, den Leistungen der anderen. Nur der letztere Vergleich kann in *Noten* ausgedrückt werden, die Rangplätze innerhalb einer bestimmten Population bezeichnen (Glöckel 1981). Die Ziffernbenotung wirft eigene Probleme auf und hat mit der Erfolgssicherung nur wenig zu tun, ist für sie jedenfalls nicht nötig. Ihre begrenzte Funktion ist die der Vorsortierung von Schülern nach bestimmten gesellschaftlichen Interessen, liegt also auf anderem Gebiet.

Selbstverständlich ist auch beim *Lehrgang* (4.) die mittel- und langfristige Erfolgskontrolle einzuplanen. Als systematische Evaluation liefert sie Daten für eine gebotene Revision.

Voraussetzungen im *Lehrplan* (5.) sind Angemessenheit der Inhalte, stoffliche Entlastung, sinnvolle Konzentration, Gewichtung in Kern- und Randwissen, Gewährung von Freiräumen.

## Grenzen und Gegenprinzipien

Das *Leben geht weiter* und verlangt immer Neues vom Menschen, und es gibt auch ein nützliches Vergessen.

Überbetonte Erfolgssicherung kann eine zu große *Beschränkung*, ja Verarmung bedeuten. Auch inhaltliche Fülle, orientierende Überschau, Weite des Horizonts haben ihren Wert.

Je wichtiger ein Ziel ist, desto schwerer läßt sich in der Regel seine Erreichung *feststellen* und gar als Ergebnis eben dieses Unterrichts nachweisen. Kontrollierbarkeit und Bedeutsamkeit stehen meist in einem reziproken Verhältnis (vgl. 3.2.6b).

Zum »Erfolg« gehören auch die unbeabsichtigten *Nebenwirkungen*. Sie müssen, soweit unerwünscht, als »Kosten« vom Ertrag abgebucht werden und können die Bilanz empfindlich schmälern.

Langzeitwirkung bleibt immer eine Sache der Hoffnung und des langen Atems, und sie hängt nicht nur vom Unterricht ab. *Letztlich bleibt der Erfolg unverfügbar.* Alle Maßnahmen können ihn nur wahrscheinlicher machen, nicht eigentlich »sichern«; denn der Schüler ist nicht Objekt unterrichtlicher Verfügung, sondern Person.

Fragwürdig sind am Ende auch alle *Maßstäbe* für den »Erfolg«. Lernen dient nicht nur einem Zweck, es ist auch Selbstzweck, sinnvoll verbrachte Lebenszeit, Ausdruck menschlicher Freiheit – und auch der »erfolglose« Mensch hat seinen Wert und seine Würde.

Die Gegenprinzipien könnten also heißen Lebensoffenheit – inhaltliche Fülle – Beachtung der Nebenwirkungen – Langfristigkeit erzieherischen Wirkens – dialogisches Verhältnis – Unverfügbarkeit des Erfolgs. (Lit. Bönsch 1967; van Parreren 1969; Rabenstein 1977; Schröder 1974; Ingenkamp 1975; Rapp 1975; Bollnow 1978; Odenbach 1981; Potthoff 1981; Eisenhut u. a. 1981; Henze / Nauck 1985; Speichert 1985, Pütt / Susteck 1986; Rabenstein u. a. 1989)

### 6.3.6 Ökonomie

*Begründung*

Größerer Aufwand bringt nur bis zu einem gewissen Punkte mehr Ertrag, darüber hinaus nicht mehr oder nur unter unverhältnismäßiger Steigerung des Aufwands. Nicht Maximierung, sondern Optimierung des Verhältnisses von »Kosten« und »Nutzen« muß somit das Ziel sein. Das ist die Leitlinie wirtschaftlichen Denkens, und sie gilt im Prinzip auch für den Unterricht. Man kann die ganze Didaktik als ein jahrhundertelanges Ringen um Ökonomie des Unterrichts, ein immer besseres Verhältnis von Aufwand und Ertrag verstehen.

Der Aufwand besteht zum einen in *materiellen Mitteln*, die in der Regel von anderen bereitgestellt werden und mit denen schon deswegen verantwortlich umgegangen werden muß. Zum anderen besteht er in *Kraft* und vor allem in *Zeit*, diesem begrenzten und so kostbaren Gut. Es muß aufs beste genützt werden – wenn man nur immer wüßte, was das Beste ist. Der Aufwand ist leicht festzustellen, viel schwieriger steht es mit der Ertragskontrolle (vgl. 6.3.5). Aber es gibt zweifellos unrationelles Handeln im Unterricht, Vergeudung von Geld, Dingen, Kraft und Zeit. Dagegen steht unser Prinzip, das auch »Rationalisierung«, »Steigerung der Effizienz« o. ä. heißen könnte. Nahe liegen Prinzipien wie Planmäßigkeit, Erfolgssicherung, Konzentration; bei genauer Betrachtung dienen auch Motivationshilfe, Anschauung, Selbsttätigkeit, Elementarisierung, Schüler-, Sach- und Zielgemäßheit diesem Zweck.

*Verwirklichung*

Bei den *Unterrichtsmitteln* (1.3.3) haben wir festgestellt, daß die teureren Medien und Geräte nicht notwendig besser sein müssen als die einfacheren, und der sorglose Verbrauch von Material und Energie hat ja auch seine ökologische Bedenklichkeit. Man kann heute auch bei Lehrern Widersprüche zwischen Bekenntnissen zum Umweltschutz und großzügigem Umgang mit Ressourcen beobachten. Die *Lernzeit* des Schülers, beachtlicher Teil seiner Lebenszeit, muß sorgsam genützt werden. Sichere Beherrschung der *Techniken* erspart Reibungsverluste im Ablauf des Unterrichts.

Nicht alle *Unterrichtsformen* taugen gleich gut für den gleichen Zweck (2.1.3, 2.2–3). Man vergesse nicht, daß die Einführung des Klassenunterrichts eine Rationalisierungsmaßnahme von kaum abzuschätzender Bedeutung war. Anderseits kann die persönliche Lehrerhilfe für einzelne oder Gruppen, am Ergebnis gemessen, eine sehr rationelle Arbeitsweise sein, wie denn überhaupt Maßnahmen der Differenzierung, die in der Regel einen höheren Aufwand fordern, auch unter dem Aspekt der Ökonomie ihr Recht haben können (2.4).

Alles Bemühen um die *Methode* dient einem rascheren und leichteren Lernen. Viel kostbare Zeit wird heutzutage mit Motivierungstricks, umständlichem Erratenlassen,

Pseudo-Entwickeln vertan, die man besser nützen könnte, wenn man die didaktischen Funktionen gründlicher bedächte (3.2.8, 3.3.4). *Lehrgang* und *Lehrplan* können dem Lehrer helfen, ökonomischer mit der Zeit umzugehen und sich nicht in Nebensächlichkeiten zu verlieren.

Auch mit der *Kraft und der Zeit des Lehrers* muß ökonomisch umgegangen werden. Hierfür dienen

- gute Arbeitsorganisation, zweckmäßige Techniken der Vor- und Nachbereitung, Vermeidung von Leerläufen, Selbstdisziplin,
- Delegieren von Aufgaben, Mitverantwortung der Schüler, Einrichtung von Klassenämtern,
- feste Ordnungen der Arbeit, des Raumes, der Zeit, der Pausen, des Zusammenlebens, die von Nebensächlichem entlasten und für Wesentliches freimachen,
- Zusammenarbeit und Arbeitsteilung im Kollegium bis hin zum Verbundunterricht (»Team Teaching« vgl. 2.4).

*Mißverständnisse*

Außer Betracht bleiben hier die Versuche, die Schule als Wirtschaftsunternehmen zur Herstellung von Lernprodukten zu betrachten, In-und-Output mit dem Ziel der Gewinnmaximierung zu kalkulieren (z. B. Möller 1972). Sie sind pädagogisch indiskutabel. Nahe liegt aber überall die Gefahr eines *vordergründig ökonomischen Denkens,* das nur den isolierten Zweck und nicht das ganze Feld von Bedingungen und Folgen sieht.

So meint mancher Lehrer, unter dem Lehrplandruck könne er sich gründliches Arbeiten nicht leisten und müsse den Stoff durchpeitschen – und leistet sich dafür Scheinergebnisse, Apathie und Abneigung gegen sein Fach. *Es kann sehr unökonomisch sein, um jeden Preis Zeit sparen zu wollen, und es kann sehr rationell sein, im richtigen Zeitpunkt zu verweilen und scheinbar Zeit zu verlieren.* Man mißt ja auch den Erfolg eines Schützen nicht an den abgegebenen Schüssen pro Minute, sondern an der Zahl der Treffer.

Bildungsplaner begründeten in den sechziger Jahren den Bau übergroßer Zentralschulen vor allem mit der ökonomischen Nutzung von Räumen und Einrichtungen – und handelten sich höheren Organisationsaufwand, stärkere Belastung von Lehrern und Schülern, Schulverdrossenheit und Vandalismus ein.

Coleman verglich in den USA den »output« verschiedener Schulen, gemessen am »input« an Geld, Größe, Lehrer-Schüler-Relation, Lehrmittelausstattung usw. und fand als unterscheidenden Faktor die Qualität der Lehrer (Mosteller/Moynihan 1972, 157).

Ähnlich fand Rutter (1980) in seiner Untersuchung zur Schulqualität, daß Londoner Schulen, die in Bezug auf Einzugsbereich und Ausstattung durchaus vergleichbar waren, sehr unterschiedliche Lern- und Erziehungserfolge hatten. Bestimmender Faktor war letztlich das »Ethos« der Lehrerschaft, abzulesen an Pünktlichkeit, Pflege des Hauses, Sorgfalt der Vorbereitung und Hausaufgabenkontrolle, Umgangston und ähnlichen schlichten Alltagstugenden.

Das bestätigt, was wir im Schulalltag erfahren: Die Frage der Ökonomie darf nicht nur unterrichtsintern betrachtet werden. Alles, was zu einem positiven »Schulklima« beiträgt, Vertrauen zwischen Lehrern und Schülern stärkt, Freude an der Schule erleben läßt, was zu einem erzieherisch wertvollen »Schulleben« gehört, all das kostet zwar Zeit und Mühe, es kann aber in der Gesamtrechnung sehr »ökonomisch« sein. (Als Klassenlehrer erlebte ich Hausbesuche bei den Eltern als die am rationellsten verwendete Arbeitszeit. Nirgends sonst war das Verhältnis von Aufwand und Ertrag so günstig. Vgl. Aebli 1987, 246).

### Gegenprinzipien

Lernen ist sinnvoll erfüllte Lebenszeit, oft wertvoller als manche Praktiken des späteren Lebens, auf die es vorbereiten soll. Kein Augenblick des Lebens darf als bloßes Mittel einem anderen aufgeopfert werden. Der Weg zum Ziel ist selbst ein Stück dieses Ziels, seine Vorwegnahme. Im *Selbstzweck des Lernens* und im *Eigenrecht der Gegenwart* findet das Prinzip der Ökonomie seine prinzipielle Grenze. (Lit. Schleiermacher (1826) 1966, 46; Kron 1968)

### 6.3.7 Weitere Prinzipien

Einige weitere Unterrichtsgrundsätze, die man in der didaktischen Literatur finden kann, sind an einschlägiger Stelle bereits abgehandelt worden. So mag hier eine knappe Zusammenfassung genügen.

### Kooperation

Dieser Grundsatz ist vor allem für den Einsatz der *Unterrichtsformen* (2.) bestimmend. »Soziales Lernen, Gemeinschaftsbezogenheit, soziale Integration, Sozialisation, Arbeit im Kollektiv, Solidarität« sind zugehörige Begriffe. Zweifellos ist dem Unterricht die Förderung von Techniken und Haltungen der Zusammenarbeit und des Zusammenlebens aufgegeben. Nicht eigentlich gegenläufige, eher ergänzende Anliegen sind Individualisierung nach persönlichen Fähigkeiten und Neigungen, Personalisierung im Ansprechen von Selbständigkeit und Eigenverantwortung. Sowohl das soziale Lernen als auch die Verselbständigung können dem Prinzip des »Erziehenden Unterrichts« zugeordnet werden (6.4). Lit. Walz 1960; Simon 1965; Weiß 1967; Eberle 1985; Spanhel 1985 (b).; Biermann/Wittenbruch 1986; Aebli 1987)

### Gestaltung

Dieser Grundsatz, auch »Strukturierung, Dynamisierung« genannt, bezieht sich auf die *Vorbereitung der Unterrichtseinheit* und wurde dort besprochen (3.3.4e, Lit.

s. d.). Er hängt mit Elementarisierung und Planmäßigkeit zusammen und ist eine wichtige Motivationshilfe. Seine Grenze findet er in der Situationsgemäßheit und Offenheit, der Mitsprache der Schüler, der Natürlichkeit unterrichtlichen Handelns.

*Konzentration*

Dieser Begriff bezieht sich im wesentlichen auf die innere Einheit des *Lehrplans* und den Zusammenhang der fachlichen Inhalte (5.3.2, dort auch Lit.). Man spricht auch von »fächerübergreifender Koordinierung, Integration u. ä.«. Auch der Begriff »*Ganzheit*« wird in diesem Zusammenhang gebraucht. Er gerät auf dieser Ebene aber notwendig breit und konturlos, und er erhebt einen Anspruch, der angesichts der realen Lehrplansituation überzogen ist (5.3.3b). Man sollte ihn nur im psychologischen Sinne (z. B. 6.3.3) oder als Lehrgangsprinzip (4.2.6–7) verwenden. Überzogene Konzentration widerspricht der Sach-, Schüler- und Zielgemäßheit.

*Exemplarisches Lehren*

Auch dieser Grundsatz ist auf der *Lehrplanebene* angesiedelt (5.4.6). Er hat aber Konsequenzen für die *Methode*, sowohl beim Lehrgang (4.2.7) wie auch bei der Unterrichtseinheit (3.2.4). Seine notwendige Ergänzung findet er im orientierenden Lehren.

*Lebensnähe*

Der Grundsatz, meist verbunden mit Kritik am »verschulten« Unterricht in der »lebensfernen Schule«, betrifft vor allem die *Auswahl der Inhalte*, gelegentlich auch die Methoden ihrer Vermittlung oder den Schulbetrieb überhaupt. »Aktualität, Gegenwarts- und Wirklichkeitsnähe«, zeitweise auch »Heimatverbundenheit«, gepaart mit »Weltoffenheit« zielen in die gleiche Richtung. Wir haben uns damit schon auseinandergesetzt und die Problematik im Verständnis des »Lebens« erkannt, auf das die Schule vorbereiten soll (5.4.3, dort auch Lit.). Planmäßige Einführung in schwierige Wissensgebiete, Erschließung neuer Interessen, Konzentration auf das Wesentliche und Wertvolle, Verinnerlichung, Vertiefung und Überhöhung des bloß faktischen Lebens, Hilfe zu seiner mündigen Bewältigung, aber auch Verteidigung des Rechts auf Kindsein gegenüber den Ansprüchen der Erwachsenenwelt, das Wesen und die Aufgaben von Schule überhaupt stehen einem oberflächlichen Haschen nach Lebensnähe entgegen.

*Planmäßigkeit*

Dieses Prinzip zog sich durch alle unsere Überlegungen. Planung gehört zum Begriff des Unterrichts, der als zielstrebige und damit auch planmäßige Handlung definiert ist. Durch geplantes Vorgehen den Unterricht immer mehr zu verbessern, ist Anliegen aller Didaktik. Planung wird in der Praxis als hilfreich und notwendig empfunden. Auf der Ebene des Lehrplans sichert sie Kontinuität, Einheitlichkeit, Chancengleichheit, öffentliche Kontrolle. Als Vorbereitung des Unterrichts bewahrt sie vor Formlosigkeit und Willkür auf der einen, Schematismus und Starrheit auf der anderen Seite.

An *Grenzen* stößt Planung in der nie voll erfaßbaren bzw. beherrschbaren Vielfalt wirkender Faktoren, dem Zwang zur Variation und Improvisation, dem Ereignischarakter des Geschehens in der jeweiligen Situation (vgl. 2.5), der Unverfügbarkeit des Erfolgs (vgl. 6.3.5). Grundsätzlich stehen einer totalen Verplanung des Unterrichts das dialogische Grundverhältnis der beteiligten Subjekte, die Mitsprache der Schüler, die personale Freiheit des einzelnen gegenüber. (Vgl. 3.4; 5.6; Lit. Spranger 1962; Brezinka 1969; Glöckel 1977; Peterßen 1988)

*Situationsgemäßheit*

Sie ist das Gegenprinzip zu Planung und Gestaltung. Ihr grundlegendes Recht, ja ihre Notwendigkeit folgt aus dem Wesen des Unterrichts als eines labilen, störanfälligen, durch eine Vielzahl von Faktoren bedingten Geschehens, das sich in einer Folge immer einmaliger »Situationen« verwirklicht (2.5). Diese lassen sich teilweise arrangieren, aber im letzten nicht vorherbestimmen. Um sie zu bewältigen, muß der Lehrer immerfort *Entscheidungen* treffen. Diese werden um so angemessener sein, je mehr er ein »Gespür« dafür hat, welche allgemeinen Einsichten oder Prinzipien auf den besonderen Fall anzuwenden sind. Dieses Gespür – Herbart hat es den *»pädagogischen Takt«*, Kant die *»Urteilskraft«* genannt – ist die vermittelnde Instanz zwischen Theorie und Praxis, Prinzip und Fall. Es läßt sich nicht unmittelbar lernen, sondern nur durch lange, gedanklich verarbeitete Erfahrung gewinnen. Es wird um so rascher und sicherer wachsen, je besser der Lehrer vorbereitet ist, speziell auf den jeweiligen Unterricht, allgemein durch seine Ausbildung, die ihm einen Bestand an Wissen, ein Repertoire von Kategorien, Deutungsmöglichkeiten und reflektierten Prinzipien im ständigen Bezug auf die Praxis vermittelt hat. Hier, in der rechten Vorbereitung des Lehrers auf die von ihm ununterbrochen geforderte Entscheidung liegt auch das zentrale Argument für eine Lehrerbildung auf wissenschaftlichem Niveau. (Lit. Muth 1967; Ipfling 1973)

# 6.4 Das übergreifende Prinzip: Erziehender Unterricht

Pädagogen haben sich nie damit abgefunden, daß Unterricht nur der Vermittlung von Wissen und Können dienen, sie haben immer gefordert, daß er auch »erziehen« solle. »Verinnerlichung, Innenwelterweckung, Innerlichkeit und Wertentscheidung,

Transzendieren, Wissen und Haltung« sind Formeln für dieses Anliegen. Es durchzieht alle Unterrichtsarbeit, es trägt sie, gibt ihr Richtung und Sinn. So gibt es hier zwar Grenzen der Verwirklichung, aber kein Gegenprinzip.

*Begriff*

Würde man den Erziehungsbegriff so weit fassen, daß er, wie in »Erziehungswissenschaft«, »Erziehungswesen«, »Schulerziehung« u. ä., auch den Unterricht übergreift, dann wäre »Erziehender Unterricht« nicht mehr als eine Tautologie. Die Bezeichnung erhält dann ihren guten Sinn, wenn Erziehung in engerem Verständnis dem Unterricht *nebengeordnet* wird als Hinführung zum verantwortlichen Handeln, je nach dem Kontext auch als »sittliche, moralische, Gewissens-, Wert-Erziehung« bezeichnet. Das kann immer noch zweierlei heißen: zum einen, daß als »intentionale Erziehung« Unterricht diese Aufgabe *haben soll*, zum anderen, daß er als »funktionale Erziehung« oder »Sozialisation« diese Wirkung *faktisch hat*, auch wenn man das nicht will oder nicht weiß.

In Wirklichkeit ist es kein Entweder-oder, sondern ein Sowohl-als auch, und so können auch alle Versuche, den Erziehungsauftrag des Unterrichts abzuwehren, vor einer kritischen Prüfung nicht bestehen.

*Begründung*

Von außen, von der *Gesellschaft* her wird die Erziehungsaufgabe der Schule ausdrücklich zugewiesen, und das um so mehr, je weniger Sicherheit die gelebten Ordnungen gewähren – bis hin zur Überlastung mit speziellen Erziehungsaufträgen, deren Fragwürdigkeit an anderer Stelle schon aufgewiesen wurde (5.4.1, 5.4.8). In der neuen Diskussion um »Schlüsselqualifikationen« wird die Bedeutung der »Arbeitstugenden« ausdrücklich hervorgehoben. Der Erziehungsauftrag ist sogar in den Länderverfassungen verankert. Aber auch ohne diese ausdrückliche Beauftragung käme der Lehrer nicht daran vorbei. Wenn er nicht erzieht, überläßt er den jungen Menschen anderen, weniger verantwortlichen Einflüssen.

Vom *jungen Menschen* her kommt ihm ein Bedürfnis nach Erzogenwerden entgegen; denn dieser sucht nach Klärung und Wegweisung, er braucht Maßstäbe – nicht um sie kritiklos zu übernehmen, sondern sich gegebenenfalls daran zu reiben und so zu einem mündigen Urteil zu gelangen.

Aus *innerer Notwendigkeit* ist Erziehung Aufgabe des Unterrichts. Sie ist Voraussetzung für ihn, weil er ohne Mitverantwortung aller Beteiligten nicht gelingen kann, und sie ist Teil seines Vollzugs, der Auseinandersetzung mit Menschen im Sozialprozeß, mit Sachverhalten im Lernprozeß. Was da alles sichtbar oder unterschwellig geschieht, darf nicht der Willkür überlassen, es muß in erzieherische Obhut genommen werden. Je aktiver die Lehrerschaft einer Schule diese Obsorge betreibt, desto weniger muß sie sich reaktiv – und dann meist kurzschlüssig und wenig wirksam – mit erziehlichen Schwierigkeiten auseinandersetzen.

Es fehlt aber noch das zentrale pädagogische Motiv: Wissen und Können bedeuten auch *Macht*, und ihrem Vermittler darf nicht gleichgültig sein, was mit dieser Macht geschieht. Der bloß Tüchtige kann ein gefährliches Monstrum sein, wenn ihm die *Verantwortung* fehlt. Mit der Kultivierung des Intellekts muß auch die des Gefühlslebens, des sittlichen Urteils und der Handlungsbereitschaft einhergehen. Viele sehen darin mit gutem Grund das übergeordnete Ziel allen pädagogischen Handelns.

## Wege und Formen

Unterricht erzieht, und das ist sein Spezifikum, mittels seiner *Inhalte*. Diese sind unmittelbar erziehungsrelevant, wenn sie menschliches Handeln in seiner Auswirkung auf andere Menschen betreffen und somit unter der Frage der Verantwortung stehen.

In Fächern wie Erziehungskunde, Ethik, Religionslehre, Geschichte, Literatur, Politik, Sozial-, Wirtschafts-, Sexualkunde, Arbeitslehre, Verkehrserziehung ist das die Regel, in Biologie, Physik, Chemie, Technik sind jedenfalls die Anwendungsprobleme sittlich relevant. Die Moral darf dabei nicht eine Zutat, ein dem Stoff angehängtes Schwänzchen sein, sie liegt in der Sache und muß durch sachliche Behandlung in ihr aufgedeckt werden. Das geschieht in anschaulicher Vergegenwärtigung, emotionalem Nacherleben, gedanklichem Nachvollzug, kritischer Prüfung und persönlicher Stellungnahme. Das abständige, unbetroffene »Behandeln« solcher Themen wäre gerade nicht sachgerecht; denn was Menschen angetan wird, geht jeden Menschen an.

Man darf die erziehliche Wirkung der Inhalte nicht überschätzen. Ihre noch so eindringliche Behandlung ist letztlich ein unverbindliches Reden und Mitfühlen fern vom verantwortlichen Handeln. Aber im Nachvollzug fremden Erlebens, im »idealen Umgang«, klären sich doch Verständnis und Urteil in der Vorbereitung auf den künftigen Ernstfall.

Jedes Fach, gleich welchen Inhalts, stellt den Lernenden vor *Aufgaben*, verlangt Auseinandersetzung mit den Ansprüchen der Sache, Fertigwerden mit Schwierigkeiten, verbindliche Erfüllung von Pflichten. Jedes bietet eben dadurch Chancen der Bewährung, Bestätigung, Lebenssteigerung, aber auch der Selbstprüfung, des Erfahrens von Grenzen, der Selbsterkenntnis. Es fördert die Haltung der Sachlichkeit, die Zurücknahme subjektiver Wünsche und Zwecke vor dem Anspruch des Gültigen. Den Kräften angemessene sachliche Forderung und nachfolgende Bestätigung gehören unabdingbar zur Erziehung.

Unterricht erzieht im *Zusammenleben* durch kluge Steuerung von Gruppenprozessen, Gewöhnung an richtiges Arbeits- und Sozialverhalten, Kultivierung des Umgangstons und der Sprache, gegenseitige Hilfe und Wettbewerb, Förderung sozialer Sensibilität mittels vorsichtiger Reflexion, Rücksicht auf das Recht der anderen, Hilfe

bei der Wahrung berechtigter Ansprüche, Gewährung von Mitsprache und Mitverantwortung.

Kern aller Erziehungsmaßnahmen sind die *personalen Führungshilfen*, die der Lehrer
gibt durch Zuwendung und Gespräch, Vorbild und taktvollen Hinweis, Anerkennung
und Mißbilligung, Ermutigung und Zurechtweisung, Verständnis für Probleme und
Nöte, Verläßlichkeit und Vertrauenswürdigkeit. Unterricht kann so zur Lebenshilfe
werden.

*Grenzen*

»Die sittliche Haltung des Menschen gründet, wie wir wissen, auf Urerlebnisse und
-erfahrungen im engsten Kreis, wächst im Mit- und Selbertun in konkreter Verantwortung, klärt sich durch Anleitung zum Motivieren des eigenen Handelns und
erfährt ihre Erweiterung durch die sittliche Beurteilung fremden, nur vorgestellten
Handelns«. So habe ich andernorts (1981a, 82) die Grundlagen und den Gang
sittlicher Erziehung beschrieben, und damit sind auch die Grenzen von Erziehung
durch Unterricht umrissen. Er ist nur ein Teilstrang des Erziehungsgeschehens, und
vielleicht nicht einmal der wichtigste. Vieles erschwert oder verhindert gar seine
Erziehungswirkung:

- die äußere Situation, oft bestimmt durch übergroße Schulkörper, zerstückelte Stundenpläne,
  Wechseln der Gruppen und der Lehrer,
- die Überlastung durch ein Vielerlei von Einzelstoffen und -aufträgen, Beurteilungs-, Aus-
  lese-, Verwaltungsaufgaben (5.4.8),
- die Funktion als »Schonraum« vor der eigentlichen vollen Bewährung,
- die offenen und geheimen, personalen und medialen, legitimen und illegitimen Miterzieher,
- die Relativierung vieler Werte in einer sich wandelnden, in den Grundlagen verunsicherten
  Gesellschaft, von welcher der Erzieher selbst ein Teil ist,
- die Eigenbestimmung des Schülers, der auf den Anruf antworten oder sich ihm verweigern
  kann.

Trotz dieser Grenzen bleibt das Prinzip, daß Unterricht der Erziehung dienen solle,
unberührt. *Es verwirklicht sich im ständigen Fragen nach dem, was recht ist, und im
Tun des Rechten in der gegebenen Situation.* Alle Erfahrung spricht dafür, daß er
zwar nicht alles, aber doch etwas bewirkt. (Lit. Peter 1954; Redl 1971; Geißler 1973a;
1981; Beckmann 1983; Hacker 1977; Breslauer u. a. 1978; Mauermann/Weber 1978;
Weber 1979; Bärmann 1980; Pöppel 1981; Glöckel 1981; 1985; Mitter 1983; Prange
1983; Heitger 1984; Krüger 1985; Reinert 1986; Memmert 1987; Schröder 1989;
Hacker/Rosenbusch 1990; Zöpfl 1990; Duncker 1991; Cohn/Terfurth 1993)

# 6.5 Zusammenschau: Sinn und Grenzen einer didaktischen Prinzipienlehre

Aus der Behandlung der einzelnen Prinzipien drängen sich einige allgemeine Einsichten auf.

*1. In der Aufstellung einer didaktischen Prinzipienlehre verwirklicht sich ein bestimmtes Erkenntnisinteresse: die Suche nach einer umfassenden und zugleich handhabbaren Unterrichtstheorie.*

Wo es darum geht, viele Einzelkenntnisse auf wenige Grundbegriffe zurückzuführen und so die schwer überschaubare Theorie für den Praktiker aufzubereiten, da bietet sich die Formulierung von Grundsätzen an. Nicht alle Wissenschaftler halten viel von einem solchen Vorhaben. Die einen bemängeln die Heterogenität und Unvereinbarkeit der Ansätze, die anderen den Anteil normativer Elemente und die geringe Absicherung durch kontrollierte Empirie. Es sind mehr die Didaktiker der Lehrerbildung, die in der Sorge um die praktische Verbesserung der Schularbeit und um die Ausgewogenheit des Ganzen über Unterrichtsgrundsätze reflektieren. Dankbar für solches Bemühen sind diejenigen Lehrer, denen die Theorien zu unüberschaubar und fern, die bloßen Verfahrensregeln aber zu primitiv sind, also die denkenden Praktiker, die hierin offenbar eine Hilfe sehen.

*2. Unterrichtsgrundsätze sind historisch entstanden und dem historischen Wandel unterworfen.*

Bei den Einzeldarstellungen hat sich immer wieder gezeigt, daß jeder Grundsatz aus einer bestimmten historischen Situation erwachsen ist, einem Anliegen der Zeit, so die »Selbsttätigkeit« aus einem neuen Selbstverständnis des Bürgers, die »Gestaltung« aus einem höheren Selbstanspruch der Lehrerschaft usw. Unterrichtsgrundsätze schließen somit eine Deutung und Bewertung der Zeitsituation ein und verändern sich mit der Zeit. Das geschieht häufig in einer Art Pendelbewegung, wie z. B. beim Grundsatz der »Kindgemäßheit«, der bis in die fünfziger Jahre hoch bewertet, in den sechziger Jahren zurückgedrängt, ja belächelt wurde und heute wieder neue Wertschätzung gewonnen hat.

*3. Unterrichtsgrundsätze haben »polemischen« Charakter, sie weisen auf Mängel hin und warnen vor Gefahren.*

Der Anlaß für ihre erste Formulierung ist häufig ein Defizit, das sich eingeschlichen hat, wie z. B. die Vernachlässigung des Wiederholens und Übens in der Reformpädagogik, oder erstmals als solches erkannt wurde, wie das Ungenügen des Wortunterrichts am Beginn der Neuzeit. Sie wenden sich gegen bestimmte Gefahren, die teils durch den Zeitgeist bedingt sind, wie die Unverbundenheit der Einzelinhalte, der durch Konzentration begegnet werden soll, oder die Lust am Verplanen, der nun wieder Schülerorientierung, Offenheit und Lebensbezug entgegengesetzt werden. Andere Gefahren liegen in der Situation des Klassenunterrichts selbst, der mit einer gewissen Zwangsläufigkeit zum Wortemachen, zur Passivität der Schüler und zur schulischen Selbstbezogenheit verführt und deswegen immer der Mahnung zu Anschaulichkeit, Selbsttätigkeit und Lebensnähe bedarf. Man könnte überspitzt sagen: Sobald ein Unterrichtsprinzip ausdrücklich formuliert wird, hat etwas mit dem Unterricht nicht mehr gestimmt. »Nur verlorene Sachen werden auf den Straßen ausgerufen«, sagt Jean Paul. Prinzipien sind »Symptome und Therapievorschläge« (Breslauer 1977, 95). Man kann sie auch als Warnungstafeln verstehen. Sie helfen dem Lehrer, naheliegende Fehler zu vermeiden, ersparen ihm den immer neuen Beginn vom »didaktischen Nullpunkt« und ermöglichen so erst den Fortschritt in Theorie und Praxis des Unterrichtens.

*4. Unterrichtsgrundsätze sind Handlungsanweisungen von hohem Allgemeinheitsgrad und weitreichendem Geltungsanspruch.*

Sie sind keine technologischen Regeln, deren Anwendung den meßbaren Erfolg garantiert, und keine absolut gültigen Gesetze, aus denen Einzelmaßnahmen deduziert werden können. Sie haben produktive Funktion und verlangen vom Lehrer, daß er sie sinnvoll auf die jeweilige Situation bezieht und in konkretes Handeln umsetzt. Sie schränken seine Freiheit nicht ein, sondern fordern sie heraus.
Auch wenn sie in einem prägnanten Merkwort gefaßt sind, so sind sie doch eigentlich Imperativsätze, die für bestimmte Ziele unter gewissen Bedingungen eine Handlungsrichtung angeben. Aber auch diese Sätze sind nur knappste Zusammenfassungen für eine Fülle von Motiven, Erfahrungen, Empfehlungen, die sich immer subtiler ausfalten und in immer weitere Zusammenhänge einordnen lassen. So ist jeder Grundsatz eine griffige Formel für ein Stück praxisbezogener Unterrichtstheorie.

*5. Unterrichtsgrundsätze haben unterschiedliche Grade der Allgemeinheit und verschiedene Geltungsbereiche.*

Drei haben wir als die »fundierenden« erkannt. Sie haben ihren gleichrangigen Platz im System des Unterrichts und halten sich wechselseitig im Gleichgewicht. Sie sind aber gerade deswegen formaler als die anderen und bedürfen immer erst der näheren Bestimmung, was denn die Eigenart der Sache, des Schülers, des Zieles sei.
Ihnen gegenüber sind die »regulierenden« Prinzipien weniger umfassend, zugleich konkreter in ihrer Anweisungs- bzw. Warnungsfunktion. Ihr Verhältnis zu den fundierenden Prinzipien ist dadurch gekennzeichnet, daß sie sich nicht einem bestimmten von ihnen zuordnen lassen, was aus systematischen Gründen ja gar nicht

ginge, sondern daß sie mehr oder weniger jedem von ihnen zugehören, wenn die Balance gewahrt werden soll.

So kommt die »Anschauung« nicht nur den Schülern entgegen, sie bewirkt auch Gegenstandsnähe und dient dem Ziel gründlicher Sachkenntnis. Auch die »Motivation« scheint nur auf den ersten Blick allein auf den Schüler bezogen. Sie gelingt am besten, wenn sie aus der Sache gewonnen wird und zum Ziel bleibender Interessiertheit führt.

Der Geltungsanspruch regulierender Prinzipien reicht allerdings verschieden weit. Manche, wie »Anschauung« und »Ergebnissicherung« betonen eigens die Bedeutung einer Unterrichtsstufe für den Lernprozeß; andere gelten für den Gesamtaufbau von Unterrichtseinheiten, wie »Motivation«, »Gestaltung«, »Selbsttätigkeit«, »Elementarisierung«. »Lebensnähe« und »Konzentration« betreffen vorwiegend den Lehrplan, und andere enthalten eine starke Zielkomponente, so z. B. »Kooperation«, »Erziehender Unterricht«, aber auch wieder die »Selbsttätigkeit«.
Jeder Versuch, die regulierenden Prinzipien durch Abstraktion weiter zu reduzieren (z. B. Drews 1976, 165 ff.) führt notwendig zu den fundierenden Prinzipien zurück und macht die Aussagen inhaltsleerer. Man kann weder auf die einen noch auf die anderen verzichten.

*6. Die Zahl der Unterrichtsgrundsätze ist offen.*

Man kann immer neue aufstellen, letztlich jedes Anliegen zum Grundsatz erklären. Einseitigkeiten kommen vor, verschwinden aber bald wieder. Manche Grundsätze gelten, einmal gefunden, über Generationen und lassen somit einen größeren Wahrheitsgehalt vermuten. Wenn sie sich halten sollen, müssen sie nicht nur richtig, sondern auch »routinefähig« sein, d. h. der Lehrer muß nach ihnen arbeiten können, ohne in kurzer Zeit verschlissen zu werden (Dollase in Wöhler 1979, 141).
Eine Liste solcher Prinzipien darf nicht zu kurz sein, weil sie sonst unvollständig oder zu abstrakt und nicht mehr hilfreich wäre, aber auch nicht zu lang, damit sie noch handhabbar bleibt.

*7. Unterrichtsgrundsätze lassen sich nicht in ein geschlossenes System fügen.*

Sie stützen und bestätigen, überschneiden und ergänzen, begrenzen und widersprechen einander. Jeder ist ein unentbehrlicher und zugleich begrenzter Aspekt des Ganzen. Es kann nicht gelingen, sie in logisch konsequenter Weise einander zuzuordnen, sie aus übergeordneten Prinzipien zu deduzieren oder von ihnen aus eine in sich kohärente Unterrichtstheorie aufzubauen. Wo immer das versucht wurde, ging es nicht ohne Verkürzungen und Gewaltsamkeiten ab. Was historisch geworden ist, läßt sich nicht ohne Rest in ein logisch stimmiges System zwingen.

*8. Unterrichtsgrundsätze sind keine letzten Gründe für pädagogische Entscheidungen.*

Sie sind es in der Praxis des Unterrichts nicht, weil sie, da mehr oder weniger formal, sekundär bleiben gegenüber dem Inhalt, der da unterrichtet wird, und der allemal das Wichtigere ist. Sie können es grundsätzlich nicht sein, weil sie normative Momente enthalten, ein Bild vom Menschen, wie er vermeintlich ist und wie er werden soll, und nur unter diesen Voraussetzungen gelten. Über Setzungen solcher Art kann die Wissenschaft nicht entscheiden. Sie kann aber darüber aufklären, worin die Voraussetzungen bestehen und wo der eigentliche Ort der Entscheidung liegt.

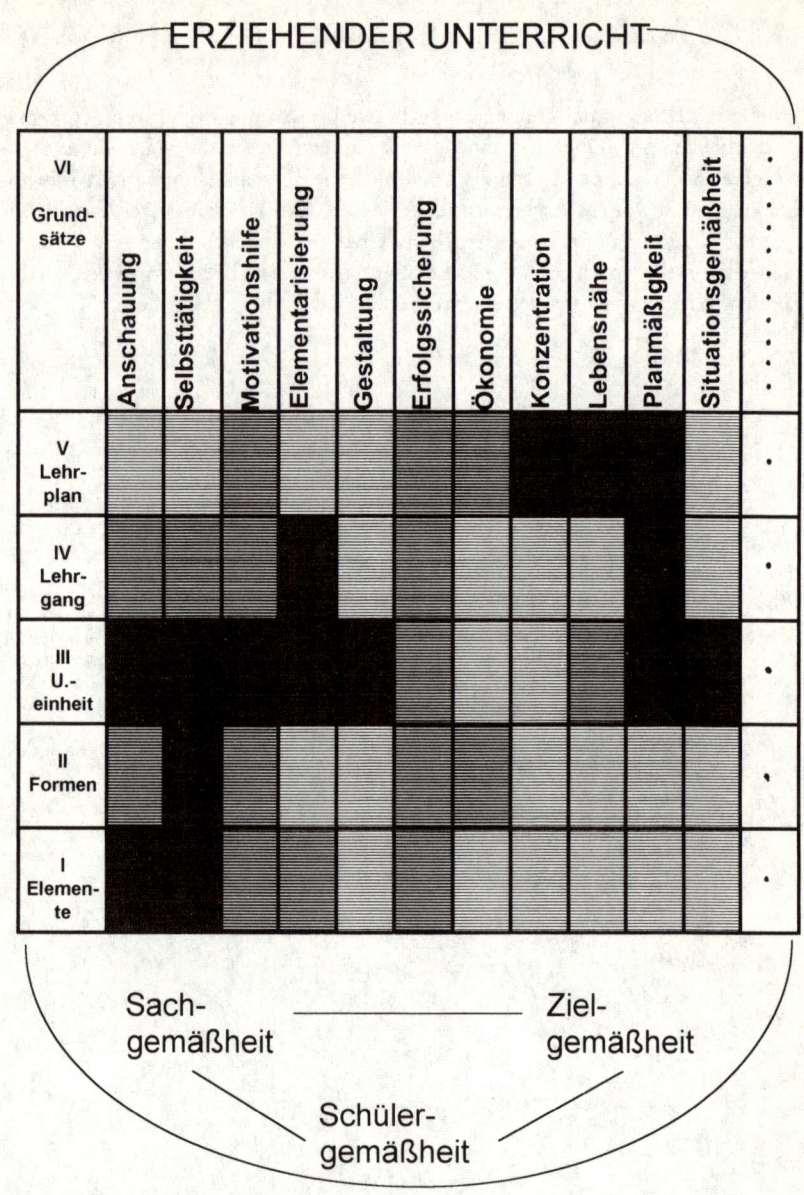

Die Bedeutsamkeit einzelner Unterrichtsprinzipien für die »Ebenen« unterrichtlicher Aufgaben und Problembereiche (s. a. 6.1.1)

# 7. AUSBLICK: KONZEPTIONEN, DEFINITIONEN, THEORIEN DES UNTERRICHTS

Unser Weg hat über sechs Ebenen von kleinen, überschaubaren Sachverhalten zu immer grundsätzlicheren Überlegungen geführt. Wenn wir diesen aufsteigenden Gang nunmehr abbrechen, so ist er eigentlich noch nicht zu Ende. Es gibt noch umfassendere und abstraktere Sichtweisen von Unterricht, noch höhere »Ebenen« seiner Betrachtung. Sie werden im folgenden nur kurz angesprochen, um den systematischen Zusammenhang einigermaßen vollständig zu umreißen. Eine ausführlichere Behandlung ist im Rahmen dieser Einführung nicht möglich. Dazu muß auf weiterführende Literatur verwiesen werden.

So wird dieser Teil knapp ausfallen, obwohl er mehrere Ebenen der Betrachtung einschließt: die Unterscheidung umfassenderer »Unterrichtskonzeptionen«, die Versuche einer Bestimmung des allgemeinen Begriffs von »Unterricht« und endlich den Begriff der »Didaktik« als der wissenschaftlichen Reflexion über und systematischen Erforschung von Unterricht.

## 7.1 Unterrichtskonzeptionen

*Begriff*

Wenn in der Diskussion über Unterricht bestimmte Formen, Methoden oder Prinzipien besonders betont und bevorzugt empfohlen werden, so meist im Rahmen einer umfassenderen Vorstellung davon, wie Unterricht sein sollte, einer »Unterrichtskonzeption« oder eines »Unterrichtskonzepts«.

»Unterrichtskonzepte sind Gesamtorientierungen methodischen Handelns, in denen explizit ausgewiesene oder implizit vorausgesetzte Unterrichtsprinzipien, allgemein- und fachdidaktische Theorieelemente und Annahmen über die organisatorisch-institutionellen Rahmenbedingungen und die Rollenerwartungen an Lehrer und Schüler integriert werden« (Meyer 1987 I, 208).
»Der Zusammenhang bestimmter Ziele mit bestimmten weiteren dazugehörigen Merkmalen des Unterrichts soll im folgenden als ›Konzeption‹ bezeichnet werden« (Einsiedler 1979, 7).

Eine solche Konzeption ist also durch eine bestimmte Konstellation von Zielen, Inhalten, Prinzipien, Methoden, Formen, u.U. auch Medien und Techniken gekennzeichnet, in sich geschlossen, mehr oder weniger konsequent, von anderen Konzeptionen deutlich absetzbar. Diese – gewiß immer nur relative – Einheitlichkeit und Konsequenz, das Sich-Fügen der Elemente zu einem in sich stimmigen, unverwechselbaren Ganzen bringt den Begriff der »Konzeption« in die Nähe zu dem des »Stils« (vgl. 3.2.7 h). Damit teilt er aber auch die Eigenart des Stilbegriffs, daß man bei ihm nicht von »richtig« oder »falsch« sprechen kann, sondern sich auf der Ebene der zeitbedingten Wertschätzung bewegt.

Konzeptionen solcher Art wollen Unterricht nicht nur beschreiben, sondern eine bestimmte Art von Unterricht als »gut« *empfehlen*, basieren damit auf Wertentscheidungen und geben Handlungsanweisungen. »Die Elemente dieser Entwürfe stehen zueinander in einem Beziehungs- und Wechselwirkungsgefüge; die Ansätze unterscheiden sich meist durch unterschiedliche normative Aussagen; wenn Erklärungsaussagen enthalten sind, sind sie meist nicht umfassend überprüft« (Einsiedler 1979, 25). Konzeptionen sind weniger konkret und prägnant auf das Wesentliche reduziert als »Modelle« und nicht so systematisch durchdacht und geprüft wie »Theorien«; sie haben mehr werbenden, fordernden, programmatischen Charakter.

*Beispiele*

Oblinger u. a. (1985) stellen achtzehn »grundlegende Unterrichtskonzeptionen« aus der aktuellen Diskussion in knapper Beschreibung und Beurteilung vor, benannt jeweils nach dem vorherrschenden Gesichtspunkt, an dem der Unterricht sich »orientieren« soll: lernzielorientierter – fachorientierter – fächeraufhebender – beispielorientierter (exemplarischer) – wertorientierter – wissenschaftsorientierter – produktorientierter – projektorientierter – prozeßorientierter – handlungs- bzw. erfahrungsorientierter – problemorientierter (einschließlich entdeckender) – ursprungsorientierter (genetischer) – konzeptvorgabeorientierter – programmierter – lernzeitorientierter – schülerorientierter – eigenartsorientierter (differenzierter) – kommunikationsorientierter (auf soziales Lernen gerichteter) Unterricht.
H. Meyer (1987, I, 210 ff.) legt eine ähnliche Liste vor. Er erinnert auch daran, daß die Großen der Didaktik wie Herbart und Ziller, Kerschensteiner, Gaudig und Dewey, Otto und Montessori, Steiner und Freinet ihre eigenen Konzeptionen von Unterricht im Sinne der obigen Begriffsbestimmung hatten.
Einsiedler (1979) nennt die Konzeptionen des kindgemäßen, wissenschaftsorientierten, vorfachlichen, fachlichen und integrierenden, tätigkeits- und selbsttätigkeitsorientierten, offenen und gruppenorientierten Grundschulunterrichts.

Auch in den *Fachdidaktiken* gibt es solche grundlegenden »Orientierungen«. Manchmal lösen sie im geschichtlichen Verlauf einander ab, zuweilen stehen sie gleichzeitig im Wettstreit miteinander.

In den Fremdsprachen steht der »direkte«, einsprachig an Interaktionsformen orientierte gegen den regelorientierten Aufbau nach der Grammatik.
Erdkunde kann als ausweitende Länderkunde oder als raumübergreifende, nach Daseinsgrundfunktionen gliedernde Sozialgeographie verstanden werden.
Sozialkunde kann systematisch aufbauen oder thematisch an aktuellen Kontroversen ansetzen.
Deutschunterricht kann projekt- und kommunikationsorientiert oder nach herkömmlichen Bereichen gegliedert vorgehen.

Kunstunterricht kann in behutsamer Führung das »Schöpferische im Kinde« befreien oder kritisches Bewußtsein für die Bedingungen »visueller Kommunikation« wecken wollen. Geschichtsunterricht kann die spannende Erzählung oder die Arbeit an Quellen betonen usw.

Wenn immer eine gewisse Einheitlichkeit des Stils, ein Zusammenstimmen der Elemente ohne größere Widersprüche in Begründung und Durchführung gefunden ist, kann man auch hier von »Konzeptionen« sprechen.

*Sinn und Grenzen*

Bei Durchsicht der Oblingerschen Liste zeigt sich, daß praktisch alle ernst zu nehmenden »grundlegenden Unterrichtskonzeptionen« im vorliegenden Buche an irgendeiner Stelle mehr oder weniger ausführlich behandelt werden, wenn auch zum Teil unter anderem Namen. Das mag ein Indiz für ihren Stellenwert in der Didaktik sein:

Solche Konzeptionen betonen jeweils einen bestimmten Punkt der »Orientierung«, laufen damit aber auch Gefahr, andere zu übersehen. Sie sind *Teilansätze*, für sich zumeist sinnvoll, geben aber keine umfassende Antwort auf alle Fragen des Unterrichts. Sie eignen sich, um *Position* zu beziehen, sich von Gegenpositionen abzusetzen, Anhänger zu werben, eine bestimmte Idee durchzusetzen, und sie wirken gerade deswegen oft stärker auf die Praxis als kritisch prüfende, um Ausgewogenheit bemühte Theorie. Wer etwas bewirken will, muß wohl von dem besonderen Wert seines Ansatzes überzeugt sein und seine Stoßkraft mindestens zeitweise auf einen engeren Bereich beschränken. Er neigt aber dazu, diesen Ansatz zu überschätzen, obwohl er doch nur für einen Teil der Aufgaben taugt, die dem Unterricht gestellt sind. Der Theoretiker, der nach gültigen Aussagen strebt – streben muß, auch wenn er immer nur auf dem Wege zu ihnen ist – darf das nicht. Er muß alle Argumente und Erfahrungen kritisch prüfen und kommt deswegen kaum je zu so eindeutigen Lösungen. Wenn er in Personalunion sich auch als Schulreformer versteht und für eine bestimmte Unterrichtskonzeption ficht, so mag er sich damit Verdienste erwerben. Er muß aber beide Funktionen trennen und immer klarstellen, wo er als Programmatiker und wo er als Wissenschaftler spricht. (Lit. Einsiedler 1979; Oblinger 1985; Bönsch 1986; Jank/Meyer 1981)

## 7.2 Begriff des Unterrichts

*Probleme der Begriffsbestimmung*

Bisher wurde vermieden, eine Begriffsbestimmung von Unterricht zu geben. Am Ende eines Buches, das von nichts anderem als vom Unterricht handelt, sollte man aber doch sagen können, was dieser nun eigentlich sei, was den Begriff von Unterricht ausmache. Das ist, wie wir gleich sehen werden, gar nicht so leicht.

Zunächst ist zu klären, was mit »Begriff« gemeint ist, ob eine *Definition*, d. h. die Abgrenzung von anderen Begriffen durch Angabe eines Oberbegriffs und der unterscheidenden Merkmale, oder die *inhaltliche Füllung* dieses abgegrenzten Bereichs durch die Aufzählung aller dazugehörenden Merkmale. Zur vollen Begriffsbestimmung gehört beides.

Viele Autoren haben versucht, den Begriff von Unterricht entweder mehr im Sinne einer Definition oder mehr im Sinne der inhaltlichen Füllung zu bestimmen, keiner hat eine allseits anerkannte Lösung gefunden. A. Schramm (1975) hat in akribischer Untersuchung 50 Unterrichtsbegriffe aus der pädagogischen Literatur dieses Jahrhunderts zusammengestellt, von denen keiner ganz mit anderen übereinstimmt. Das mag man als Defizit einer wissenschaftlichen Didaktik betrachten, aber auch als Beweis dafür, wie vielschichtig, aspektreich und auch widersprüchlich der Sachverhalt Unterricht ist. Gleichwohl ist der Versuch einer Begriffsbestimmung berechtigt, ja notwendig, und wenn ich mich auch hüten werde, eine weitere Definition zu geben, so will ich doch die *Probleme* eines solchen Vorhabens erörtern und die wichtigsten *Merkmale* zusammenstellen, die den Begriff des Unterrichts ausmachen.

Man kann Unterricht, um einen Begriff von ihm zu gewinnen, in seinen Einzelmerkmalen beschreiben oder in phänomenologischer Schau sein »Wesen« zu erkennen suchen, kann seinen pragmatischen Zweck in den Vordergrund stellen und seinen philosophischen Sinn ausloten, ihn als Gegebenheit vorfinden oder unter ideale Postulate stellen, ihn vom Schüler, vom Lehrer oder von der Gesellschaft her betrachten. Empirisch-anthropologische und wertphilosophische, psychologische und soziologische, pädagogische und politische, lerntheoretische und kybernetische, system- und feldtheoretische Ansätze können gewählt werden. Alle haben ihren Sinn, keiner faßt das Wesen des Unterrichts allein und ganz. Persönliche und zeitbedingte Vorlieben wie auch weltanschauliche Setzungen gehen ein. Der Unterrichtsbegriff unterliegt dem historischen Wandel (vgl. Schramm 1975, 132 ff.)

Ein *Grundbestand an gemeinsamen Merkmalen* bleibt aber erhalten. Das ist faktische Feststellung, aber auch logische Voraussetzung für seine Verwendung überhaupt.

*Wesensmerkmale von Unterricht*

Alles, was in diesem Buch erörtert wurde, dient letztlich der Ausfaltung, Abgrenzung und immer differenzierteren Füllung des Begriffes von Unterricht. Wir brauchen es also hier nur in knappster Form zusammenzufassen und durch einige Merkmale zu ergänzen, die bisher nur am Rande erwähnt wurden (vgl. Glöckel 1986).

Unterricht besteht aus *Elementen*, Akten des Lehrers und der Schüler und Mitteln als Vertreter des Gegenstandes.

Unterricht ist *Struktur*. Die Elemente sind nicht ungeordnet, sondern aufeinander bezogen. Die Struktur ist im Kern eine dreipolige. Sie wird kompliziert durch eine Vielzahl von Einflußfaktoren des inneren und äußeren Feldes, in dem Unterricht stattfindet. Man kann diese Struktur im Schaubild darstellen, wobei es konkurrierende Strukturmodelle gibt (vgl. Abb. S. 57; Peterßen 1986).

Unterricht ist eine Abfolge von *Situationen*. Innerhalb der allgemeinen Grundstruktur finden sich die Elemente in immer neuen Konstellationen, die für begrenzte Zeit bestehen, um sich dann wieder zu ändern.

Unterricht ist in der Zeit verlaufender, mehrschichtiger *Prozeß*. Als Auseinandersetzung von Lehrer und Schülern mit dem Gegenstand ist er Lehr-Lernprozeß, als Auseinandersetzung der beteiligten Personen ist er Sozialprozeß. Beide Prozesse laufen neben- und durcheinander her und wirken aufeinander in schwer entwirrbarer »Geschehensmischung« (Schorb 1976).

Unterricht ist *zielstrebige Handlung*. Sie ist von den Beteiligten gewollt, dient einem Zweck und kann nur gelingen, wenn die Beteiligten dieser Zwecksetzung wenigstens grundsätzlich zustimmen.

Zweck des Unterrichts ist *Lernen*. Lehrziele des Lehrers und Lernziele der Schüler bestehen im Erwerb von Kenntnissen, Einsichten, Fertigkeiten, Einstellungen, Haltungen, die im konkreten Falle näher zu bestimmen sind.

Unterricht ist *planmäßiges Handeln*. Die Planung erstreckt sich über kurze, mittlere und lange Frist. Der Weg zu den Lernzielen erfolgt *methodisch*, d. h. in einer Abfolge von notwendigen Teilschritten mit je eigener didaktischer Funktion. Er muß jeweils dem *Ziel* entsprechen, kann also nicht nach einem festen Schema verlaufen, sondern fordert immer begründete Einzelentscheidung in sinnvoller Anwendung allgemeiner *Prinzipien*. In der Regel laufen mehrere Lehr-Lernprozesse nebeneinander her, beeinflussen einander, berühren, überschneiden, verzweigen sich. Ihre Zuordnung ist Sache des *Lehrplans*.

Unterricht im *Vollzug* bedarf der *Führung* im sozialen Miteinander, der *Steuerung* gemäß dem Handlungsplan, der *Regelung* im flexiblen Eingehen auf die Bedingungen der Situation, insbesondere auf das Lern- und Sozialverhalten der Schüler. Der tatsächliche Verlauf und das Ergebnis werden kurz-, mittel- und langfristig *kontrolliert* und gegebenenfalls korrigiert.

Unterricht ist *Ereignis*. Die Komplexität der Faktoren ist nie voll zu überschauen, Störfaktoren wirken ein, unstetige Akte durchbrechen den kontinuierlichen Verlauf; die Handelnden stehen unter Druck, oft dem der Zeit, immer dem der Situation; Unterricht ist immer gefährdet.

Unterricht ist *Dialog* zwischen Personen. Lehrer und Schüler stehen sich als Subjekte gegenüber, öffnen sich dem wechselseitigen Anspruch oder verweigern sich ihm.

Unterricht setzt ein *Gefälle* an Wissen, Können, Einsicht, Verantwortung vom Lehrer zu den Schülern voraus. Er kann deswegen vom Begriff her nicht »symmetrische Kommunikation« sein. Er soll diese anstreben und in einzelnen Akten vorwegnehmen, das Gefälle schrittweise verringern, kann es aber grundsätzlich nicht aufheben, so lange er »Unterricht« sein soll.

Unterricht bedarf der *Institution*. Diese kann einfach sein wie das Meister-Schüler-Verhältnis oder ein kurzfristiger Fortbildungslehrgang. Sie kann eine umfangreiche, vielgliedrige und vielschichtige Organisation notwendig machen, wie das öffentliche Schulwesen sie darstellt.

Unterricht tendiert zur *Professionalisierung*. Je stärker er institutionalisiert und organisiert ist, desto mehr bedarf er eigens für ihre Aufgabe ausgebildeter, mehr oder weniger spezialisierter, hauptamtlicher Lehrer.

Unterricht hat *gesellschaftliche Funktion*. Er dient der Vorbereitung der Gesellschaftsglieder auf ihre Einordnung und Mitwirkung im Ganzen, er ist wesentliches Mittel der Tradierung von Kultur als Voraussetzung für ihre Höherentwicklung.

Unterricht vollzieht sich in einem »*Schonraum*«. Als längerdauernde Einführung in komplexere Zusammenhänge von größerem Umfang muß er zeitweilig aus dem Vollzug des gesellschaftlichen Lebens ausgegliedert werden. Der Lernende ist von der vollen Verantwortung entlastet; daraus ergeben sich Chancen und Gefahren.

Unterricht hat *personale Funktion*. Er ist Lern- und Führungshilfe für den einzelnen auf dem Weg zu personaler Entfaltung und gesellschaftlicher Mündigkeit. Er erfüllt diese Aufgabe aber nicht allein. Er baut auf »Erfahrung und Umgang« und ist nur eine »Grundform der Bildung« neben anderen.

Unterricht ist nicht nur Mittel zum Zweck, er hat *Eigenwert*. Er dient nicht nur der Vorbereitung auf das spätere Leben, er ist Ernstfall der Bewährung gegenüber angemessenen Aufgaben in der überschaubaren Gemeinschaft. So ist Unterricht Teilaufgabe und -maßnahme der *Erziehung*, und er ist ein Stück sinnvoll gelebten *Lebens*. (Lit. Sünkel 1996)


## 7.3 Didaktik als Theorie des Unterrichts


Wovon Didaktik handelt, wissen wir inzwischen. Wir sollten nun auch begrifflich fassen können, was sie ist bzw. sein soll. Auch in diesem Falle ist der Begriffsgebrauch kein einheitlicher. Die Herleitung aus dem Griechischen »didaskein = lehren, belehren, unterweisen, auch lernen« führt zwar in die Mitte des Begriffsfeldes, läßt aber seinen Inhalt und seine Grenzen offen.

*Begriffsumfang*

Zeitweilig hat man, insbesondere in der Schule E. Wenigers, Didaktik auf die *Theorie der Bildungsinhalte*, ihrer Struktur und ihrer Auswahl eingeschränkt und sie der Methodenlehre begrifflich neben-, rangmäßig vorgeordnet. Damit sollte das Augenmerk auf die zeitweilig vernachlässigten Inhaltsfragen gelenkt werden. Weil dabei aber Zusammengehöriges getrennt wurde, hat sich dieses enge Verständnis auf die Dauer nicht durchgesetzt (z. B. Weniger 1930).

Umgekehrt hat auch der enge Begriff von Didaktik als *Wissenschaft von der Lernplanung, Lernorganisation und Lernkontrolle*, letztlich gleichbedeutend mit »Methodik«, sich nicht bewährt (z. B. von Cube 1965).

Eine Bestimmung der Didaktik als *Bildungslehre* im Sinne der Willmann-Schule, die Theorie der Bildung, der Bildungsinhalte, der Methoden und des Bildungswesens umfassend, erlaubt es, sie zu einem einheitlichen, relativ umfassenden Theoriegebäude auszugestalten und ihren hohen Wert eindrucksvoll deutlich zu machen. Man belastet sie aber auch mit den Problemen, die dem Bildungsbegriff als einer historischen Kategorie anhängen (z. B. Willmann 1988).

Eine Bestimmung der Didaktik als *Wissenschaft vom Lehren und Lernen überhaupt* in allen Formen und auf allen Stufen (z. B. Dolch 1965) ist dann sicherlich zu weit, wenn man das »und« zwischen Lehren und Lernen additiv versteht; denn damit würde es auch alles »natürliche« und zufällige Lernen und die ganze Lernpsychologie einschließen. Liest man das »und« aber so, daß dadurch Lehren und Lernen zu einer Einheit verkoppelt werden, dann schränkt sich der Umfang ein auf das planmäßig geleitete bzw. bewirkte Lernen – eben auf Unterricht.

Als *Wissenschaft vom Unterricht* wollen wir denn Didaktik verstehen, wie sie seit ihrer Begründung durch Ratke und Comenius bis heute von den meisten verstanden wird. Der zentrale Begriff »Unterricht« ist, wie wir gesehen haben, zwar nicht einfach, aber doch ausreichend bestimmbar, und damit hat die Didaktik ihr klar umrissenes Gegenstandsfeld. Es umfaßt nicht nur die Schule, sondern alle Orte von Unterricht als planmäßig geleitetem Lernen.

### Ebenen der Theoriebildung

»Theorie« ist Didaktik allemal, freilich Theorie von unterschiedlichem Grad der Reflektiertheit.

Schon das alltägliche Unterrichten ist, wie menschliches Handeln überhaupt, von Annahmen geleitet, die übernommen oder aus der Erfahrung abgeleitet sind und sich mehr oder weniger »bewähren«, d. h. das Geschehen zureichend erklären und wiederholte Anwendung erlauben. Solche *»subjektiven Theorien«* (Dann 1989) sind nach Herkunft, Begründung und Geltungsbereich ungeprüft. Sie betreffen zwar unterrichtliche Sachverhalte, sind aber noch nicht Didaktik in unserem Sinne.

Wo die impliziten »Theorien« bewußt gemacht, formuliert, gesammelt, miteinander verglichen, in der Praxis erprobt, dort einigermaßen bestätigt und in eine gedankliche Ordnung gebracht werden, entsteht ein umfangreiches und differenziertes »Regelwissen« von beachtlichem praktischen Wert. Es ist die Ebene der *Unterrichtslehre*, wie sie insbesondere in den Lehrerbildungsstätten im Laufe von Generationen erarbeitet, verfeinert und vertieft wurde und auch für den Lehrer heute in vielem hilfreich, wenn nicht unentbehrlich ist.

Zur *Wissenschaft* wird Didaktik aber erst, wenn sie nach der Herkunft dieses Wissens und seinem Gültigkeitsanspruch fragt, es mit geeigneten Methoden planmäßig erweitert, im weltweiten Gespräch der Wissenschaftler ständig kritischer Prüfung auf seinen Wahrheitsgehalt unterzieht, dabei besonders die Argumente beachtet, die gegen persönliche Wünsche sprechen, und die gewonnenen Aussagen in ein möglichst widerspruchsfreies System einzuordnen sucht.

Zwischen den Ebenen 2 und 3 gibt es alle Grade des Übergangs und manchen, nicht immer nötigen Disput darüber, ob diese oder jene Aussage bzw. dieses oder jenes Ordnungsgerüst schon das Prädikat »wissenschaftlich« verdiene oder noch unter ihm bleibe. Auch den Begriff der Wissenschaftlichkeit kann man verschieden streng auslegen.

Das entscheidende Kriterium sollte die *Methodenbewußtheit* des Vorgehens sein. Sie setzt eine weitere Theorieebene voraus, auf der nicht mehr über die Sache, sondern über die Wissenschaft selbst, die »Bedingungen ihrer Möglichkeit«, d. h. ihre Fragestellung, ihre Erkenntnismethoden, ihren Ort im Rahmen der anderen Wissenschaften nachgedacht wird. Auf dieser Meta-Ebene der *Methodologie* und *Wissenschaftstheorie* muß auch der Didaktiker sich immer wieder seines Tuns vergewissern. Wenn er sich allerdings nur auf ihr tummeln wollte, liefe er Gefahr, über dem Schärfen der Werkzeuge nicht mehr zur Arbeit am Gegenstand zu kommen. Wissenschaft treiben heißt, bei der Arbeit auf der Sachebene sich immer von der Meta-Ebene aus über die Schulter zu schauen und kritisch zu kontrollieren. (Vgl. Beckmann 1971, 186).

*Begründungsansätze*

Wo und wie aber sollte man ansetzen, um eine umfassende, in sich stimmige Theorie des Unterrichts zu erstellen? Auf unterschiedliche Weise hat man das versucht.

*Normative Didaktiken* gehen von einem obersten, als gültig anerkannten Sinnprinzip aus, einem religiösen Bekenntnis oder einer politischen Heilslehre, und versuchen, von ihm alle Einzelprinzipien und -maßnahmen abzuleiten oder sie ihm wenigstens unterzuordnen. Der darin erhobene Anspruch ist allerdings nie voll einzulösen. Er überzeugt nur den, der die grundlegende Wertentscheidung teilt, und er widerspricht im Grunde dem Prinzip der Wissenschaft (z. B. Eggersdorfer 1928; Klingberg 1972). Die *»bildungstheoretische«* Didaktik aus dem Kreis der geisteswissenschaftlichen Pädagogik geht von der historisch schon immer gegebenen »Bildungswirklichkeit« aus und betreibt deren Selbstaufklärung im »hermeneutischen Zirkel«. In der »didaktischen Analyse« fragt sie nach der Bedeutung der Inhalte für die Bildung des einzelnen wie auch für die Tradierung der Kultur und die Bewältigung anstehender gesellschaftlicher Aufgaben in der jeweiligen historischen Situation (z. B. Weniger 1930; Klafki 1963).

Die »*lerntheoretische*« *Didaktik* der Berliner Schule um P. Heimann und W. Schulz analysiert den Unterricht als Struktur und Prozeß und erarbeitet seine wesentlichen Strukturmomente und Bedingungsbereiche als Grundlage für seine Vorbereitung und Analyse (z. B. Heimann / Otto / Schulz 1965).

Didaktik auf *informationstheoretischer Grundlage* versucht, den Informationsfluß im Unterricht exakt, möglichst quantitativ zu erfassen und seinen Verlauf als »Regelkreis« im kybernetischen Sinne optimal zu lenken. Sie überläßt die Zielsetzung bewußt außerwissenschaftlichen Instanzen, beschränkt sich also auf reine Methodik, kann aber auch diese in ihrer immer gegebenen Verflechtung mit Wertentscheidungen nicht voll erfassen (z. B. v. Cube 1965).

»*Systemtheoretische*« *Didaktik* versucht, das komplexe Handlungssystem Unterricht mit seinen wechselseitig sich beeinflussenden Subsystemen möglichst vollständig zu erfassen und somit Planung und Verlauf weitgehend bestimmbar zu machen, kann aber ebenfalls den erhobenen Exaktheitsanspruch nicht einlösen (z. B. König / Riedel 1973).

Der *curriculare Ansatz*, meist mit dem lernzielorientierten verbunden, geht von der Kritik an den bestehenden Lehrplänen und der Weise ihrer Erstellung aus und will sie zu möglichst perfekten Planungsinstrumenten sowohl auf gesellschaftlicher Ebene wie auch für die Steuerung von Unterricht im einzelnen machen (z. B. Möller 1969; vgl. 5.2.3).

Die »*mehrperspektivische*« *Didaktik* will durch wechselnde Fragestellungen und Blickweisen die Schüler von Anfang an zur Einsicht führen, daß Unterricht die Gegenstände nicht an sich, sondern immer nur in einer bestimmten Sichtweise zeigen kann, daß die Wirklichkeit, in der wir leben, also eine sozial vermittelte ist (z. B. Hiller 1973).

»*Kommunikative*« *Didaktik* betont insbesondere den – anderwärts oft unterbelichteten – Beziehungsaspekt im Miteinander von Lehrer und Schülern mit dem Ziel, die Kommunikation bewußter und das Zusammenleben humaner zu gestalten (z. B. Schäfer / Schaller 1971; Winkel 1986; vgl. Rosenbusch 1986).

»*Strukturtheoretische*« *Didaktik* will die verschiedenen Ansätze in ein umfassendes System integrieren (Peterßen 1973).

Insbesondere in den siebziger Jahren gab es die verbreitete Neigung, dem eigenen Ansatz noch Prädikate wie »kritisch«, »emanzipatorisch« o. ä. hinzuzufügen und ihm damit eine gesellschaftskritische Wendung zu geben. Wo dabei das Ziel der »Befreiung des Menschen aus geistiger und politischer Unmündigkeit« oder des »Abbaus der Herrschaft von Menschen über Menschen« überwertig wurde, bemerkte man oft nicht, daß bei aller guten Absicht der Rückfall in eine ganz und gar normative Didaktik, nur diesmal unter »progressiver« Wertsetzung, drohte. Neue Formeln wie die einer »kritisch-konstruktiven« Didaktik zeigen an, daß man sich wieder um Ausgewogenheit bemüht (z. B. Klafki 1985).

In der *inhaltlichen Ausführung* bewegen sich die genannten Ansätze zwischen der dritten und vierten Reflexionsebene, d. h. sie bieten teils mehr Theoriebruchstücke über den Gegenstand Unterricht, teils mehr wissenschaftstheoretische Überlegungen, wie Didaktik als Wissenschaft begründet werden sollte. Eine eingehendere Darstellung und Würdigung kann nicht Gegenstand der vorliegenden Einführung sein, zumal es dafür ein reichhaltiges Angebot guter Darstellungen gibt. Sie wäre auch nicht mehr von letzter Aktualität; denn die ursprünglich miteinander konkurrierenden »didaktischen Modelle« haben sich in den achtziger Jahren aufeinander zubewegt. Man hat immer deutlicher erkannt, daß sie nur Teilansätze sind, die jeweils einen bestimmten Aspekt der didaktischen Gesamtaufgabe abdecken und der Ergänzung durch andere bedürfen. (Vgl. Blankertz 1969; Peterßen 1989).

Andere Beiträge beschränken sich von vornherein auf *Teilaspekte*, so wenn »Didaktik als Dramaturgie des Unterrichts« (Hausmann 1959) oder »Didaktik als Lehrkunst« (Kozdon 1984) betrachtet oder »Didaktik als Struktur der Lehrfunktionen« (Schröter 1972) analysiert wird, wenn man von der Unterrichtspsychologie her zu »Grundformen des Lehrens« (Aebli 1983) kommt oder eine »Allgemeine Didaktik« (Geißler 1981) unter den Gedanken des Erziehenden Unterrichts stellt, wenn »Skeptische Didaktik« (Ballauff 1970) Unterricht als Einbezug ins Denken versteht oder eine »transzendental-kritische Didaktik« (Petzelt 1964) die Bedingungen der Möglichkeit von Unterricht und Erziehung untersucht.

Ein *Gesamtsystem der Didaktik*, das alle notwendigen Bereiche und Aspekte in überzeugender Weise zu einer Einheit von Leitidee, Methode und in sich stimmigem Aufbau zusammenfaßt, liegt nicht vor. Die Komplexität des Gegenstands Unterricht läßt auch nicht erwarten, daß es je zu einem solchen kommen wird. (Lit. Heimann 1962; Ruprecht u. a. 1975; Loser/Terhart 1977; Born/Otto 1978; Schröter 1980; Gudjons 1981; Schmidt 1981; Steindorf 1995; Prange 1983; Becker 1986–88; Bönsch 1986; Jank/Meyer 1991; Peterßen 1992; Wiater 1993)

*Methodische Vielfalt*

Didaktik kann sich nicht in puristischer Strenge auf eine einzige Erkenntnismethode festlegen, weil sie nicht nur ein einziges Erkenntnisinteresse hat. Zu vielseitig und unterschiedlich ist ihr Gegenstandsgebiet. Sie arbeitet
- *phänomenologisch*, wo sie versucht, die Erscheinungen möglichst unvoreingenommen zu erfassen und in angemessener Sprache zu beschreiben,
- *hermeneutisch*, wo immer sie Aussagen über den Sinn des unterrichtlichen Tuns, seine Geschichte, seine Ziele und Inhalte erhebt, empirische Untersuchungen vorbereitet und auswertet, Fakten und Meinungen interpretiert,
- *ideologiekritisch*, wo sie diese auf ihre Vermischung mit Gruppeninteressen untersucht,

- *normenkritisch,* wo sie die Geltung von Wertaussagen überprüft,
- mit den Methoden der jeweiligen *Fachwissenschaft,* wenn von einzelnen zu lehrenden Sachverhalten die Rede ist,
- *logisch-erkenntnistheoretisch,* wenn sie das Zustandekommen von Wissen sowohl in einem Lehrfach als auch in ihrem eigenen Bereich reflektiert,
- *empirisch im Sinne der experimentellen Humanforschung,* wenn sie Lernprozesse unter kontrollierten Bedingungen in ihrem Verlauf und ihrem Ergebnis untersucht,
- *empirisch im Sinne der Sozialforschung,* wenn sie die Gegebenheiten des unterrichtlichen Feldes erhebt,
- *vergleichend,* wo sie Verwirklichungen von Unterricht in verschiedenen Ländern und Zeiten einander gegenüberstellt, Unterschiede und deren Gründe, aber auch Gemeinsamkeiten feststellt, aus denen man auf notwendige Merkmale und Bedingungen von Unterricht überhaupt schließen kann.
- *hypothetisch-konstruktiv* immer dann, wenn sie bei der Erstellung von Lehrplänen und Unterrichtsvorhaben einen Vorentwurf in die Zukunft wagt,
- *produktiv gestaltend, wenn* sie diesen Entwürfen den tragenden Leitgedanken, die Gestaltungsidee hinzufügt, die als schöpferisches Moment zur didaktischen Formgebung hinzukommen muß, wenn diese ganz gelungen sein soll,
- *kritisch analysierend,* wenn sie tatsächliche Unterrichtsverläufe und -ergebnisse auf ihre wirkenden Bedingungen und ihre Rechtfertigung hin überprüft.

Sie hat diese unterschiedlichen Denkansätze ständig aufeinander zu beziehen, wobei die Dreipoligkeit von Sache – Schüler – Ziel den Kern ihres vermittelnden, koordinierenden und korrelierenden Denkens ausmacht. Sehr oft stößt sie dabei auf in der Sache liegende *Spannungen* zwischen gleichermaßen berechtigten und doch gegensätzlichen Ansprüchen, die sich nicht in Harmonie auflösen lassen, sondern in dialektischer Vermittlung ausgehalten werden müssen. (Lit. Banki/Rothe 1969; Oppolzer 1969; Ingenkamp 1970; Dohmen u. a. 1970; Klafki u. a. 1970; Travers 1972, 1973; Friedrichs 1973; Ruprecht 1974; L. Roth 1978; Gage 1979; Loser 1979; König/Zedler 1983; Wittrock 1986)

*Spezielle Didaktiken*

Da Unterricht sehr unterschiedliche Bedingungen vorfindet, ist es verständlich, wenn für bestimmte Ausbildungsbereiche, Schulstufen oder sogar Schularten eigene *Bereichs- oder Stufendidaktiken* gefordert und auch entworfen werden, so z. B. für Grundschule, Sekundarstufe I oder II, Berufsschule, Berufsausbildung, Erwachsenenbildung und Hochschule. Das ist so lange sinnvoll, als es aus pragmatischen Gründen geschieht, und wird bedenklich, wenn aus standes- oder schulpolitischen Interessen die Unterschiede überbetont und die Gemeinsamkeiten zurückgedrängt werden. Im Grunde handelt es sich immer um Allgemeine Didaktik in der Anwendung auf spezielle Bedingungen.

Anders steht es mit den *Fachdidaktiken*. »Fachdidaktik integriert pädagogische und fachliche Probleme und Erkenntnisse und kommt zu neuen Fragestellungen, die weder von der Pädagogik noch von der Fachwissenschaft allein bearbeitet werden können. Als eine spezielle Didaktik ist sie jener Teil der Pädagogik, welcher die Bildung und Erziehung des (jungen) Menschen durch dessen lernende Auseinandersetzung mit einer Disziplin zum Gegenstand hat. Als Teil einer Fachwissenschaft umfaßt sie deren pädagogische Dimension, die sich am besten durch das Begriffspaar »Lehrbarkeit/Lernbarkeit« bezeichnen läßt … Sie greift weit über den Schulbereich hinaus, findet aber gegenwärtig im Unterricht ihr wichtigstes Wirkungsfeld« (Köhnlein 1977, 285). Fachdidaktik gehört also beiden Bereichen an und ist zugleich ein originärer Ansatz mit speziellen Fragestellungen, von denen aus sie beide befragt und integrierend verklammert. (Lit. Kochan 1970; Glöckel 1976; Köhnlein 1977; L. Roth 1980; Beckmann 1981; 1991; Twellmann 1981, Bd. 5.1; Beckmann/Fischer 1990; Keck u. a. 1991)

*Fachdidaktik, Allgemeine Didaktik, Schulpädagogik*

Es ist die Gefahr jeder Fachdidaktik, daß sie ihr Fach, die Tatsache der Fächerung überhaupt, zu selbstverständlich voraussetzt und den eigenen Beitrag im Gesamt der Bildung zu einseitig betont, und das um so mehr, je weiter sie sich entwickelt und den Zusammenhang mit anderen Fachdidaktiken verliert (vgl. 5.3). Der *Allgemeinen Didaktik* kommt die Aufgabe zu, die notwendige Koordination zu leisten, die Stellung der Fächer innerhalb einer pädagogisch begründeten Lehrplantheorie zu reflektieren und am Ausgleich der Interessen mitzuwirken, wobei ihr nicht die Rolle des Schiedsrichters, sondern des ehrlichen Maklers zufällt. Sie formuliert gewissermaßen die für alle geltenden Fragen, die dann von den Fachdidaktiken jeweils eine eigene Antwort erhalten, und sie untersucht umgekehrt, was aus den Ansätzen und Ergebnissen der Fachdidaktiken verallgemeinerbar ist. Sie kann ihre Ergebnisse nur an fachlichem Unterricht exemplifizieren; denn es gibt keinen Unterricht ohne Gegenstand. Beide bedürfen einander. »Allgemeine Didaktik ohne besondere Didaktiken wäre leer, Fachdidaktiken ohne Allgemeine Didaktik wären blind« (Konrad 1976, 16). Im Studiengang kann die Allgemeine Didaktik durch Behandlung übergreifender Erscheinungen und Fragestellungen die Fachdidaktiken entlasten und zugleich eine gewisse Einheitlichkeit der Fachsprache sichern helfen.

Allgemeine Didaktik ist historisch im Rahmen der Lehrerbildung entstanden, und Unterricht findet zum weitaus größeren Teil in Schulen statt. So erklärt es sich, daß sie in Forschung und Lehre hierzulande in der Regel im Rahmen der *Schulpädagogik* vertreten wird, ja sogar ihr Zentrum ausmacht. Um dem Anspruch, der in ihrem Namen gegeben ist, gerecht zu werden, muß sie aber auch den Unterricht außerhalb der Schule in den Blick nehmen und sich immer wieder fragen, ob ihre Kategorien, Begriffe und Ergebnisse den dortigen Bedürfnissen genügen. Ihr Standbein wird sie sicherlich weiterhin in der Schulpädagogik haben.

## Schulpädagogik, Allgemeine Pädagogik, Bezugswissenschaften

Gegenstand der *Schulpädagogik*, wie der jeglicher Pädagogik, ist Erziehung (im weiteren Sinne des Wortes), und zwar Erziehung unter den Bedingungen von Schule. Sie ist damit eine spezielle Pädagogik neben anderen, wenn auch älter und in mancher Beziehung weiter entwickelt als andere, die sich erst in jüngerer und jüngster Zeit als eigene Teildisziplinen der Pädagogik herausgebildet haben (und deren Nennung im Schema nur beispielhaft, nicht vollständig und endgültig verstanden werden soll; s. Schaubild).

In ihrem Zentralbereich, der *Allgemeinen Didaktik,* koordiniert die Schulpädagogik in der schon beschriebenen Weise die Fachdidaktiken, die ihrerseits auch den jeweiligen Fachwissenschaften zugeordnet sind. In der *Schultheorie* und der *Theorie erziehlicher Führung in der Schule* erinnert die Schulpädagogik unablässig daran, daß Schule mehr ist als eine Addition von einzelnen Unterrichtsfächern, nämlich gesellschaftliche Institution, Ort wechselseitiger Einflußnahme von Menschen, Stätte vielseitiger geistiger Anregung und kultivierter humaner Begegnung in einem »Schulleben«, das für den einzelnen viele Jahre dauert und einen beachtlichen Teil seines Lebens ausmacht. (Lit. Steindorf 1972; Potthoff 1975; Beckmann 1981; Apel 1990; Seibert u. a. 1990; Keck u. a. 1994).

Mit allen anderen speziellen Disziplinen findet die Schulpädagogik ihre Mitte in der *Allgemeinen Pädagogik.* Diese klärt die grundlegenden pädagogischen Kategorien und Grundsätze, die dann für die unterschiedlichen Arbeitsbereiche ihre Spezifizierung erfahren.

In einem zweiten Schaubild ist die Schulpädagogik in den weiteren Rahmen der wichtigsten *Bezugswissenschaften* eingeordnet. Die Beziehungen zu diesen ergeben sich aus einer Analyse des Sachverhalts »Schule«. Diese ist eine gesellschaftliche Institution, historisch geworden und nur aus diesem Werden zu verstehen. Sie dient Zielen, die normativ zu begründen sind, letztlich in einem Menschenbild ihre Grundlage haben, und ist daher notwendigerweise politisch umstritten. Sie übt Macht über Menschen aus, die rechtlich gesichert und begrenzt werden muß, und sie ist ein beachtlicher Faktor im Wirtschaftsleben mit aktuellen Kosten und späten Erträgen. Sie unterliegt – in makrosoziologischer Sicht – vielfältigen gesellschaftlichen Bedingungen, und in ihr spielen sich – in mikrosoziologischer Sicht – unablässig soziale Prozesse ab. Sie hat es mit Menschen, und zwar in der Mehrheit mit jungen Menschen zu tun, deren körperlich-geistig-seelische Gegebenheiten zu berücksichtigen sind, wenn sie ihre Vermittlungsaufgabe erfolgreich erfüllen soll: zu vermitteln zwischen dem Menschen, wie er ist, und dem, wie er werden soll, zwischen dem Bedürfnis

# Zur wissenschaftstheoretischen Einordnung der Schulpädagogik

Sozial-
pädagogik

Sonder-
pädagogik

Familien-
pädagogik

Allgemeine
Pädagogik

Berufs-
pädagogik

Vorschul-
pädagogik

Wiss. v. d. Erwach-
senenbildung

FW

FW

FD

FD

Schulpädagogik

Allg. Didaktik

FD

FD

FW

FW

Fachdidaktik

Fachwissenschaft

# Die Schulpädagogik und ihre Bezugswissenschaften

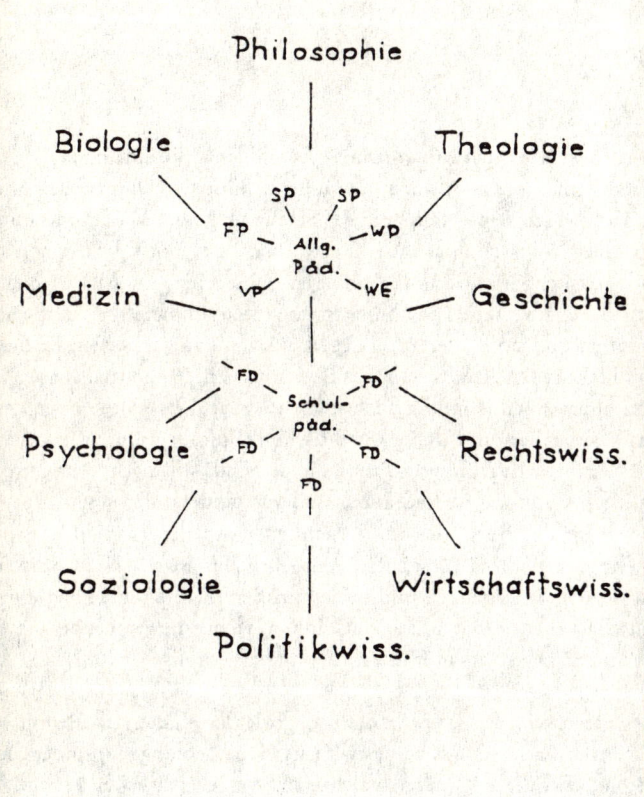

lebendiger junger Menschen und dem Anspruch der zu lernenden Inhalte, zwischen dem Recht des einzelnen und dem der Gesellschaft. Damit mündet Didaktik in die *Theorie der Schule.* (Lit. Bärmann 1980; Schulze 1980; Oblinger 1979; 1981; Sauer 1981; Fend 1981; Beckmann 1983; Steffens/Bargel 1988; Apel 1990; Einsiedler 1991; Prange 1995).

## Schlußwort

Wo ist das vorliegende Buch einzuordnen? Es will eine Einführung in die Allgemeine Didaktik sein, und wenn es auch für außerschulischen Unterricht hilfreich sein möchte, so hat es doch seine Heimat in der Schulpädagogik. Man merkt ihm wohl an, daß es aus der Volksschulpädagogik erwachsen ist, doch beansprucht es auch weitgehende Brauchbarkeit für die anderen Schularten. Es ist aus eigener, auch fachdidaktischer Lehre und Forschung in enger Zusammenarbeit mit Fachdidaktikern entstanden und hofft, deren Anliegen ausreichend zu berücksichtigen. Es hat von vielen didaktischen Ansätzen etwas übernommen, bekennt sich aber zu keinem bestimmten unter ihnen, sondern sucht den Ausgleich. Es will kein eigenes System der Didaktik aufstellen und keine didaktische Schule begründen, sondern nur die wichtigen Aufgaben, Begriffe und Probleme der Didaktik nach heutigem Wissen in einer möglichen Ordnung überschaubar und verständlich darbieten.

Inhaltlich bewegt das Buch sich im wesentlichen auf der zweiten und der dritten Reflexionsebene, indem es versucht, unentbehrliches Regelwissen wissenschaftlich kritisch zu prüfen, zu ergänzen und in den größeren Zusammenhang einzuordnen. Von wissenschaftstheoretischen Fragen ist in ihm wenig die Rede, aber der Fachmann wird erkennen, daß es vor dem Hintergrund metatheoretischer Reflexion entstanden ist.

Sollte man geneigt sein, das Werk in die Kategorie der »Unterrichtslehren« einzureihen, so würde der Verfasser das keineswegs als Herabsetzung empfinden, sofern man ihm zugesteht, daß diese Unterrichtslehre in wissenschaftlicher Haltung, d. h. im reflektierten Streben nach der Wahrheit, und in pädagogischer Verantwortung geschrieben ist. Mehr will das Buch nicht sein und geben. Wer es gelesen und verstanden hat, wird weitere, schwierigere Werke lesen und besser verstehen können.

# Literatur

Achtenhagen, Frank (Hg.): Neue Verfahren zur Unterrichtsanalyse. Düsseldorf 1982
Aebli, Hans: Denken: Das Ordnen des Tuns. Stuttgart 1980
ders.: Zwölf Grundformen des Lehrens. Stuttgart 1983
ders.: Grundlagen des Lehrens. Stuttgart 1987
Albert, Wilhelm: Die Gestaltung des Unterrichts zum Erlebnis. Habelschwerdt 1921
ders.: Grundlegung des Gesamtunterrichts. Wien/Leipzig 1928
Anderson, M./Sorensen, K.: Medien im Unterricht. Stuttgart 1972
Apel, Hans-Jürgen: Die »erziehende« Institution. Zur Geschichte der Institution »Schulklasse«. Köln 1981
ders.: Schulpädagogik – eine Grundlegung. Köln 1990
ders.: Lehrplanarbeit und Curriculum in Bayern 1950–1991. München 1991
ders.: Theorie der Schule. Historische und systematische Grundlinien. Donauwörth 1995
Arnold, Karl-Heinz: Der Situationsbegriff in den Sozialwissenschaften. Weinheim 1981
Aschersleben, Karl: Didaktik. Stuttgart 1983
ders.: Moderner Frontalunterricht. Frankfurt 1985
Ausubel, David P.: Psychologie des Unterrichts. Weinheim 1974
ders. /Sullivan, E. V.: Das Kindesalter – Fakten, Probleme, Theorien. München 1974
ders.: Das Jugendalter. München 1979 (6)

Baacke, Dieter: Die Dreizehn- bis Achtzehnjährigen. München 1976
Bach, Heinz: Die Unterrichtsvorbereitung. Hannover 1971 (9)
Bärmann, Fritz: Über die Schule – Plädoyer für eine Angeklagte. In: Die Deutsche Schule 9/ 1980
Bäumler, Friedrich: Grundfragen der modernen Entwicklungspsychologie. Bad Heilbrunn 1974
Ballauff, Theodor: Skeptische Didaktik. Heidelberg 1970
ders.: Antithesen zur Lernzieltheorie. In: Pädagogische Rundschau 1978, S. 308 ff.
Banki, Farsin/Rothe, Friedrich Karl: Wege der pädagogischen Forschung. Bad Heilbrunn 1969
Bauer, Herbert F., u. a.: Fachgemäße Arbeitsweisen im Sachunterricht der Grundschule. Bad Heilbrunn 1975 (3)
Baumert, Jürgen, u. a.: Leistungsentwicklung und Ausgleich von Leistungsunterschieden in Gymnasialklassen. In: Zeitschr. für Päd. 5/1986
Baurmann, Jürgen, u. a. (Hg.): Neben-Kommunikationen. Braunschweig 1981
Beck, Klaus: Empirische Grundlagen der Unterrichtsforschung. Göttingen 1987
Becker, Georg E.: Unterrichtssituationen. Ein Trainingsbuch für Lehrer und Ausbilder. München 1980
ders.: Handlungsorientierte Didaktik: Planung von Unterricht. Weinheim 1987 – Durchführung von Unterricht. Weinheim 1986 – Auswertung und Beurteilung von Unterricht. Weinheim 1988
ders. / Kohler, Britta: Hausaufgaben. Weinheim 1988
Becker, Gertraud: Kinder und Lehrer im Schulraum. Essen 1968
Beckmann, Hans-Karl (Hg.): Leistung in der Schule. Braunschweig 1978
ders.: Das Verhältnis von Fachwissenschaft und Schulfach. In: Westermanns Päd. Beiträge 6/ 1978(a)

ders. (Hg.): Schulpädagogik und Fachdidaktik. Stuttgart 1981

ders.: Schule unter pädagogischem Anspruch. Donauwörth 1983

ders. /Fischer, Walther Leonhard (Hg.): Herausforderung der Didaktik. Bad Heilbrunn 1990

ders.: Fachdidaktik, Bereichdidaktik, Stufendidaktik. In: L. Roth 1991 s. d.

Benden, Magdalene (Hg.): Ziele der Erziehung und Bildung. Bad Heilbrunn 1982 (2)

Bennett, Neville: Unterrichtsstil und Schülerleistung. Stuttgart 1979

ders. et al.: Open Plan Schools. Sussex 1980

Bentzien, Karlheinz: Der Epochenunterricht. Stuttgart 1964

Berg, Hans-Christoph: Suchlinien. Studien zur Lehrkunst und Schulvielfalt. Neuwied 1933

Berg, Hans-Christoph/Schulze, Theodor: Lehrkunst. Lehrbuch der Didaktik. Neuwied 1995

Bielefeldt, Heinz/Edmundts, Martin: Lehrgang und Projekt. Heinsberg 1987

Biermann, Rudolf/Wittenbruch, Wilhelm: Soziale Erziehung. Heinsberg 1986

Blankertz, Herwig: Theorien und Modell der Didaktik. München 1969

Blättner, Fritz: Das Gymnasium. Heidelberg 1960

ders.: Die Methoden des Unterrichts in der Jugendschule (1937). Weinheim 1963 (2)

Bloch, Karl-Heinz: Der Streit um die Lehrerfrage im Unterricht in der Pädagogik der Neuzeit. Wuppertal 1979

Bloom, Benjamin S.: Taxonomie von Lernzielen im kognitiven Bereich. Weinheim 1972

Bock, Irmgard: Pädagogische Anthropologie der Lebensalter. München 1984

Boeckmann, Klaus (Hg.): Lernziele und Erfolgskontrolle. Bad Heilbrunn 1974

Böhm, Winfried (Hg.): Der Schüler. Bad Heilbrunn 1977

ders. (Hg.): Maria Montessori – Texte und Diskussion. Bad Heilbrunn 1985 (3)

Bönsch, Manfred: Situationen im Unterricht. Ratingen 1965

ders.: Wie sichere ich Ergebnis und Erfolg in meinem Unterricht? Essen 1967

ders.: Unterrichtskonzepte. Baltmannsweiler 1986

Bollnow, Otto Friedrich: Sprache und Erziehung. Stuttgart 1966

ders.: Vom Geist des Übens. Freiburg 1978

Bonne, Lothar: Lernpsychologie und Didaktik. Weinheim 1980

Borich, G. D./Klinzing, H. W.: Paradigmen der Lehreffektivitätsforschung und ihr Einfluß auf die Auffassung von effektivem Unterricht. In: Unterrichtswissenschaft 1/1987

Born, Wolfgang/Otto, Gunter (Hg.): Didaktische Trends. München 1978

Brandt, Horst/Liebau, Eckart: Das Team-Kleingruppen-Modell. München 1978

Brent, Allen: Philosophical Foundations for the Curriculum. London 1978

Breslauer, Klaus: Der gestaltende Gedanke in der Unterrichtvorbereitung. In: Ehrenwirths Grundschulmagazin 5/1976

ders.: Grundsätze in der Unterrichtsplanung. In: H. Hacker/D. Poschardt (Hg.): Zur Frage der Lernplanung und Unterrichtsgestaltung. Hannover 1977

ders. /Hacker, Hartmut/Poschardt, Dieter (Hg.): Werterziehung als Auftrag der Schule. Hannover 1978

ders. /Engelhard, Wolf (Hg.): Schulleben – Chance oder Alibi? Hannover 1979

Brezinka, Wolfgang: Absicht und Erfolg in der Eziehung. In: Zeitschr. f. Päd. 3/1969

ders.: Was sind Erziehungsziele? In: Zeitschr. f. Päd. 4/1972 und in: Grundbegriffe der Erziehungswissenschaft. München 1977 (3)

Brinkmann, Günter: Offenes Curriculum – Lösung für die Praxis. 1975

Brophy, J. E./Good T. L.: Die Lehrer-Schüler-Interaktion. München 1976

Brown, George: Lecturing and Explaining. London 1978

Brügelmann, Hans: Auf der Suche nach der verlorenen Offenheit. In: Jahrbuch für Erziehungswissenschaften 1976. Hg.: H.-D. Haller und D. Lenzen. Stuttgart 1976

Bruner, Jerome S.: Der Prozeß der Erziehung. Berlin/Düsseldorf 1972 (2)

Buck, Günter: Lernen und Erfahrung. Stuttgart 1969 (2)

Bühnemann, Hermann: Die Selbstbildungsmittel der modernen Schule. Lübeck 1949

Burk, Karlheinz: Das Problem der Lernbereiche in der Grundschule. In: D. Haarmann u. a. (Hg.): Lernen und Lehren in der Grundschule. Braunschweig 1977


Calderhead, James (Ed.): Exploring Teachers' Thinking. London 1978

Casper, Berthold/Glöckel, Hans/Rabenstein, Rainer (Hg): Die Vorbereitung des Unterrichts. Bad Heilbrunn 1973

Cavemann, Bernhard: Pädagogische Situation und Pädagogisches Feld. In: Hans Mieskes (Hg.): Jenaplan: Anruf und Antwort. Oberursel 1965

Chott, Peter: Das Prinzip der Lebensnähe in der Schule. Frankfurt 1988

Clarizio, Harvey F., et al.: Contemporary Issues in Educational Psychology. Boston 1981 (3)

Coburn-Staege, Ursula: Lernen im Rollenspiel. Frankfurt 1977

Cohn, Ruth/Terfurth, Kristina: Lebendiges Lehren und Lernen – TZI in der Schule. Stuttgart 1993

Comenius, Johann Amos: Große Didaktik (1657). Übersetzt und herausgeg. von A. Flitner. Düsseldorf 1970 (4)

Copei, Friedrich: Der fruchtbare Moment im Bildungsprozeß. (1930). Heidelberg 1969 (9)

Correll, Werner/Schwarze, Hugo: Lernpsychologie programmiert. Donauwörth 1968

Cropley, Arthur J.: Unterricht ohne Schablone – Wege zur Kreativität. Ravensburg 1978

Cube, Felix von: Kybernetische Grundlagen des Lehrens und Lernens. Stuttgart 1965


Dahlke, Siegfried/Flößner, Wolfram: Gestaltung des Schullebens. Schulleiter-Handbuch, Bd. 6. Braunschweig 1978

Dahms, Günter: Nachdenken im Unterricht. Königstein 1979

Dann, Hanns-Dietrich: Was geht im Kopf des Lehrers vor? Lehrerkognitionen und erfolgreiches pädagogisches Handeln. In: Psychologie in Erziehung und Unterricht. 1989, S. 81 ff.

ders.: Subjektive Theorien als Basis erfolgreichen Handelns von Lehrkräften. In: Beiträge zur Lehrerbildung 2/1989 (a)

Daublesky, Bettina: Spielen in der Schule. Stuttgart 1983 (8)

Delamont, Sara: Interaction in the Classroom. London 1976

Derschau, Dietrich von: Hausaufgaben als Lernchance. München 1979

Deutscher Ausschuß für das Erziehungs- und Bildungswesen: Empfehlungen zum Aufbau der Hauptschule. Stuttgart 1964

Deutscher Bildungsrat: Strukturplan für das Bildungswesen. Stuttgart 1970

ders.: Zur Förderung praxisnaher Curriculumentwicklung. Stuttgart 1974

Dewey, John: Wie wir denken (1910). Zürich 1951

ders.: Demokratie und Erziehung (1916). Braunschweig 1964 (3)

Dichanz, Horst/Kolb, Günter: Unterrichtstheorie und Medienpraxis. Stuttgart 1979

Diegritz, Theodor/Rosenbusch, Heinz S.: Schulische Intragruppenkommunikation. In: Unterrichtswissenschaft 2/1976

dies.: Kommunikation zwischen Schülern. München 1977

Diesterweg, Friedrich Adolph Wilhelm: Wegweiser zur Bildung für deutsche Lehrer. Essen 1844

Dietrich, Georg: Die Bildungswirkungen des Gruppenunterrichts. München 1969

ders. u. a.: Kooperatives Lernen in der Schule. Donauwörth 1974

Dietrich, Theo/Klink, Job-Günter (Hg.): Zur Geschichte der Volksschule. Bad Heilbrunn 1972

Dietrich, Theo: Geschichte der Pädagogik, 18.–20. Jahrhundert. Bad Heilbrunn 1975 (2)

ders. (Hg.): Unterrichtsbeispiele von Herbart bis zur Gegenwart. Bad Heilbrunn 1980 (5)

ders.: Die pädagogische Bewegung »Vom Kinde aus«. Bad Heilbrunn 1982 (4)

ders.: Zeit- und Grundfragen der Pädagogik. Bad Heilbrunn (1984) 1992(7)

ders.: Die Pädagogik Peter Petersens. Bad Heilbrunn 1995 (6)

Dietz, Berthold/Kuhrt, Willi: Wirkungsanalyse verschiedener Hausaufgaben. In: Schule und Psychologie 9 u. 10/1960

Dietz, Berthold: Zielorientierung im Unterricht. Berlin (Ost) 1969 (2)

Dinkmeyer, Don/Dreikurs, Rudolf: Ermutigung als Lernhilfe. Stuttgart 1970

Dohmen, Günther/Maurer, Friedemann/Popp, Walter: Unterrichtsforschung und didaktische Theorie. München 1970

ders. (Hg.): Unterricht – Aufbau und Kritik. München 1976 (6)

Dolch, Josef: Lehrplan des Abendlandes (1959). Ratingen 1971 (3)

Domke, Horst: Erziehungsmethoden. Donauwörth 1991 (6)

Döring, Klaus (Hg.): Lehr- und Lernmittelforschung. Weinheim 1971

ders. (Hg.): Lehr- und Lernmittel – Medien des Unterrichts. Weinheim 1973

Dörner, Dietrich: Logik des Mißlingens. Reinbek 1989

Dörpfeld, Friedrich Wilhelm: Der didaktische Materialismus. Gütersloh 1879

ders: Schriften zur Theorie des Lehrplans (1873). Bad Heilbrunn 1962

Drach, Erich: Sprecherziehung. Frankfurt 1922

Dreikurs, Rudolf/Grunwald, Bernice B./Pepper, Floy C.: Schülern gerecht werden. München 1976

Drews, Ursula, u. a.: Didaktische Prinzipien. Berlin (Ost) 1976

Dühnfort, Erika/Kranich, Ernst Michael: Der Anfangsunterricht im Schreiben und Lesen. Stuttgart 1971

Duncker, Ludwig: »Handgreiflich« – »Ganzheitlich« – »Praktisch«. Grundfragen handelnden Lernens in der Schule. In: Neue Sammlung 1/1989

ders.: Lernen als Kulturaneignung. Weinheim 1994


Ebeling, Hans: Anschauen – Behandeln – Begreifen. Hannover 1966

Eberle, Heinz-Jürgen: Unterstützen und Integrieren. Bad Heilbrunn 1985

Edelmann, Walter: Lernpsychologie. München 1986 (2)

Eggersdorfer, Franz Xaver: Jugendbildung (1928). München 1961 (7)

Ehrmann, Henry W.: Politische Bildung. Weinheim 1966

Eigler, Gunther: Lernen lehren – erziehungswissenschaftlich betrachtet. In: Unterrichtswissenschaft 4/1983

Einsiedler, Wolfgang: Lehrstrategie und Lernerfolg. Weinheim 1976

ders.: Faktoren des Unterrichts. Donauwörth 1978

ders. (Hg.): Konzeptionen des Grundschulunterrichts. Bad Heilbrunn 1979

ders.: Lehrmethoden. München 1981

ders.: Offener Unterricht. In: Westermanns Päd. Beiträge 1/1985(a)

ders.: Problemlösen als Ziel und Methode des Sachunterrichts in der Grundschule. In: W. Einsiedler/R. Rabenstein (Hg.): Grundlegendes Lernen im Sachunterricht. Bad Heilbrunn 1985(b)

Einsiedler, W./Schirmer, G.: Sachunterrichtsreform und Unterrichtsgestaltung – eine Analyse von Schülerarbeitsmappen. In: Die Deutsche Schule 3/1986

Einsiedler, Wolfgang: Grundlegung individueller Entwicklung und individuellen Lernens. In: Schorch 1988 ders.: Modelle als Medium – kognitive Repräsentation durch Modelle? In: Unterrichtswissenschaft 3/1989

ders.: Zum Verhältnis von Lernen im Spiel und intentionalen Lehr-Lern-Prozessen. In: Unterrichtswissenschaft 4/1989 (a)

ders.: Schulpädagogik – Unterricht und Erziehung in der Schule. In: Leo Roth (Hg.): Handbuch Pädagogik. München 1990

ders.: Das Spiel der Kinder. Bad Heilbrunn 1991

Eisenhut, Georg/Heigl, Josef/Zöpfl, Helmut: Üben und Anwenden. Bad Heilbrunn 1981

Engelhardt, Rudolf: Unterrichten – wie macht man das? Essen 1962

Engelhardt, Wolf/Glöckel, Hans (Hg.): Wege zur Karte. Bad Heilbrunn 1977 (2)

Everding, August: Die pädagogische Dimension des Spiels im Kindes- und Jugendalter. In: Päd. Welt 7/1988

Eyferth, Klaus, u. a.: Computer im Unterricht. Stuttgart 1974

Eysenck, Hans Jürgen: Die Ungleichheit der Menschen. München 1975


Fauser, P./Fintelmann Kl. J./Flitner, A. (Hg.): Lernen mit Kopf und Hand. Weinheim 1983

Fauser, Peter, u. a.: Praktisches Lernen und Schulreform. In: Zeitschr. f. Päd. 6/1988

ders.: Was ist Praktisches Lernen? Eine Begriffsklärung. In: Päd. Forum 3/1991

Feldmann, Klaus: Schüler helfen Schülern. Tutorenprogramme in der Schule. München 1980

Fend, Helmut: Theorie der Schule. München 1981

Fischer, Margret: Die innere Differenzierung des Unterrichts in der Volksschule. Weinheim 1968 (5)

dies. /Michael, Berthold (Hg.): Differenzierung im Schulunterricht. Weinheim 1973

Flitner, Andreas: Spielen – Lernen. Praxis und Deutung des Kinderspiels. München 1972

ders.: Schulreform und Praktisches Lernen. In: Neue Sammlung 3/1990

Flitner, Wilhelm: Die vier Quellen des Volksschulgedankens (1941). Stuttgart 1954

ders.: Theorie des pädagogischen Wegs und der Methode (1928). Weinheim 1960 (5)

ders.: Die gymnasiale Oberstufe. Heidelberg 1961

ders.: Grundlegende Geistesbildung. Heidelberg 1965

Flügge, Johannes: Die Entfaltung der Anschauungskraft. Heidelberg 1962

ders.: Die alte Fragemethode. In: Neue Sammlung Jg. 1965, S. 33 ff.

ders.: Zur Pathologie des Unterrichts. Bad Heilbrunn 1971

ders.: Pädagogischer Fortschritt? Bad Heilbrunn 1972

Foster, John: Aktives Lernen. Ravensburg 1974

Francis, Hazel: Language in Teaching and Learning. London 1977

Freinet, Célestin: Die moderne französische Schule. (Hg.: Hans Jörg) Paderborn 1979 (2)

Freudenstein, Reinhard: Moderne Medien als Aufgabenbereich der Erziehungswissenschaft. In: Funkkolleg Erziehungswissenschaft. Hg.: W. Klafki u. a. Band 2. Frankfurt 1970

Friedrichs, Jürgen: Methoden empirischer Sozialforschung. Frankfurt 1973

Furck, Carl-Ludwig: Das pädagogische Problem der Leistung in der Schule. Weinheim 1961


Gabele, Paul: Arbeitsmittel und Lehrprogramme: Ein Handbuch. Stuttgart 1968

Gage, N. L./Berliner, D.: Pädagogische Psychologie, 2 Bde. München 1979 (2)

Gage, Nathaniel L.: Unterrichten – Kunst oder Wissenschaft? München 1979

Gagné, Robert M.: Die Bedingungen des menschlichen Lernens. Hannover 1980 (5)

Garlichs, Ariane/Groddeck, Norbert (Hg.): Erfahrungsoffener Unterricht. Freiburg 1978

Gaudig, Hugo: Freie geistige Schularbeit in Theorie und Praxis. Breslau 1922

ders.: Die Schule der Selbsttätigkeit (1910–1923). Bad Heilbrunn 1969 (2)

Geißler, Erich E.: Die Metapher des Weges in der Didaktik. In: Pädagogische und didaktische Reflexionen. Hg.: Hans-Michael Elzer. Frankfurt 1965

ders.: Analyse des Unterrichts. Bochum 1973

ders.: Erziehungsmittel. Bad Heilbrunn 1973 (4) (a)

ders: Allgemeine Didaktik. Stuttgart 1981

Geißler, Erich E./Plock, Heinrich: Hausaufgaben – Hausaufgaben. Bad Heilbrunn 1981(3)

Geißler, Erich E./Schneider, Heinz: Hausaufgabe. Darmstadt 1982

Geißler, Georg (Hg.): Das Problem der Unterrichtsmethode. Weinheim 1952

Gerner, Berthold (Hg.): Das exemplarische Prinzip. Darmstadt 1966

ders. (Hg.): Erziehungsstile und Lehrerverhalten in der neueren deutschen Forschung. Darmstadt 1976

ders.: Schulalltag verändern! Schulklima und Schülererwartungen. Bad Heilbrunn 1982

Giesecke, Hermann: Didaktik der politischen Bildung. München 1979 (11)

Glöckel, Hans: Volkstümliche Bildung? Versuch einer Klärung. Weinheim 1964

ders: Das Ziel des Unterrichts als Bedingung der Methode. In: Welt der Schule 7/1971 bzw. in: U. Meißner/H. Zöpfl (Hg.): Handbuch der Unterrichtspraxis. München 1973

ders.: 44 Thesen über Sinn und Grenzen von »Lernzielen«. In: Die Deutsche Schule 5/1975

ders.: Begriff und Aufgabe der Fachdidaktik. In: Geschichte in Wissenschaft und Unterricht. 6/1975 (a)

ders.: Auswirkungen des Lehrerverhaltens auf die Leistungsmotivation. In: Br. Louis 1976 s. d.

ders.: Die Planbarkeit des Unterrichts. In: H. Hacker/D. Poschardt (Hg.): Zur Frage der Lernplanung und Unterrichtsgestaltung. Hannover 1977

ders.: Geschichtsunterricht. Bad Heilbrunn 1979 (2)

ders.: Beiträge zu einer realistischen Schulpädagogik. Donauwörth 1981

ders.: Erziehung und Unterricht in der Schule. In: H.-K. Beckmann (Hg.): Schulpädagogik und Fachdidaktik. Stuttgart 1981 (a)

ders.: Das Grundschulkind in unserer Zeit. Pädagogische Welt 8/1982

ders.: Individuelle Förderung in der Schule. In: Pädagogische Welt 8/1983

ders.: Erziehungsauftrag oder Erziehungsaufträge? Von der Aufgabe der Schule in unserer Zeit. In: Handbuch Schule und Unterricht. Hg. W. Twellmann, Bd. 7.1. Düsseldorf 1985 (a)

ders.: Ist der Begriff des Schullebens noch zeitgemäß? In: Handbuch der Schule und Unterricht, Hg. W. Twellmann, Bd. 7.1. Düsseldorf 1985 (b)

ders.: Unterricht. In: Taschenbuch der Pädagogik. Hg. Helmwart Hierdeis. Baltmannsweiler 1986 (2)

ders.: Die Lehre von der methodischen Stufung des Unterrichts und ihre Auswirkungen in der Schulgeschichte. In: Kriss-Rettenbeck/Liedtke 1986 (a) s. d.

ders.: Was ist »Grundlegende Bildung«? In: Günther Schorch (Hg.): Grundlegende Bildung. Bad Heilbrunn 1988

ders.: Unterricht in der Spannung zwischen Sachanspruch, Schülergemäßheit und pädagogischem Auftrag. In: H.-K. Beckmann/W. L. Fischer (Hg.): Herausforderung der Didaktik. Bad Heilbrunn 1990

ders: Das Theorie-Praxis-Problem aus allgemeindidaktischer Sicht. In: Peter Biehl u. a. (Hg.): Jahrbuch der Religionspädagogik, Bd. 7 (1990). Neukirchen-Vluyn 1991

Glöckel, Hans/Rabenstein, Rainer/Drescher, Reinhold/Kreiselmeyer, Heinz (Hg.): Vorbereitung des Unterrichts. Bad Heilbrunn 1992 (2)

Glöckel, Hans, u. a. (Hg.): Bedeutende Schulpädagogen. Bad Heilbrunn 1993

ders.: Tuiskon Ziller. In: H. Glöckel u. a. (Hg.) 1993 s.d.

ders.: Allgemeine Bildung als Auftrag der Schule. In: Päd. Welt 2/1993 (a)

ders: Auch Aufhören will gekonnt sein. In: unterrichten/erziehen 2/1993 (b)
ders.: Anschauung als Unterrichtsprinzip. In: unterrichten/erziehen. 2/1995
ders.: Lernen in Zusammenhängen. In: Päd. Welt 1996 (a)
ders: Didaktik/Methodik. In: Taschenbuch der Pädagogik. Hg. H. Hierdeis. Baltmannsweiler
    1996(b)
Glogauer, Werner: Optisch-akustische Darbietungsformen des Schulfernsehens in ihrer Lern-
    effizienz. In: Pädagogische Rundschau 1972
ders.: Der Lernerfolg beim Einsatz einer Schulfernsehsendung zum Aufsatzunterricht. In: Die
    Deutsche Schule 7/1972 (a)
Götze, Barbara: Zur Problematik des fächerübergreifenden Unterrichts. Bad Heilbrunn 1976
Grell, Jochen: Techniken des Lehrerverhaltens. Weinheim 1975
Grell, Jochen und Monika: Unterrichtsrezepte. München 1981
Groeben, Norbert: Die Verständlichkeit von Unterrichtstexten. Münster 1972
Gruber, Elmar: Arbeitshilfen für die Glaubensunterweisung der 13–17jährigen. München 1969
    (2)
Grüner, Gustav: Didaktische Reduktion als Kernstück der Didaktik. In: Die Deutsche Schule 7/
    1967
Grzesik, Jürgen: Die Steuerung von Lernprozessen im Unterricht. Heidelberg 1976
Gudjons, Herbert: Gruppenunterricht. Weinheim 1993
ders. u. a.: Didaktische Theorien. Braunschweig 1981
ders.: Spielbuch Interaktionserziehung. Bad Heilbrunn 1983
ders.: Handlungsorientiert lehren und lernen. Bad Heilbrunn 1994 (4)

Haag, Ludwig: Hausaufgaben am Gymnasium. Weinheim 1991
Haarmann, Dieter: Grundformen didaktischer Konzentration in Herbarts System des erziehen-
    den Unterrichts. In: Zeitschr. f. Päd. 6/1970
ders: Warum eigentlich Haupt- und Nebenfächer? In: Westermanns Päd. Beiträge 6/1970 (a)
ders.: Die Entwicklung der Lehrplanstruktur an allgemeinbildenden Schulen. In: Westermanns
    Päd. Beiträge 8/1971
ders.: Viermal »Die Schleuse«. In: Die Grundschule 5/1974
Hachmöller, Johannes: Pawlows mißverstandener Hund. Bad Heilbrunn 1977
Hacker, Hartmut: Die Erziehungsdimension der Unterrichtsplanung. In: H. Hacker/D.
    Poschardt (Hg.): Zur Frage der Lernplanung und Unterrichtsgestaltung. Hannover 1977
ders.: Elemente des Curriculums. Donauwörth 1979
ders. (Hg.): Das Schulbuch – Funktion und Verwendung im Unterricht. Bad Heilbrunn 1980
Hacker, Hartmut/Rosenbusch, Heinz S. (Hg.): Erzieht Unterricht? Baltmannsweiler 1990
Hager, Klaus, u. a.: Das Methodenrepertoire von Lehrern. Opladen 1985
Halbfas, Hubert/Maurer, Friedmann/Popp, Walter (Hg.): Neuorientierung des Primarberei-
    ches, Bd. 3: Sprache, Umgang und Erfahrung. Stuttgart 1975
dies.: Neuorientierung des Primarbereichs, Bd. 5: Lernwelt und Medien. Stuttgart 1976
Hanke, Barbara, u. a.: Soziale Interaktion im Unterricht. München 1974
Hannappel, Hans: Lehren lernen. Bochum 1988 (2)
Haug, Heidi: Das überforderte Kind. Bern/Stuttgart 1970
Hausmann, Gottfried: Didaktik als Dramaturgie des Unterrichts. Heidelberg 1959
Haußer, Karl: Die Einteilung von Schülern. Theorie und Praxis schulischer Differenzierung.
    Weinheim 1980
Heckmann, Gustav: Das sokratische Gespräch. Hannover 1981
Heckhausen, Heinz: Leistungsprinzip und Chancengleichheit. In: Deutscher Bildungsrat,

Gutachten und Studien der Bildungskommission, Band 50, Stuttgart 1975

Heckhausen, Heinz/Rheinberg, Falko: Lernmotivation im Unterricht, erneut betrachtet. In: Unterrichtswissenschaft 1/1980

Heid, Helmut/Herrlitz, Hans-Georg (Hg.): Allgemeinbildung. Beiträge zum 10. Kongreß der Deutschen Gesellschaft für Erziehungswissenschaft. Weinheim 1987

Heid, Helmut: Was ist offen am offenen Unterricht? In: Zeitschr. f. Päd., 34. Beiheft. Weinheim 1996

Heidemann, Rudolf: Körpersprache vor der Klasse. Heidelberg 1986 (2)

Heimann, Paul: Didaktik als Theorie und Lehre. In: Die Deutsche Schule 9/1962 und in: Didaktik als Unterrichtswissenschaft. Stuttgart 1976

Heimann, Paul/Otto, Gunter/Schulz, Wolfgang: Unterricht – Analyse und Planung. Hannover 1965

Heinemann, Peter: Grundriß einer Pädagogik der nonverbalen Kommunikation. Paderborn 1979

Heinisch, Georg: Eine Lanze für das Berufsethos. In: Bayerische Schule 5/1966

Heitger, Marian (Hg.): Die Vielfalt der Fächer und die Einheit der Bildung. Freiburg 1984

Helmke, Andreas: Leistungssteigerung und Ausgleich von Leistungsunterschieden in Schulklassen – unvereinbare Ziele? In: Zeitschrift für Entwicklungspsychologie und Pädagogische Psychologie 1/1988

Henningsen, Jürgen: Erfolgreich manipulieren – Methoden des Beybringens. Ratingen 1974

Henze, Godehard/Nauck, Joachim: Testen und Beurteilen. Bad Heilbrunn 1985

Herbart, Johann Friedrich: Allgemeine Pädagogik aus dem Zweck der Erziehung abgeleitet (1806). Bochum 1971 (4)

ders.: Pädagogische Schriften. Hg. W. Asmus. Bd. I–III. Düsseldorf 1965

Hettwer, Hubert: Lehr- und Bildungspläne 1921–1974. Bad Heilbrunn 1976

Hetzer, Hildegard: Das Spiel in der Schule. München 1965 (3)

Hierdeis, Helmwart: Anmerkungen zu Tuiskon Zillers Lehre vom Erziehenden Unterricht. In: H. Hacker/H.S. Rosenbusch (Hg.): Erzieht Unterricht? Baltmannsweiler 1990

Hierdeis, Helmwart (Hg.): Taschenbuch der Pädagogik. Baltmannsweiler 1996

Hiller, Gotthilf G.: Konstruktive Didaktik. Düsseldorf 1973

Hinrichs, Wolfgang: Das Vorhaben in Geschichte und Gegenwart. In: Handbuch Schule und Unterricht, Hg. W. Twellmann. Bd. 4.1. Düsseldorf 1981

Hinsch, Gerhard: Wegweiser zum richtigen Sprechen und Reden. Heidelberg o.J.

Höhn, Elfriede: Der schlechte Schüler. München 1967

Hördt, Philipp: Grundformen volkhafter Bildung. Frankfurt 1932

Holl, E.T.: Die Sprache des Raumes. Düsseldorf 1976

Holstein, Hermann: Arbeitsmittel im Unterricht. Bochum ca. 1965

Hopf, Dieter: Differenzierung in der Schule. Stuttgart 1974

Hopmann, Stefan: Lehrplanarbeit als Verwaltungshandeln. Kiel 1988

Horney, Walter (Hg.): Handbuch für Lehrer, Bd.1–3. Bielefeld 1960

ders.: Allgemeine Grundsätze des Unterrichts – Allgemeine Grundsätze der Erziehung. In: Horney 1960 s.d.

Hüfner, Gerhard: Schlüsselqualifikationen. In: Schulverwaltung (Bayern) 3/4/1992

Hughes, James L.: Mißgriffe beim Unterricht. München 1910

Ingenkamp, Frank: Neue Medien vor der Schultür. Weinheim 1984

Ingenkamp, Karlheinz (Hg.): Zur Problematik der Jahrgangsklasse. Weinheim 1969

ders. (Hg.): Handbuch der Unterrichtsforschung. Teil I–III. Weinheim 1970

ders.: Lehrbuch der Pädagogischen Diagnostik. Weinheim 1975
ders.: Klassengröße: je kleiner desto besser? Weinheim 1985
ders. u. a.: Empirische Pädagogik 1970–1990. Weinheim 1992
Ipfling, Heinz-Jürgen: Über den Takt im pädagogischen Bezug. In: N. Kluge (Hg.): Das pädagogische Verhältnis. Darmstadt 1973
ders. (Hg.): Grundbegriffe der pädagogischen Fachsprache. München 1974 (2)
Ipfling, Heinz-Jürgen/Lorenz, Ulrike (Hg.): Die Hauptschule. Materialien – Entwicklungen – Konzepte. Bad Heilbrunn 1991
Ipfling, Heinz-Jürgen (Hg.): Unterrichtsmethoden der Reformpädagogik. Bad Heilbrunn 1992
Issing, Ludwig J. (Hg.): Medienpädagogik im Informationszeitalter. Weinheim 1987
Itschner, Hermann: Unterrichtslehre. Unterricht gefaßt als Entbindung gestaltender Kraft. Leipzig 1921 (3)

Jäger, Adolf Otto: Mehrmodale Klassifikation von Intelligenzleistungen... In: Diagnostica 3/ 1982
Jank, Werner/Meyer, Hilbert: Didaktische Modelle. Frankfurt 1991
Jannasch, Hans-Windekilde/Joppich, Gerhard: Unterrichtspraxis in der Volksschule (1947). Hannover 1964 (5)
Jenzer, Carlo: Die Schulklasse. Eine historisch-kritische Untersuchung. Frankfurt 1991
Jeziorsky, Walter: Selbstbildungsmittel in der Grundschule. Braunschweig 1965
ders.: Praxis und Theorie der Unterrichtsvorbereitung. Braunschweig 1968
ders.: Einführung in die Unterrichtslehre der Grundschule. Bad Heilbrunn 1972
Joerger, Konrad: Lernprozesse bei Schülern. Stuttgart 1975
ders.: Lernanreize. Königstein 1980

Kahlke, Jochen/Kath, Fritz (Hg.): Didaktische Reduktion und methodische Transformation. Alsbach 1984
Kaiser, Annemarie und Franz-Josef (Hg.): Projektstudium und Projektarbeit in der Schule. Bad Heilbrunn 1977
Kaiser, Arnim: Strukturprobleme des Curriculum. Bern/Frankfurt 1975
Kaiser, Franz-Josef (Hg.): Die Fallstudie. Bad Heilbrunn 1983
Kant, Immanuel: Kritik der reinen Vernunft (1781). Hg. Raymund Schmidt. Hamburg 1952 (14)
Kasper, Hildegard (Hg.): Differenzierungsmodelle für die Grundschule. Stuttgart 1974
Kasper, Hildegard/Piechorowski, Arno: Offener Unterricht an Grundschulen. Ulm 1978
Kasper, Hildegard (Hg.): Vom Klassenzimmer zur Lernumgebung. Ulm 1979
Katzenberger, Lothar (Hg.): Hygiene in der Schule. Medizinische, psychologische, pädagogische Aspekte. Ansbach 1976
Keck, Rudolf W./Sandfuchs, Uwe: Schulleben konkret. Bad Heilbrunn 1979
Keck, Rudolf W.: Unterricht gliedern – zielorientiert lehren. Bad Heilbrunn 1983
Keck, Rudolf W./Köhnlein, Walter/Sandfuchs, Uwe (Hg.): Fachdidaktik zwischen Allgemeiner Didaktik und Fachwissenschaft. Bad Heilbrunn 1990
Keck, Rudolf W./Sandfuchs, Uwe (Hg.): Wörterbuch Schulpädagogik. Bad Heilbrunn 1994
Keim, Wolfgang (Hg.): Kursunterricht – Begründung, Modelle, Erfahrungen. Darmstadt 1987
Kelber, Magda: Fibel der Gesprächsführung. Opladen 1972 (10)
Kerschensteiner, Georg: Betrachtungen zur Theorie des Lehrplans. München (1899) 1901(2)
ders.: Begriff der Arbeitsschule (1912). München 1965 (15)
Kerstiens, Ludwig: Medienkunde in der Schule. Bad Heilbrunn 1971
Kirsch, K.: Entwurf eines Unterrichtsplanes für die Volkschulen. Leipzig 1840

Klafki, Wolfgang: Das pädagogische Problem des Elementaren und die Theorie der kategorialen Bildung. Weinheim 1959

ders.: Didaktische Analyse als Kern der Unterrichtsvorbereitung (1958). In: Auswahl A 1. Hannover 1962

ders.: Studien zur Bildungstheorie und Didaktik. Weinheim 1963

ders.: Die didaktischen Prinzipien des Elementaren, Fundamentalen und Exemplarischen. In: Handbuch für Lehrer, Hg. W. Horney, Bd. 2. Gütersloh 1966

ders. u. a.: Funk-Kolleg Erziehungswissenschaft. Frankfurt 1970

ders.: Neue Studien zur Bildungstheorie und Didaktik. Weinheim 1985

ders.: Allgemeinbildung heute. In: Päd. Welt 3/1993

Klewitz, Elard/Mitzkat, Horst (Hg.): Entdeckendes Lernen und offener Unterricht. Braunschweig 1977

Klingberg, Lothar: Einführung in die Allgemeine Didaktik. Berlin (Ost) 1972 und Frankfurt a. M. 1974

ders.: Unterrichtsprozeß und didaktische Fragestellung. Berlin (Ost) 1982 (3)

ders.: Lehrende und Lernende im Unterricht. Berlin 1990

Kluge, Norbert (Hg.): Das Lehrer-Schüler-Verhältnis. Darmstadt 1978

ders.: Spielen und Erfahren. Bad Heilbrunn 1981

Knoll, Michael: Paradoxien der Projektpädagogik. In: Zeitschr. f. Päd. 5/1984

ders.: Calvin M. Woodward und die Anfänge der Projektmethode. In: Zeitschrift für Pädagogik 4/1988

ders.: John Dewey und die Projektmethode. Zur Aufklärung eines Mißverständnisses. In: Bildung und Erziehung 1/1992 (a)

ders.: Abschied von einer Fiktion. Ellsworth Collings und das »Typhusprojekt«. In: Neue Sammlung 4/1992 (b)

Kob, Jan-Peter: Soziologische Theorie der Erziehung. Stuttgart 1976

Koch, Lutz: Logik des Lernens. Weinheim 1991

ders: Bildung und Negativität. Grundzüge einer negativen Bildungstheorie. Weinheim 1995

Kochan, Detlev (Hg.): Allgemeine Didaktik, Fachdidaktik, Fachwissenschaft. Darmstadt 1970

Köhnlein, Walter: Die Pädagogik Martin Wagenscheins. Dissertation Erlangen 1973

ders.: Positionspapier zur Stellung und Bedeutung der Fachdidaktik in der Universität. In: Physik und Didaktik 4/1977

König, Eckard/Schier, Norbert/Vohland, Ulrich (Hg.): Diskussion Unterrichtsvorbereitung – Verfahren und Modelle. München 1980

König, Eckard/Zedler, Peter: Einführung in die Wissenschaftstheorie der Erziehungswissenschaft. Düsseldorf 1983

König, Ernst/Riedel, Harald: Systemtheoretische Didaktik. Weinheim 1973

Konrad, Michael: Das Schulfächerspektrum im Rahmen einer Theorie der Erziehung. Kronberg 1976

Kopp, Ferdinand: Didaktik in Leitgedanken. Donauwörth 1974 (5)

Kounin, Jakob S.: Techniken der Klassenführung. Bern/Stuttgart 1976

Kozdon, Baldur: Wird das Schulbuch noch gebraucht? Bad Heilbrunn 1974

ders.: Das Leistungsprinzip in Schule und Gesellschaft. Bad Heilbrunn 1976

ders. (Hg.): Lernzielpädagogik – Fortschritt oder Sackgasse? Bad Heilbrunn 1980

ders.: Didaktik als »Lehrkunst«. Bad Heilbrunn 1984

ders.: Schule in der Entscheidung – über den Un-Ernst der überbuchten Schule. München 1993

Kraft, Peter: Der Schulhof als Ort sozialen Verhaltens. Braunschweig 1977

ders.: Neue Schulhöfe. Braunschweig 1980

Kramp, Wolfgang: Fachwissenschaft und Menschenbildung. In: Zeitsch. f. Päd. 1963, S. 148 ff.

Krathwohl, D. R., u. a.: Taxonomie von Lernzielen im affektiven Bereich. Weinheim 1975

Kramis, Jo: Quellen des Wissens über guten Unterricht und deren Stärken und Schwächen. In: Bildungsforschung und Bildungspraxis 1/1991

Kreft, Jürgen: Entschultes Lernen durch Projekte? In: Westermanns Päd. Beiträge 12/1974

Kretschmann, Johannes: Natürlicher Unterricht (1932), neu herausgegeben von Otto Haase. Hannover 1948

Kriss-Rettenbeck, Lenz/Liedtke, Max (Hg.): Erziehungs- und Unterrichtsmethoden im historischen Wandel. Bad Heilbrunn 1986

Kron, Friedrich: Grundwissen Didaktik. München 1993

Kron, Friedrich W.: Die Antinomie von Gegenwart und Zukunft in der Erziehung. In: Westermanns Päd. Beiträge 11/1968

Krüger, Rudolf: Lernen an der Wirklichkeit. Bad Heilbrunn 1965

ders.: Projekt Lernen durch Lehren. Schüler als Tutoren von Mitschülern. Bad Heilbrunn 1975

ders.: Nachhilfe – Chance oder Skandal? In: Die Deutsche Schule 9/1977

ders.: Der Schüler – Beruf und Rolle. Ansbach 1978

Kubli, Fritz: Erkenntnis und Didaktik. Piaget und Schule. München 1983

Künzli, Rudolf: Das Schulfach als Denk- und Handlungsproblem. In: Bildungsforschung – Bildungspraxis 1/1981

ders.: Topik des Lehrplandenkens. Kiel 1986

Kuhn, Thomas S.: Die Struktur wissenschaftlicher Revolutionen (1962). Frankfurt 1979 (4)


Langemeyer-Krohn, Rita/Krohn, Dieter: Unterricht nach der Schule 4/1987

Langer, Inghard, u. a.: Sich verständlich ausdrücken. München 1981 (2)

Langeveld, Martinus Jan: Die Schule als Weg des Kindes. Braunschweig 1966

Lassahn, Rudolf (Hg.): Das Schulleben. Bad Heilbrunn 1969

Lehmann, Jürgen (Hg.): Simulations- und Planspiele in der Schule. Bad Heilbrunn 1977

Lehmensick, Erich: Die Theorie der formalen Bildung. Göttingen 1926

Lehrordnung für die bayerischen Volksschulen. München 1926

Lempp, Reinhart: Lernerfolg und Schulversagen. Eine Kinder- und Jugendpsychiatrie. München 1971

Lenné, Helge: Analyse der Mathematikdidaktik in Deutschland. Stuttgart 1969

Lenzen, Dieter: Offene Curricula – Leidensweg einer Fiktion. In: Jahrbuch für Erziehungswissenschaft 1976, Hg. H.-D. Haller und D. Lenzen. Stuttgart 1976

Lersch, Rainer: Praktisches Lernen und Bildungsreform. In: Zeitschr. f. Päd. 6/1988

Levie, W. H./Dickie, K. E.: The Analysis and Application of Media. In: Second Handbook of Research on Teaching. Ed. R. M. Travers. Chicago 1973

Lichtenstein-Rother, Ilse: Schulanfang. Frankfurt 1968 (7)

dies. (Hg.): Schulleistung und Leistungsschule. Bad Heilbrunn 1971

Liedtke, Max: Johann Heinrich Pestalozzi. Reinbek 1968

ders.: Die geschichtliche Bedeutung der Verbesserung von Unterrichts- und Erziehungsmethoden. In: Kriss-Rettenbeck/Liedtke 1986 s.d.

Liimets, Heino/Naumann, Werner: Didaktik. Berlin (Ost) 1982

Linde, Gerhard: Untersuchungen zum Konzept der Ganzheit in der deutschen Schulpädagogik. Frankfurt 1984

Lingelbach, Karl Ch./Dietrich, Jürgen: Handlungsprobleme des Lehrers. Königstein 1979

Loser, Fritz/Terhart, Ewald (Hg.): Theorien des Lehrens. Stuttgart 1977

Loser, Fritz: Konzepte und Verfahren der Unterrichtsforschung. München 1979

Loska, Rainer: Lehren ohne Belehrung. Leonard Nelsons neo-sokratische Methode der Gesprächsführung. Bad Heilbrunn 1995

Louis, Brigitte, u. a.: Lehrer- und Schülerverhalten in wechselseitiger Bezogenheit. Donauwörth 1976

Lütgert, Will: Programme der Curriculumrevision im Spannungsfeld wissenschaftlicher, politischer und praktischer Ansprüche. In: Zeitschr. f. Päd. 1/1985

ders.: Praktisches Lernen – theoretisch tauglich? In: Neue Sammlung 3/1993

Lüth, Christoph: Kriterien der Hochschulreife. In: Zeitschr. f. Päd. 4/1983

Mager, Robert I.: Lernziele und Programmierter Unterricht. Weinheim 1965

Mannzmann, Anneliese (Hg.): Geschichte der Unterrichtsfächer. München 1983

Martin, Ernst: Grundformen des Gegenstandsbezugs im Unterricht. Bern 1964

Maskus, Rudi: Zur Geschichte der Mittel- und Realschule. Bad Heilbrunn 1966

ders.: Motivation in Erziehung und Unterricht. Neuburgweier 1975 (3)

Mauermann, Lutz/Weber, Erich (Hg.): Der Erziehungsauftrag der Schule. Donauwörth 1981 (2)

Memmert, Wolfgang: Die Geschichte des Wortes »Anschauung« in pädagogischer Hinsicht von Platon bis Pestalozzi. Erlangen 1968

Van Ments, Morry: Rollenspiel: effektiv. München 1985

Menze, Clemens: Bildung. In: Handbuch pädagogischer Grundbegriffe. Hg. I. Speck und C. Wehle. München 1970

Meßmer, Oskar: Grundlinien zur Lehre von den Unterrichtsmethoden. Leipzig 1905

Metz, Heinrich: Reduktion von Komplexität als anthropologische und didaktische Notwendigkeit. In: Erziehungswissenschaft und Beruf 2/1985

Metzger, Wolfgang: Psychologie in der Erziehung. Bochum 1971

Meyer, Ernst: Gruppenunterricht – Grundlegung und Beispiel. Oberursel 1983 (8)

Meyer, Hilbert L.: Trainingsprogramm zur Lernzielanalyse. Frankfurt 1976 (5)

ders.: Leitfaden zur Unterrichtsvorbereitung. Königstein 1980

ders.: Unterrichtsmethoden Bd. I und II. Frankfurt 1987

Meyer-Willner, Gerhard: Differenzieren und Individualisieren. Bad Heilbrunn 1979

Michael, Berthold: Selbstbildung im Schulunterricht. Weinheim 1973

ders.: Darbieten und Veranschaulichen. Bad Heilbrunn 1983

Mitter, Wolfgang (Hg.): Kann die Schule erziehen? Köln 1983

Möller, Bernhard: Von der Unterrichtsanstalt zur Schulunternehmung. München 1972

Möller, Christine: Technik der Lernplanung (1969). Weinheim 1976 (5)

Mohr, Konrad: Methodische Gestaltung des Unterrichts. München 1966

Mosteller, F./Moynihan, D.: On equality of educational opportunity. New York 1972

Mouly, George J.: Psychology for Teaching. Boston 1982

Mühlmeyer, Heinz: Die Sachlichkeit als Fundamentalprinzip der Bildung. In: Vierteljahresschrift für wissenschaftliche Pädagogik 3/1966

Müller, C. Wolfgang (Hg.): Gruppenpädagogik. Weinheim 1970

Müller, Lotte: Umstellung auf freie geistige Schularbeit. Bad Heilbrunn 1951 (4)

Muth, Jakob: Pädagogischer Takt. Heidelberg 1967

Muthig, Bernd: Der Gesamtunterricht der Grundschule. Bad Heilbrunn 1978

Mutzeck, W./Pallach, W. (Hg.): Handbuch zum Lehrertraining. Weinheim 1983

Natorp, Paul: Allgemeine Psychologie in Leitsätzen zu akademischen Vorlesungen (1905). In: Pädagogik und Philosophie. Hg.: W. Fischer. Paderborn 1964

Neber, Heinz (Hg.): Selbstgesteuertes Lernen. Weinheim 1978

ders. (Hg.): Entdeckendes Lernen. Weinheim 1981 (3)

Nehles, Rudolf: Offenheit – pädagogisches Engagement ohne Theorie? Frankfurt 1981

Neubert, Waltraud: Das Erlebnis in der Pädagogik. Göttingen 1932

Neuner, Gerhart: Allgemeinbildung – Konzepte, Inhalt, Prozeß. Berlin (Ost) 1989

Nevermann, Knut: Die Schule im Rechtsstaat. Bericht über den Juristentag 1976. In: Zeitschr. für Päd. 1/1977

Nickel, Horst: Entwicklungspsychologie des Kindes- und Jugendalters. Bern/Stuttgart/Wien 1974 (2)

Nicklis, Werner S.: Kybernetik und Erziehungswissenschaft. Bad Heilbrunn 1967

ders. (Hg.): Programmiertes Lernen. Bad Heilbrunn 1969

Oblinger, Hermann: Schweigen und Stille in der Erziehung. München 1968

ders.: Theorie der Schule. Donauwörth 1979 (2)

ders.: Die Schule in der Gesellschaft. Donauwörth 1981

Oblinger, Hermann/Kotzian, Ortfried/Waldmann, Johann: Grundlegende Unterrichtskonzeptionen. Donauwörth 1985

Odenbach, Karl: Studien zur Didaktik der Gegenwart. Braunschweig 1966 (3)

ders.: Die Übung im Unterricht, überarbeitete Neuausgabe durch W. Hinrichs. Braunschweig 1981 (7)

Oehlert, Peter: Untersuchungsergebnisse zur Frage der Aktivierung der Schüler durch Unterrichtsimpulse. In: Unterrichtswissenschaft 3/1980

Oerter, Rolf/Montada, Leo (Hg.): Entwicklungspsychologie. München/Weinheim 1987 (2)

Olbrich, Erhard, u. a. (Hg.): Probleme des Jugendalters. Berlin 1984

Olson, David R. (Ed.): Media and Symbols. Chicago 1974

Oppolzer, Siegfried (Hg.): Denkformen und Forschungsmethoden der Erziehungswissenschaft. München 1969

Oswald, Paul: Bildungsprinzipien im Unterricht. Ratingen 1964

Otto, Berthold: Ausgewählte pädagogische Schriften. Hg.: K. Kreitmair. Paderborn 1963

Parreren, Carel van: Lernen in der Schule. Weinheim 1969 (7)

Jean Paul (Friedrich Richter): Levana (1806). Langensalza 1910

Paulsen, Friedrich: Geschichte des gelehrten Unterrichts (1896). Berlin 1960

Pestalozzi, Johann Heinrich: Wie Gertrud ihre Kinder lehrt (1801). Ausgabe Wien 1877

Peter, Rudolf: Grundlegender Unterricht. Bad Heilbrunn 1954

Petersen, Peter: Der kleine Jenaplan (1927). Weinheim u. a. 1980 (56.–60. Auflage)

ders.: Führungslehre des Unterrichts (1937). Weinheim 1951 (3)

Peterßen, Wilhelm H.: Strukturtheorie des Lehrens und Lernens. Ratingen 1973

ders.: Strukturmodelle von Unterricht. In: Handbuch Schule und Unterricht. Hg. W. Twellmann, Bd. 8.1. Düsseldorf 1986

ders.: Handbuch Unterrichtsplanung. München 1994 (6)

ders.: Handbuch Allgemeine Didaktik. München 1989 (2)

Petillon, Hanns: Der Schüler. Darmstadt 1987

Petzelt, Alfred: Von der Frage. Freiburg 1962 (2)

Piaget, Jean: Psychologie der Intelligenz (1947). Stuttgart 1980

Pöhlmann, Egert: Die Schulreform in Athen um 403 und ihre Implikationen. In: L. Kriss-Rettenbeck/M. Liedtke 1986 s. d.

Pöppel, Karl Gerhard: Erziehung in der Schule. Hildesheim 1981

Pohl, Horst-Erich: Die Pädagogik Wilhelm Reins. Bad Heilbrunn 1972

Pólya, Georg: Schule des Denkens. Bern/Stuttgart 1967 (2)

ders.: Vom Lösen mathematischer Aufgaben. Stuttgart 1967 (a)

Popp, Walter: Die Funktion von Modellen in der didaktischen Theorie. In: G. Dohmen/F. Maurer/W. Popp (Hg.): Unterrichtsforschung und didaktische Theorie, München 1970

Potthoff, Willy: Schulpädagogik. Freiburg 1975

ders.: Erfolgssicherung im Unterricht. Freiburg 1981

Prange, Klaus: Bauformen des Unterrichts. Bad Heilbrunn 1983

ders.: Die Zeit der Schule. Bad Heilbrunn 1995

Preuß, Eckhardt (Hg.): Zum Problem der inneren Differenzierung. Bad Heilbrunn 1976

Priesemann, Gerhard: Zur Theorie der Unterrichtssprache. Düsseldorf 1974


Rabenstein, Rainer/Haas, Fritz: Erfolgreicher Unterricht durch Handlungseinheiten. Bad Heilbrunn 1969 (3)

dies.: Erfolgreicher Unterricht durch Darstellungseinheiten. Bad Heilbrunn 1970 (2)

Rabenstein, Rainer: Sicherung des Lernerfolgs durch Übung. Institut für Grundschulforschung. Nürnberg 1977

ders. (Hg.): Erstunterricht. Bad Heilbrunn 1979 (2)

Rang, Martin: Erwachsener und Kind. In: Die Grundschule 2/1973

Rapp, Gerhard: Messung und Evaluierung von Lernergebnissen in der Schule. Bad Heilbrunn 1975

Raschert, Jürgen: Gesamtschule: ein gesellschaftliches Experiment. Stuttgart 1974

ders.: Probleme der Legitimation von Lehrplänen. In: Jahrbuch für Erziehungswissenschaft 1977/78, Hg. H.-D. Haller und D. Lenzen. Stuttgart 1977

Rausch, Edgar: Sprache im Unterricht. Berlin (Ost) 1986

Rauschenberger, Hans (Hg.): Unterricht als Zivilisationsform. Königstein/Wien 1985

Rebel, Karlheinz: Das Problem der Unterrichtsmethode, dargestellt an ausgewählten Beispielen aus der Geschichte der Pädagogik. In: Ingenkamp 1970

Reble, Albert: Zum Prinzip des wissenschaftsorientierten Unterrichts. In: Pädagogische Rundschau 2/1979

ders. (Hg.): Die Arbeitsschule. Bad Heilbrunn 1979 (4)

Redl, Fritz: Erziehung schwieriger Kinder (1971). München 1987 (4)

Reetz, Lothar/Reitmann, Thomas (Hg.): Schlüsselqualifikationen – Fachwissen in der Krise? Hamburg 1990

Regelein, Silvia: Spielen in Unterricht und Freizeit. München 1991 (3)

dies.: Lernspiele für die Grundschule. München 1994 (10)

dies.: Lernspiele im Deutschunterricht. München 1995 (5)

dies.: Lernspiele im Mathematikunterricht. München 1995 (5)

Reichwein, Adolf: Schaffendes Schulvolk (1937). Braunschweig 1964 (3)

Rein, W./Pickel, A./Scheller, E.: Theorie und Praxis des Volksschulunterrichts nach Herbartianischen Grundsätzen, Bd. 1 – Das erste Schuljahr. Dresden 1885 (3)

Rein, Wilhelm: Pädagogik im Grundriß. Leipzig 1900

Reinert, Gerd-Bodo/Arnold, Marlies: Das darstellende Spiel in der Schule. München 1976

Reinert, Gerd-Bodo (Hg.): Kindgemäße Erziehung. Frankfurt 1986

Reusch, Fritz: Der kleine Hey, die Kunst des Sprechens. Mainz 1956

Richards, Jill: Classroom Language – What Sort? London 1978

Richter, Albert: Die Concentration des Unterrichts in der Volksschule. Leipzig 1865

ders.: Ziel, Umfang und Form des Grammatikunterrichts. Leipzig 1865

Riedel, Klaus: Lehrhilfen zum entdeckenden Lernen. Hannover 1973

Ritz-Fröhlich, Gertrud: Das Gespräch im Unterricht. Bad Heilbrunn 1977

dies.: Kinderfragen im Unterricht. Bad Heilbrunn 1992

Robinson, Saul B.: Bildungsreform als Revision des Curriculum. Neuwied 1967

Rosenbusch, Heinz S.: Lerntechniken als Lehrziel. Westermanns Päd. Beiträge 5/1978

Rosenbusch, Heinz S./Schober, Otto (Hg.): Körpersprache in der schulischen Erziehung. Baltmannsweiler 1995 (2)

Roth, Alois: Die Elemente der Unterrichtsmethode. München 1967

Roth, Heinrich: Pädagogische Psychologie des Lehrens und Lernens (1957). Hannover 1983 (16)

ders.: Kreativität lernen? In: Die Deutsche Schule 2/1976

Roth, Leo: Effektivität von Unterrichtsmethoden. Hannover 1971

ders. (Hg.): Methoden erziehungswissenschaftlicher Forschung. Stuttgart 1978

ders. (Hg.): Handlexikon zur Didaktik der Schulfächer. München 1980

ders. (Hg.): Pädagogik. Handbuch für Studium und Praxis. München 1991

Ruddie, Günter N./Willi, Eugen: Denkzeichen – Denken sichtbar machen. München 1985

Rülcker, Tobias: Bildung, Gesellschaft, Wissenschaft. Heidelberg 1976

Rumpf, Horst: Zum Problem der didaktischen Vereinfachung. In: Schulwissen. Göttingen 1971

ders.: Scheinklarheiten. Braunschweig 1971(a)

ders.: Die übergangene Sinnlichkeit. München 1981

Ruprecht, Horst: Einführung in die empirische pädagogische Forschung. Bad Heilbrunn 1974

ders.: Lehren und Lernen mit Filmen. Bad Heilbrunn 1970

ders. u. a.: Modelle grundlegender didaktischer Theorien. Hannover 1975 (2)

Rutter, Michael: Fünfzehntausend Stunden – Schule und ihre Wirkungen auf Kinder. Weinheim 1980


Sacher, Werner: Computer und die Krise des Lernens. Bad Heilbrunn 1990

Salzmann, Christian Gotthilf: Ameisenbüchlein (1806). Bad Heilbrunn 1960

Salzmann, Christian: Impuls – Denkanstoß – Lehrerfrage. Essen 1970

ders.: Die Bedeutung der Modelltheorie für die Unterrichtsplanung unter besonderer Berücksichtigung hochschuldidaktischer Konsequenzen. In: Bildung und Erziehung 4/1975

ders.: Elementarisierung und Vereinfachung als Kern des Lehr-Lernprozesses. In: Päd. Rundschau 1982, S. 535 ff.

Sandfuchs, Uwe: Unterrichtsinhalte auswählen und anordnen. Bad Heilbrunn 1987

Sauer, Karl: Einführung in die Theorie der Schule. Darmstadt 1981

Seel, Helmut: Allgemeine Unterrichtslehre. Wien 1979 (2)

Seibert, N./Serve, H. J./Zöpfl, H.: Schulpädagogik. München 1990

Seibert, Norbert/Serve, Helmut J. (Hg.): Prinzipien guten Unterrichts. München 1992

dies. (Hg.): Bildung und Erziehung an der Schwelle zum dritten Jahrtausend. München 1994

Seitz, Oskar: Erziehende Hausaufgaben. In: Hacker/Rosenbusch 1990 s. d.

ders.: Superlearning – mit Nachfrage. In: unterrichten/erziehen 6/1991 u. 1/1992

ders. u. a. (Hg.): Freies Lernen – Grundlagen für die Praxis. Donauwörth 1995

Seybold, Annemarie: Didaktische Prinzipien der Leibeserziehung. Schorndorf 1972

Seyfert, Richard: Die Unterrichtslektion als Kunstform (1904). Worms 1949 (7)

Simon, Alfons: Verstehen und Helfen – die Aufgaben der Schule. München 1950

ders.: Partnerschaft im Unterricht. München 1965 (3)

Singer, Kurt: Verhindert die Schule das Lernen? München 1973

Skinner, Burrhus Fr./Correll, Werner: Denken und Lernen. Braunschweig 1967

Spanhel, Dieter: Die Sprache des Lehrers. Düsseldorf 1971

ders.: Schülersprache und Lernprozesse. Düsseldorf 1973

ders.: Das Spiel in der Schule. In: unterrichten/erziehen 4/1985

ders. (Hg.): Das Spiel bei Jugendlichen. Ansbach 1985 (a)

ders.: Soziales Lernen in Grund- und Hauptschule, von der Entwicklung her betrachtet. Päd. Welt 2/1985(b)

ders.: Neue Medien und Bildung. In: Handbuch Schule und Unterricht. Hg. W. Twellmann, Bd. 8.2. Düsseldorf 1986

ders.: Jugendliche vor dem Bildschirm. Weinheim 1987

ders.: Sprache im Unterricht. In: L. Roth (Hg.) 1991 s. d.

Speichert, Horst: Richtig üben macht den Meister. Reinbek 1986

Spranger, Eduard: Die Fruchtbarkeit des Elementaren. In: Pädagogische Perspektiven. Heidelberg 1952

ders.: Kritik des Satzes: »Das Leben bildet«. In: Pädagogische Wahrheiten und Halbwahrheiten. Heidelberg 1959

ders.: Das Gesetz der ungewollten Nebenwirkungen in der Erziehung. Heidelberg 1962

Spreckelsen, Kay: Der naturwissenschaftlich-technische Lernbereich in der Grundschule. Bericht des Grundschulkongresses 1969, Bd. 3, Hg. E. Schwartz. Frankfurt 1970

Sprenger, Reinhard: Mythos Motivation. Frankfurt 1991

Stachowiak, Herbert (Hg.): Modelle und Modelldenken im Unterricht. Bad Heilbrunn 1980

Steindorf, Gerhard: Einführung in die Schulpädagogik. Bad Heilbrunn 1972

ders.: Grundbegriffe des Lehrens und Lernens. Bad Heilbrunn 1995 (4)

Stieger, Karl: Unterricht auf werktätiger Grundlage. Olten/Freiburg 1951

Stöcker, Karl: Neuzeitliche Unterrichtsgestaltung (1953). München 1960 (7)

Straka, Gerald/Macke, Gerd: Lehren und Lernen in der Schule. Stuttgart 1979

Stritzke, Reinhard: Der Gestaltungsgedanke als wesentliche Überlegung bei der Unterrichtsvorbereitung. In: Päd. Welt 12/1974

Sünkel, Wolfgang: Hegel und der Mut zur Bildung. In: Die Logik des Wissens und das Problem der Erziehung. (Hg.): W. R. Beyer, Hamburg 1981

ders.: Phänomenologie des Unterrichts. Grundriß der theoretischen Didaktik. München 1996

Sutor, Bernhard: Didaktik des politischen Unterrichts. Paderborn 1971

Szaniawski, Ignacy: Die »innere Logik« des Unterrichtsprozesses und die »innere Logik« des Produktionsprozesses. In: Bildung und Erziehung 1965, S. 253


Schäfer, Karl-Hermann/Schaller, Klaus: Kritische Erziehungswissenschaft und kommunikative Didaktik. Heidelberg 1971

Schäfer, Peter: Spielablauf in der Schule, Kritik der aktuellen Spielpädagogik und Spieldidaktik. Dissertation Zürich 1985

Scharrelmann, Heinrich: Die Technik des Schilderns und Erzählens. Braunschweig 1923 (2)

Scheffler, Heribert: Zillers Formalstufentheorie und der Vorwurf des unterrichtsmethodischen Schematismus. Kastellaun 1977

Scheibe, Wolfgang: Die reformpädagogische Bewegung 1900–1932. Weinheim 1984 (9)

Scheibert, C. G.: Das Wesen und die Stellung der höheren Bürgerschule. Berlin 1884

Scheibner, Otto: Arbeitsschule in Idee und Gestaltung (1927). Heidelberg 1962 (5)

Schell, Christa: Partnerarbeit im Unterricht. München 1972

Schelten, Andreas: Einführung in die Berufspädagogik. Stuttgart 1994

Schenk-Danzinger, Lotte: Entwicklungspsychologie. Wien/München 1969

Scheuerl, Hans: Die exemplarische Lehre. Tübingen (1958) 1969 (3)

ders.: Das Spiel. Weinheim (1959) 1990 (11)

ders.: Die Gliederung des deutschen Schulwesens. Gutachten und Studien der Bildungskommission, Bd. 2. Stuttgart 1970 (2)

Schiebel, Ursula: Sprache als inhaltliche Variable in Lehr- und Lernprozessen der mittleren und späten Kindheit. In: W. Northemann/G. Otto (Hg.): Geplante Information. Weinheim 1969

Schiefele, H./Huber, G.: Programmierte Unterweisung – programmiert. München 1969

Schiefele, Hans: Lernmotivation und Motivlernen. München 1974 (2)

ders.: »Interesse« als Weg und Ziel der Erziehung. In: Zeitschr. für Päd. 1/1979

ders.: Interesse – neue Antworten auf ein altes Problem. In: Zeitschr. für Päd. 2/1986

Schiffler, Ludwig: Suggestopädie und Superlearning – empirisch geprüft. Frankfurt 1989

Schlaak, Gustav (Hg.): Der überfachliche Unterricht. Stuttgart 1973

Schleiermacher, Friedrich D. E.: Vorlesungen aus dem Jahre 1826. In: Pädagogische Schriften. Hg. E. Weniger/Th. Schulze. Düsseldorf 1966 (2)

Schlömerkemper, Jörg/Winkel, Klaus: Lernen im Team-Kleingruppen-Modell (TKM). Frankfurt 1987

Schlutz, Erhard: Sprache und Verständigung. Bad Heilbrunn 1984

Schmack, Ernst: Unterrichtsanalytik. Kastellaun 1976

ders.: Offenes Curriculum – offener Unterricht. Kastellaun 1978

Schmalohr, Emil: Psychologische Untersuchungen zum Streit um die Ganzheitsmethode. In: Ernst Meyer (Hg.): Erstleseunterricht. Stuttgart 1970

Schmidkunz, Heinz: Die Gestaltung chemischer Demonstrationsobjekte nach wahrnehmungspsychologischen Erkenntnissen. In: Naturwissenschaft und Unterricht – Physik Chemie 10/1983

Schmidt, Günter R.: Didaktik. In: Theologische Realenzyklopädie, Bd. VIII. Berlin 1981

Schmitz, Klaus: Wissenschaftsorientierter Unterricht. München 1977

Schöler, Walter: Strukturen und Modelle des Unterrichts. Paderborn 1977

Schorch, Günther (Hg.): Grundlegende Bildung. Bad Heilbrunn 1988

Schramm, Albert: Fünfzig Unterrichtsbegriffe aus dem 20. Jahrhundert. München 1975

Schröder, Hartwig: Lerntheorie und Programmierung. München 1971

ders.: Leistungsmessung und Schülerbeurteilung. Stuttgart 1974

ders.: Lernwirksamer Unterricht. München 1977

ders.: Erziehungsziel: Persönlichkeit. München 1989

ders.: Lehren und Lernen im Unterricht. München 1989

Schröter, Gerhard: Didaktik als Struktur der Lehrfunktionen. Düsseldorf 1972

ders.: Strömungen der Gegenwartsdidaktik. Düsseldorf 1980

ders.: Medien im Unterricht. Donauwörth 1981

Schröter, Gottfried: Einführung in die Schulpraxis. Oberursel 1984 (4)

Schulze, Theodor: Methoden und Medien der Erziehung. München 1978

ders.: Schule im Widerspruch. München 1980

Schultze, Walter/Schleiffer, Gerd: Arbeitsanalyse der Volksschullehrer und Rationalisierung des Unterrichts. Frankfurt 1965

Schumann, Wolfgang: Verwendung von Arbeitsblättern im Unterricht. In: Päd. Welt 7/1986

ders.: Unterricht ohne Arbeitsblatt. In: Lehrer-Journal 1/1987

Schuster, Karl: Das Spiel und die dramatischen Formen im Deutschunterricht. Baltmannsweiler 1994

Schwager, Karl-Heinz: Wesen und Formen des Lehrgangs im Schulunterricht. Weinheim o. J.

Schwark, Wolfgang: Praxisnahe Unterrichtsanalyse. Rabensburg 1977

Schwenk, Bernhard: Das Herbartverständnis der Herbartianer. Weinheim 1963

ders.: Unterricht zwischen Aufklärung und Indoktrination. Frankfurt 1974

Schwerdt, Theodor: Kritische Didaktik (1933). Paderborn 1955 (11)

Tausch, Reinhard: Das Ausmaß der Lenkung von Schulkindern im Unterricht. In: Psychologische Beiträge 4/1960

Teigeler, Walter: Verständlichkeit und Wirksamkeit von Sprache und Text. Karlsruhe 1968

Tenorth, Heinz-Elmar (Hg.): Allgemeine Bildung. Weinheim 1986

Tenorth, Heinz-Elmar: »Alle alles zu lehren« – Möglichkeiten und Perspektiven allgemeiner Bildung. Darmstadt 1994

Terhart, Ewald: Unterrichtsmethode als Problem. Weinheim 1983

Thiele, Hartmut: Lehren und Lernen im Gespräch. Bad Heilbrunn 1981

ders.: Trainingsprogramm Gesprächsführung im Unterricht. Bad Heilbrunn 1983

Thiemann, Friedrich: Der Beitrag empirischer Unterrichtsforschung für die Konzeption von Unterricht. Bad Heilbrunn 1973

Travers, Robert M.: Einführung in die erziehungswissenschaftliche Forschung. München 1972

Travers, Robert M. W. (Ed.): Second Handbook of Research on Teaching. Chicago 1973 (2)

Treiber, Bernhard/Weinert, Franz: Gute Schulleistungen für alle? Münster 1985

Twellmann, Walter: Handbuch Schule und Unterricht. Bd.1–5/6/7/8. Düsseldorf 1981/82/85/86

Tyler, Ralph W.: Curriculum und Unterricht. Düsseldorf 1973

Uflerbäumer, Karl-Heinz: Das Team-Kleingruppen-Modell. In: Westermanns Päd. Beiträge 1985

Ullmann, Gisela (Hg.): Kreativitätsforschung. Köln 1973

Unseld, Georg: Offene Schulen für offenes Lernen. Kronberg 1977

Vandré, Rudolf: Schule und Unterricht im 19. Jahrhundert. Göttingen 1973

Vestner, Hans/Glöckel, Hans: Kunstfehler beim direkten Unterrichten. In: Blätter für Lehrerfortbildung 6/1959

Vierlinger, Rupert/Feiner, Waldemar: Innere Differenzierung. Linz 1974

Vierlinger, Rupert: Das Schulkreuz der Lehrer. Wien 1990

Vilsmeier, Franz (Hg.): Der Gesamtunterricht. Weinheim 1967 (2)

Vorsmann, Norbert: Wege zur Unterrichtsbeobachtung und Unterrichtsforschung. Ratingen 1972

ders.: Frontalunterricht – vergessene Chance der Sozialerziehung. In: R. Biermann/W. Wittenbruch (Hg.): Soziale Erziehung. Heinsberg 1986

Wagenschein, Martin: Die Erde unter den Sternen. Weinheim 1965 (6) b

ders.: Ursprüngliches Verstehen und exaktes Denken. Stuttgart 1965 (a)

ders.: Verstehen lehren. Weinheim 1975 (5)

ders.: Erinnerungen für morgen. Eine pädagogische Autobiographie. Weinheim 1989(2)

Wagner, Angelika, u. a.: Schülerzentrierter Unterricht. München 1976

Wahl, Diethelm, u. a.: Psychologie für die Schulpraxis. München 1984

ders.: Handeln unter Druck. Der weite Weg vom Wissen zum Handeln bei Lehrern. Weinheim 1991

Walberg, Herbert J., et. al.: The Quiet Revolution in Educational Research. In: Clarizio 1981 s. d.

Walz, Ursula: Soziale Reifung in der Schule. Hannover 1960

Warwick, David/Winkel, Rainer (Hg.): Alternativen zur Curriculumreform. Heidelberg 1975

Weber, Alexander (Hg.): Kooperatives Lehren und Lernen in der Schule. Heinsberg 1986

Weber, Erich: Das Schulleben und seine erzieherische Bedeutung. Donauwörth 1979

Weber, Ernst: Kunsterziehung und Erziehungskunst. Leipzig 1922 (2)

ders.: Didaktik als Theorie des Unterrichts. Ansbach 1925

ders.: Unterrichtsgestaltung. Langensalza 1925 (a)

Wegmann, Rudolf: Theorie des Unterrichts. München 1964

Weidenmann, Bernd/Krapp, Andreas: Pädagogische Psychologie. München 1986

Weil, Marsha/Joyce, Bruce: Information processing Models of Teaching. New Jersey 1978

Weinert, F. E./Simons, H./Essing, W.: Schreiblehrmethode und Schreibentwicklung. Weinheim 1966

Weinert, Franz E.: Entwicklungsgemäßer Unterricht. In: Unterrichtswissenschaft 1/1977

ders.: Lernmotivation – psychologische Forschung und pädagogische Aufgabe. In: Unterrichtswissenschaft 3/1980

ders.: Wie groß ist der Einfluß der Schule auf die geistige Entwicklung der Schüler und wie groß könnte er sein? In: Strukturkommission Lehrerbildung 2000: Lehrerbildung in Baden-Württemberg. Stuttgart 1994

ders./Waldmann, Michael R.: Das Denken Hochbegabter – Intellektuelle Fähigkeiten und kognitive Prozesse. In: Zeitschr. für Päd. 6/1985

ders.: Lernen lernen und das eigene Lernen verstehen. In: Reusser, Kurt/Weyeneck, Marianne (Hg.): Verstehen. Psychologische Prozesse und didaktische Aufgabe. Bern 1994

Weiß, Carl: Abriß der Pädagogischen Soziologie, Bd. 4: Soziologie und Sozialpsychologie der Schulklasse. Bad Heilbrunn 1967 (5)

Weltner, Klaus: Programmierte Instruktion, Bildungstechnologie, autonomes Lernen. In: Handbuch Schule und Unterricht, Hg. W. Twellmann, Bd. 4.1. Düsseldorf 1981

Weltner, Klaus/Warnkross, K.: Über den Einfluß von Schülerexperimenten, Demonstrationsunterricht und informierendem Unterricht auf Lernerfolg und Einstellung der Schüler. In: Die Deutsche Schule 9/1969

Weniger, Erich: Didaktik als Bildungslehre, Bd. 1: Theorie der Bildungsinhalte und des Lehrplans (1930). Weinheim 1952

ders.: Didaktik als Bildungslehre, Teil 2: Didaktische Voraussetzungen der Methode in der Schule (1930). Weinheim 1963 (3)

Wenzel, Achill: Die Grundschule als Schule der Selbsttätigkeit. Wuppertal 1969

ders.: Freiarbeit in der Grundschule. Bad Heilbrunn 1983

Wertheimer, Max: Produktives Denken (amerikanisch 1943). Frankfurt 1964 (2)

Westphalen, Klaus: Lehrplan – Richtlinien – Curriculum. Stuttgart 1985

Wiater, Werner: Unterrichten und Lernen in der Schule. Donauwörth 1993

Wichmann, Ottomar: Eigengesetz und bildender Wert der Lehrfächer (1930). Darmstadt 1964 (2)

Wiesenhütter, Ursula: Das Drankommen der Schüler im Unterricht. München 1961

Willmann, Otto: Didaktik als Bildungslehre (1888). Freiburg 1957 (6)

ders.: Didaktik und Logik in ihrer Wechselbeziehung – über die Anwendung der Psychologie auf die Pädagogik. In: Pädagogische Zeitfragen, Hg. F. Weigle, Heft 4. München 1905

Willows, Dale M./Houghton, Harvey A. (Ed.): The Psychology of Illustration. New York/Berlin 1987

Winkel, Rainer: Team Teaching. Heidelberg 1971

ders.: Antinomische Pädagogik und kommunikative Didaktik. Düsseldorf 1986

Winnefeld, Friedrich: Pädagogischer Kontakt und pädagogisches Feld. München 1967

Winter, Heinrich: Didaktisch-methodische Prinzipien. In: H. W. Hegmann (Hg.): Mathematikunterricht zwischen Tradition und neuen Impulsen. Köln 1984

Wittenbruch, Wilhelm: In der Schule leben. Stuttgart 1980

Wittmann, Bernhard: Vom Sinn und Unsinn der Hausaufgaben. Neuwied 1964

Wittmann, Erich: Grundfragen des Mathematikunterrichts. Braunschweig 1974

Wittmann, E.Ch./Müller, G. N.: Handbuch praktischer Rechenübungen, Band 1 u. 2. Stuttgart 1993

Wittrock, Merlin C. (Ed.): Handbook of Research on Teaching, Third Edition. New York, London 1986

Wöhler, Karlheinz (Hg.): Didaktische Prinzipien. München 1979

ders. (Hg.): Gruppenunterricht. Hannover 1981

Wollenberger, Horst (Hg.): Die Realschule. Paderborn 1979

Wygotski, Lew S.: Denken und Sprechen. Stuttgart 1969


Zabeck, Jürgen: »Schlüsselqualifikationen« – zur Kritik einer didaktischen Zielformel. In: Wirtschaft und Erziehung 3/1989

ders.: »Schlüsselqualifikationen« – zur Aufklärung eines Sachverhalts. In: Die Realschule 9/1989

ders.: Was taugen die neuen Bildungsziele? Eine kritische Explikation am Beispiel der sog. »Schlüsselqualifikationen« In: Erich E. Geißler u. a. (Hg.): Aufbruch und Struktur. Leipzig 1994

Ziefuß, Horst: Methoden der Unterrichtsbeobachtung. Braunschweig 1978

Zielinski, Johannes/Schöler, Walter: Methodik des programmierten Unterrichts. Ratingen 1965

Zifreund, Walter (Hg.): Training des Lehrerverhaltens und Interaktionsanalyse. Weinheim 1976

Ziller, Tuiskon: Vorlesungen über Allgemeine Pädagogik. Leipzig 1876

ders.: Grundlegung der Lehre vom erziehenden Unterricht. Leipzig 1884 (2)

ders.: Materialien zur speziellen Pädagogik. Dresden 1886

Zimmermann, Werner: Ist die Stunde des Curriculum vorbei? Wege und Irrwege der Curriculumentwicklung in Deutschland. In: W. Twellmann (Hg.): Handbuch Schule und Unterricht, Bd. 8.1. Düsseldorf 1986

Zöpfl, Helmut: Der Erziehungsauftrag der Schule – erziehender Unterricht. In: N. Seibert/H. J. Serve/H. Zöpfl: Schulpädagogik. München 1990

Zulliger, Hans: Einführung in die Kinderseelenkunde. Bern 1967

ders.: Gespräche über Erziehung. Bern/Stuttgart 1962

# Personenregister

(Dieses Register enthält nur die im Text genannten bzw. zitierten Namen. Die jeweils unter >Lit.< zum weiterführenden Studium empfohlenen Titel sind im Literaturverzeichnis aufgeführt.)

# Sachregister

(Im Text häufig wiederkehrende Begriffe wie z.B. »Lernen«, »Schüler«, »Lehrer« sind nur dort notiert, wo sie eigens thematisiert werden. Gleiches gilt für viele Begriffe in den kleingedruckten Unterrichtsbeispielen.)

362